PODER TEAMSTER

PODER TEAMSTER

FARRELL DOBBS

Pathfinder
NUEVA YORK   LONDRES   MONTREAL   SYDNEY

Copyright © 1973, 2008 por Pathfinder Press
All rights reserved. Derechos reservados conforme la ley.

ISBN 978-0-87348-998-0
Número de Control de la Biblioteca del Congreso
(Library of Congress Control Number) 2008922644

Impreso y hecho en Canadá
Manufactured in Canada

Primera edición, 2008
Cuarta impresión, 2023

DISEÑO DE LA PORTADA: Eric Simpson

FOTO DE LA PORTADA: miles se sumaron a concentración y picnic del Día del Trabajo, agosto de 1939, auspiciados por la Unión Central del Trabajo de Minneapolis. En la pancarta se lee, "Hagamos de Minneapolis una ciudad sindical y mantengámosla así". (*Northwest Organizer*)

Pathfinder
www.pathfinderpress.com
Correo electrónico: pathfinder@pathfinderpress.com

*Al principal ejército de la campaña
del transporte por carretera:
las filas de los Teamsters de Omaha y Sioux City.*

CONTENIDO

Sobre el autor — 10

Agradecimientos — 15

Introducción — 17

1. Intentan fabricar cargos — 33
2. Enfrentamiento en el liderazgo — 42
3. Política de lucha de clases — 54
4. Se extiende la lucha — 67
5. Ampliación del ala izquierda — 83
6. Tobin declara la guerra — 93
7. El primer asalto — 107
8. Sección de Trabajadores Federales — 126
9. Nueva ola de huelgas — 143
10. Ganamos otro asalto — 162
11. La pugna interna se recrudece — 182
12. Tobin se echa atrás — 200
13. Nuevos horizontes — 215
14. Nos extendemos hacia fuera — 235
15. Asesinato a sangre fría — 252
16. Un avance importante — 271

17. Campaña por 11 estados	*284*
18. Otra muerte	*301*
19. Primer convenio regional	*314*
20. El sitio de Nebraska	*335*
21. Un triunfo sin precedentes	*357*
22. Una Internacional transformada	*370*
23. Mi cambio de actividad	*384*
Índice	*399*

LISTA DE ILUSTRACIONES

Campaña Teamster de sindicalización en 11 estados del Medio Oeste de Estados Unidos	*12*
Redada policiaca a sede Teamster en Fargo	*76*
Contrato del Local 544	*228*
Northwest Organizer, 19 de noviembre de 1937, sobre muerte de Corcoran	*256*
Sede Teamster durante funeral de William S. Brown	*304*
Miembros del comité de área de la IBT	*322*
Omaha World-Herald y *Farmer-Labor Press*	*364*

SOBRE EL AUTOR

Farrell Dobbs (1907–1983) se unió a la Liga Comunista de América (*Communist League of America*—CLA, antecesora del Partido Socialista de los Trabajadores) en 1934, mientras trabajaba en un depósito de carbón en Minneapolis. Fue uno de los dirigentes surgidos de las filas de las huelgas y la campaña de sindicalización de los Teamsters en 1934, y posteriormente fue electo secretario-tesorero del Local 574 (más adelante el Local 544). A finales de los años 30 fue uno de los principales dirigentes de la campaña por carretera realizada en 11 estados con la que se sindicalizó a decenas de miles de trabajadores en la industria del transporte por camión. En 1939 fue nombrado organizador general de los Teamsters a nivel nacional; renunció a su cargo en 1940 para pasar a ser secretario nacional responsable del trabajo sindical del Partido Socialista de los Trabajadores.

En 1941, Dobbs fue instruido de cargos y declarado culpable bajo la Ley Smith —una ley de control del pensamiento— junto a otros 17 dirigentes del Local 544 y del PST por oponerse a los objetivos imperialistas del gobierno norteamericano en la Segunda Guerra Mundial. Estuvo recluido 12 meses en una prisión federal en 1944–45.

Dobbs se desempeñó como director del *Militant* de 1943 a 1948. Fue presidente nacional del PST, 1949–53, y su secretario nacional, 1953–72. En 1948, 1952, 1956 y 1960 fue candidato del partido para presidente de Estados Unidos, y utilizó dichas campañas para oponerse activamente a las guerras de Corea y Vietnam y a la caza de brujas anticomunista, así como para apoyar el movimiento pro derechos civiles y la Revolución Cubana.

Además de su serie de cuatro tomos sobre las batallas de los Teamsters de los años 30 —*Rebelión Teamster, Poder Teamster, Teamster Politics (Política Teamster)* y *Teamster Bureaucracy (Burocracia Teamster)*— es autor de los dos tomos de *Revolutionary Continuity: Marxist Leadership in the U.S.* (Continuidad revolucionaria: liderazgo marxista en Estados Unidos). Otras obras incluyen *The Structure and Organizational Principles of the Party* (La estructura y principios organizativos del partido), *Countermobilization: A Strategy to Fight Racist and Fascist Attacks* (Contramovilización: una estrategia para combatir los ataques racistas y fascistas) y *Selected Articles on the Labor Movement* (Artículos escogidos sobre el movimiento obrero).

Farrell Dobbs (izquierda) de visita con dirigente bolchevique exiliado León Trotsky, México, enero de 1940. A fin de asumir el cargo de secretario del trabajo sindical del Partido Socialista de los Trabajadores, Dobbs acababa de dejar el plantel de Teamsters como organizador general, e iba rumbo a Nueva York.

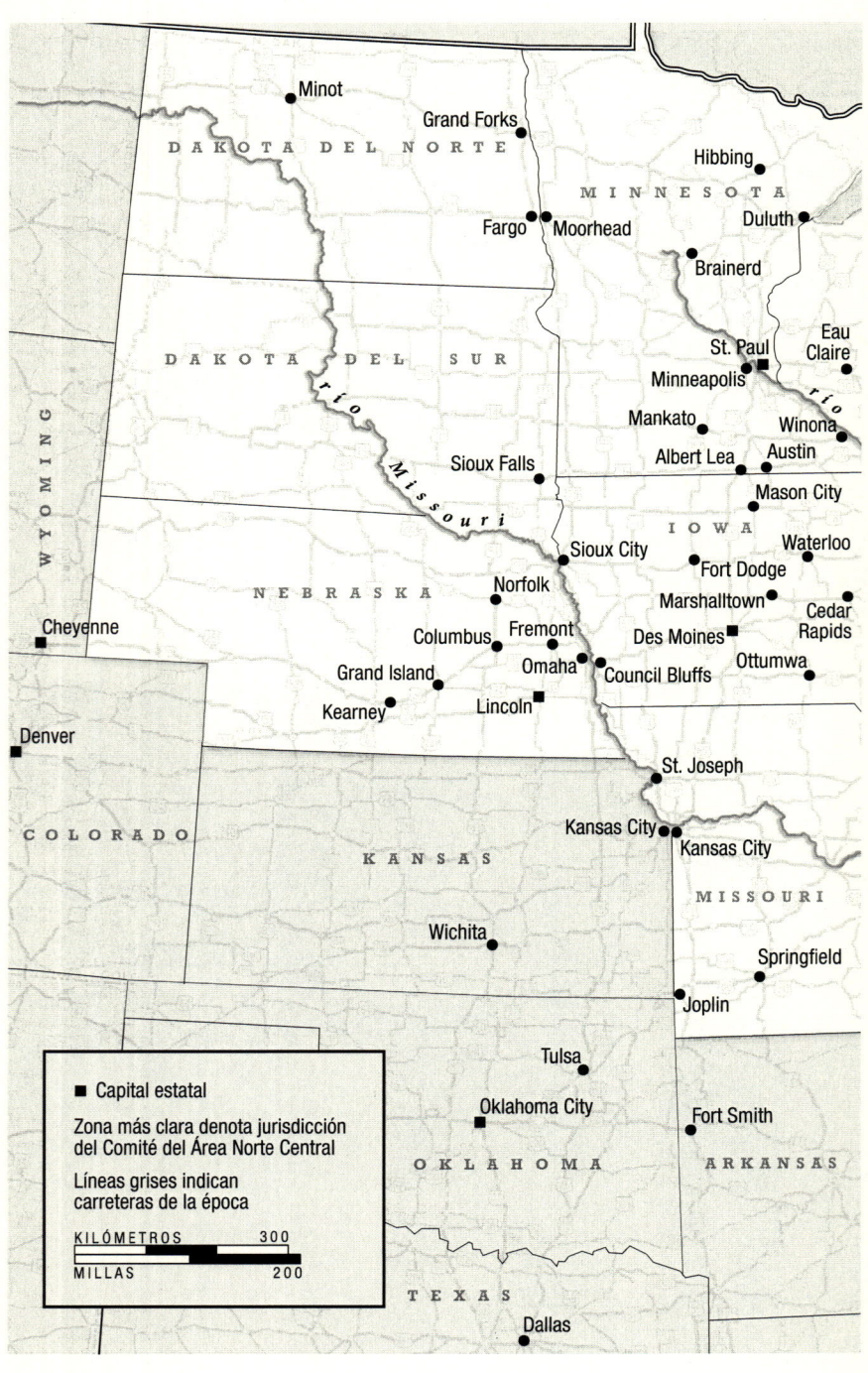

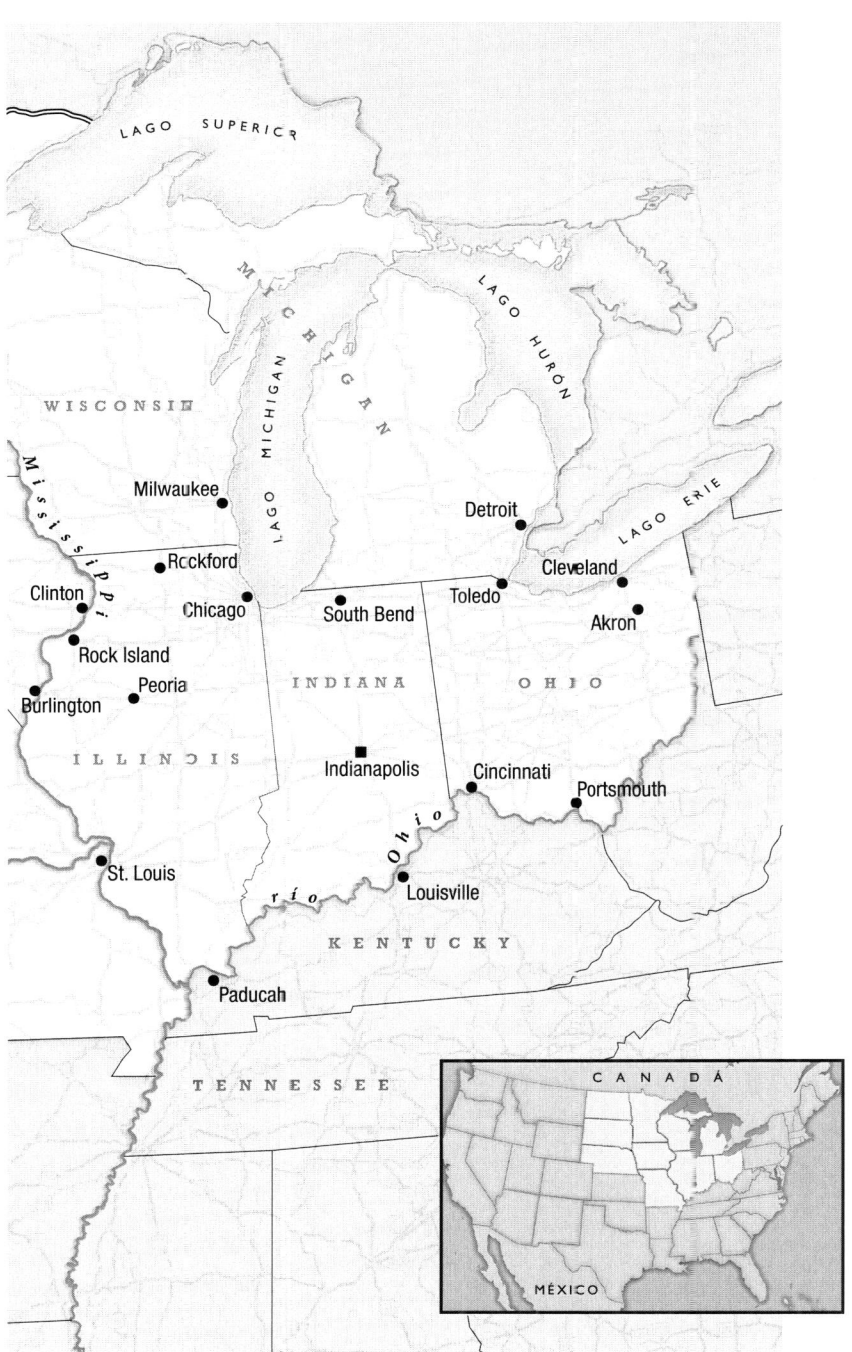

AGRADECIMIENTOS

Como autor, asumo toda responsabilidad por esta obra. Sin embargo, al hacerlo deseo agradecer a diversas personas por la valiosa ayuda que han brindado.

Marvel Scholl, mi compañera más cercana, colaboró día a día en la realización de este proyecto. Contribuyó al recordar sucesos, las personas que participaron en ellos y las condiciones generales que prevalecían durante el período abordado. Algunas partes de esa información se han citado directamente de memorándums que ella recopiló. Sharon Lee Finer pasó a máquina todo el original. Su exactitud, combinada con su atención puntual y eficiente a todos los detalles, me sirvió constantemente de inspiración para proseguir en el empeño.

Como partícipes en los sucesos descritos, Harry DeBoer, Jack Maloney y Ray Rainbolt revisaron cada capítulo conforme se preparaba. Así pudieron ayudar a asegurar que el relato sería exacto. Louis Miller ofreció hechos sobre las huelgas de Omaha, incluidos sus recuerdos, que se citan en el texto. Albert S. Parker facilitó una edición clave del boletín de huelga editado por los Teamsters de Omaha, la *Farmer-Labor Press*. Max Geldman colaboró plenamente al prepararse el capítulo sobre la Sección de Trabajadores Federales. Luego que los demás desempeñaran sus papeles respectivos, George Novack corrigió el original en su totalidad.

Se ha obtenido información de grabaciones y materiales

escritos de V.R. Dunne y Carl Skoglund, ya fallecidos. Se han utilizado materiales de mis archivos, recopilados durante la época cuando yo era funcionario de los Teamsters, para referencias y citas. Se han empleado números del *Organizer* y del *Northwest Organizer* —que sirvieron de órganos del Sindicato General de Choferes de Minneapolis— para la verificación de hechos y sucesos. Asimismo se han utilizado tomos encuadernados de los semanarios trotskistas *The Militant* y el *Socialist Appeal*. Además se ha tomado información del *Minneapolis Labor Review*, órgano oficial de la Unión Central del Trabajo de la Federación Americana del Trabajo (AFL), como también de ediciones de los diarios de Minneapolis y de St. Paul.

INTRODUCCIÓN

El sindicato Teamsters es la organización obrera más grande y probablemente la más poderosa en Estados Unidos. ¿Cómo adquirió ese poder? Ese es el tema fundamental de este libro.

El ascenso de los choferes de camión empezó a principios de los años 30. En 1934, una serie de huelgas impresionantes en Minneapolis, Minnesota, tocó una fibra sensible en trabajadores por todo el país. Esta lucha captó la atención a nivel nacional por sus rasgos únicos, aunque estaba involucrado un solo sindicato local. Se trataba del Local 574 de la Hermandad Internacional de Teamsters (*International Brotherhood of Teamsters*—IBT), afiliado a la Federación Americana del Trabajo (*American Federation of Labor*—AFL).

En un libro anterior (*Rebelión Teamster*) escribí un relato extenso de las huelgas de 1934 en Minneapolis. La siguiente sinopsis de la historia sencillamente tiene por objetivo familiarizar al lector con el trasfondo de los sucesos descritos en el presente tomo.

El Local 574, al igual que otras unidades de la AFL, hacía mucho que se había caracterizado por políticas conservadoras y por una obsoleta estructura de gremio de oficios que incluía a pocos miembros. Sin embargo, ya en 1934 estaba incorporando a capas amplias de trabajadores a una lucha combativa contra los patrones del transporte general de la ciudad. El cambio era consecuencia de una transformación interna que venía experimentando el sindicato al calor de la batalla. Gradualmente iba adquiriendo control un liderazgo nuevo y combativo, que demostraba su competencia a los ojos de los miembros de fila que querían utilizar el poder del sindicato en defensa de sus intereses de clase.

Por todo el país iba en ascenso la combatividad obrera ante las presiones de una severa depresión económica. Millones y millones estaban desempleados a nivel nacional. Los trabajadores que tenían la suerte de tener empleo se las arreglaban lo mejor que podían con lo que por lo general eran salarios de hambre. En Minneapolis, las empresas del transporte por camión pagaban salarios tan bajos como $10, y rara vez mayores de $18, por una semana laboral que oscilaba entre 54 y 90 horas. No era infrecuente que los trabajadores empleados necesitaran asistencia pública suplementaria para mantener a la familia. En estas condiciones, los trabajadores tenían fuertes aspiraciones de una mejora y estaban dispuestos a luchar para efectuarla.

Políticamente ese estado de ánimo se expresaba en Minnesota en el creciente apoyo al Partido de los Agricultores y Trabajadores (*Farmer-Labor Party*—FLP), un movimiento a nivel estatal basado en una alianza de sindicatos y organizaciones de agricultores. En cuanto a política nacional, el FLP tendía a apoyar la política del "Nuevo Trato" del presidente demócrata Franklin D. Roosevelt. En cambio, dentro del estado se disputaba cargos públicos tanto con los demócratas como con los republicanos. Su fuerza política se reflejó en la elección en 1930, y de nuevo en 1932, de Floyd B. Olson, candidato del FLP a gobernador.

Aunque Olson intentaba proyectar una imagen prosindical, su objetivo básico era promover su carrera política personal. Por eso actuaba de forma calculada para asegurarle a la clase dominante de que podía confiar en que él se apegaría a las reglas de juego capitalistas al ejercer la autoridad gubernamental. Por lo tanto, el desempeño de su cargo público distaba mucho de los anhelos y las expectativas de los trabajadores que lo habían elegido.

Paralelamente a su apoyo político al FLP, los trabajadores estaban listos para unirse a sindicatos a fin de luchar por mejores salarios y condiciones de trabajo. Para ese objetivo, en Minneapolis solo existía un reducido movimiento de la AFL que consistía de unos pocos sindicatos locales, organizaciones que eran poco más que estructuras mínimas. Todas eran gremios de oficios, limitadas esencialmente a trabajadores cualificados o semicualificados.

Impuesta sobre esta situación estaba una cúpula conservadora, que buscaba el favor de los patrones al colaborar con ellos "como estadistas". Se enfocaba en tratar de crear oportunidades especiales de empleo para categorías de trabajo relativamente privilegiadas. Con ese fin se había persuadido a algunas compañías a que contrataran solo a miembros de la AFL; a cambio, a esas firmas se les prometía la clientela del movimiento sindical por ser patrones "justos". Entretanto, se desatendían las necesidades del grueso de los trabajadores de la ciudad.

Los principales sectores de la clase dominante recibían fríamente la postura "propia de estadistas" de la AFL. La principal organización patronal, la Alianza Ciudadana, dominada por los capitalistas más ricos y poderosos de la ciudad, impulsaba rigurosamente una política antisindical. Ante tan fuerte oposición, los gremios de oficios habían logrado inducir a muy pocas compañías a que negociaran con ellos. Eso no solo los dejaba débiles numéricamente; eran más o menos impotentes, como lo demostraba el hecho que en la ciudad no se había ganado una sola huelga en muchos años.

Los funcionarios conservadores de la AFL no tenían

el deseo ni la capacidad de cambiar esta situación al organizar una lucha combativa contra los patrones. Más bien, se orientaban hacia el gobernador Olson buscando su liderazgo para una política "segura y sensata" dirigida a fortalecer gradualmente al movimiento sindical con la cooperación de patrones "justos".

Fue en esas circunstancias que los miembros de la Liga Comunista de América (la forma organizativa del movimiento trotskista en esa época) elaboraron un plan de acción. Se proponían brindar la dirección combativa que los trabajadores en la industria del transporte por camión necesitaban y querían. Sin embargo, primero tendrían que batallar para abrirse paso en el Local 574, que tenía jurisdicción sobre los depósitos de carbón donde estaban empleados. Luego se podrían tomar medidas para convertir al sindicato en un instrumento capaz de responder a las necesidades de los trabajadores. Se podrían introducir políticas basadas en la conciencia de clase revolucionaria. Se podría canalizar la combatividad de las filas hacia una lucha decisiva con los patrones del transporte. Los funcionarios sindicales conservadores que no pasaran la prueba de la batalla comenzarían a perder influencia sobre los miembros; y los militantes trotskistas podrían desarrollar y consolidar gradualmente su papel como verdaderos dirigentes del local.

Cientos de trabajadores no sindicalizados en la industria del carbón estaban listos para sindicalizarse. Sin embargo, no se los acogía en el Local 574 porque el agente de negocios quería proteger un pequeño trust de empleos que había establecido con una empresa carbonera mediante un convenio de taller cerrado.* Para lidiar con este problema,

---

* En Estados Unidos el movimiento obrero ha luchado por convenios —y frecuentemente los ha ganado— con cláusulas que refuerzan la solos trotskistas formaron un comité organizador voluntario en las carbonerías de taller abierto, con el propósito de movilizar una presión de masas para ser admitidos al sindicato.

No tardó en crecer el apoyo para este objetivo dentro de la junta ejecutiva del Local 574. Una minoría de la junta favorecía la idea de ampliar la base de miembros del sindicato y librar una lucha por el reconocimiento del sindicato a nivel de toda la industria. Después de un tiempo, la junta ejecutiva se vio obligada a abandonar su política exclusivista. Se lanzó entonces una campaña sindical oficial por toda la industria del carbón y al poco tiempo los depósitos de carbón estaban sólidamente sindicalizados.

Se redactaron reivindicaciones para un convenio laboral que sería presentado a los patrones del carbón. Estos rehusaron negociar y en febrero de 1934 se desató la huelga en la industria. La huelga tuvo varias características que eran nuevas en el movimiento obrero de Minneapolis. En vez de realizarse poco a poco y con desgano, incorporó a todos los trabajadores en todas las carbonerías. Las acciones de piqueteo, planificadas por adelantado, se llevaron a cabo de forma combativa y eficaz bajo la dirección directa del comité organizador voluntario. Así se dio rienda suelta a la iniciativa y al ingenio de las filas, con resultados positivos. La primera mañana del paro, la industria quedó completamente cerrada y así se mantuvo.

---

lidaridad y eficacia de los sindicatos en el trabajo al enrolar automáticamente como miembros del sindicato a todos los contratados en una mina, fábrica u otro centro de trabajo durante el plazo del convenio. Estos se conocen comúnmente como convenios de *closed shop* (taller cerrado). Los patrones han peleado, estado por estado, a fin de imponer leyes que prohíban los convenios de taller cerrado, condición a la que se refiere eufemísticamente como *open shop* (taller abierto).—NOTA DEL TRADUCTOR

Tras una paralización de tres días durante una severa ola de frío, los patrones pactaron un acuerdo con el sindicato. A pesar del manejo incompetente de las negociaciones por la dirección oficial, el Local 574 se había anotado una victoria. El reconocimiento del sindicato —el asunto principal en la huelga— se hizo indirectamente, mediante una estipulación de la patronal con la Junta Laboral, una agencia gubernamental establecida por Roosevelt. La firma de la estipulación se condicionó a los resultados de elecciones de representación realizadas por la junta, las cuales ganó el sindicato. También se hicieron logros en lo referente a salarios y condiciones de trabajo.

Lo más importante de todo fue que se había demostrado que una huelga se podía ganar. A los trabajadores de toda la industria del transporte en general esto les infundió un nuevo sentido de esperanza en el sindicato. Se había preparado así el terreno para una lucha más amplia y profunda.

Ya el comité organizador voluntario había logrado suficiente apoyo entre las filas ensanchadas del sindicato como para forzar una decisión que le otorgara la condición oficial. Con la ayuda de simpatizantes en la junta ejecutiva del Local 574, el comité dirigido por los trotskistas logró poner en marcha una campaña nueva y grande de sindicalización. Se admitieron miembros de todos los sectores de la industria del transporte, salvo en categorías limitadas donde otros locales de los Teamsters tenían jurisdicción sobre un suboficio específico. El Local 574 también rebasó la norma del IBT de limitar sus miembros más o menos a choferes de camión y ayudantes. Dondequiera que fuera posible, se incorporaba al local a los trabajadores cuyas labores estaban de una u otra forma relacionadas con la industria del transporte: despachos de envíos, bodegas, etcétera. Se estaba operando un cambio que pasaba de la estrecha forma de organización por oficios hacia la forma industrial, que era más amplia.

Los nuevos miembros comenzaron a ingresar al sindicato en tropel, por centenares. En una serie de asambleas realizadas democráticamente, los trabajadores redactaron su propia petición al elaborar las demandas que plantearían a los patrones. Esto contribuyó a que los miembros fueran parte integral de la lucha por una política sindical progresista. También dio un nuevo ímpetu a los esfuerzos del comité organizador para establecer el control de las filas sobre todos los asuntos del sindicato.

En este proceso surgieron refuerzos para fortalecer la labor del comité organizador. Día a día aumentaba la influencia de liderazgo del comité. Las debilidades que provenían de la incompetencia entre los funcionarios del Local 574 se iban compensando a medida que el sindicato se preparaba para un enfrentamiento decisivo con los patrones del transporte en general.

A mediados de abril, la campaña de afiliación de miembros culminó en un mitin de masas celebrado en un teatro en el centro de la ciudad. Allí se hicieron públicas las reivindicaciones del sindicato para conseguir un convenio laboral con los patrones. Los miembros votaron a favor de salir en huelga si se rechazaban sus demandas. Se eligió un comité de huelga numeroso a fin de hacer los planes necesarios para un paro. Al comité también se le facultó para fijar una fecha tope para obtener una respuesta de los patrones a las demandas del sindicato.

De forma paralela a estas acciones, se tomaron medidas para que el gobernador Olson declarara públicamente su simpatía con la causa de los trabajadores. Él se mostraba reacio a asumir dicha postura en público, esperando poder mantener una posición "imparcial". Sin embargo, por ser del Partido de los Agricultores y Trabajadores, no podía hacer caso omiso de los deseos del movimiento obrero, que lo estaba presionando bastante para que se pronunciara. Entonces envió una carta al mitin de masas del Local 574 aconsejando a los trabajadores que "se unan para su propia protección y bienestar". Eso no lo hacía un aliado fiable. Pero sí le hacía más difícil cualquier intento de intervenir contra el sindicato durante el conflicto inminente.

A todos los sectores de la cúpula de la AFL en la ciudad se les comprometió a una posición de apoyo formal a las reivindicaciones del Local 574. Esto les impuso la obligación de ayudar a que el local ganara su lucha; también sirvió como recurso para desviar maniobras que más tarde habían de realizar. Se desarrollaron relaciones de colaboración con las organizaciones de los desempleados en lo que resultó ser un exitoso esfuerzo para movilizar a los trabajadores desocupados como aliados de combate del sindicato. Se formó un comité auxiliar entre las mujeres de las familias del Local 574 para integrarlas a un apoyo activo de la lucha. También se entabló colaboración con los agricultores de la región.

Entretanto, los patrones persistieron en su negativa a tratar con el sindicato. Denunciaron las reivindicaciones de los trabajadores como un "complot comunista" para apoderarse de la ciudad imponiendo el control sindical sobre todas las empresas. La Alianza Ciudadana anunció medidas para obtener la cooperación del alcalde de Minneapolis y de la policía municipal en caso de huelga. La Alianza trazó planes para reforzar a la policía con un gran número de agentes especiales. También se prepararon rompehuelgas profesionales para utilizarlos contra el sindicato.

Por su parte, el Local 574 estableció un cuartel general de huelga grande. Tenía un comisariato para alimentar a los huelguistas, un hospital improvisado para atender a las bajas entre los sindicalistas y un taller de refacción para dar mantenimiento a los autos que usaban los escuadrones de piquetes móviles. Se trazaron cuidadosamente los planes para montar piquetes, y se elaboró la estructura de mando necesaria. Convencidos por estas medidas de que el sindicato actuaba en serio, los trabajadores entraron en acción con la moral en alto.

El 16 de mayo de 1934 comenzó una huelga contra los patrones del transporte en general. Los masivos destacamentos de piquetes frenaron rápidamente todo intento de realizar operaciones con esquiroles, demostrando que el Local 574 se había convertido en una fuerza que se debía tener en cuenta. Luego, tras cuatro días de relativa tranquilidad, los patrones lanzaron una campaña de violencia contra el sindicato. Al tiempo que anunciaron planes de comenzar a hacer circular camiones, policías y matones a sueldo lanzaron ataques brutales contra piquetes pacíficos. Los trabajadores resistieron con una firme determinación, haciendo lo que podían a mano limpia.

Después de eso, los airados huelguistas se armaron con garrotes para defender sus líneas de piquete. En dos días sucesivos repelieron los ataques de grandes cuerpos de policías y agentes especiales. Hubo decenas de heridos de ambos lados y dos agentes especiales murieron en la cruenta batalla en la zona del mercado de Minneapolis. El sindicato salió victorioso; no había circulado un solo camión.

Después del segundo día de combate se concertó una tregua. Al final comenzaron las negociaciones, en las cuales el gobernador Olson hizo de intermediario entre el sindicato y los patrones. Se produjo un acuerdo en el que los patrones del transporte en general acordaron reconocer al sindicato de forma indirecta con una orden de consentimiento de la Junta Laboral. Olson le aseguró al sindicato que la cláusula de reconocimiento abarcaba a todos sus miembros, incluidos los trabajadores internos que hacían labores relacionadas al transporte por camión. Los aumentos salariales que los patrones habían dado para tratar de impedir la sindicalización permanecerían intactos; las futuras alzas se decidirían por negociaciones o por arbitraje después de la huelga. Los miembros del sindicato aceptaron las condiciones del acuerdo y los huelguistas victoriosos retornaron a sus labores después de un paro de 10 días.

Poco después, la Alianza Ciudadana lanzó una campaña con miras a repudiar el acuerdo de la huelga. Intentando dividir al sindicato, los patrones dijeron que negociarían solo en relación con los choferes, ayudantes y trabajadores de andén; rehusaron tajantemente toda negociación respecto a los trabajadores internos. Al mismo tiempo, comenzaron un proceso selectivo de recortar salarios y despedir a sindicalistas. Sus acciones podían significar una sola cosa. Estaban forzando adrede otra huelga, esperanzados de que en la próxima oportunidad podrían aplastar el sindicato. Ese objetivo quedó doblemente patente cuando a la policía municipal se le entregaron fusiles antimotines, armas asesinas que usaban perdigones grandes.

Ante estas provocaciones, el Local 574 se preparó de nuevo para la batalla. Al hacerlo adoptó una medida sin precedentes. Se creó un arma nueva y potente con la publicación de un órgano oficial del sindicato, el *Organizer* (Organizador), que apareció diariamente durante el conflicto que siguió. El periódico sirvió de forma eficaz para refutar las mentiras de los patrones. Les brindó a los trabajadores los hechos sobre la controversia y, por tanto, ayudó enormemente a movilizar más apoyo al local.

Uno de los aspectos de la movilización del movimiento obrero asumió la forma de una masiva manifestación de protesta contra la Alianza Ciudadana. Entre los miles que participaron hubo miembros de otros sindicatos, desempleados, pequeños agricultores de las inmediaciones y estudiantes universitarios. Todos se unieron en torno a la consigna: "Hagamos de Minneapolis una ciudad sindical".

En ese momento Daniel J. Tobin, presidente general de la Hermandad Internacional de los Teamsters, lanzó un ataque de *red-baiting** contra el Local 574 a través de editoriales en la revista oficial de la IBT. Concentró su fuego contra los militantes trotskistas en el local. Los acusó de "crear desconfianza, descontento, derramamiento de sangre y rebelión". Instó al movimiento obrero en Minneapolis a dar "manos a la obra y suprimir a tales radicales". Los patrones del transporte por camión reprodujeron entusiastas la diatriba de Tobin a través de un campo pagado en la prensa capitalista y se pusieron más inflexibles hacia el sindicato.

El ataque de Tobin provocó una reacción indignada entre las filas sindicales. Ellos consideraban a los trotskistas como dirigentes combativos, competentes, honestos, cuyas cualidades se habían probado en la batalla. Puesto

---

* *Red-baiting* se refiere a la campaña demagógica y estridente de los patrones y sus aliados para amedrentar a tanta gente como pudieran para que se opusiera a la campaña de sindicalización del Local 574 de los Teamsters en base a que dirigentes destacados del sindicato eran a la vez miembros de la Liga Comunista de América. Al alegar que los "comunistas de Trotsky" propugnaban el derrocamiento del estado de Minnesota, quienes recurrían a esta campaña esperaban que los trabajadores no apreciaran objetivamente ni los logros conquistados a través del sindicalismo combativo, ni la competencia desplegada por la amplia dirección de la huelga y el ejemplo incorruptible que ofrecía.—NOTA DEL TRADUCTOR

que los asuntos internos del sindicato ahora se conducían sobre una base democrática, estimaban que Tobin en realidad estaba atacando los objetivos y las aspiraciones del conjunto de los miembros del sindicato. Esta opinión se demostró claramente el 16 de julio en una asamblea general de los miembros en la que el Local 574 decidió, por voto unánime, reanudar la huelga contra las compañías del transporte. Un pasaje de la convocatoria a la huelga sostenía:

"A D.J. Tobin le decimos llanamente: si usted no puede actuar como hombre de sindicato, y ayudarnos, en vez de ayudar a los patrones, entonces al menos tenga el decoro de hacerse a un lado y dejar que libremos nuestra batalla solos".

Los miembros nuevamente eligieron a un amplio comité de huelga, facultándolo para que tomara todas las decisiones ejecutivas durante el paro. La junta ejecutiva oficial fue integrada al organismo mayor, aunque estaba subordinada al mismo. Así se creó una formación directiva sumamente eficaz para guiar a las filas en el enfrentamiento inminente. El sindicato pudo actuar como una fuerza sólidamente unificada con un propósito único y una política única.

Al igual que en mayo, las hostilidades comenzaron con una muestra impresionante de la fuerza del Local 574. Muy pronto se frenaron las operaciones del transporte por camión. Después, el cuarto día de la huelga, el 20 de julio de 1934, un grupo numeroso de policías disparó con rifles antimotines, sin advertencia alguna, contra un piquete en masa que se realizaba pacíficamente. Al final, 67 piquetes y observadores casuales yacían heridos; dos de ellos murieron más tarde de las lesiones. A la mayoría de las víctimas del motín policiaco les habían disparado por la espalda.

Olas de ira por ese ultraje se propagaron entre la clase

trabajadora de la ciudad. Sectores de la clase media, horrorizados por la violencia policiaca, dieron también su apoyo al sindicato. Los propios huelguistas, respaldados por una masa creciente de partidarios, continuaron sus piquetes pacíficos, en desafío a la policía asesina. Aunque circularon unos pocos camiones con convoyes armados, la paralización fue básicamente eficaz. Las armas antimotines no habían logrado derrotar la huelga; de hecho, ésta había adquirido un renovado vigor.

En medio de esta tensa situación, los mediadores federales en la escena salieron con una propuesta de acuerdo para resolver la disputa. Propusieron que el sindicato fuera reconocido en los sitios donde pudiera ganar una elección de representación realizada por la Junta Laboral. Sobre el tema de los salarios por hora, el sindicato reivindicaba 55 centavos para los choferes de camiones y 45 centavos para los ayudantes y los trabajadores internos; los mediadores los redujeron a 52½ centavos y 42½ centavos para esas categorías. El gobernador Olson aprobó entonces la propuesta y pidió al sindicato y a los patrones que la aceptaran; de lo contrario, anunció, declararía la ley marcial e impondría un acuerdo para terminar la huelga basado en las condiciones propuestas por los mediadores. En esta difícil situación, el Local 574 estimó que era recomendable aceptar el acuerdo propuesto. Sin embargo, los arrogantes patrones lo rechazaron.

El 26 de julio, Olson impuso la ley marcial en la ciudad y decretó que solo las empresas que aceptaran la propuesta de los mediadores podían operar los camiones. No obstante, al poco tiempo se estaban emitiendo permisos militares para las operaciones del transporte en general de forma tan irrestricta que la huelga se vio en peligro. El Local 574 reaccionó preparándose para reanudar el piqueteo en masa desafiando a los militares. Olson en el acto ordenó a sus soldados que ocuparan el cuartel general de la huelga y arrestaran a los dirigentes sindicales. Con la ayuda de los funcionarios conservadores de la AFL, intentó inducir al sindicato, aparentemente acéfalo, a que suspendiera la huelga.

Su ardid no funcionó. Estallaron piquetes combativos por la ciudad no obstante la presencia de los soldados, y las bajas entre los camioneros esquiroles se iban acumulando de hora en hora. Con su acción Olson provocó una rápida condena por parte de los miembros de los sindicatos de la AFL y de las filas del Partido de los Agricultores y Trabajadores. Se vio obligado a excarcelar a los dirigentes del Local 574 que sus soldados habían logrado arrestar y a devolver al sindicato el cuartel general de la huelga; también le pareció necesario restringir la emisión de permisos militares para el transporte con esquiroles.

A continuación la controversia pasó a ser una guerra de desgaste. Los patrones trataron inútilmente de obtener una orden judicial contra Olson para reanudar el uso de la violencia policiaca contra el sindicato. Después los mediadores federales buscaron inducir al Local 574 a que aceptara una versión diluida de las condiciones que habían propuesto antes para terminar la huelga. Cuando eso fracasó, los patrones comenzaron a maniobrar a favor de una elección amañada por parte de la Junta Laboral, en la que se dictaminaría que los esquiroles eran los empleados "aptos" para votar. Mientras sucedía todo esto, Olson aumentó la concesión de permisos para el transporte esquirol e intensificó los arrestos militares de los piquetes.

El desgaste ya estaba creándole dificultades al Local 574. Las cosas se estaban poniendo duras para los huelguistas cuyas familias habían caído en una necesidad económica extrema durante el prolongado conflicto. El sindicato, que enfrentaba dificultades para sufragar los gastos de la huelga, no podía hacer mucho más que ayudarles a conseguir asistencia pública. Por lo tanto, algunos huelguistas estaban abandonando la lucha y retornaban al trabajo.

El desgaste no se limitaba al sindicato. También los patrones estaban sintiendo los efectos de la prolongada lucha y no podían resistir de forma indefinida contra el sindicato. El asunto se había reducido a una cuestión de capacidad de resistencia, con ambos lados sometidos a la prueba.

A estas alturas llegó de Washington un nuevo mediador. Él informó a los dirigentes de la huelga que había convencido al jefe de la Alianza Ciudadana a suspender la lucha. A solicitud del sindicato, aseguró por escrito que los patrones aceptarían su propuesta de acuerdo. El pacto estipulaba elecciones realizadas por la Junta Laboral para decidir el reconocimiento sindical; el voto se limitaría a los empleados que estaban en las plantillas de las compañías en la fecha en que había comenzado la huelga. La representación sindical incluiría a los trabajadores internos en las empresas del mercado de mayoreo y se tomaría una decisión sobre los salarios mediante el arbitraje.

El 21 de agosto de 1934, los miembros del sindicato votaron a favor de aceptar la nueva propuesta de acuerdo y la huelga terminó. En las elecciones supervisadas por la Junta Laboral, el sindicato ganó el derecho de negociar en nombre de una mayoría de los empleados en la industria del transporte en general. La decisión del arbitraje fijó los salarios en 52½ centavos por hora para los choferes de camión y en 42½ centavos por hora para los ayudantes y trabajadores internos; al cabo de un año cada categoría recibiría otro aumento de 2½ centavos por hora.

En toda la lucha, lo fundamental había sido la conquista del reconocimiento del sindicato. Al lograrse, todo atraso en otros aspectos no sería más que limitado y temporal.

El sindicato, establecido ya firmemente en la industria, se hallaba en una situación favorable para lograr avances progresivos. Al tomar en cuenta todos los factores, los trabajadores habían ganado una victoria arrasadora y el Local 574 había surgido de la lucha como fuerza importante en el movimiento obrero de Minnesota.

I

Intentan fabricar cargos

El triunfo del Local General de Choferes 574 sobre los patrones del transporte por camión significó un golpe contundente contra la Alianza Ciudadana. Durante años esta organización capitalista había ejercido prácticamente una dictadura sobre Minneapolis. Controlaba el gobierno municipal, incluido el departamento de policía, entre bastidores. Su ala bancaria mantenía un control estricto sobre los fondos del erario público y sus anunciantes capitalistas dictaban la política editorial de los diarios. Estos poderes se utilizaban para mantener un paraíso del taller abierto en que el pueblo trabajador era explotado despiadadamente para la ganancia privada de la clase patronal.

Cuando se inició la campaña de sindicalización de los Teamsters en la primavera de 1934, la Alianza Ciudadana había contraatacado con una movilización propia. Se lanzó una campaña especial de afiliación en un intento de desarrollar un frente sólido de todos los patrones en la ciudad. Se recabaron fondos para un arca de guerra. Se creó un "comité asesor" para sentar la política para los patrones del transporte por camión. Si alguna empresa titubeaba en desafiar el creciente poder de los Teamsters, se empleaban amenazas de represalias económicas para mantenerla en la manada de lobos de la Alianza.

Tras una pantalla propagandística que tildaba a la campaña de sindicalización de "complot comunista", plantaron soplones y agentes provocadores en el Local 574. Prepararon a matones armados y esquiroles profesionales para utilizarlos contra los trabajadores. Aunque las autoridades certificaron como "policías especiales" a los asistentes de alguacil movilizados durante la huelga de mayo de 1934, en la práctica constituían un ejército privado de los patrones. Eran reclutados principalmente por la Alianza Ciudadana, que también desempeñaba un papel clave en armarlos y establecer una sede especial para su uso.

Durante la huelga de julio y agosto, se dio órdenes a la policía de que realizara un ataque asesino con rifles antimotines contra piquetes pacíficos. Según lo veían los dirigentes de la Alianza, el lidiar con la airada reacción pública que suscitó esta atrocidad era simplemente un problema táctico. Se hicieron esfuerzos para contrarrestar la condena pública del acto perpetrado a sangre fría, haciendo que organizaciones cívicas de los capitalistas emitieran declaraciones alabando la "valentía" de la policía. Tras cometer tales actos de brutalidad, los patrones tuvieron el descaro de exigir que a los trabajadores acusados de "violencia" durante la lucha se les negaran sus empleos.

Ninguna de esas tretas rompehuelgas sirvió. El Local 574 ganó la lucha; en la industria del transporte surgió un sindicato fuerte y los patrones tenían que tratar con él. Esto significaba que la Alianza Ciudadana, ya debilitada por una derrota mayor, ahora tendría que enfrentar una tendencia más amplia hacia la sindicalización entre los trabajadores estimulados por la victoria de los Teamsters. Había cambiado la correlación de fuerzas de clases y los dirigentes de la Alianza empezaron a tantear nuevas formas de combatir al movimiento obrero.

De entrada emitieron una nueva declaración de guerra, utilizando al alcalde A.G. Bainbridge como vocero. Conforme los huelguistas victoriosos retornaban al trabajo el 22 de agosto de 1934, la edición matutina del *Minneapolis Tribune* publicó una declaración del alcalde:

"La resolución de la huelga no debe considerarse una victoria para los comunistas...", afirmó Bainbridge. "Advierto por este medio desde ya que nuestra lucha contra el comunismo apenas comienza, y me comprometo a dedicar tiempo y esfuerzo para librar a nuestra ciudad de quienes desafían la ley y el orden y que solo pretenden destruir nuestro gobierno. Será una lucha hasta el fin y no quedaré satisfecho hasta que se haya echado de nuestra ciudad a todos los que fomentan el desorden y el odio de la autoridad legal. Que esto sirva de advertencia".

Al destacar el significado fundamental de la declaración del alcalde, el Local 574 respondió en su propio periódico, el *Organizer*, a él y a los patrones:

"[Bainbridge] pretende fabricarle cargos a todo trabajador que luche por sus derechos. La Alianza Ciudadana, dolida porque tuvo que tragarse el acuerdo, planea echar su sabueso [el jefe de policía] Johannes contra unos cuantos trabajadores inocentes y desquitársela con su pellejo. Advertimos a todos los enemigos del movimiento obrero: el Local 574 ayudará en la lucha contra cualquier tipo de fabricación de cargos. Quienes empiecen este tipo de asunto serán responsables de todas las consecuencias".

Unas semanas después, se lanzó indirectamente otro ataque de *red-baiting* contra el movimiento obrero. Temprano en la mañana del 16 de octubre, vándalos allanaron la Librería Obrera, manejada por el Partido Comunista, en el centro de Minneapolis. Volcaron y rompieron muebles, destrozaron folletos y los regaron por el piso. Se robaron decenas de tomos costosos, así como una pequeña suma de efectivo que había en la librería. En la ventana dejaron un rótulo mal hecho en que se leía, "Una moderna Fiesta del Té de Boston. No queremos rojos en Minneapolis". Luego los saqueadores condujeron unas cuantas millas por el Boulevard Wayzata e hicieron una hoguera con los materiales saqueados. Al lado de la fogata dejaron una segunda nota que decía: "Primera advertencia a los comunistas".

Los diarios locales trataron este acto vandálico con complacencia. El *Minneapolis Journal* incluso llegó a atribuírselo a "airados ciudadanos encolerizados por la actividad de fuerzas revolucionarias en Minneapolis". Al parecer, se pensó que ese lance propagandístico podría suscitar apoyo público para ataques de justicieros contra "rojos". Esa idea partía de la base de que la impopularidad del Partido Comunista impediría protestas importantes dentro del movimiento sindical. De haber sido así, se habría podido ir extendiendo ataques similares a otras víctimas.

El Partido Comunista, que para entonces estaba totalmente estalinizado, había sido el propio autor de su aislamiento en el movimiento de masas. Una combinación de política ultraizquierdista y faccionalismo ciego había hecho que el PC acusara de trotskistas a los dirigentes huelguísticos del Local 574 durante el conflicto con los patrones. Para los trabajadores enfrascados en la lucha, esto se parecía bastante al *red-baiting* que realizaban los patrones, y a los estalinistas se les llegó a ver como enemigos del sindicato. Conscientes de ese sentimiento, quienes trazaban la política de la Alianza Ciudadana trataban de explotarlo en beneficio propio.

Sin embargo, una vez más habían subestimado al Local 574, que había sido la principal víctima del faccionalismo sin principios de los estalinistas. En una declaración publicada en el *Organizer* el sindicato señaló:

"Hay muchos trabajadores en esta ciudad que no le tienen simpatía al Partido Comunista. Pero sería una política realmente miope abstenerse por tal razón de entablar una vigorosa protesta contra este vandalismo... Si creen que pueden salirse con la suya, a estos justicieros les gustaría aterrorizar a todo trabajador, a toda persona de pensamiento liberal en la ciudad. Pero no se van a salir con la suya... Si la policía no frena el saqueo que realizan contra los trabajadores estos buitres forajidos, lo haremos los trabajadores".

Luego del episodio de justicieros, se tramó un nuevo complot, esta vez directamente contra el Local 574. Se desprendía de la muerte de un asistente especial de policía, C. Arthur Lyman, ocurrida durante la huelga de mayo de 1934. Lyman era un rico abogado miembro de la junta directiva de la Alianza Ciudadana. Desde su muerte los patrones habían procurado pintarlo como un mártir "que peleó por su país en el extranjero [en la Primera Guerra Mundial], y que supo luchar y morir por los mismos principios aquí en el país". Ahora se disponían a encontrar víctimas entre los huelguistas a quienes fabricarles el cargo de haber matado a Lyman; de paso esperaban implicar a los dirigentes de la huelga en una supuesta conspiración para cometer homicidio. Su objetivo no era solo paralizar a la dirección de los Teamsters; sencillamente esperaban aterrorizar a toda la AFL de la ciudad y contener la ola sindical que se venía desarrollando.

El Local 574 supo por primera vez del complot por información oficiosa brindada por funcionarios de la AFL que integraban el gran jurado del Condado de Hennepin.

Los habían puesto en el jurado por su pose de "estadistas del movimiento obrero". El capitalismo utiliza ese tipo de gente, siempre que le resulte práctico, para dar al movimiento sindical una representación simbólica en organismos públicos. El objetivo es dar la impresión de que las medidas tomadas por estos cuerpos cuentan con la aprobación general de la clase trabajadora.

Es un truco para entrampar a los sindicatos en los mecanismos del régimen capitalista a fin de engañar a los trabajadores respecto al carácter antiobrero de la política gubernamental. Con el ardid además pretenden comprometer al ala conservadora del movimiento sindical y utilizarla para obstruir los esfuerzos de la clase obrera por combatir los ataques capitalistas.

En el caso de Lyman el gran jurado se había enterado de que se preparaban cargos de homicidio contra Emanuel (Happy) Holstein, un miembro del Local 574 que se había desempeñado en el comité de huelga. En ese preciso instante los funcionarios sindicales que formaban parte del jurado debían haber denunciado abiertamente el complot. Aparentemente pensando que tal acción empañaría su imagen de "estadistas", no lo hicieron. Por lo menos le informaron, disimuladamente, al Local 574 de lo que se percibía, y eso ayudó mucho. El sindicato pudo empezar los preparativos para enfrentar el ataque inminente.

Nuestros informantes también reportaron que el fiscal del condado estaba titubeando en cuanto a la presentación de "pruebas" contra Holstein. Su problema era comprensible. Indudablemente muchos huelguistas se habían preguntado si Lyman había sido uno de los asistentes de policía con quienes se habían enfrentado personalmente durante la reñida lucha que se dio en la zona del mercado en mayo. También hubo uno que otro alardeo al respecto, especialmente en las tabernas después de unas cuantas rondas alegres. Sin embargo, al contemplarlo sobriamente, nadie podía saber realmente quién había golpeado a este asistente de policía en particular.

En primer lugar, es sumamente improbable que alguien del bando sindical supiera que Lyman se hallaba entre los asistentes de policía sino hasta que más tarde se anunció su muerte en los periódicos. Los Teamsters y los directores de la Alianza Ciudadana andaban en círculos sociales distintos y era poco probable que se conocieran personalmente. Además, con una masa de picuetes enfrascados en un acalorado combate contra un gran cuerpo de policías y asistentes de policía, los rasgos personales no podían servir de señas de identidad. Los huelguistas llevaban insignias sindicales, los policías vestían uniforme y los asistentes tenían chapas de policías especiales prendidas a su ropa de civil. Estos fueron —y tenían que ser— los medios de distinguir al amigo del enemigo en una batalla muy movida; a los contrincantes no se les distinguía como individuos. En tal situación era absurdo alegar que un huelguista determinado había aporreado a un asistente de policía específico.

Los patrones hacían de lado esos hechos obvios. Estaban decididos a utilizar la muerte de Lyman para acusar al sindicato de homicidio de la forma que fuera. Designaron entonces a detectives para que fabricaran un caso lo mejor que pudieran. Una vez se hizo esto, se ordenó al fiscal del condado que entrara en acción. Indudablemente se daba por sentado que se podría utilizar una propaganda intensa para encubrir las enormes fallas en las "pruebas".

Holstein fue arrestado el 3 de noviembre, detenido sin cargos. De inmediato, el Local 574 llamó a todo el movimiento obrero para pedir apoyo frente a este caso fabricado. El llamado recibió una respuesta rápida. Se formó un amplio comité de defensa sindical en una asamblea numerosa de funcionarios de la AFL. Simultáneamente se denunció el complot de la Alianza Ciudadana en el *Labor Review*, órgano oficial de la Unión Central del Trabajo, compuesto por delegados de todos los sindicatos de la AFL en la ciudad.

"El movimiento sindical se ha puesto de un humor muy feo ante el intento de montarle cargos a Happy Holstein", declaró el periódico de la AFL. "Los sindicalistas no hemos olvidado cómo fueron asesinados Henry Ness y John Belor, valientes miembros de Choferes 574, y cómo fueron baleadas por la espalda más de 40 personas más. El que no se haya hecho esfuerzo alguno para arrestar o instruir de cargos a los peces gordos responsables de ordenar su muerte, mientras que a Happy Holstein, un trabajador humilde, intentan fabricarle cargos, está convenciendo a los trabajadores más que nunca de que el llamado mecanismo de justicia es el mecanismo de justicia de clase y no de una justicia equitativa".

Después de unas dos semanas, el comité de defensa obtuvo la excarcelación de Holstein recurriendo al habeas corpus. Muy pronto lo volvieron a arrestar, esta vez bajo cargos formales de haber matado a Lyman. Fijaron la fianza en 10 mil dólares. El Sindicato de Choferes de Camiones Lecheros puso sus posesiones como garantía para ese fin y depositó la fianza, y de nuevo Happy fue puesto en libertad. El intento de fabricarle cargos finalmente concluyó cuando el gran jurado votó declarando que había insuficiencia de pruebas.

Entretanto, Phillip Scott, a quien proyectaban como segunda víctima, había sido arrestado. Era un joven de 19 años que había participado en la huelga de mayo. Al preparar la defensa de Phillip, los abogados del sindicato se enteraron por su madre que tenía antecedentes de dificultades emocionales. Cuando estaba en la escuela lo habían mantenido en una clase especial atendido por un médico. Parte de su problema emocional era una tendencia de dar respuestas destinadas a satisfacer a cualquiera que lo interrogara.

Un detective de la policía había engatusado a Scott para que fueran a emborracharse. Luego lo metieron a la cárcel y le sacaron una "confesión" de que había garroteado a Lyman hasta matarlo. Sobre esa base el fiscal diseñó un escenario con el propósito de implicar a la directiva de la huelga. A Phillip lo sometieron a la dura prueba de un juicio sensacionalista y al final fue absuelto. Así fracasó todo el intento de fabricar cargos.

Habiendo sufrido una derrota más, los patrones decidieron por el momento dejar que el asunto reposara y buscar una nueva oportunidad para darle al sindicato un golpe en la nuca.

2

Enfrentamiento en el liderazgo

Mientras combatía el intento de fabricarle cargos de homicidio, el Local 574 se preparaba también para avanzar en la lucha general contra los patrones del transporte por camión. En un editorial en el *Organizer* se dio la pauta de esa perspectiva. Luego de resumir los logros realizados con las luchas huelguísticas victoriosas, el editorial añadió:

"Se ha forjado un vínculo más estrecho entre los hombres que producen para el lucro de quienes los explotan. Al hacerse más estrecho este vínculo, disminuirá el grado de explotación. La tarea inmediata del sindicato consiste en consolidar sus posiciones, ganar más fuerza y prepararse para el próximo paso… ¡FORJAR UN SINDICATO MÁS GRANDE Y MEJOR!" (énfasis en el original).

Para llevar a cabo estos objetivos, era necesario resolver las contradicciones existentes en la cúpula del Local 574. Había que destituir a incompetentes que ejercían cargos sindicales. Eso ahora se podía lograr, gracias al trabajo preparatorio que ya se había hecho. La Liga Comunista había emprendido su campaña para ser reconocidos como dirigentes a los ojos de los miembros de fila del sindicato con objetivos claramente definidos así como un cálculo cuidadoso de las tácticas y del momento oportuno.

Desde el comienzo, la construcción de un ala izquierda amplia en el local se fundamentó en los conceptos programáticos esenciales de una política de lucha combativa contra los patrones. Aunque esta perspectiva suponía un enfrentamiento decisivo con funcionarios sindicales conservadores, su destitución no se proyectó al principio como objetivo inmediato. Eso podría haber dado la impresión errónea de que los militantes trotskistas se interesaban principalmente en obtener cargos sindicales. Para evitar esa idea equivocada, se desarrolló una táctica de flanqueo. En vez de propugnar un rápido cambio formal en el liderazgo del local, se presionó a los funcionarios titulares para que cambiaran su política a fin de satisfacer las necesidades de los trabajadores.

Se promovió un programa para la construcción de una organización fuerte que pudiera emplear toda su fuerza en nombre de todos los trabajadores en la industria del transporte. Esta óptica se contrapuso a la política oficial existente de crear oportunidades especiales para unos pocos relativamente privilegiados. La perspectiva del ala izquierda tuvo una amplia acogida entre los trabajadores. Ellos estaban listos para movilizarse y lanzar una lucha para establecer el sindicato en toda la industria. De ahí se deducía que el impulso desarrollado en tal lucha conduciría hacia un enfrentamiento decisivo en torno a la cuestión del liderazgo.

Al principio el ala izquierda se había formado en torno al comité organizador voluntario en las carbonerías de taller abierto. El comité funcionaba como una agrupación de trabajadores combativos y como instrumento para impulsar el sindicato. Se había desarrollado un componente no oficial —pero de todas maneras real— de liderazgo entre una masa creciente de trabajadores que aún tenían que luchar para abrirse paso en el sindicato.

El principal obstáculo a la sindicalización total de la industria del carbón era una camarilla organizada por Cliff Hall, un aprendiz de burócrata con un profundo anhelo de ser reconocido como "estadista obrero". Miembro del Sindicato de Choferes de Camiones Lecheros, él había sido contratado por la junta directiva del Local 574 para ser agente de negocios del local. En virtud del cargo asistía a las reuniones de la junta y ejercía control sobre una mayoría de ese organismo.

Existía una minoría de dos de los siete miembros de la junta que se oponía a Hall. Eran William S. Brown, presidente del sindicato, y George Frosig, vicepresidente; ambos simpatizaban con el concepto de forjar una organización más grande y más fuerte. Ayudados por la presión de masas movilizada por el comité organizador voluntario, Brown y Frosig impusieron un cambio de política gracias al cual se incorporó a los trabajadores del carbón al sindicato.

Durante la consiguiente huelga del carbón, la camarilla de Hall logró mantener el control oficial. No obstante, con la cooperación de Brown, como presidente del local, el ala izquierda creciente en el sindicato logró ejercer suficiente influencia para que las líneas de piquete fueran eficaces. Esto aseguró una victoria sindical parcial, a pesar de las negociaciones chapuceras que hubo en torno a las condiciones del acuerdo. Dicho éxito, junto a la campaña general de sindicalización que le siguió, llevaron los acontecimientos internos del sindicato a un plano nuevo y superior. Comenzó a desarrollarse una situación de autoridad dual de liderazgo.

Los victoriosos trabajadores del carbón se habían convertido en un componente fundamental del local. Esa fuerza se utilizó para imponer una decisión que elevó al comité organizador voluntario a la condición de organismo sindical oficial. Los trabajadores de otras secciones de la industria del transporte por camión que ingresaban en tropel al local tendían a emular a los veteranos de la huelga del carbón, buscando la orientación del comité organizador, ya oficial. Por consiguiente, de forma sostenida el ala izquierda fue ganando tamaño e influencia.

Dentro del sindicato las tácticas sobre la cuestión de liderazgo se reajustaron de forma correspondiente. Con respecto a ciertos asuntos el comité organizador sencillamente soslayaba a la junta ejecutiva; cuando eso no era posible o recomendable, ahora contaba con la fuerza para meter a la junta en cintura en cuanto a asuntos importantes. Sin embargo, en todos los casos se cuidaba de no precipitar un enfrentamiento prematuro en el liderazgo en torno a asuntos secundarios. Todas las medidas tácticas se formulaban a tono con los objetivos estratégicos en la lucha contra los patrones.

Cuando se dio el paro de mayo, un comité de huelga electo democráticamente ejercía un poder considerable. Esto marcaba un avance más hacia el objetivo del ala izquierda de establecer control por las filas sobre todos los asuntos sindicales, aun cuando formalmente la autoridad de la junta ejecutiva tuviera prioridad sobre la del comité de huelga.

Tras la huelga se adoptó otra medida que intensificó el desarrollo de la autoridad dual en el liderazgo. Cinco dirigentes del ala izquierda fuimos agregados oficialmente al plantel organizativo del sindicato. Éramos Grant, Miles y V.R. (Ray) Dunne, Carl Skoglund y yo: todos miembros de la Liga Comunista. La mayoría de las filas nos consideraba a los cinco, más Bill Brown, presidente del sindicato, como la verdadera dirección central del sindicato.

Cuando los patrones impusieron a los trabajadores otra huelga en julio, el Local 574 entró en la fase más crítica del conflicto. Se había vuelto imperativo que todos los asuntos sindicales se manejaran de forma competente: decisiones sobre la política a seguir, piquetes, negociaciones, todo. Afortunadamente, para entonces la situación interna del local había progresado al punto que se podían adoptar las medidas que hicieran falta.

El sindicato eligió a un numeroso comité de huelga, que era genuinamente representativo de las filas. A este comité se le otorgó autoridad ejecutiva total durante la huelga; sus poderes desplazaban explícitamente los de la junta ejecutiva. Ésta sencillamente se incorporó temporalmente al comité amplio. Así se podía soslayar la autoridad formal de los incompetentes en la junta ejecutiva; la medida minimizaba el peligro de tener problemas en ese aspecto. Con el sólido respaldo de los miembros, el ala izquierda había afirmado su responsabilidad plena del liderazgo hasta lo que durara la lucha.

Finalizado el paro, el comité de huelga fue disuelto. La autoridad formal revirtió a la junta ejecutiva, donde Hall aún controlaba una estrecha mayoría. Esperando aprovechar el desgaste posterior a la huelga entre las filas, él lanzó un ataque de *red-baiting* contra los militantes trotskistas, como pantalla para realizar actividades perjudiciales dentro de la organización. El aliento que recibió de otros funcionarios conservadores de la AFL envalentonó a la camarilla de Hall. Además, ellos evidentemente contaban con obtener ayuda de Tobin, jefe de la Hermandad Internacional de Teamsters, quien tenía la posibilidad de ejercer fuertes presiones sobre el local.

No se podía permitir que la situación se enconara. Se

exigía tomar acción decisiva consistente en un enfrentamiento abierto en torno a la cuestión del liderazgo. Hartos ya de Hall y otros de su calaña, los miembros del sindicato estaban listos para dar ese paso.

Se forzó una decisión para programar una nueva elección de funcionarios del sindicato. Brown salió reelecto presidente del local, y a Frosig se le puso de nuevo en la vicepresidencia, en tanto que ambos habían estado del lado progresista en todo momento. Un síndico, Moe Hork, quien había roto con su anterior colaboración con Hall y se había desempeñado bien durante la huelga, también fue reelecto. Los cargos restantes los ganamos los militantes trotskistas: Grant Dunne, secretario de actas; F. Dobbs, secretario-tesorero; Ray Dunne y Harry DeBoer, síndicos.

Ni Miles Dunne ni Carl Skoglund, quienes habían estado entre los dirigentes centrales de las huelgas, se postularon para un cargo. A Miles se le había asignado ayudar a un local de los Teamsters en Fargo, Dakota del Norte. Carl tenía un problema de ciudadanía por lo que no era recomendable que fuera candidato en ese momento.

Según los estatutos de la IBT, los siete funcionarios electos constituían la junta ejecutiva del local. Como primer acto oficial, la nueva junta despidió sumariamente a Hall. Ya que su afiliación a la IBT era por el Sindicato de Choferes de Camiones Lecheros, la destitución de Hall como agente de negocios lo eliminó totalmente del escenario del Local 574. Tras completar así la limpieza general, el local podía presentar un frente sólido contra los patrones. Se podía movilizar plenamente su fuerza para defender e impulsar los intereses de los trabajadores; y a la cabeza de la lucha irían militantes aguerridos que estaban unidos en torno a un programa común.

El liderazgo nuevo y homogéneo funcionaba como equipo. Nadie se pavoneaba como protagonista estelar o intentaba ser dictador. Primaba un empeño genuinamente colectivo, con una división de trabajo diseñada según las necesidades del sindicato, y se valoraban los aportes de cada individuo. Se iniciaron medidas para ir ampliando gradualmente el equipo de liderazgo, educando para ello a militantes destacados de las filas. Así se desarrolló una columna creciente de dirigentes secundarios; estos, por su parte, ayudaron a forjar estrechas relaciones entre la dirección y los miembros. De ese proceso surgió una unidad que le permitió al sindicato avanzar como fuerza de combate eficaz.

Se desecharon los conceptos tradicionales de "agente de negocios" de la AFL, así como otras concepciones burocráticas acerca de "manejar" un sindicato en vez de dirigirlo. Los miembros de la junta ejecutiva actuaban de forma colectiva como dirección central del local. En esa calidad no presumían de dar órdenes a las filas, sino que daban una orientación global a la labor de proteger y fortalecer la organización, tomando las decisiones ejecutivas que fueran necesarias para cumplir con esa responsabilidad.

Se estableció un plantel de organizadores a tiempo completo, compuesto de funcionarios sindicales y miembros que habían desempeñado un papel destacado en las huelgas. Sus tareas consistían por lo general en dirimir quejas laborales, captar nuevos miembros, manejar las negociaciones con los patrones y ocupar un papel dirigente en cualquier paro que se convocara. En el curso de 18 meses el plantel creció a 14 miembros. Estos incluían a Ray, Miles y Grant Dunne, Carl Skoglund, Bill Brown, Harry DeBoer, George Frosig, Ray Rainbolt, Kelly Postal, Jack Maloney, Emil Hansen, Clarence Hamel, Happy Holstein. A mí se me encargó la función de director del plantel.

En cuanto a los salarios del plantel, la dirección del sindicato desechó la escandalosa práctica burocrática de confabular para percibir salarios comparables con los de ejecutivos de empresas. La paga de los miembros del plantel debía ser de 26 dólares por semana, salario promedio de los camioneros por aquella época; al lograrse aumentos salariales para los trabajadores, los miembros del plantel conseguirían un aumento similar. Sin embargo, durante un período extenso, sus miembros recibieron a lo sumo 20 dólares semanales, a veces menos. Eso se debió a los problemas monetarios que enfrentó el local después de la prolongada lucha contra los patrones. Al bregar con estos problemas el plantel procuró dirigir dando el ejemplo, subordinando las necesidades personales a las exigencias del sindicato en esa época difícil. De diversas formas propias, los miembros del sindicato reaccionaron ante el ejemplo de forma correspondiente.

Ya fuera un funcionario electo o un aprendiz de organizador, todos los miembros del plantel sindical recibían la misma paga. No había que contratar a nadie para prestarle servicio al sindicato; eso lo harían ellos en cualquier caso lo mejor que pudieran. Se trataba de permitir que un número determinado de individuos dedicara su tiempo entero a la labor organizativa. Con ese criterio, se esperaba el máximo esfuerzo de cada persona; toda diferencia en los servicios prestados sencillamente resultaría de diferencias en su experiencia y capacidad individual.

Ni el cargo sindical ni el talento individual tenía nada que ver con el nivel de paga. Todos los miembros del plantel compartían problemas comunes de subsistencia y todos recibían salarios comparables, haciéndose ajustes especiales solo cuando alguien en particular tenía responsabilidades familiares excepcionales. En éste, como en todos los demás aspectos, había un solo tipo de ciudadanía en el local; lo compartían por igual los funcionarios electos, los organizadores a tiempo completo y las filas.

Para completar el mecanismo organizativo, se estableció un sistema de delegados en los centros de trabajo. En cada empresa los miembros del sindicato escogían a un representante para ocupar ese cargo. Como era de esperarse, los que eran escogidos como delegados habían desempeñado un papel destacado durante las huelgas. El amplio comité de huelga se estaba transformando efectivamente en un organismo sindical permanente con funciones vitales.

En su calidad de representantes sindicales directos en el centro de trabajo, su deber consistía en defender los derechos de los miembros del sindicato; velar por que se cumplieran los acuerdos con los patrones; integrar a las filas del sindicato a todos los que laboraban en ese centro; e insistir en que se mantuvieran al corriente con su cotización. Se celebraban asambleas regulares del cuerpo de delegados, en cuyas deliberaciones participaba el plantel sindical. Estas sesiones llegaron a ser un aspecto clave del mecanismo organizativo por las funciones vitales que desempeñaban los delegados. En gran medida, estos eran los ojos y oídos y el centro neurálgico del sindicato.

Entre las reivindicaciones del Local 574 previas a la huelga, se habían incluido disposiciones para un convenio de taller cerrado, que implicaba afiliación obligatoria y el pago obligatorio de la cuota sindical. Esto se había hecho a insistencia de Hall, quien sostenía un criterio burocrático sobre el tema. Ese criterio concibe el taller cerrado como instrumento liberador... pero para los burócratas, no para los trabajadores. Permite a los funcionarios que están sentados encima de un sindicato que más o menos libremente desoigan o actúen en contra de los deseos de las filas. Por más descontento que se cree entre los trabajadores, aún hay que pagar la cuota, y los burócratas siguen teniendo las arcas del sindicato a su disposición.

Sobre este mismo tema surge una concepción distinta cuando los trabajadores se sienten inspirados por el sindicato. Ellos desarrollan un sano resentimiento contra los gorrones en el centro de trabajo y buscan formas de obligarlos a que al menos contribuyan financieramente a la causa. Eso los lleva a apoyar el que se incluya en el convenio con un patrón una cláusula que haga obligatorio el pago de la cuota sindical. De ahí que la cuestión del taller cerrado es un problema táctico, que se debe decidir según toda la complejidad de factores en una situación determinada.

En el caso del Local 574, la demanda de Hall a favor de un taller cerrado no era realista. Como lo demostraron los hechos, hizo falta una lucha encarnizada para ganar hasta la forma más elemental de reconocimiento del sindicato. Sin embargo, ya que adquirían prioridad otros factores más complejos en la situación sindical interna, no era sensato oponerse a Hall en cuanto al taller cerrado. Se dejó que el asunto sencillamente muriera de muerte natural durante la lucha con los patrones.

Ahora que se había vencido a los patrones y que el local estaba firmemente arraigado en la industria del transporte, las filas estaban muy a favor de la afiliación obligatoria y del pago obligatorio de la cuota sindical. El problema radicaba en hallar la vía para aplicar la obligatoriedad deseada. Se habían tomado medidas claves hacia ese fin al establecer el plantel sindical y organizar el sistema de delegados. Se ideó entonces otra medida más que se llegó a conocer como la "campaña contra esquiroles".

Periódicamente se llevaban a cabo campañas de este tipo. Se realizaban movilizando a todo el plantel sindical y a un buen número de activistas sindicales voluntarios que se ausentaban de sus trabajos para este fin. Se organizaba una operación de peine por la ciudad. Se detenían camiones en las calles; se revisaban los andenes de carga, salas de despacho, almacenes, etcétera; se cobraban las cuotas de los miembros morosos y se inscribía a nuevos miembros. Gracias a toda esta combinación de medidas el local logró mantener un taller sindical bastante hermético.

De forma paralela a estas medidas, se idearon métodos para ampliar el alcance del local y simplificar su estructura. Se aprovechó al máximo la carta constitutiva "general" que había obtenido de la IBT. Se inscribió a los trabajadores cuyas labores estuvieran relacionadas —según cualquier definición plausible— con el transporte por camión a medida que el Local 574 penetró todos los rincones de la industria que no estuviesen explícitamente comprendidos por otra carta constitutiva de la IBT.

En su funcionamiento interno, el local celebraba asambleas generales dos veces al mes, a las que podían asistir todos los miembros; estas reuniones trataban principalmente problemas amplios y fundamentales. Para lidiar con asuntos surgidos de la naturaleza diversa de la industria del transporte, se establecieron subsecciones para manejar asuntos propios de uno u otro sector de la industria. Esto permitía que los trabajadores en cada sección tomaran decisiones acerca de sus problemas peculiares. Al mismo tiempo, al tratar con los patrones, tenían la ventaja de gozar del respaldo sólido del sindicato en su conjunto. De vez en cuando, a una de las secciones le resultaba necesario convocar a una huelga en su ámbito de la industria. Sucedía que estas luchas se ganaban sin la necesidad de reforzarlas con un paro general de los miembros del sindicato. Pero la fuerza de ese tipo siempre estaba a mano, en caso de necesitarse.

Se cuidó de sistematizar el mecanismo sindical para proteger los derechos democráticos de las filas. Esta atención, claro está, surgía naturalmente de un liderazgo que procuraba conscientemente involucrar a los miembros en todos los aspectos de la actividad del local. Había plena libertad de expresión para todos los puntos de vista. La dirección presentaba de forma razonada las cuestiones de políticas a seguir, y fomentaba una discusión plena para lograr un claro entendimiento de los objetivos del sindicato. La asamblea general de los miembros tenía la última palabra sobre todos los problemas; era la autoridad suprema de la organización.

El local aprobaba nuevos estatutos una vez que el comité redactor los había contemplado cuidadosamente y las filas los habían estudiado. Según las normas modificadas, se elegía a los funcionarios por un plazo de un año. Ese procedimiento daba a los miembros una oportunidad frecuente de revisar su desempeño y decidir si debían ser reelectos o remplazados. El proceso electoral comenzaba con nominaciones para los cargos en una asamblea general de los miembros. Luego se permitía un período de un mes para hacer campaña, durante el cual los candidatos de la oposición gozaban de los mismos derechos que los titulares que buscaban ser reelegidos. La votación se realizaba entonces por voto secreto en la sede del sindicato, donde las urnas permanecían abiertas dos días. Cinco jueces electorales escogidos por los miembros dirigían todo el proceso.

En general, el control de las filas sobre los asuntos del Local 574, incluida la selección democrática de la dirección, se había hecho realidad. Esa era la razón de su fuerza.

3

Política de lucha de clases

Con el cambio en la dirección oficial, los esfuerzos para forjar un ala izquierda cada vez más fuerte asumieron nuevas formas dentro del local. Ya no se trataba de desarrollar una agrupación amplia en torno a un programa combativo en aras de desplazar a los maldirigentes que estaban en la cima de la organización. Ahora había revolucionarios conscientes al timón, y ellos gozaban de relaciones armoniosas con los miembros de fila. Tal como estaban las cosas, el sindicato mismo se había convertido en una formación de ala izquierda tanto en el movimiento obrero de la ciudad como en la IBT. Las diferenciaciones internas se habían reducido fundamentalmente a distintos grados de conciencia de clase. De ahí se desprendía que la siguiente tarea de importancia era hacer que los miembros en general adquirieran más conciencia de las leyes de la lucha de clases.

Los trabajadores que carecen de experiencia radical ingresan a los sindicatos empapados de conceptos falsos y prejuicios que los gobernantes capitalistas les han inculcado desde la infancia. Así era el caso con los miembros del Local 574. Ellos comenzaron a aprender lecciones de clases únicamente en el transcurso de las luchas contra los patrones.

Sus experiencias huelguísticas les habían enseñado mucho. La dura realidad socavó conceptos de que los trabajadores algo tienen en común con los patrones. Comenzaron a desvanecerse las ilusiones de que la policía es "protectora del pueblo". Se les abrieron los ojos ante el papel del gobierno capitalista, según se manifestaba con sus métodos de regir por engaño y brutalidad. A la vez, los trabajadores iban ganando confianza en su fuerza de clase, al haber salido victoriosos de su enfrentamiento organizado contra los patrones.

Para intensificar el proceso de aprendizaje que tan bien había empezado ya, la dirección del sindicato ahora empezó un programa educativo. Se organizaron cursos de estudio abiertos a todos los miembros. El plan de estudio incluía economía, historia y política del movimiento obrero, oratoria, estrategia de huelga, y estructura y tácticas sindicales. Cuando resultaba práctico, los informes de los funcionarios ante las asambleas de los miembros se presentaban con miras a hacerlos tanto instructivos como informativos en cuanto a los hechos. En el periódico del sindicato se publicaban artículos de carácter educativo. Los temas variaban, desde análisis de problemas locales hasta reportajes sobre sucesos y discusiones sobre problemas del movimiento obrero nacional e internacional.

Estos esfuerzos contrastaban notablemente con la política de los burocráticos funcionarios sindicales. Los burócratas no consideran al movimiento sindical como instrumento combativo dedicado exclusivamente a los intereses de los trabajadores, más bien tienden a considerar los sindicatos como base sobre la cual edificar sus carreras personales como "estadistas del movimiento obrero".

Tales ambiciones los llevan a buscar relaciones de colaboración con la clase dominante. Con ese fin, los burócratas razonan que —puesto que son los patrones quienes proveen empleos— el trabajo y el capital tienen intereses comunes. Sostienen que los explotadores del trabajo deben obtener ganancias "justas" para poder pagar salarios "justos". Les dicen a los trabajadores que deben mantener una actitud "responsable" para que los patrones vean a los sindicatos como parte necesaria de sus negocios. En todos los aspectos se le concede a la clase dominante una enorme ventaja en relación con las filas sindicales.

Al llevar a cabo su línea de colaboración de clases, los burócratas sindicales ejercen un estricto control sobre las negociaciones con los patrones. Tratan de evitar huelgas en torno a convenios de trabajo por todos los medios posibles. Cuando se produce un paro, generalmente aprovechan la primera oportunidad de llegar a un acuerdo.

Una vez firmado un contrato con el patrón, dan por terminadas todas las hostilidades. Los intentos de los miembros de tomar acción directa donde sea necesario para hacer cumplir el convenio los declaran "no autorizados" y una violación de "pactos solemnes". De hecho, los burócratas a menudo se confabulan con los patrones para tomar represalias contra los trabajadores rebeldes.

El liderazgo del Local 574 repudió tajantemente la fracasada línea de los colaboracionistas de clases. Se enseñaba a los miembros que no puede existir una paz de clases equitativa. En el capitalismo predomina la ley de la selva. Si los trabajadores no luchan como clase para defender sus intereses, los patrones los van a timar. Reflejando estos conceptos, el preámbulo de los nuevos estatutos aprobados por el local decía:

"La clase trabajadora, cuya vida depende de la venta del trabajo, y la clase patronal, que vive del trabajo de los demás, se enfrentan en el terreno de la industria disputándose la riqueza creada por los que trabajan. La vida de los patrones se rige por el afán de ganancias. Bajo el sistema salarial, los salarios bajos, las horas largas y la aceleración del ritmo de trabajo son armas en manos del patrón. Procurando siempre una parte más grande de la riqueza creada por su trabajo, el trabajador debe depender de su fuerza organizada. Al programa de los patrones hay que oponer una política combativa respaldada por la acción unificada.

"En el pasado, los sindicatos no han cumplido con su deber histórico. Las masas de trabajadores no están sindicalizadas. Hace mucho ya que la forma artesanal ha sido superada por la gigantesca expansión capitalista. Los sindicatos industriales son la orden del día.

"Es derecho natural de todo el trabajo poseer y gozar de la riqueza que ha creado. Organizados por industria y preparados para la dura lucha cotidiana: es así que los trabajadores, como clase, pueden lograr conquistas que perduren".

Como afirmaban estos planteamientos en el preámbulo, no se jugaba con ideas reaccionarias sobre relaciones de clases estables en la industria del transporte por camión. Se buscaba estabilidad únicamente para el propio Local 574, de modo que se pudieran atender mejor las necesidades de los miembros. Las relaciones con los patrones se desarrollaban según las realidades de la lucha de clases. Los conceptos que esto suponía se ilustran con el enfoque del sindicato hacia la cuestión de los convenios de trabajo con las empresas del transporte.

Se reconocía que los contratos entre los sindicatos y los patrones solo sirven para codificar la correlación de fuerzas de clase en una determinada coyuntura. Más precisamente, los contratos simplemente documentan las promesas que se les han arrancado a los patrones. Si un sindicato se dirige mal, los patrones violarán sus promesas, socavarán el contrato en la práctica cotidiana y pondrán a los trabajadores a la defensiva. Y a la inversa, un sindicato debidamente dirigido se esforzará para que el contrato se cumpla al pie de la letra. También, en la medida que resulte práctico, tratará de ir más allá de las condiciones formales del acuerdo a fin de establecer precondiciones para obtener mejores cláusulas por escrito cuando toque renovar el contrato. En todos los casos, o los sindicatos presionan por una mayor mejora en la situación de los trabajadores, o los patrones podrán concentrarse en intentos de anular los logros de los trabajadores.

Otro asunto relativo a estos factores básicos es el plazo de vigencia de los convenios laborales. Los funcionarios sindicales colaboracionistas de clases —que ansían que las relaciones obrero-patronales sean estables— prefieren convenios a largo plazo. Ellos quieren mantener a los miembros congelados en la situación existente durante el mayor tiempo posible. En cambio, los dirigentes sindicales combativos prefieren convenios que duren relativamente poco tiempo, de manera que se puedan registrar logros para los miembros con más frecuencia.

En el caso del Local 574, la práctica general consistía en limitar los convenios a un plazo de un año. Esta norma se aplicó no solo en la negociación de las disposiciones del convenio renovado cuando más adelante venció el acuerdo surgido de la huelga de agosto de 1934, sino cuando se firmaban contratos con compañías cuyos empleados acababan de sindicalizarse.

Respecto a cómo hacer que los patrones cumplan sus promesas, el manejo de los reclamos es vital. También aquí la política colaboracionista de clases es una trampa para los trabajadores. Los burócratas sindicales se aprestan a incluir en los contratos una promesa de no hacer huelgas y a remitir los reclamos al proceso de arbitraje. Los trabajadores salen perdiendo porque las juntas de arbitraje están amañadas en su contra; los "imparciales" miembros de las juntas invariablemente son "neutrales" del lado de los patrones. Es más, los patrones quedan en libertad de violar a voluntad los convenios de trabajo, mientras los reclamos se van acumulando detrás del dique de arbitraje.

Asimismo, cuando el gobierno capitalista proclama una "emergencia nacional", los funcionarios sindicales conservadores propenden a hacer una promesa general de no hacer huelgas. Lo hacen por decreto burocrático, sin que las filas obreras tengan voz en la decisión. Tal actitud de "estadista del movimiento obrero" equivale a proclamar una "tregua" general entre los trabajadores y los patrones. En realidad no se produce tregua alguna. Los capitalistas simplemente usan su gobierno para atacar al movimiento sindical bajo el pretexto de una "emergencia nacional", y a los trabajadores, privados en esta situación del arma de la huelga, les dan por el cuello.

Un acontecimiento ocurrido el otoño de 1934 entrañó justo esta cuestión. En nombre de la "recuperación nacional", el presidente Franklin D. Roosevelt pidió al movimiento sindical que renunciara a su derecho a la huelga. En disputas con los patrones, dijo, los sindicatos debían aceptar los dictámenes de las juntas gubernamentales como decisiones finales y obligatorias. William Green, presidente de la AFL, se apresuró a secundar la propuesta de Roosevelt y a llamar al movimiento sindical a llevarla a la práctica. El Local 574 respondió tanto a Roosevelt como a Green con un editorial en el *Organizer*:

"*El movimiento obrero no puede ni va a renunciar al*

arma de la huelga. En el pasado, el movimiento obrero no ha recibido ningún beneficio real de las juntas gubernamentales ni de las autoridades constituidas. Lo que ha obtenido el movimiento obrero en cuanto a reconocimiento de sindicatos, alzas salariales y mejores condiciones laborales, se ha logrado *a pesar de estas juntas*... La huelga es la única arma que los patrones respetan... El que haya o no una época de paz industrial dependerá de la respuesta que los patrones den a nuestras demandas" (énfasis en el original).

Dicha postura no significaba que el Local 574 convocara a huelgas a la ligera. Estas luchas siempre conllevan dificultades para los trabajadores. Si el sindicato procediera alegremente de un paro a otro, sin contemplar cuidadosamente todos los factores de la situación, fácilmente podría desgastar sus fuerzas combativas. Lo importante es que un sindicato se mantenga listo y pueda emprender una acción huelguística cuando haga falta. En realidad, hay ocasiones en que la disposición misma de usar el arma de la huelga puede hacer su empleo innecesario.

El hecho que el sindicato local mantuvo su derecho incondicional a la huelga y su disposición de usar esta arma fue un factor central al hacer cumplir el acuerdo de 1934 con las empresas del transporte. No se hizo caso a los intentos de los patrones de imponer el arbitraje de los reclamos obreros. Tenían que cumplir plena e inmediatamente las disposiciones del acuerdo, o pagar las consecuencias.

Al llevar a cabo esta política, la dirección del sindicato no simplemente se quedaba esperando que eventualmente algún miembro entablara un reclamo. Se instaba a todos los trabajadores a exigir plenamente sus derechos en el trabajo, a protestar toda denegación de esos derechos y a solidarizarse con los compañeros de trabajo que se toparan con dificultades. Con ese fin, cuando se modificaron los estatutos, se incluyó una disposición inusual. Se exigía que los nuevos miembros asumieran la siguiente obligación:

"Solemne y sinceramente doy mi palabra y comprometo mi honor de que seré verdaderamente leal al Local 574 y a todo el movimiento obrero sindicalizado. Obedeceré las normas y los reglamentos de mi sindicato. Reclamaré todos mis derechos en el trabajo según el convenio sindical bajo el que esté trabajando. No actuaré como esquirol en contra de mis hermanos trabajadores de ninguna industria u oficio, y en caso de una huelga por mi sindicato o cualquier sindicato legítimo, haré todo lo posible para contribuir a la victoria de los trabajadores en huelga".

A la anterior obligación se le añadió algo importante: cuando se convocaba a una asamblea para abordar reclamos contra un patrón, los estatutos modificados hacían obligatoria la asistencia de todos los miembros del sindicato que trabajaban en la compañía implicada.

Por importantes que fueran estas cláusulas, servían principalmente como medio de educar a los miembros sobre los principios sindicales fundamentales. Las obligaciones y reglas formales no podían garantizar por sí solas el dinamismo necesario para que dichos principios se aplicaran en la práctica cotidiana. Para ese fin, las cualidades combativas del Local 574 tendrían que demostrarse de nuevo en la situación cambiada tras resolverse la huelga de julio y agosto. Las empresas del transporte prontamente brindaron una oportunidad de hacerlo.

Los patrones se resistieron a adaptarse a la nueva presencia sindical en la industria y en diversas formas trataron de actuar como si nada hubiese cambiado. Comenzaron a acumularse reclamos por discriminación contra sindicalistas. En teoría, bajo las condiciones del acuerdo de agosto, esos asuntos los debía de tratar la Junta Laboral de Roosevelt, pero ese organismo no hacía nada.

Por tanto, se advirtió que si la junta no cumplía las funciones acordadas, eso llevaría a la acción directa por parte del sindicato. No atendieron la advertencia. Se declaró entonces un paro contra unas cuantas compañías —las culpables de las violaciones más flagrantes— y éstas se vieron obligadas a resolver todos los reclamos. La industria entera captó el mensaje. Después de eso, solo hizo falta realizar acciones huelguísticas esporádicas para hacer cumplir los convenios de trabajo.

No solo era cuestión de escarmentar a los patrones. Al mismo tiempo, todos los miembros del sindicato recibieron una impresionante garantía de que sus reclamos serían atendidos en serio. También se demostró que se respaldaría a los delegados sindicales con toda la fuerza del sindicato. Así se iba forjando la unidad en la acción entre la junta ejecutiva, el plantel organizativo, los delegados y las filas para meter a los patrones en cintura.

El local se encaminaba hacia el establecimiento del control sindical en el lugar de trabajo. Además, sería el tipo de control que siempre procurara ayudar a los trabajadores, jamás perjudicarlos.

Estas características progresistas se desprendían de la ideología de lucha de clases que ahora predominaba en el Local 574. Por supuesto, existían diversos grados de comprensión de esta ideología entre las distintas capas de los miembros. Entre las capas más amplias, la conciencia de clase se desarrollaba solo en las formas más elementales. Empezaba a despertarse la conciencia sobre los antagonismos básicos en torno a los intereses de clases entre trabajo y capital. Se percibía en general la necesidad de la unidad obrera, así como la necesidad de usar la fuerza del sindicato en la defensa enérgica de los intereses del movimiento obrero.

Una capa más reducida pero importante de miembros

estaba aprendiendo lecciones políticas de sus experiencias en la lucha de clases. Estos trabajadores estaban comenzando a entender algunas de las causas de los antagonismos de clases entre el trabajo y el capital. Percibían cada vez mejor el papel de clase que ocupaba el gobierno de los patrones. Se estaba inculcando en su conciencia la comprensión de que en el capitalismo el conflicto de clases era un proceso interminable y complejo.

Algunos de los trabajadores más avanzados desarrollaron progresivamente su pensamiento hasta volverse receptivos a las ideas socialistas-revolucionarias. Por consiguiente, fueron reclutados uno o dos a la vez al partido trotskista, llamado entonces Liga Comunista.

En el partido revolucionario —que representa la forma más elevada de conciencia de clase dentro del movimiento obrero— estos trabajadores avanzaban más aún en su comprensión de la lucha de clases. Aprendían la necesidad de que la clase obrera y sus aliados se orienten hacia una lucha por el poder estatal. Se les demostraba que ninguno de sus problemas básicos podría resolverse de forma definitiva a menos que se aboliera el capitalismo y se reorganizara la sociedad en un sistema socialista culto. También comenzaban a aprender sobre el programa, la estrategia y la táctica necesarios para lograr ese objetivo revolucionario.

De paso cabe señalar que la lealtad a un programa no siempre conduce automáticamente a aceptar en su totalidad las responsabilidades organizativas que ello implica. Hay casos de negligencia organizativa en las que incurren individuos que por lo demás son leales. Pero a pesar de esa debilidad, siguen siendo capaces de hacer aportes importantes al movimiento. Una dirección astuta tendrá en cuenta este último factor y se empeñará en involucrar a tales individuos en actividades hasta donde sea posible.

Dos ejemplos del Local 574 ilustran este hecho: los casos de Bill Abar, un miembro de fila, y de Bill Brown, presidente del local.

Abar era un ejército de un solo hombre en las líneas de piquete, pero mostraba poco o nada de interés en los asuntos sindicales de rutina. En una situación de huelga, era seguro que estuviera en primera fila en las asambleas de los miembros, con ganas de entrar en acción. En cambio, en otras ocasiones faltaba a las asambleas con mucha frecuencia y, en consecuencia, delinquía en el pago de sus cuotas sindicales. Aunque estas negligencias eran lamentables, en el caso de Abar se consideraban secundarias. El plantel del sindicato solía hacer colectas voluntarias para asegurar que se cumpliera con sus obligaciones de cuotas. Eso se hacía por respeto a sus cualidades como luchador y por la confianza que se le podía tener al darse una huelga.

Brown, en cambio, se mantenía totalmente activo en el sindicato. Sus defectos a nivel organizativo eran otros. Él se consideraba un trotskista leal y, políticamente, lo era. Sin embargo, por razones propias, él no llegó a afiliarse al partido trotskista para ofrecer ayuda organizativa directa en su construcción. Si bien esto implicaba, desde una óptica formal, que se debía excluirlo de las reuniones de los miembros del partido dentro del Local 574, no se hacía así. Se le invitaba a participar siempre que se iban a debatir asuntos importantes relacionados con la política sindical.

Había diversas razones para proceder así. Como partidario leal de la política de lucha de clases del partido dentro del sindicato, Brown se había ganado el derecho a este respeto y confianza. Por su parte, él correspondía haciendo importantes aportes en las discusiones sobre la política a seguir. Al mismo tiempo, estas discusiones colectivas ampliaban su visión más allá del marco habitual, más limitado, de las deliberaciones sindicales formales.

Esto le permitía actuar con más eficacia para alcanzar los objetivos de la dirección sindical.

Entre los trotskistas del Local 574, las discusiones sobre la política a seguir eran esenciales para su funcionamiento como fracción organizada del partido. Dentro de la fracción, los camaradas del partido tenían igualdad de voz y voto, lo cual se aplicaba a todos, fueran miembros de fila, delegados sindicales, organizadores o funcionarios electos del sindicato. Este procedimiento emanaba de los objetivos comunes que tenían como militantes políticamente conscientes. Todos procuraban impulsar perspectivas de lucha de clases entre los trabajadores en general y ayudar a poner en vigor dichas perspectivas en acción. Respecto a las diferencias de condición formal dentro del sindicato, éstas tenían que ver principalmente con la forma en que cada camarada individual contribuía al esfuerzo unitario.

Las fracciones de ese tipo actuaban como subdivisión de una rama general de miembros que abarcaba a todos los camaradas del partido en la ciudad. La rama incluía a trabajadores de diversos sindicatos, así como a estudiantes e intelectuales. A través de su relación colectiva —enfocada en las actividades políticas y la educación socialista— a todos se les ayudaba a ampliar y profundizar su conciencia revolucionaria. Las publicaciones del partido distribuidas a nivel nacional, especialmente el semanario trotskista *The Militant*, facilitaban este proceso.

Los miembros que militaban en actividades de lucha de clases siempre contaban con la orientación y ayuda directas de la dirección nacional del partido. Esto fue demostrado con creces durante la etapa crítica de julio y agosto en la lucha del Local 574 contra los patrones del transporte. Altos dirigentes del partido llegaron a Minneapolis para brindar ayuda sobre el terreno al sindicato enfrascado en la batalla. Su apoyo no solo consistía en dar valiosos consejos políticos a los dirigentes del sindicato que estaban en medio de una lucha compleja. También trajeron a especialistas para ayudar en cosas tan vitales como la publicación del *Organizer*, la movilización de apoyo entre los desocupados y el manejo de problemas judiciales.

Gracias al conjunto de sus esfuerzos para reforzar las luchas obreras, el partido fue captando progresivamente a nuevos miembros. Sus avances en el Local 574 eran solo parte de ese fenómeno. Las tendencias más amplias del crecimiento del partido se reflejaron en las estadísticas de la rama de Minneapolis. En 1933 la rama tenía cerca de 40 miembros y simpatizantes cercanos; a fines de 1934 la cifra ya era más del doble, ascendiendo a unos cien.

También se estaban logrando avances a nivel nacional, como se vio simbolizado en un acontecimiento especialmente notable. A fines de 1934, la Liga Comunista se fusionó con el Partido Americano de los Trabajadores (*American Workers Party*—AWP), creando una nueva organización llamada Partido de los Trabajadores de Estados Unidos (*Workers Party of the United States*—WPUS). La fusión se basó en la aceptación común del programa trotskista esencial.

En el AWP había revolucionarios que habían dirigido una huelga de trabajadores automotrices en la planta Electric Auto-Lite en Toledo, Ohio. Su lucha había sido comparable a las huelgas de Minneapolis por su combatividad e importancia nacional. Estos dirigentes obreros revolucionarios de Toledo y Minneapolis ahora se habían unido en el mismo partido. Era un buen presagio para el movimiento trotskista al comenzar el año 1935 en la forma del Partido de los Trabajadores.

4

Se extiende la lucha

Estimulados por la victoria sindical en la industria del transporte, trabajadores por toda la ciudad comenzaron a orientarse hacia la sindicalización como medio para lograr una mejor vida. Dondequiera que se desarrollaba una nueva batalla, las filas obreras trataban de emular los métodos del Local 574, sobre todo en la formación de amplios comités de huelga. Por lo general se invitaba a representantes del Sindicato General de Choferes a que formaran parte de estos comités para aconsejar a los huelguistas sobre métodos eficaces de lucha.

La primera escaramuza en el conflicto que se ampliaba ocurrió en el otoño de 1934 en la empresa Arrowhead Steel Products Co. La mayoría de los 200 empleados de la planta se afilió al Local 382 de la Asociación Internacional de Mecanometalúrgicos (*International Association of Machinists*—IAM), filial de la AFL. El patrón les impuso un *lockout* y ellos rápidamente transformaron este cierre patronal en una huelga combativa. A petición de los huelguistas, el Local 574 les ayudó a organizar la lucha y apoyó la línea de piquete. Después de unas dos semanas la compañía aceptó negociar con el sindicato. Se logró un acuerdo con el que los trabajadores lograron un alza salarial y el sindicato quedó firmemente establecido en la planta.

El éxito del Local 382 en la Arrowhead le dio ímpetu a una campaña de sindicalización que el local venía realizando entre los mecánicos en las sucursales de ventas y en los talleres de refacción de automóviles. El Local 459 de la IAM en St. Paul se sumó a la campaña y al poco tiempo se había sindicalizado a más de 2 mil mecánicos en Minneapolis y St. Paul. En este caso la batalla no se iba a ganar tan fácilmente. La Alianza Ciudadana se ocupó de movilizar a los patrones de los garajes contra los trabajadores y de desarrollar tácticas para destruir el sindicato. Por otro lado, los funcionarios de la IAM decidieron emprenderla solos, evidentemente con la esperanza de impresionar a los patrones con su "respetabilidad" al mantener al Local 574 al margen de la situación.

En aras de ofrecer una imagen de "estadistas del movimiento obrero", los dirigentes sindicales comenzaron por buscar elecciones de representación sindical a través de la Junta Laboral. Al parecer, partían del supuesto que una victoria sindical en tales elecciones forzaría a los patrones a aceptar el sindicato; pero las cosas no resultaron así. Justo antes de celebrarse las elecciones programadas, la Alianza Ciudadana lanzó un ataque contra Herman Hussman, el agente de negocios del Local 382. El ataque consistió en una orden judicial para impedir que a Hussman le otorgaran documentos de ciudadanía, recurriendo a un intento de asesinato de carácter. Esta artimaña antisindical suscitó el apoyo del movimiento obrero en general en defensa de Hussman, y al final le otorgaron los documentos.

A pesar de la campaña difamatoria, la IAM ganó las elecciones por el derecho a la negociación colectiva. Luego los patrones de los garajes acordaron reunirse con los representantes sindicales, pero rehusaron hacerles una sola concesión a los trabajadores. De hecho, aún alegaban que la cuestión del reconocimiento sindical seguía siendo el problema fundamental. Por consiguiente, los mecánicos de autos votaron a favor de salir en huelga contra todos los garajes en las Ciudades Gemelas el 3 de enero de 1935.

Se montaron líneas de piquete en las firmas afectadas, y los huelguistas portaron rótulos que declaraban que esas compañías eran "injustas con el movimiento sindical". Esta táctica no impresionó mucho ni a los patrones ni a los esquiroles que la Alianza Ciudadana ayudó a movilizar. En Minneapolis se organizaron policías especiales de las empresas para proteger a los esquiroles, y algunos funcionarios de empresas comenzaron a portar armas de fuego. Al pasar los días y constatarse que la mayoría de los garajes funcionaba como de costumbre, se hacía cada vez más evidente que la huelga era ineficaz. Algunos trabajadores entre las filas, preocupados y airados, comenzaron a presionar a los funcionarios sindicales para que consiguieran ayuda competente, y finalmente se le ofreció al Local 574 la oportunidad de arrimar el hombro y ayudar.

A Ray Dunne se le asignó asistir al local de St. Paul. De inmediato organizó y dirigió una nutrida fuerza móvil que fue peinando los garajes, sacando a los esquiroles y cerrando las instalaciones. Esto causó estupefacción entre patrones y rompehuelgas en St. Paul. Ellos sencillamente habían observado desde el otro lado del río mientras ardía la guerra en Minneapolis en 1934. El repentino impacto de piquetes combativos ya de cerca los llenó de consternación. A partir de entonces hubo pocos intentos de reabrir los lugares cerrados por la huelga. Por consiguiente, el paro en esa ciudad se mantuvo más o menos pacífico hasta que se logró un acuerdo.

En Minneapolis la situación era diferente. Nos enfrentábamos a nuestro viejo enemigo, la Alianza Ciudadana, y la lucha se tenía que organizar de manera acorde. Nos enviaron a Jack Maloney y a mí para ayudar al Local 382, junto con George Dreon, quien se había desempeñado en nuestro comité de huelga en 1934. El comité de mecánicos me nombró director táctico de los operativos de piquetes. A Maloney y a Dreon se les asignó organizar escuadrones de piquetes móviles al estilo antes desarrollado por el Local 574.

Nuestro primer objetivo era racionalizar las instalaciones operativas del sindicato. En el cuartel general se estableció un comedor con capacidad para servir comidas calientes. Esto les permitía a los huelguistas comer de forma regular y a la vez mantenerse disponibles para cumplir tareas. Ya que pensábamos desafiar las tácticas de mano dura empleadas por los patrones, también se montaron instalaciones para un hospital de emergencia. Se imprimió un boletín de huelga para divulgar la causa de los trabajadores. Aparecía como edición especial del *Labor Review*, órgano oficial de la Unión Central del Trabajo.

La política de mantener piquetes en todos los garajes que estaban en huelga se mantuvo para vigilar las actividades de las compañías. Sin embargo, donde fuera que surgieran problemas, rápidamente se enviaban escuadrones de piquetes móviles para ofrecer una presencia sindical fuerte. Nuestro objetivo era detener las operaciones rompehuelgas, y los huelguistas pelearon duro para lograr ese objetivo.

En los enfrentamientos que muy pronto se dieron, los patrones se enfrentaron con saña a los huelguistas. En uno de los garajes un policía especial disparó contra tres piquetes: Claire Hogan, Burns Powers y Everett Lindfors. Los dos primeros recibieron heridas en las piernas y el tercero recibió un tiro en la cara.

En una de las principales agencias automotrices, fueron dos de los principales patrones quienes balearon a los piquetes. Bufort Eastman fue baleado en el muslo, H.W. Collins en la mano y Louis LeMaux en la pierna. Sin dejarse aterrorizar, los huelguistas desarmaron a los dos pistoleros y frenaron la actividad rompehuelgas que ahí se realizaba. Entonces, el jefe de policía Johannes, quien en 1934 se había ganado el apodo de "Mike el Sangriento", empezó a atacar a las víctimas de los patrones. Ordenó el arresto de los piquetes pacíficos por "escándalo público".

A pesar de la violencia desatada en su contra, los huelguistas estaban cerrando con eficacia los garajes en huelga. Su posición se vio reforzada aún más cuando el 16 de enero los dueños de los garajes de St. Paul llegaron a un acuerdo con el Local 459. Sin embargo, los patrones de Minneapolis resistieron obstinadamente estas presiones y siguieron oponiéndose al sindicato. Esto agudizó en especial un problema que había sido creado por Herman Hussman, el agente de negocios del Local 382.

Hussman quería ofrecerles pelea a los patrones, pero le estorbaba su previa preparación como agente de negocios de la AFL. Esa debilidad le hacía mantener un control estrecho sobre las negociaciones, a menudo reuniéndose él solo con el mediador federal y con el comité patronal. Así había desarrollado la idea de que uno de los patrones en el comité se mostraba amistoso para con el sindicato. Si bien este "amigo" operaba su garaje con esquiroles, Herman insistía en que los piquetes lo dejaran en paz, para que no se volviera antagónico en las negociaciones.

En las reuniones diarias de la huelga, Hussman daba informes sobre sus discusiones con el mediador y con los patrones. Al escucharlo día tras día, nos fue quedando más y más evidente que su "amigo" venía urdiendo una treta contra el sindicato. El asunto se discutió entre los dirigentes de piquetes y se decidió que este patrón necesitaba un buen espolazo. Los escuadrones de piquetes visitaron su garaje, escogiendo adrede un momento en que se realizaba una sesión de negociación. Arrasaron aquel sitio como un torbellino, barriendo con todos los esquiroles. Cuando su "amigo" recibió un informe telefónico de lo que había sucedido, entró en estado de shock y solicitó un receso en la sesión de negociación.

A Hussman le afectó casi tanto como al patrón. Poco después irrumpió encolerizado en la sede del sindicato. Paseándose de un lado a otro, agitando los brazos en el aire gritaba, "No me digan que esto pasó por error. Detrás de esto hubo un cerebro". Al final se calmó, se tomó un par de aspirinas y se tiró en uno de los catres del hospital para relajar los nervios.

El espolazo pareció ayudar. El 19 de enero los patrones de Minneapolis firmaron un acuerdo con el sindicato basado en condiciones similares a las acordadas antes en St. Paul. Los trabajadores recibieron aumentos salariales importantes, se mejoraron las condiciones laborales y se estableció un sistema de delegados sindicales para hacer cumplir el contrato. Una vez más se había dado una paliza a la Alianza Ciudadana. Un sindicato combativo había logrado el reconocimiento y estaba firmemente arraigado en la industria de garajes.

Mientras se desarrollaban estas acciones en las Ciudades Gemelas, también se había desarrollado una batalla importante en Fargo, Dakota del Norte. Su origen se remontaba a septiembre de 1934. En aquel entonces los funcionarios del Local General de Choferes 173 en Fargo habían solicitado orientación de liderazgo de los victoriosos Teamsters de Minneapolis. Miles Dunne, quien había visitado la ciudad un poco antes y estaba familiarizado con la situación, fue enviado a ayudarles. Para poder indicar con qué se iba a topar, hace falta un breve bosquejo de los antecedentes.

Fargo, una ciudad con menos de 50 mil habitantes, se desarrolló como centro ferrocarrilero y bancario basado en la economía del trigo de la región. También había unas cuantas fundiciones y plantas procesadoras de alimentos. Aparte de eso, los empleos se limitaban principalmente a las imprentas, los oficios de construcción y las industrias de distribución. La vida económica de la ciudad estaba entrelazada con la de una comunidad vecina más pequeña, Moorhead, Minnesota. Las dos ciudades estaban conectadas por un puente sobre el río Rojo, que demarca la frontera entre Minnesota y Dakota del Norte.

Durante el apogeo de los Obreros Industriales del Mundo (*Industrial Workers of the World*—IWW) se había dado bastante actividad sindical en este centro poblacional y en sus alrededores y la clase patronal se había vuelto muy diestra con métodos de justicieros para lidiar con dicha actividad. En la década de 1920 el IWW decayó y fue gravemente paralizado por la represión durante la Primera Guerra Mundial. Desde entonces el movimiento obrero en Fargo se había mantenido débil, casi inactivo. Solo existían unos cuantos gremios de oficios afiliados a la AFL y todos con una membresía reducida. Los trabajadores aguantaban jornadas largas bajo pésimas condiciones con salarios bajos; muchos carecían totalmente de trabajo en aquellos tiempos de depresión. Como sucedió con otros trabajadores de la región, se inspiraron con las noticias del éxito de los Teamsters en Minneapolis. Por consiguiente, los sindicatos comenzaron a lograr avances en la afiliación de miembros, sobre todo el Local 173 de la IBT.

Fue en ese momento que entró en escena Miles Dunne. Primero ayudó a lanzar una campaña de sindicalización en la industria lechera, que procesaba leche cruda para la distribución doméstica. La campaña triunfó con rapidez y pronto se les presentaron reivindicaciones a los patrones. Cuando estos rehusaron negociar, se convocó a la huelga el 3 de noviembre de 1934. La eficacia del paro pescó desprevenidos a los patrones. Al final del primer día pidieron una tregua y dijeron que estaban listos a negociar con el sindicato. Los trabajadores aceptaron y 10 días más tarde se firmó un convenio en que se estipulaban aumentos salariales, la regulación de las horas de trabajo y mejores condiciones laborales.

El éxito del Local 173 en la industria lechera estimuló el reclutamiento en el transporte de carga y en las carbonerías. También se atrajo a los trabajadores dedicados al corte de hielo en el río Rojo, hielo que sus patrones venderían el verano siguiente. Los empleados en todos estos trabajos pronto fueron sindicalizados en casi un 100 por ciento. Luego se presentaron demandas ante los patrones, quienes rehusaron negociar. El 22 de enero de 1935, se declaró la huelga contra las compañías implicadas. Se establecieron líneas de piquete —respaldadas con escuadrones móviles— en cada lugar de trabajo. En un abrir y cerrar de ojos, los huelguistas tenían paralizada la ciudad.

Entretanto, los patrones de Fargo habían pedido a la Alianza Ciudadana de Minneapolis que les ayudara a contrarrestar la estrategia y las tácticas introducidas por Miles Dunne. Esto llevó a una movilización de bandas de justicieros similares a las empleadas por la Alianza Ciudadana contra el Local 574 en mayo de 1934. En el caso actual, para reclutar el ejército privado que la clase dominante deseaba, recurrieron a la Legión Americana. Para el quinto día de huelga, se había conformado una fuerza de casi

300, a quienes las autoridades municipales habían nombrado como agentes para hacerlos pasar como "policías especiales".

Armada con cachiporras, esta fuerza represiva atacó las líneas de piquete del sindicato el 27 de enero. En la trifulca que se dio, arrestaron a 32 huelguistas. Oficialmente se les acusó de "desbandada", que el fiscal posteriormente definió como una "acción encaminada a un disturbio".

Poco después se lanzó un ataque contra la sede sindical. En ese momento se encontraban unos 75 hombres en las instalaciones, junto a una veintena de mujeres y niños. Una gran fuerza de agentes se congregó enfrente del edificio en la Primera Avenida y —sin advertencia— dispararon gases lacrimógenos por las ventanas de la sede del Local 173 en la segunda planta. Cuando las víctimas de los gases lacrimógenos salieron por las escaleras hacia la calle, tuvieron que aguantar una hilera de justicieros, y a varios sindicalistas los garrotearon.

Al saquear el cuartel general, los agentes especiales ocuparon los libros de contabilidad y las actas del sindicato. Setenta de los huelguistas que estaban en la sede fueron arrestados bajo cargos de "obstruir a un agente". Otros trabajadores fueron detenidos en el transcurso del día, y al anochecer ya estaban presos más de 90. Uno de ellos era Miles Dunne, a quien acusaron de "incitar al disturbio".

Cuando se supo del ataque en Minneapolis, nos enviaron a Jack Maloney y a mí para ayudarles a los huelguistas de Fargo a reorganizarse. La primera tarea era sacar a Miles y a los demás luchadores sindicales bajo fianza. Para los arrestados habían establecido fianzas por un monto de casi 50 mil dólares. Para colmo, las autoridades dictaminaron que como garantía de las fianzas solo se aceptarían bienes raíces ubicados dentro de la ciudad. Eso significaba en efecto que quienes quisieran ayudar a excarcelar a los

SHSND / FARGO FORUM

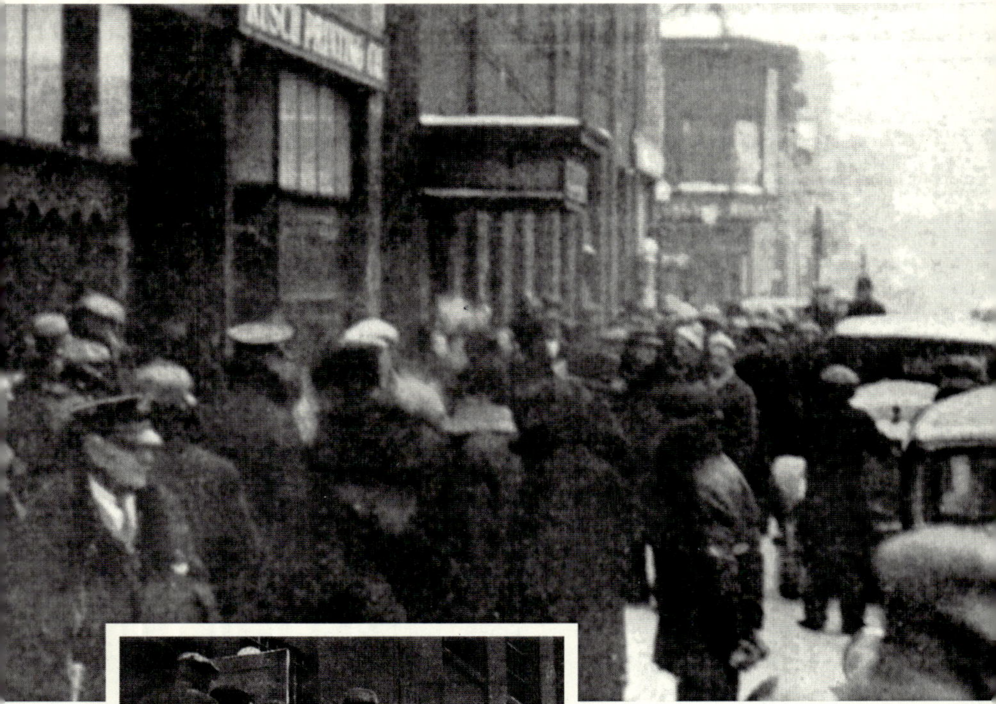

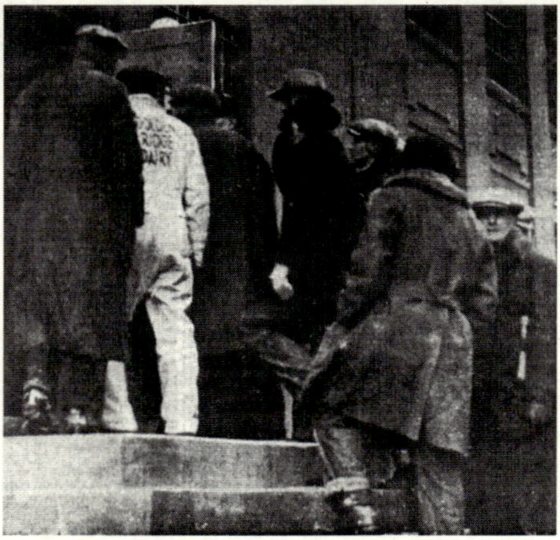

SHSND / FARGO FORUM

Arriba: policías allanan sede del Local 173 de Teamsters, 27 de enero de 1935, durante huelga de choferes en Fargo, Dakota del Norte. En el ataque lanzaron también gas lacrimógeno. Centro: conducen a arrestados a cárcel del condado. Abajo: *Fargo Forum*, principal diario capitalista local, informa que procesarán a 94 huelguistas.

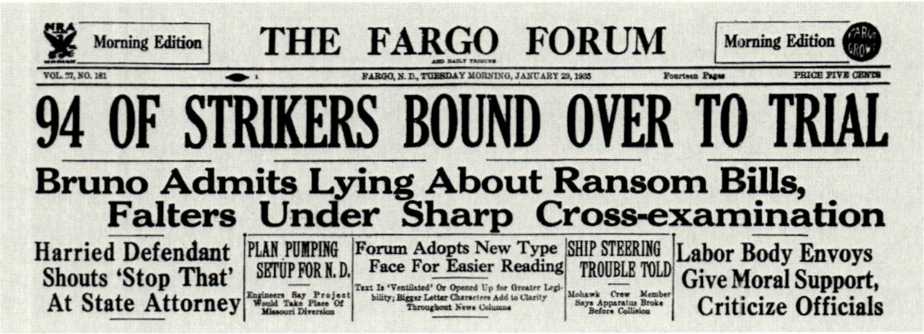

Morning Edition | THE FARGO FORUM AND DAILY TRIBUNE | Morning Edition

VOL. 57, NO. 181 | FARGO, N. D., TUESDAY MORNING, JANUARY 29, 1935 | Fourteen Pages | PRICE FIVE CENTS

94 OF STRIKERS BOUND OVER TO TRIAL

Bruno Admits Lying About Ransom Bills, Falters Under Sharp Cross-examination

Harried Defendant Shouts 'Stop That' At State Attorney

PLAN PUMPING SETUP FOR N. D.
Engineers Say Project Would Take Place Of Missouri Diversion

Forum Adopts New Type Face For Easier Reading
Text Is 'Ventilated' Or Opened Up for Greater Legibility; Bigger Letter Characters Add to Clarity Throughout News Columns

SHIP STEERING TROUBLE TOLD
Mohawk Crew Member Says Apparatus Broke Before Collision

Labor Body Envoys Give Moral Support, Criticize Officials

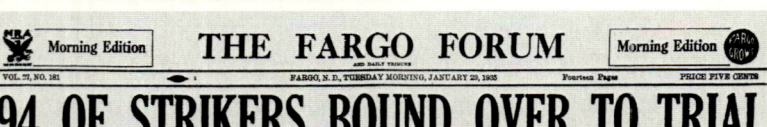

huelguistas tendrían que presentar las escrituras de sus casas como garantía. Esto parecía ensombrecer las posibilidades de lograr una acción rápida.

De repente se recibió ayuda desde un origen inesperado. Provino del señor Ballew, un viejo caballero admirable, de quien nunca supe el nombre completo. Él se adhería a los principios de las libertades civiles y poseía el valor de sus convicciones. Poseía también grandes propiedades de bienes raíces en la ciudad. Descartando la indignación que su acción provocó entre sus conocidos pudientes, puso de manifiesto su airado desacuerdo con la forma en que los patrones violaban los derechos democráticos de los trabajadores. El señor Ballew depositó sus propias propiedades como garantía de la fianza, una por una según se necesitaban, hasta que todos los huelguistas habían sido excarcelados.

Miles Dunne estaba entre los que salieron bajo fianza, pero con la salvedad de que debía abandonar el estado. Simplemente cruzó el puente a Moorhead, que queda en Minnesota. Esto lo dejaba disponible para consultas, aunque ya no era recomendable que entrara a Fargo, donde debía producirse la acción.

Nuestra segunda tarea importante fue ayudar a lograr un amplio apoyo para la huelga. Con ese fin se echaron a andar proyectos gemelos. Se dieron pasos para imprimir un boletín de huelga que presentara la causa de los trabajadores. Luego se emplearía como medio para promover una concentración de masas para protestar contra la violencia de la clase dominante.

Al principio no logramos que imprimieran el boletín en Fargo. Ni una sola firma aceptó el trabajo. Hasta los funcionarios del sindicato de tipógrafos, filial de la AFL, rehusaron ayudar. Alegaban tímidamente que la publicación del boletín proyectado "antagonizaría a la policía".

Entonces William Cruden, presidente del Local 173, y yo salimos hacia el interior de Dakota del Norte a buscar un lugar que nos hiciera el trabajo. Manejamos más de 50 millas al oeste de Fargo antes de que encontráramos un impresor que aceptara la tarea.

"¿Dónde está su texto?", preguntó.

"Se lo vamos a escribir ahora mismo", le dijimos, "y tenemos prisa de que se haga".

Nos dio lápices y unas hojas largas de papel que se usaban para sacar pruebas tipográficas. Comenzamos a escribir. Tan pronto terminamos la primera página de texto se la dimos al tipógrafo, quien la compuso en la linotipia. Seguimos escribiendo y pasándole texto al linotipista: página por página.

Al final dijo, "Ya pueden parar. Han escrito suficiente para el tabloide de dos páginas que quieren".

Nos relajamos disfrutando nuestra primera comida del día, mientras se realizaba el trabajo de impresión del boletín de huelga. Luego salimos de prisa para Fargo con los fajos de periódicos y recibimos una jubilosa acogida. El sindicato había derrotado el boicot de las imprentas. Ahora los huelguistas podrían presentar su versión de los hechos a la población de la ciudad.

Mientras tanto Jack Maloney y Austin Swalde, secretario-tesorero del Local 173, habían estado haciendo preparativos para el mitin de masas. Habían coaccionado a algunos funcionarios de la AFL para que les ayudaran a conseguir un local adecuado. Bill Brown había aceptado ir desde Minneapolis para dar el discurso principal. Lo único que faltaba ahora era un sello para poner la hora y el lugar del mitin, y el boletín se podía usar para ayudar a promover una buena asistencia.

El mitin fue un éxito. Hubo una gran concurrencia y estuvieron presentes miembros de filas de la mayoría de los sindicatos de la ciudad. Brown dio uno de los combativos discursos por los que se había hecho famoso, y a los trabajadores les encantó. Lo vitorearon enérgicamente. A partir de entonces la huelga continuó con un vigor renovado y crecieron las líneas de piquete.

Al reanudarse las actividades de piqueteo, comenzaron también los preparativos para los juicios inminentes contra los huelguistas arrestados. El Local 574 tomó la iniciativa desde Minneapolis para forjar en nombre de ellos un movimiento regional de defensa. Se contrató a Francis Heisler, abogado sindical de Chicago y simpatizante trotskista, como principal abogado de los acusados. Dos abogados de Fargo, Quenten Burdick y Lee F. Brooks, colaboraron con él. Los juicios comenzaron el 13 de febrero de 1935, ante un juez prejuiciado y hostil apellidado Paulson. Un jurado amañado iba a juzgar a los trabajadores víctimas del ataque por justicieros maquinado por los capitalistas.

Heisler era un guerrero y salió con todo lo que tenía contra el fiscal estatal Bergeson. Su ataque incisivo obligó a Bergeson a proponer que se desestimaran los casos de los trabajadores acusados de "obstruir a un agente" y de "desbandada". El juez Paulson se vio en la necesidad de conceder la moción.

Solo 16 de los arrestados fueron procesados. Entre los acusados de "disturbio" había 13 sindicalistas de filas. A Cruden, Swalde y a un tercer funcionario del Local 173, Hugh Hughes, los acusaron de "incitar al disturbio". A todos los declararon culpables. Cada uno de los 13 sindicalistas de filas recibió una condena de dos meses de cárcel. Cruden, Swalde y Hughes recibieron cada uno seis meses de trabajos forzados. Los 16 fueron excarcelados bajo fianza hasta que se apelaran las condenas.

Mientras ocurrían estos hechos, de vez en cuando se realizaban mítines públicos en Moorhead, donde Miles

Dunne podía dirigirse a los huelguistas y a sus simpatizantes. Sus charlas entonces se presentaban en el periódico del Local 173. Para entonces el periódico se imprimía en Fargo; la presión de masas sobre los funcionarios de los sindicatos tipográficos afiliados a la AFL los indujeron a contribuir a hacerlo posible. El órgano sindical ahora salía semanalmente con el nombre de *Gate City Labor Review*.

Su publicación regular ayudó a promover un apoyo creciente para la huelga. Los choferes de camiones lecheros del Local 173 participaban todo el tiempo que podían en las líneas de piquete. Se recibió ayuda entre las filas de los trabajadores de imprenta y de los gremios de la construcción. Catedráticos y estudiantes de la escuela de agricultura en la ciudad prestaron ayuda. Un número importante de trabajadores desempleados se unieron a las líneas de piquete. Se recibió apoyo de la Asociación de Feriado de Agricultores (*Farmers' Holiday Association*) y de la Unión de Agricultores (*Farmers' Union*). Los militantes entre los agricultores pusieron carteles a lo largo de los caminos que conducían a Fargo. Estos rezaban: "Ciudad de esquiroles. Manténgase alejado. No comercie en ella".

La clase patronal respondió con una campaña difamatoria contra la huelga en las columnas del *Fargo Forum*, el diario capitalista local que contaba con muchos lectores en el campo. Los predicadores denunciaban al Local 173 en sus sermones dominicales. Usando esa campaña difamatoria como pantalla, las empresas del transporte por camión consiguieron de jueces acomodaticios restricciones judiciales contra las líneas de piquete en un intento de incapacitar al sindicato.

Fue en ese momento que D.J. Tobin, jefe de la Hermandad Internacional de Teamsters, hizo su aporte. Hacia fines de marzo revocó la carta constitutiva del Local 173 por un supuesto incumplimiento del pago del impuesto per cápita a la Internacional. No le bastó que este acto criminal pretendiera "proscribir" a los huelguistas del movimiento sindical. Emitió declaraciones al *Fargo Forum* —un diario capitalista— denunciando a Miles Dunne y a los funcionarios del Local 173. Al mismo tiempo exigió que el local fuera expulsado de la Asamblea de Oficios y del Trabajo de Fargo, organismo central de los sindicatos de la AFL de la ciudad.

Los huelguistas reaccionaron ante el ataque de Tobin con furia absoluta, como hicieron muchos otros miembros del movimiento de la AFL local. Los delegados del Sindicato de Maestros tomaron la delantera para oponerse a los esfuerzos de Tobin para lograr la expulsión del Local 173 de la Asamblea de Oficios y del Trabajo. Sin embargo, al final los conservadores agentes de negocios de la AFL consiguieron llevar a cabo el mandato de Tobin y excluyeron de la asamblea al acosado local de la IBT.

Irónicamente, este golpe ocurrió en momentos en que nuevos acontecimientos estaban a punto de brindarle ayuda a la causa de los huelguistas. Expresiones generalizadas de resentimiento por las tácticas salvajes de los patrones de Fargo estaban creando una situación incómoda para los miembros de la legislatura de Dakota del Norte. Finalmente ese organismo se sintió obligado a iniciar una investigación sobre el ataque de justicieros contra el cuartel general de la huelga. A su vez, esto presionó al tribunal supremo del estado, como lo demostró su anulación posterior de los veredictos condenatorios contra Cruden, Swalde y Hughes por los cargos de "incitar al disturbio".

Desafortunadamente, estos acontecimientos ocurrieron demasiado tarde para incidir realmente en la lucha del sindicato. Se había roto la huelga, principalmente gracias a la puñalada trapera de Tobin. Tal como estaban ahora las cosas, los trabajadores en el Local 173 solo podían aspirar a mantener su sindicato a flote y aguardar por una oportunidad de reanudar la lucha contra los patrones del transporte.

5

Ampliación del ala izquierda

La expansión del auge laboral allanó el camino para extender el ala izquierda hacia círculos sindicales amplios. El Local 574 tomó la iniciativa en este sentido, algo que muchos militantes sindicales acogieron y que ellos necesitaban. Habían surgido diversos problemas de liderazgo al cobrar impulso el ritmo de sindicalización en la región. Los bienintencionados funcionarios de organizaciones nuevas carecían de experiencia y por regla general solo tenían un conocimiento limitado de la lucha de clases. Estas desventajas podían hacerlos vacilar en tiempos de crisis y cometer errores costosos. También hubo diversos casos en que los trabajadores militantes tuvieron dificultades con funcionarios conservadores que se hallaban sentados encima de sindicatos existentes que estaban experimentando un nuevo crecimiento.

Esta situación general requería el desarrollo de una cooperación organizada entre los sindicalistas que querían combatir a los patrones. Los dirigentes potenciales necesitaban ayuda de luchadores experimentados a fin de estar mejor capacitados para guiar a los trabajadores en la lucha. Por tanto, la discusión colectiva de los problemas y la comparación de experiencias estaban en el orden del día. Con ese objetivo el Local 574 procuró vincular militantes de sindicatos tanto de la AFL como independientes.

Una de las principales fuerzas integradas a esta colaboración fue el Sindicato Independiente de Todos los Trabajadores (*Independent Union of All Workers*—IUAW) en Austin, Minnesota. El sindicato se había establecido a través de una lucha enconada en la planta empacadora de carne de la empresa Hormel en ese pueblo. Ya que la AFL prácticamente no existía en las inmediaciones, empezó a atraer a sus filas a la mayoría de los demás trabajadores de la ciudad. El IUAW también extendió sus contactos para organizar a los obreros de las empacadoras en otras partes del sur de Minnesota. Al mismo tiempo estableció relaciones con otros sindicatos independientes en las plantas empacadoras del norte de Iowa.

El principal dirigente del IUAW era Frank Ellis, un hombre que contaba con bastante experiencia anterior en el IWW (Obreros Industriales del Mundo). Aunque no era marxista, había asimilado muchos conceptos de lucha de clases y era un luchador de pies a cabeza. Hacía todo lo posible para enseñar a los trabajadores que deben depender completamente de su propia fuerza y nunca depositar su confianza en ningún agente de la clase capitalista. Ellis hacía advertencias en especial contra la idea de que los trabajadores pudieran obtener justicia en los tribunales capitalistas.

"No importa la acusación por la que lleven a un trabajador ante un juez capitalista, es un caso fabricado", les decía a los trabajadores jóvenes. "Si te pescan robándote una iglesia y se te está saliendo el campanario por el bolsillo, declárate inocente".

Entre estos jóvenes obreros de la carne estaba Joe Ollman. Él avanzó más que Ellis en su conciencia política para convertirse en socialista revolucionario y firme partidario del movimiento trotskista. Joe desempeñó un papel excepcional en las actividades del ala izquierda de esa época y más adelante hizo aportes importantes para forjar el sindicato de obreros de la carne del CIO (Comité para la Organización Industrial).

Otra aliada que se integró al movimiento de ala izquierda en expansión fue la Asociación de Empleados Estatales de Minnesota. Con un gobernador del Partido de los Agricultores y Trabajadores que consideraba necesario dar al menos apoyo verbal a las campañas de sindicalización, la organización venía logrando avances importantes entre los empleados públicos por todo el estado. Era notable también la presencia de un buen número de radicales entre estos trabajadores. Uno de ellos, Julius F. Emme, era el dirigente fundador de la Asociación.

Emme, quien de oficio había sido metalúrgico, se afilió al Local 459 del sindicato mecanometalúrgico en St. Paul alrededor de 1913. Más tarde fue arrestado muchas veces por su papel en luchas obreras, y se le consideraba un dirigente del ala izquierda en los sindicatos. Habiendo ingresado también al Partido Socialista, fue director del *Minnesota Socialist* por un tiempo antes de la Primera Guerra Mundial. Después de la revolución de 1917 en Rusia, se unió al Partido Comunista y siguió militando hasta alrededor de 1925. Posteriormente llegó a considerarse trotskista, aunque no se afilió formalmente al movimiento socialista-revolucionario.

Para 1928 Emme ya estaba en todas las listas negras de la industria metalúrgica de St. Paul, por lo cual estuvo desempleado hasta 1930. En esa época —por la influencia derivada de su papel como uno de los fundadores del Partido de los Agricultores y Trabajadores— logró que el gobernador Olson lo nombrara secretario de la Comisión Industrial Estatal. Era desde la ventajosa posición de ese cargo que él se había puesto a sindicalizar a los empleados estatales. Luego, en 1935, los comisionados lo despidieron por criticar públicamente la conducta de un juez en una huelga.

Aunque Emme murió en octubre de 1935, a los 56 años, durante los últimos meses de su vida logró hacer algunos de sus aportes más importantes al movimiento.

Henry Schultz se desempeñó como organizador estatal de la Asociación de Empleados Estatales de Minnesota. De oficio era guardafrenos de tren, pero en aquellos tiempos de la depresión su poca antigüedad por ser trabajador joven no le brindaba mucho trabajo en esa ocupación. Así que en 1934 le echó una mano al Local 574 y jugó un papel destacado en la huelga de julio y agosto. Su estrecha asociación con los dirigentes de la huelga lo llevó también a unirse al movimiento trotskista. Tras ganarse la batalla, él continuó haciendo lo que podía para ayudar al Local 574; sin embargo, ahora dedicaba la mayoría de su tiempo a sindicalizar a los empleados estatales.

Los colaboradores en las actividades del ala izquierda también podían encontrarse en otros círculos. Entre ellos había diversos militantes en los ferrocarriles y en los gremios de la construcción en Minneapolis, así como jóvenes veteranos de la huelga de los garajes; trabajadores de orígenes radicales de Duluth, Minnesota, y de la Sierra del Hierro del Mesabi; y los jóvenes dirigentes de la huelga en Fargo.

En noviembre de 1934 se celebró una conferencia preliminar de militantes del ala izquierda en St. Paul. Llegaron representantes de unos 15 sindicatos de la AFL e independientes. Todos los funcionarios sindicales presentes actuaban con la aprobación de sus juntas ejecutivas.

El Partido Comunista también se presentó con toda la gente que pudo juntar, esperando apoderarse de la conferencia. La organización que cada estalinista alegaba representar era de papel, treta que eran buenos para inventar en tales ocasiones. Al hablar, empezaban diciendo, "En nombre de los 6 mil mineros del hierro en la sierra del Mesabi..." o con alguna aseveración igualmente ficticia de ser tribuno de una gran agrupación de trabajadores. Pero su estratagema no funcionó. Demasiados de los presentes conocían bien los métodos sin principios que utilizaban los estalinistas, así que se les puso firmemente en su lugar.

La conferencia se puso a trabajar en serio, y aprobó un programa de seis puntos para la construcción del movimiento de ala izquierda. Éste comprendía: el reconocimiento de la realidad de la lucha de clases en toda actividad sindical; la oposición a toda forma de colaboración de clases con los patrones; la solidaridad obrera y ayuda recíproca en las luchas sindicales; la promoción de la estructura sindical de tipo industrial; la organización de los desempleados con el apoyo pleno de los sindicatos; el desarrollo de programas educativos para la clase trabajadora.

Un período de trabajo de entablar contactos basado en estas perspectivas llevó a un encuentro más numeroso del ala izquierda celebrado en Minneapolis el 13 de abril de 1935. En esa ocasión se inició una estructura formal denominada la Conferencia de Unidad Obrera del Noroeste (*Northwest Labor Unity Conference*—NLUC). Para refutar de antemano la acusación de que se estaba creando una "federación dual", acusación que se podía esperar de los conservadores funcionarios de la AFL, se le explicó cuidadosamente a todo el movimiento obrero los objetivos y el funcionamiento de la NLUC.

Se señaló que la nueva formación de ala izquierda no duplicaba nada ni sustituía nada. No hacía nada que perturbara la unidad existente del movimiento. No se permitía la afiliación de organizaciones; los sindicalistas podían integrarse a la NLUC únicamente en calidad de individuos. Su único objetivo era ayudar a todas las organizaciones obreras para que la unidad sindical fuera más significativa y productiva. Este objetivo crucial se destacaba en su lema central: "Todos los trabajadores a los sindicatos. Todos los sindicatos a la lucha".

Para impulsar el desarrollo de un ala izquierda basada en perspectivas de lucha de clases, la conferencia escogió un comité de continuación. Lo integrábamos Frank Ellis y Joe Voorhees de Austin; Milton Carlson y R.C. Sermon de Duluth; J.F. Emme y O.R. Votaw de St. Paul; William Cruden de Fargo; Ray Dunne, Carl Skoglund y yo, de Minneapolis.

Ya que la lucha de clases conduce a arrestos y a juicios contra trabajadores en los tribunales capitalistas por cargos fabricados, se prestó atención al problema de la defensa obrera. La acción eficaz exigía medidas para lidiar con dos problemas que habían surgido en el seno del propio movimiento obrero. Uno implicaba el faccionalismo estalinista en esta esfera. El otro tenía que ver con el mal manejo de los casos por abogados sindicales conservadores.

A principios de la década de 1920, el entonces sano Partido Comunista creó un movimiento conocido como la Defensa Obrera Internacional (*International Labor Defense*—ILD). Se desarrolló bajo la orientación de James P. Cannon, quien más tarde fue uno de los fundadores y principal dirigente del movimiento trotskista en este país. Apegada a principios correctos, la ILD en aquel entonces actuaba de forma auténticamente no partidista y no faccional, presta a ayudar a todas las víctimas de la guerra de clases.

Sin embargo, cuando el PC se infectó con el virus del

estalinismo, cambió la política de la ILD. Las actividades de "defensa" se limitaron a las menudencias de pequeñas maniobras faccionales. A las víctimas embrolladas en las leyes capitalistas las usaban cínicamente para ganar uno u otro tipo de ventaja partidista para el propio PC. A los contrincantes políticos de los estalinistas por lo general les negaban toda ayuda. Peor aún, los sometían a campañas difamatorias para hacer más difícil que se suscitara apoyo entre otros círculos.

El segundo problema era de distinta naturaleza. Surgieron dificultades con diversos abogados —que obraban a cambio de honorarios— quienes practicaban la colaboración de clases en los tribunales capitalistas. Al igual que los burócratas de la AFL que trataban de promocionarlos como "defensores del movimiento obrero", estos personajes pretendían congraciarse con la clase dominante.

Su capacitación universitaria los había preparado para esta clase de conducta. Les habían metido en la cabeza la "santidad" del derecho capitalista. Aceptaban como palabra divina el supuesto de la clase dominante de que los abogados deben comportarse como "funcionarios del tribunal". Condicionados mentalmente a alegar a favor de cualquiera de los dos lados de un caso, según lo que dicte el azar, dependiendo de quién los contrató, armonizaban con los abogados contrincantes, por ser todos miembros de la fraternidad jurídica. Esto hacía más que llevarlos a mostrarse amistosos con los fiscales del gobierno; tendían a pensar en términos de hacer cambalaches legales a costa de los clientes-trabajadores. En general, tales abogados no eran de fiar como brazo defensor del movimiento obrero.

Bajo esas circunstancias urgía una nueva organización de defensa. La agrupación trotskista ahora ampliada, el Partido de los Trabajadores, había dado ya los pasos iniciales para atender ese requerimiento. Por consiguiente, se había creado a nivel nacional una estructura del tipo deseado, conocida como la Defensa Obrera No Partidista (*Non-Partisan Labor Defense*—NPLD).

Esta se dedicó a apoyar a todas y a cualquiera de las víctimas obreras de la injusticia capitalista. A las personas que ofrecían su nombre a favor de este esfuerzo y que contribuían económicamente no se les usaba de manera alguna para sacar ventajas políticas partidistas. Además, se brindaba solidaridad a las actividades de defensa realizadas por otros, incluso las del Partido Comunista. Esta política correspondía al consagrado lema del movimiento obrero: "Un golpe contra uno es un golpe contra todos".

Para lograr sus objetivos, la NPLD buscó abogados competentes que lucharían por sus clientes. Se recaudaron fondos para pagar fianzas, cubrir gastos del tribunal, pagar los costos relativos a las apelaciones de condenas ante tribunales superiores y difundir los casos de quienes representaba. Abogados del tipo que verdaderamente iba a servir a la causa de los trabajadores se obtenían por lo general por un honorario nominal o gratuitamente. Normalmente, el costo de sus servicios era solo por sus gastos al manejar un caso, especialmente cuando fuera necesario viajar.

Entendiendo que eran estos los atributos de la NPLD, la conferencia del ala izquierda en Minneapolis votó a favor de apoyar la formación de una rama regional del movimiento de defensa. En efecto, fue esta nueva unidad, que apenas nacía, la que gestionó para que Francis Heisler defendiera a los huelguistas que sufrieron los ataques de justicieros en Fargo.

La conferencia también dio un paso importante respecto a la prensa obrera. Las dificultades económicas graves habían obligado al Local 574 a suspender la publicación de su órgano oficial, el *Organizer*, en octubre de 1934. Por ser

Ampliación del ala izquierda 91

tan valioso en ayudar a que el sindicato creciera numéricamente y ampliara su influencia, habíamos estado buscando una oportunidad para volver a poner el periódico en circulación. Entonces nos enteramos que Julius Emme también estaba planeando lanzar un periódico sindical para los empleados estatales.

Estas necesidades compartidas nos llevaron a presentar todo el problema ante la conferencia para ser considerado. Allí se decidió crear de inmediato una publicación en base al apoyo de todo el movimiento del ala izquierda. Esto significaba efectivamente que el periódico del Local 574 iba a reaparecer, esta vez como órgano oficial de la Conferencia de Unidad Obrera del Noroeste bajo el nombre de *Northwest Organizer*.

La publicación semanal del periódico en forma de tabloide de cuatro páginas empezó con el número del 16 de abril de 1935. Lo sacó la imprenta Argus: el leal amigo del sindicato que había impreso el *Organizer*, desafiando valientemente las fuertes presiones de la Alianza Ciudadana durante la huelga de julio y agosto de 1934.

El diseño del *Northwest Organizer* se planeó —y el contenido del primer número se esbozó— en una sesión realizada donde vivía Emme en St. Paul, en la que también estuvimos presentes Ray Dunne, Henry Schultz y yo. Durante las primeras semanas Henry y yo sacamos el periódico lo mejor que pudimos, con ayuda de Ray en cuanto a la línea editorial. Más tarde la dirección quedó a cargo de Carlos Hudson, un joven intelectual trotskista, con talento periodístico, quien había ayudado con el diario de la huelga en 1934. Naturalmente, él obraba consultando con la dirección del sindicato.

Marvel Scholl, quien está casada conmigo, contribuía al periódico con regularidad, especialmente con una columna llamada "Línea de piquete nacional", que se llegó a leer ampliamente como fuente de noticias sindicales generales. Entre otras secciones regulares estaban "Dice Bill Brown", que contenía comentarios mordaces del presidente del sindicato; y una animada columna, "Al paso con el 574", redactada por Miles Dunne. A tono con su predecesor irreverente, el *Organizer*, el nuevo periódico llevaba en su membrete editorial un poema que rezaba:

> Cuando manejo mi aguja, paleta o pico,
> Soy un honrado *sheeney, wop* o *mick*,*
> Pero cuando salgo en huelga, soy un bolchevique,
> Soy unión.

La decisión de publicar el *Northwest Organizer* resultó ser muy oportuna. El Local 574 estaba a punto de recibir de Tobin un trato tipo Fargo. Sin el periódico, habría dudas de que el sindicato hubiese podido capear el temporal que estaba por caerle.

---

* A la sazón, términos despectivos para judíos, italianos e irlandeses.— NOTA DEL TRADUCTOR

6

Tobin declara la guerra

Desde el comienzo de la campaña trotskista en el Local 574, había quedado patente que era inevitable un topetazo con el presidente de la Hermandad Internacional de Teamsters.

Tobin basaba su línea general en la colaboración con la clase dominante, y su ejecución de esa política adoptaba algunas de las formas más burdas. A nivel organizativo era un sindicalista gremial de la vieja escuela de la AFL. Al interior de la IBT manejaba las cosas con arbitrariedad burocrática, descartando sin rodeos a cualquiera que lo contrariara.

Esto lo ponía directamente en oposición al rumbo que ahora seguía el Local 574, cuya línea general se definía según las realidades de la lucha de clases. A nivel estructural, el local se estaba librando de las caducas formas de organización por gremios de oficio y avanzaba hacia la organización de tipo industrial. No menos importante era que en sus asuntos internos prevalecía la democracia de las filas.

La vida misma ya había clarificado la diferencia fundamental entre los dos cursos. En relación con la huelga del carbón de 1934, Tobin había buscado interponer obstáculos de procedimiento que, de haberse salido él con la suya, habrían incapacitado al local. Mientras ardía la lucha en la zona del mercado durante el paro de mayo, ordenó que el sindicato buscara el arbitraje de la disputa con los patrones, un toque de arrogancia del que los huelguistas hicieron caso omiso. Después, en julio, en uno de los momentos más críticos del conflicto con la Alianza Ciudadana, atacó públicamente al Local 574. Estos episodios revelaban que, de haberse aceptado la línea de Tobin, el local aún estaría donde se hallaba en 1933.

A la vez que le hacían frente a Tobin cuando era necesario en interés de la lucha contra los patrones, los dirigentes trotskistas del local habían tratado de reducir a un mínimo la fricción con él. Esta política nos ayudó a ganar tiempo para preparar el choque que seguro llegaría.

Durante las huelgas, todavía estábamos en vías de poner en marcha fuerzas que se pudieran desarrollar más allá de lo que él podría controlar. Este objetivo ya se había logrado de manera parcial con la victoria sobre las empresas del transporte por camión. Habíamos surgido de la lucha con un cuerpo de tropas fogueadas, capaces de crear buena impresión. No obstante, aún necesitábamos un respiro para que el sindicato pudiera recuperarse del desgaste de la larga batalla. Permitiría también que avanzara más la lucha de clases, que se venía ampliando en la región, antes de que surgieran problemas sindicales internos. Por estas razones no teníamos prisa en llegar a un enfrentamiento con el dictador de la IBT.

Por el momento, éramos más vulnerables con respecto a los impuestos per cápita que se le debían a la Internacional. A pesar de que las demandas de Tobin en este sentido eran injustas —ya que él había actuado para perjudicar al local, no para ayudarlo— reconocimos nuestra deuda y simplemente pedimos tiempo para saldarla. Eso equivalía a pagar chantaje, pero era mejor que tener problemas con él respecto a ese asunto.

En aquella época a los locales de la IBT se les cobraba un impuesto per cápita de 30 centavos por la cotización mensual de cada miembro y un dólar de la cuota de iniciación para los nuevos miembros. Tobin exigía además que su impuesto saliera directamente de las cuotas recibidas. Eso significaba arrancarle una gran tajada a los ingresos que el Local 574 percibía de las cotizaciones mensuales de $1.60 y de una cuota de ingreso posterior a la huelga de $3. Para colmo de males, el local cargaba con fuertes deudas acumuladas durante la larga lucha huelguística.

Se debía dinero a médicos y hospitales por atender a los piquetes heridos. Había que pagar a los tenderos, carniceros y lecheros por los suministros que habían dado fiados durante las huelgas. Las deudas de esa índole ascendían a más de 10 mil dólares.

También se necesitaban fondos para ayudar económicamente a los miembros lesionados que aún no habían podido retornar al trabajo. Freda Ness, cuyo marido Henry había sido asesinado el Viernes Sangriento, y sus cuatro hijos, tenían que recibir ayuda financiera. En efecto, eran éstas —no los impuestos de Tobin— las obligaciones que pagábamos directamente de las cuotas recogidas.

Al mismo tiempo el sindicato tenía que mantenerse funcionando. Había que pagar cosas como el alquiler del local y otros gastos generales. Aun con un salario semanal promedio de unos 18 dólares, no era fácil proveer los fondos para el plantel de organizadores necesario. Para completar el cuadro de los apuros financieros del local habría que añadir que cuando asumí el cargo de secretario-tesorero el efectivo en caja era menos de 800 dólares.

Además había problemas excepcionales respecto a la recaudación de fondos mediante el pago de las cuotas de los miembros. Aunque durante las huelgas se habían afiliado unos 7 mil trabajadores al Local 574, esa cifra ya había bajado. Un buen número de ellos provenía de empleos que claramente estaban fuera de la jurisdicción del local, y tuvieron que ser transferidos a otros sindicatos de la AFL. Esto dejaba todavía a unos cuantos miles que correctamente pertenecían a la organización, pero muchos de ellos atravesaban dificultades personales. Debido a todos estos factores combinados, el pago total de las cotizaciones mensuales decayó hasta un punto bajo de 900 inmediatamente después de las huelgas.

Los problemas personales de los trabajadores eran, claro está, de índole económica. Tras pasar semanas sin paga, se habían atrasado en los pagos de alquiler. Se habían acumulado las cuentas de los abarrotes, de la atención médica y otras necesidades. La mayoría de las familias necesitaba ropa, especialmente al volver los niños a la escuela tras las vacaciones del verano. En algunos casos esos problemas se agravaban porque solo había trabajo disponible a tiempo parcial. Estaban también los casos donde los trabajadores con empleos estacionales habían sido cesanteados temporalmente.

Ahora que el sindicato había derrotado a los patrones del transporte, los trabajadores consideraban que las necesidades económicas personales de tal urgencia debían ocupar el primer plano. En consecuencia, por el momento daban a estas cuestiones cierta prioridad por encima de los pagos de las cuotas sindicales e, indudablemente, por encima de las exigencias monetarias que Tobin le hacía al local.

Mis archivos como secretario-tesorero muestran que

el Local 574 le pagó a Tobin alrededor de $3 500 en impuestos per cápita durante 1934. Esta cifra contrastaba rotundamente con los $400 que había recibido en 1933, lo cual reflejaba el estancamiento que había caracterizado al local antes de despegar la gran campaña de sindicalización. Sin embargo, tal era la situación luego de las huelgas que todavía le debíamos alrededor de $3 000 en impuestos atrasados. No queríamos tener problemas en torno a ese asunto y pensábamos pagarlos. Nuestro objetivo era mantenernos al día lo más que pudiéramos con los pagos de los impuestos per cápita y, al mismo tiempo, ir eliminando gradualmente la deuda atrasada.

El 20 de octubre de 1934 le escribí a Thomas L. Hughes, secretario-tesorero general de la IBT, quien ayudaba a Tobin en la presidencia del sindicato desde su torre de marfil en Indianapolis, Indiana. En la carta le informaba de nuestra difícil situación y de nuestra intención de saldar la deuda de impuestos tan pronto como pudiéramos. Él envió una escueta respuesta diciendo que "… hay que llamar la atención sobre estos asuntos al Presidente General, y le estoy remitiendo su carta, y sin duda usted va a tener noticias del Presidente Tobin sobre este asunto".

Pasaron semanas sin saberse nada más desde Indianapolis. Naturalmente, esto nos hizo sospechar que algo se tramaba contra el local e intentamos adoptar medidas protectoras. El 3 de diciembre de 1934 se le remitió una carta a Emery Nelson, secretario del Consejo Unido de Teamsters en Minneapolis. El consejo era un cuerpo de delegados compuesto por las juntas ejecutivas de los distintos locales de la IBT en la ciudad. Estaba supuesto a supervisar las actividades de estos locales, apegándose a las "leyes" impuestas por Tobin y llevando a cabo sus directrices específicas.

Tras llamar la atención a nuestra crisis financiera, la

carta a Nelson concluía: "No pedimos específicamente la donación de fondos, pero sí pedimos que los dirigentes del movimiento sindical de Minneapolis se sienten con nosotros en una mesa de conferencias, donde explicaremos en detalle y sin reservas la situación exacta que existe, esperando que de esta conferencia obtengamos sugerencias y apoyo influyente que nos ayude a resolver nuestro problema… En base a esto, pedimos que en la fecha más inmediata posible se organice una reunión conjunta de las Juntas Ejecutivas del Consejo Unido de Teamsters, de la Unión Central del Trabajo y del Local 574".

La reunión conjunta de las tres juntas ejecutivas se realizó como una semana más tarde. En la sesión también estuvo presente John Geary, un vicepresidente de la IBT y organizador general de Tobin que vivía en St. Paul. Todos coincidieron en que teníamos derecho a una apreciación abarcadora de nuestro problema. Sin embargo, entre los presentes hubo una diferencia sutil de actitud. Algunos se mostraron genuinamente sensibles, llegando a preguntar en voz alta qué se podía hacer para ayudarnos. Otros, sin embargo, reaccionaron nada más con expresiones formales de preocupación, tras las cuales se escondía su verdadera actitud. En todo caso, habíamos ganado cierta ventaja propagandística para uso futuro contra Tobin. Se había dejado constancia de que sería él —no el Local 574— el responsable de cualquier escisión que pudiera desarrollarse dentro del movimiento sindical de la ciudad.

Durante las semanas posteriores nos dedicamos de lleno a respaldar la huelga de los trabajadores de garajes en Minneapolis-St. Paul y la de los Teamsters en Fargo. Al mismo tiempo aumentaba la tensión por el problema que se venía desarrollando con el jefe de la IBT, el cual se podía anticipar que estallara públicamente de un día para otro. No ayudaba para nada el hecho que la Alianza Ciudadana había olfateado esta situación y ya andaba buscando la oportunidad de intentar golpear de nuevo al Local 574.

Bajo esas condiciones, a veces se caldeaban los ánimos en el plantel del sindicato y se necesita de la terapia casera que espontáneamente habíamos desarrollado en forma de bromas pesadas. Tanto el mal humor como el tratamiento ideado para aliviar las tensiones que lo habían creado se vieron reflejados en un incidente ocurrido un frío día de febrero.

Yo mandé a Harry DeBoer al banco a que hiciera un depósito para el sindicato. No tardó en regresar, me devolvió el dinero y dijo que rehusaban aceptarlo. Esa mezquina maniobra capitalista contra el sindicato me sacó de quicio. "Ya veremos qué diablos es esto de que no lo aceptan", anuncié en voz alta al ponerme el abrigo y salir rumbo a la ciudadela de las finanzas. Cuando llegué la puerta estaba cerrada con llave. Solo entonces caí en la cuenta. Era el natalicio de Washington, un feriado legal, y había enviado a Harry a un banco cerrado. Con una tímida sonrisa volví al local del sindicato donde el plantel me aguardaba para reírse de mí a carcajadas.

Poco después, los lacayos de Tobin estaban maniobrando abiertamente contra nosotros. John Geary intentó arrebatarle al Local 574 los choferes hieleros y los taxistas y ponerlos en sindicatos de oficios separados. Los derechistas tramaron destituir a Bill Brown de su cargo como organizador del Consejo Unido de Teamsters, cargo que él había ocupado desde 1932. Eso lo hicieron mientras Bill estaba enfermo y postrado en cama.

Asestaron entonces el golpe principal. Vino en una carta no fechada del secretario-tesorero general de la IBT, que recibimos el 15 de abril de 1935:

"Por instrucciones de la Junta Ejecutiva General les notifico que… en esta fecha se revoca la carta constitutiva del Local 574...", afirmó fríamente Hughes. "En la Sección 48 de la constitución del Internacional se lee, a saber: 'Ningún Sindicato Local tendrá derecho de pagar factura alguna antes de pagar el impuesto per cápita pagadero al Sindicato Internacional cada mes'... El Sindicato Local 574 debe ahora al Internacional seis meses de impuesto per cápita..."

La noticia de la revocación de la carta constitutiva resultó de inmediato en la destitución de los delegados del Local 574 ante el Consejo Unido de Teamsters. La decisión no solo nos perjudicaba a nosotros, sino que dañaba a todos los locales de los Teamsters. Ellos debían estar concentrándose en una campaña de sindicalización general bajo el ímpetu de la victoria del Local 574 en la industria del transporte. En cambio, estaban violando sus propios intereses al permitir que Tobin los utilizara en una pugna sindical interna que solo podría ayudar a los patrones.

Haciendo caso omiso de las acciones del consejo por el momento, le enviamos a Hughes una rápida respuesta. Le recordamos —para dejar constancia— de nuestra correspondencia anterior con él sobre nuestros esfuerzos por saldar la deuda atrasada de los impuestos per cápita y su declaración en el sentido de que Tobin se comunicaría con nosotros sobre el asunto. "Aún no hemos sabido del presidente Tobin", señalábamos en nuestra carta, "y el asunto no lo volvió a mencionar ninguno de los funcionarios de la Internacional sino hasta el recibo de su carta en la que nos informan de la revocación de la carta constitutiva". Nuestra respuesta concluía con una apelación formal a la decisión de la Junta Ejecutiva General.

Esta acción provocó una respuesta directa del presidente de la IBT. El 22 de abril de 1935, se dirigió a mí personalmente como secretario-tesorero del local. Después de referirse tanto al hecho de que delinquíamos sobre los impuestos como a los estatutos pertinentes de la constitución internacional, Tobin nos leyó la cartilla.

"Ustedes recurren, como excusa para no acatar nuestras leyes", decía, "al hecho de que tuvieron una huelga durante la cual algunos de sus miembros se metieron en líos, etcétera. No supimos nada de su huelga salvo lo que leímos en los periódicos. Lo que sí sabemos es que su huelga carecía de autorización y de justificación, y que durante la huelga se dieron condiciones que violaban directamente nuestras leyes... Es una lástima que las filas, que indudablemente son honestas y sinceras, fueran guiadas por funcionarios como usted y sus socios, quienes no tienen el menor respeto por las leyes de nuestra organización o por las leyes del Movimiento Obrero organizado...

"Cuando digo ustedes, me refiero a su local sindical, local que usted y sus socios alegan haber representado. En este caso, la cola no menea al perro... Mejor no tener un Sindicato Internacional que tener uno compuesto de organizaciones como el Local No. 574, por la forma en que ha sido conducido. Claro está, su respuesta será que no habrían obtenido autorización por su huelga. Hemos autorizado o respaldado más de 50 huelgas en los últimos seis meses, pero solo en casos donde se han apegado a la ley, donde no actuaban desafiando los principios del movimiento sindical y donde no estaban haciendo huelgas con fines de extorsión y propaganda..."

Tobin terminó su diatriba con típica arrogancia burocrática: "En vista del hecho que ya no están asociados al Sindicato Internacional, les informo que toda comunicación futura que manden a los Funcionarios Internacionales no será contestada".

El viejo tirano realmente parecía creer que como prestidigitador podía hacer desaparecer al Local 574, con solo arrancar una hoja de papel de la pared de nuestras oficinas.

Habría sido un truco hábil, considerando que el local había demostrado tener suficiente fuerza para derrotar a la Alianza Ciudadana en una virtual guerra civil. No obstante, nos había asestado un golpe traicionero que ayudaría a los patrones. Ahora tendríamos que cuidarnos constantemente de no ser apuñalados por la espalda mientras continuábamos la batalla contra la clase dominante.

Nuestro primer paso al movilizarnos para combatir el nuevo ataque fue convocar una asamblea general de los miembros. La noticia de la revocación de la carta constitutiva se había esparcido rápidamente y los miembros del Local 574 asistieron en masa para conocer los hechos sobre la nueva amenaza contra el sindicato. La lectura de las cartas de los principales funcionarios de la IBT provocó reacciones acaloradas. A Tobin lo maldijeron ásperamente los trabajadores, quienes recordaban bien el vil golpe que le había dado al local al atacarnos públicamente en la víspera de la huelga de julio y agosto de 1934. Se expresó una resolución unánime de repeler el nuevo ataque. A la junta ejecutiva se le dio un voto de confianza en su capacidad de ofrecer el liderazgo necesario para ese fin.

Aquí resulta pertinente una nota sobre la política estalinista respecto a esta asamblea. De 1928 a 1934 habían seguido un curso sectario y ultraizquierdista, con el objetivo de dividir al movimiento sindical y reorganizarlo bajo el control del Partido Comunista. Esta línea, más su ciego faccionalismo hacia los trotskistas, los había llevado a aislarse de la lucha de clases viva en Minneapolis.

En 1935 realizaron uno de los bruscos cambios de posición por los que el estalinismo desde hace mucho se ha hecho tristemente célebre. Las condiciones de la lucha de clases en Minneapolis, o para el caso en cualquier otro sitio, no tenían nada o casi nada que ver con su viraje. Este se había dictado desde el Kremlin después de que Hitler tomara el poder en Alemania, lo cual planteaba un peligro militar para la Unión Soviética. Stalin burocráticamente había decidido buscar la "seguridad colectiva" mediante alianzas con países imperialistas cuyos intereses estaban en conflicto con los de los capitalistas alemanes. Con ese fin se dispuso a utilizar los partidos de la Tercera Internacional como peones políticos en la diplomacia del Kremlin. Esto llevó a la infame línea del "Frente Popular", de colaboracionismo de clases en la política, que el Partido Comunista continúa hasta la fecha.

El cambio de línea política también produjo una media vuelta en la política sindical estalinista. Anteriormente habían hecho intentos fútiles de organizar su propia federación sindical "roja". Ahora querían volver a la AFL a toda costa. Y para conseguirlo, de repente se convirtieron en enemigos frenéticos del sindicalismo independiente, sin importar las razones de su existencia.

Los secuaces del Partido Comunista a nivel local vieron el cambio de línea como una nueva oportunidad de lanzar un ataque faccional contra los dirigentes trotskistas del Local 574. Con ese objetivo, pronto se dieron a la tarea de tergiversar los hechos sobre la revocación de la carta constitutiva. Su ataque contra nosotros recalcaba la necesidad de que el local formara parte de la AFL. El reingreso a la IBT era imposible, afirmaban con mojigatería, a menos que se pagara a Tobin los impuestos per cápita que le correspondían. Insinuando deshonestidad en el manejo de las finanzas del sindicato, propusieron que se formara un numeroso comité auditor entre las filas para investigar por qué no se habían pagado los impuestos.

Los estalinistas comenzaron a propugnar esta línea con un volante mimeografiado que distribuyeron frente al salón donde se había informado a los miembros del sindicato sobre la revocación de la carta constitutiva. Su acción implicaba apoyo a Tobin frente al local. Estaban diciendo, de manera no muy sutil, que la única forma en que el Local 574 podría regresar a la AFL era destituyendo a sus dirigentes. Según la óptica de la mayoría de los trabajadores, esa meta los ponía en liga con Tobin y con la Alianza Ciudadana en su deseo de decapitar al sindicato.

Aunque nadie tomaba en serio la charlatanería estalinista, el Local 574 sí tenía que tomar una decisión vital en cuanto a su rumbo futuro. El asunto debía contemplarse cuidadosamente a la luz de las condiciones objetivas existentes. La combatividad obrera seguía en ascenso a nivel nacional. Los trabajadores de las industrias básicas estaban ingresando en tropel a la AFL y presionaban por un cambio hacia la forma industrial de organización para luchar de forma eficaz contra las empresas monopolistas. Pero enfrentaban un obstáculo dentro de la jerarquía de la AFL. Los defensores recalcitrantes de los gremios de oficios estaban maniobrando para impedir que los trabajadores lograran sus objetivos.

Por lo tanto, habían surgido antagonismos entre las filas y la cúpula de la AFL. Esto, a su vez, estaba provocando a nivel nacional una oposición progresista contra los dirigentes conservadores. John L. Lewis, jefe del Sindicato Unido de Mineros, estaba dando impulso a esa tendencia al ofrecerse como promotor del sindicalismo industrial. Sin embargo, en esos momentos nadie podía saber a ciencia cierta el curso que iba a tomar el conflicto en desarrollo. Podría llevar a una transformación interna de la federación o a una escisión. Solo los acontecimientos posteriores lo revelarían.

Esto significaba que en ese momento el Local 574 no podría encontrar ninguna fuerza significativa fuera de la AFL con la cual aliarse. Tampoco podíamos proyectar un curso de continuar solos como sindicato independiente hasta que se resolviera el conflicto interno que se gestaba en la federación sindical existente. Eso nos habría hecho desentonar con el movimiento de la AFL en la ciudad. Los burócratas derechistas entonces habrían logrado ir aislando gradualmente al local respecto de otros trabajadores sindicalizados y hacerlo añicos.

Por estas razones la junta ejecutiva decidió recomendar una campaña por la readmisión a la IBT.

Tras ese objetivo se podía movilizar un amplio apoyo debido al papel perjudicial que jugaba Tobin. Él estaba violando el espíritu solidario forjado durante 1934 que había reavivado al movimiento sindical en la ciudad. Basándose en la formalidad de una insignificante cuestión monetaria, había expulsado a un local que contaba con unos 20 años en la AFL, un local que había sido punta de lanza en la lucha para convertir a Minneapolis en baluarte sindical. Era un acto manifiesto de despecho contra una organización que, habiendo sido una caricatura de sindicato por tanto tiempo bajo el dominio del jefe de la IBT, se había transformado en una organización dinámica.

A pesar de Tobin, el Local 574 ahora se había convertido en un instrumento de lucha eficaz. Era completamente representativo de miles de trabajadores y plenamente capaz de cumplir con sus intereses. Además, sus huelgas de 1934 habían recibido el respaldo del conjunto de la AFL de la ciudad, y eso lo sabían todos los trabajadores. Por lo tanto, no tardarían en comprender de qué se trataban los alegatos de Tobin de que las huelgas violaron las "leyes" de la IBT. Quedaría patente que lo que realmente exigía era el poder de veto sobre todo el movimiento sindical de Minneapolis.

Apegándose a la demanda de restaurar la carta constitutiva de la IBT, la junta ejecutiva propuso que el local siguiera actuando como si aún formaba parte de la AFL.

Por supuesto, continuaría la política de extenderse hasta los límites de la jurisdicción de la IBT según criterios industriales. Sin embargo, no se invadirían las categorías de empleos que correspondieran específicamente a otros sindicatos de la AFL, sino que ayudaríamos a esas organizaciones en sus luchas contra los patrones.

Tales medidas de cooperación fraterna y nuestros actos de solidaridad en la lucha estarían a tono con las necesidades del día. Contrastarían rotundamente con las políticas de Tobin, las cuales eran reliquias del pasado. Por consiguiente, los trabajadores de toda la ciudad se identificarían con la supervivencia del Local 574.

Cuando estas recomendaciones sobre la política a seguir se presentaron ante la asamblea general de los miembros del sindicato, hubo cierto debate. Eso no se debió a que alguien se inclinara a capitular ante Tobin. Al contrario. Algunos trabajadores impetuosos pero miopes querían que el local se olvidara completamente de la IBT y continuara totalmente por su propio camino como sindicato independiente. Estaban motivados por una combinación de odio implacable hacia el jefe de los Teamsters y una confianza suprema en la fuerza de su organización. Las respuestas que ofreció la dirección a estas opiniones ayudaron a aclarar el cuadro general de nuestra situación y se aprobó el curso de acción recomendado.

Una vez más, el Local 574 estaba preparado para ir a la batalla como fuerza unida y con una política única.

7

El primer asalto

Aun antes de que fuera revocada la carta constitutiva del Local 574, la Alianza Ciudadana se había enterado del inminente ataque de Tobin contra nosotros. Sus estrategas actuaron con rapidez para obtener ventajas, en provecho de la clase dominante, de la política reaccionaria del dictador de la IBT. Se ideó un plan para involucrar a funcionarios conservadores de la AFL en un frente único con los patrones por toda la ciudad en oposición a los sindicalistas del ala izquierda.

Con ese fin se proyectó un organismo "público". Estaría compuesto principalmente de patrones y de burócratas de la AFL, y salpicado de personas "neutrales" como abogados, predicadores y políticos reformistas. A estos individuos de "espíritu cívico", todos escogidos a dedo y a espaldas de los trabajadores, les tocaría emitir juicios sobre cuestiones disputadas entre trabajadores y patrones. En suma, iban a desempeñar el papel de rompehuelgas.

Para dar un matiz engañoso a su conspiración, los dirigentes de la Alianza recurrieron a otro ardid por el cual la clase dominante es muy notoria. Al darle nombre a su organismo "público", intentaron apropiarse de una idea popularizada por el Local 574 durante la lucha de 1934. Lo denominaron el "Comité de los 100". Así se había nombrado la organización amplia elegida en el sindicato para dirigir la huelga de julio y agosto. Ahora los patrones pretendían usar ese nombre digno para camuflar un grupo antisindical con el cual esperaban contener el creciente ascenso obrero en la ciudad.

Desde principios de abril, la Alianza había venido tentando a los agentes de negocios de la AFL con su carnada de colaboración de clases, y algunos de ellos la estaban picando. Así que la emprendimos con ellos en el primer número del *Northwest Organizer*, que salió el 16 de abril de 1935. Al dirigirnos a las filas de los sindicatos en toda la ciudad, advertimos que los patrones buscaban dividir a las filas del movimiento obrero en dos facciones. Para hacerlo se estaban realizando intentos de avivar un ambiente de linchamiento contra los sindicalistas progresistas. El objetivo era debilitar la fuerza de los trabajadores y luego lanzar una campaña para aplastar el sindicato.

"Si los dirigentes sindicales no pueden verlo con sus propios ojos", insistimos, "entonces toca a los miembros mostrarles dónde radican sus intereses".

En el mismo número del periódico sindical se informó sobre la formación de la Conferencia de Unidad Sindical del Noroeste. Este instrumento de colaboración para el ala izquierda de los sindicatos había adquirido aun más valor en vista del ataque de Tobin contra el Local 574. Durante los meses cruciales que siguieron inmediatamente, demostró ser sumamente valioso en la lucha por la democracia sindical.

Ya que el anuncio de la revocación de la carta constitutiva apenas había llegado el día antes de imprimirse el periódico, enfrentábamos un gran problema. Teníamos que responder al ataque y el trabajo necesario se tenía que hacer rápidamente. Y encima, ninguno de nosotros tenía conocimientos periodísticos. Seguimos adelante lo mejor que pudimos; más tarde Marvel Scholl apuntó sus recuerdos de nuestra experiencia.

"Farrell trajo a Ray Dunne a cenar a nuestra casa", escribió, "y después los tres —yo con la antiquísima Smith portátil que teníamos, usando mi método de mecanografiar de entonces, cazando, maldiciendo y picoteando teclas— nos pusimos a trabajar. Una tras otra salían las páginas, a medida que los dos autores expandían en algunos puntos, añadían otros, tachaban malas formulaciones, etcétera. Cuando terminamos para la satisfacción de todos, teníamos muchas páginas de texto que apresuradamente fueron llevadas a la imprenta Argus.

"Al día siguiente, mamá cuidó a las niñas para que yo pudiera ir con Farrell y Ray a la imprenta. Cuando llegamos allí, Ace Johnston, el linotipista, nos entregó un fajo de galeras que contenían nuestra declaración editorial. Señaló: 'En este editorial hay bastante como para llenar tres números de su periódico. Tendrán que cortarlo'.

"Nos fuimos a un cafecito en la esquina para hacer nuestro trabajo. Luego de sudar sangre y después de quién sabe cuántas tazas de café, logramos por fin hacer los recortes necesarios. Con dificultad íbamos aprendiendo a hacer que en un espacio limitado cupiera lo que había que decir".

En la declaración que surgió de las labores de aprendiz descritas por Marvel, resumimos los factores de fondo implicados en la revocación de la carta constitutiva del Local 574 por parte de Tobin. Se señalaba que los logros para todos los trabajadores de Minneapolis implícitos en la victoria sindical de 1934 ahora peligraban porque el local no podía pagar a Tobin la totalidad del tributo impositivo. Él había recompensado a los trabajadores por su magnífica lucha con una puñalada en la espalda a todo el movimiento.

"Ha llegado la hora de un enfrentamiento decisivo", declaramos. "A los Sindicatos Internacionales hay que demostrarles que son los servidores de los trabajadores y no sus amos. Hasta que esto no se haga, no se podrá construir un verdadero movimiento sindical".

Nuestra declaración obtuvo una respuesta tremenda entre los trabajadores de la ciudad. Coincidían totalmente en que las filas tenían que pedirles cuentas a los despóticos funcionarios del sindicato internacional. Muchos empezaron a hacer campaña para devolver todas las cartas constitutivas locales a la AFL en protesta contra el trastorno causado por Tobin al movimiento, acto que él había cometido sencillamente para mantener su dominio burocrático sobre los Teamsters.

Aunque el espíritu de esa idea era loable, no era buena táctica. Algunos sindicatos locales habrían devuelto sus cartas constitutivas pero otros no. Por consiguiente se podría haber desarrollado y endurecido una escisión desventajosa en el seno del movimiento, escisión mucho más grave que la que Tobin podía precipitar por su propia cuenta.

"Para los sindicatos sería un error separarse de la unificación que se ha hecho posible mediante la AFL", aconsejaba en un editorial el *Northwest Organizer*. "La lucha debe librarse de forma distinta. Primero, y lo más esencial, es que hay que destituir a la burocracia, que desde la cima desangra la vida del movimiento. Para lograr esto, los funcionarios subalternos que mantienen cargos gracias a su servilismo con sus superiores, y que actúan como instrumentos suyos, deben ser remplazados con verdaderos dirigentes que sirvan honestamente a los trabajadores. Esto puede lograrse en las elecciones celebradas en los sindicatos locales. Esta nueva dirección, al crecer numéricamente, remplazará a los pequeños burócratas en los organismos centrales y en los consejos ejecutivos estatales. A partir de ahí se podrá lograr una verdadera limpieza de la casa, con lo cual se reconstruirá completamente al movimiento y se lo transformará en algo saludable y creciente".

A tono con este consejo, por escrito presentamos ante la Unión Central del Trabajo (*Central Labor Union*—CLU) una solicitud de apoyo para nuestra lucha por el reingreso a la AFL. Era un documento extenso que repasaba los problemas que encaraba el Local 574 tras el desenlace de las huelgas de 1934 y daba hechos y cifras respecto a nuestras dificultades con Tobin en torno al impuesto per cápita. Nuestro llamado concluía con un resumen de las líneas políticas antagónicas que entrañaba la disputa con el jefe de la IBT.

La posición de Tobin exigía el pago de los impuestos per cápita antes de que se pagara cualquier otra cuenta. El cumplir esa demanda, indicamos, habría significado que el local no pudiera tener nada más que una pequeña oficina con un secretario a cargo. El secretario no habría podido hacer más que recabar las cuotas de los que llegaran a la oficina y remitir el impuesto per cápita a la Internacional. Esto habría paralizado al sindicato, reduciéndolo en pocas semanas a su antigua condición de impotencia.

Contra esta línea fracasada planteamos la política que venía siguiendo el Local 574. Era vital frenar y finalmente derrotar el plan patronal de discriminaciones en masa contra miembros del sindicato. Para lograrlo habíamos establecido un sistema de delegados y empezado a formar un plantel bien integrado de organizadores activos. Aún había piquetes heridos y sus familias que cuidar. Quedaban deudas pendientes por gastos de médicos, hospitales y alimentos durante la huelga. Había que mantener una sede sindical adecuada. A la vez que cumplíamos estas necesidades imperativas, teníamos la intención de pagar a la Internacional cada centavo posible sin paralizar al local y esperábamos liquidar toda la deuda impositiva dentro de un plazo razonable.

Este pedido de apoyo para recuperar nuestra carta constitutiva de la IBT coincidió con una demanda de Tobin de que la Unión Central del Trabajo depusiera a los delegados del Local 574. Los miembros del ala derecha de este organismo central querían cumplir la demanda de Tobin, pero eran minoría. La mayoría de los delegados de los sindicatos locales, expresando su propio sentir o reflejando presiones de los miembros de fila, querían apoyar al Local 574. Por consiguiente, se descartó la demanda de que nos depusieran.

Se eligió un comité de tres personas para ir a la sede de la IBT y presentarle a Tobin una contrademanda de que se restituyera nuestra carta constitutiva. El comité incluía a Jean Spielman de los encuadernadores, Andrew Lief de los carpinteros y Sander Genis de los trabajadores de la confección de ropa.

La acción de la CLU puso en aprietos a los burócratas del Consejo Unido de Teamsters. Ya habían despertado críticas entre las filas en otros locales de los Teamsters por apresurarse a destituir a nuestros delegados del consejo cuando se revocó nuestra carta constitutiva. Ahora un comité especial del organismo central de la AFL iba rumbo a Indianapolis a exigir que todo esto se anulara. Así es que ellos decidieron tomar cartas en el asunto, tanto para protegerse de más críticas como para mantenerse al corriente de los sucesos. Esto llevó a que gestionaran la inclusión de Patrick J. Corccran, un funcionario del Sindicato de Choferes de Camiones Lecheros, en el comité de la CLU. Ya que era poco probable que el comité lograra algo con Tobin, no nos quedamos en vilo aguardando los resultados de la reunión en Indianapolis. Más bien, concentramos nuestra atención en fortalecer la posición del Local 574 preparándonos para una lucha prolongada.

Se lanzó una campaña general de sindicalización, la cual se extendió rápidamente a todos los sectores no sindicalizados de la industria del tranporte por camión. Así se lograron avances regulares en la fuerza numérica y se hizo que otras compañías entraran en convenios con el sindicato. Las quejas de los trabajadores por violaciones patronales del contrato recibieron atención rápida y eficaz. Esto se había vuelto una enorme tarea, ya que el local ahora lidiaba con más de 500 empleadores, la mayoría de los cuales nunca había tenido nada que ver con un sindicato.

Después, el 1 de junio los veteranos de 1934 obtuvieron un pequeño estímulo económico. Bajo las condiciones del acuerdo de fin de huelga, sus salarios aumentaron en esa fecha en 2½ centavos por hora. Esto significaba una tarifa de 55 centavos por hora para los choferes de camiones y de 45 centavos para los ayudantes, trabajadores de plataforma y trabajadores internos.

En este momento se demostró gráficamente la devoción de los trabajadores al sindicato. Una asamblea general de los miembros votó a favor de pagar un mes extra de cotizaciones para ayudar a saldar las cuentas pendientes de la huelga por servicios médicos y alimentos.

A tono con su crecimiento continuo, el local alquiló un nuevo y más amplio cuartel general en el 257 de la Avenida Plymouth Norte. El salón principal acomodaría a 2 mil personas. También había cuartos más pequeños para reuniones y conferencias, así como espacio para oficinas, una biblioteca y un club. Había una cocina para actividades sociales y un guardarropa con capacidad para 600.

Los trabajadores de los gremios de la construcción no tardaron en constatar la fuerza de un sindicato que necesita tales instalaciones para su funcionamiento normal. Estaban tratando de sindicalizar una gran obra de construcción, pero los patrones, como habituaban desde hacía mucho, pretendían manejarla como taller abierto. El Local 574 rehusó permitir que se transportaran materiales a los esquiroles en esa obra, y los patrones tuvieron que aceptar la sindicalización del proyecto en un 100 por ciento. Fue sumamente oportuno este acto de solidaridad con los gremios de la construcción, el cual fortaleció su buena voluntad hacia nosotros. El comité especial enviado por la CLU para ver a Tobin estaba por presentar su informe ante ese organismo central.

Tal como habíamos anticipado, el presidente de la IBT rehusó tajantemente restituir al Local 574. Insistió en que se tendría que expedir una nueva carta constitutiva para el Sindicato General de Choferes, sujeta a una serie de restricciones severas.

Primero: Diversas secciones del local tendrían que ser cercenadas y organizadas por separado como oficios distintos. De entrada, a los trabajadores hieleros y del carbón se los iba a poner en sindicatos separados, como también a los choferes de taxis.

Segundo: Se les negaría la afiliación a todos los trabajadores internos. Para ser miembro, había que pasar el 51 por ciento del tiempo manejando o realizando otras tareas en un camión.

Tercero: Los funcionarios actuales del Local 574 tendrían que ser excluidos del nuevo local y todas las solicitudes de afiliación tendrían que ser sometidas a la aprobación de la

Internacional. El local había de estar bajo la supervisión directa de un representante especial de Tobin.

Cuarto: El nuevo local tendría que pagar todos los impuestos per cápita atrasados que debía el Local 574.

Estas demandas dejaban claras para casi todos las intenciones de Tobin. Él pretendía dividir al Local 574 en unidades pequeñas, indefensas, sobre una estrecha base de oficios. No le molestaba el hecho que esto despojaría al local de su capacidad de lucha a un precio terrible para los trabajadores. Su principal preocupación era mantener al sindicato bajo su control burocrático, y para lograrlo estaba dispuesto a debilitarlo. Encima de esto, pretendía obligar a los sindicatos de la AFL en esta ciudad a que le ayudaran a doblegarnos.

El comité de la CLU informó que mientras estaban en la oficina de Tobin, él llamó a William Green, presidente de la AFL, quien le prometió toda su colaboración. El comité interpretó que eso significaba que todo intento de ayuda al Local 574 por parte de la CLU o de cualquiera de sus filiales provocaría la pérdida de sus cartas constitutivas con la AFL.

Aunque a la mayoría de delegados de la CLU les indignaban las arrogantes demandas de Tobin, votaron a favor de destituir formalmente del organismo al Local 574 para no arriesgarse a una acción punitiva a manos de Green. Al mismo tiempo, la mayoría insistió en que continuáramos asistiendo a las sesiones como delegados no oficiales, que fue lo que hicimos. A nivel superficial, parecería que habíamos perdido un asalto; pero en realidad se estaba dando una polarización profunda, mayormente a favor nuestro, en el organismo central de la AFL.

Poco después de que la CLU cumplió formalmente con su demanda de destituirnos, Tobin constituyó un "Local 500", que él pensaba usar para destruir al Local 574. Entonces ordenó al Consejo Unido de Teamsters que tomara acción contra nosotros, según los decretos que le había dictado al comité de la CLU. Al mismo tiempo reconstituyó el Local 125 de Choferes de Taxi, anteriormente desplazado cuando los trabajadores afectados habían votado a favor de unirse al Local 574.

A Pat Corcoran se le dio la tarea de dirigir la campaña de Tobin a nivel local. Él, a su vez, designó a Cliff Hall, a quien habíamos despedido de su antiguo cargo en el Local 574 por incompetencia y deslealtad, como agente de negocios del "Local 500". Juntos fueron a hablar con los patrones con quienes la cúpula del viejo Local 574 había mantenido relaciones de colaboración de clases antes de 1934. Pidieron ayuda para obligar a los trabajadores de estas compañías a que se cambiaran al sindicato artificial aprobado por Tobin, pero eso dio pocos resultados. El "Local 500" comenzó lo que había de ser una breve vida con apenas 26 miembros, comparado con los más de 3 mil del Local 574.

La línea que mantenía Corcoran frente a los patrones era la de subrayar la "legitimidad" del nuevo sindicato artificial. Prometía también que solo aceptaría miembros "responsables" que supieran llevarse bien con los patrones. Sobre esa base, él y Hall fueron a la Cámara de Comercio de la ciudad y solicitaron ayuda para organizar un local de choferes que fuera "seguro y sensato". Esto llevó a una reunión el 24 de junio en el Hotel Nicollet con los patrones del transporte, a quienes se les pidió que rompieran sus contratos con el Local 574 y negociaran con el "Local 500".

Por supuesto, los patrones se mostraban favorables ante el pedido, al verlo como una oportunidad de aplastar la fuerza sindical en la industria. Sin embargo, tenían un problema. El Local 574 no solo tenía contratos con ellos, sino que tenía a sus trabajadores firmemente organizados. Sabían que todo intento de colaborar con los tobinistas llevaría a una batalla que no tenían la seguridad de ganar. Así que decidieron actuar con calma.

El mismo día que Corcoran y Hall se reunieron con los patrones del transporte, el Local 574 sostuvo una asamblea general de los miembros. Se realizó en nuestro nuevo cuartel general, que para los trabajadores se había convertido en símbolo de la fuerza de su sindicato. La noticia de que los patrones andaban jugueteando con la pandilla de Tobin fue recibida con ira e indignación. Se discutieron todos los aspectos de la situación, conforme los miembros expresaron su determinación de combatir a Tobin... y a los patrones también, si decidían meter el hocico. Se aprobó entonces una moción autorizando a la dirección a que tomara la iniciativa para organizar un frente único con los sindicatos de la AFL que simpatizaran con nuestra causa.

Esta decisión llevó a la formación de un Consejo Unido del Transporte, compuesto por dos sindicatos de la AFL —los trabajadores de garajes y los encargados de gasolineras— y por el Local 574. Se concibió principalmente como instrumento para la organización de sindicatos, dedicado a sindicalizar a todos los trabajadores del transporte y a participar en una lucha común contra los patrones. Al mismo tiempo, nuestra relación con estos sindicatos de la AFL nos ayudó a desarrollar un núcleo en torno al cual forjar un ala izquierda organizada en la Unión Central del Trabajo.

Este último esfuerzo recibió otro impulso más el 20 de julio, primer aniversario del motín policiaco del "Viernes Sangriento" en 1934. Se programó un mitin conmemorativo, patrocinado oficialmente por la CLU, en la plaza de armas, un amplio campo abierto al borde del distrito central de la ciudad. Asistieron miles de trabajadores que representaban a casi todos los sindicatos de la ciudad. Algunos funcionarios prominentes de la AFL se sintieron obligados a participar en el programa de oradores y a mencionar el papel vital que el Local 574 había desempeñado para hacer de Minneapolis un baluarte sindical. Luego más de 2 mil personas marcharon desde el mitin, pasando por las calles del centro, hasta la escena del tiroteo, paralizando el tráfico por casi dos horas. El renovado espíritu de solidaridad que generó ese acto infundió nuevos ánimos a los amigos del Local 574, y a los burócratas de la AFL se les hizo más difícil que nunca cumplir las órdenes de Tobin de tacharnos de "proscritos".

Bajo el ímpetu de la manifestación del 20 de julio, se tomaron nuevas medidas para forjar un ala izquierda organizada en el seno de la Unión Central del Trabajo. A iniciativa de los trabajadores de garajes y de los encargados de gasolineras, se convocó a una conferencia especial de los sindicatos de la AFL. El Local 574 fue invitado a asistir con voz plena en las deliberaciones.

A las sesiones de la conferencia llegaron delegaciones oficiales de muchos sindicatos. Había locales de carpinteros, torneros, pintores, trabajadores de garajes, encargados de gasolineras, tapiceros, trabajadores de rejerías, choferes municipales y de recogida de basura, trabajadores de la harina y cereales, empleados del servicio de edificios, lavanderos, mantenimiento de edificios, obreros de la construcción, empleados de restaurantes y panaderos. La participación de los choferes municipales y de recogida de basura fue de importancia inusual, ya que marcaba un nuevo avance para nosotros en el Consejo Unido de Teamsters.

Por voto unánime la conferencia aprobó una resolución que exigía el reingreso del Local 574 a la IBT y a la AFL. Esta medida no solo ayudó a frustrar los intentos de Tobin de hacer que nos expulsaran del movimiento sindical. Fortaleció nuestra posición para hacer cumplir convenios laborales existentes con los patrones del transporte y renegociar contratos que tocaban renovarse.

Cuando el contrato con la compañía de taxis Yellow Cab venció en junio, tuvimos pocas dificultades para negociar la prórroga del convenio por un año. El nuevo acuerdo significó más logros en cuanto a salarios y condiciones de trabajo, lo cual vinculó a estos trabajadores más estrechamente al Local 574. Dado que esta compañía empleaba al grueso de los taxistas de la ciudad, la reconstitución que hizo Tobin del Local 125 de los Choferes de Taxi resultó relativamente insignificante. Él solo pudo acorralar a un puñado de dueños particulares de taxis y a sus choferes de relevo.

Tampoco tuvimos muchas dificultades con los patrones del carbón, quienes habían sido los primeros en darnos batalla en 1934. Por un lapso breve, algunos de ellos jugaron con la idea de usar contra nosotros a la pandilla de Tobin. Entonces el Comité General del Trabajo de los patrones del carbón envió una carta a la industria carbonera aconsejándole de que "... no se interesen en disputas entre sindicatos rivales". A los patrones se les estaba recordando, en efecto, que el Local 574 mantenía el poder en esa industria y por el momento no se podía hacer nada al respecto. Sin más ni más, se lograron nuevos y mejores contratos, que duraron hasta el otoño y el invierno de 1935–36.

En la industria del hielo las cosas eran un poco más complejas. En la ciudad había existido por años el Local 225 de Choferes Hieleros, y más o menos se había limitado a mantener una relación colaboracionista de clases con la Cedar Lake Ice Company, una empresa grande que mantenía su propia flota de camiones. Mientras tanto, en la industria había crecido constantemente el número de operadoras intermediarias. Estas entidades limitaban sus inversiones de capital casi exclusivamente a la producción de hielo, empleando a dueños de camiones independientes para hacer entregas. Estos últimos eran trabajadores que habían comprado camiones —por lo general con financiamiento a largo plazo— que conducían ellos mismos bajo un sistema de comisiones por camión y por chofer.

Muchos de estos trabajadores pasaban el invierno transportando carbón y se habían afiliado al Local 574 durante la lucha de 1934. Ahora querían que los logros que el sindicato les había ganado en el transporte del carbón se extendieran a la industria del hielo, donde trabajaban durante el verano. Nuestros esfuerzos por cooperar con este objetivo legítimo muy pronto nos pusieron en conflicto con los pequeños burócratas del Local 225. Aunque no tenían intención de hacer nada a favor de estos dueños de camiones independientes, objetaban a nuestros intentos de ayudar a estos trabajadores planteando que el Local 574 no debería "interferir" en su jurisdicción en la industria del hielo. Ya que su argumento era falso, lo descartamos y empezamos a actuar.

Se negoció un convenio con los principales operadores intermediarios, estipulándose logros importantes para los trabajadores que les hacían las entregas de hielo. Se asignó a Ray Rainbolt y a Harry DeBoer del plantel del Local 574 a que pusieran bajo el convenio a los intransigentes entre las empresas de poca monta. Como primer paso, se hizo una huelga contra la Lucas Ice and Fuel.

Una mañana, a las 5 de la madrugada, montamos una línea de piquete alrededor del sitio. Pronto llegaron unos cuantos autos patrulla llenos de policías y al poco rato un chofer esquirol empezó a actuar como que se aprestaba a cargar un camión. El sindicato respondió rápidamente para traer refuerzos. Entonces un policía bocón empezó a rebuznar de que lo habían juramentado para hacer respetar "la ley y el orden". Eso nos dio a entender que se estaban preparando mentalmente para atacar la línea de piquete, y nos preparamos para recibir la embestida anticipada.

Más o menos en esos momentos salió de la oficina de la empresa el teniente al mando, pero no ordenó a los policías que se prepararan para escoltar el camión esquirol. Señaló a dos de ellos para que lo siguieran, caminó más o menos al punto intermedio entre las líneas opuestas e indicó que quería dialogar. DeBoer, Rainbolt y yo avanzamos para encontrarlo.

"El señor Lucas está listo para firmar con ustedes", dijo, "pero primero quiere que quiten sus piquetes".

"¿Va a retirar usted también a sus policías?" preguntamos.

"No, no puedo hacer eso", respondió. "Mis órdenes son de darle plena protección".

Después de más discusión, llegamos a un acuerdo. Ambos lados retirarían sus fuerzas un carro a la vez, alternándose, hasta que quedara solo un destacamento de piquetes y un escuadrón de policías. En ese momento se esperaría que Lucas pusiera su firma en la línea de puntos.

El teniente fue entonces a consultar con Lucas sobre el arreglo propuesto y regresó al poco tiempo. Parecía muy aliviado.

"Muy bien", dijo. "Así haremos".

A eso de las 6:45 de la mañana, Rainbolt entró en la oficina de la compañía y se firmó el convenio con el sindicato.

En un enfrentamiento colmado de tensión que duró poco menos de dos horas, habíamos ganado una victoria decisiva. Se había demostrado que, a pesar del ataque que nos lanzó Tobin, el Local 574 mantenía la fuerza combativa por la que se había hecho famoso.

Lo único que ahora quedaba pendiente era una operación de limpieza. Sin embargo, eso requirió mucho trabajo porque la anarquía plagaba la industria del hielo. Hubo que librar unas cuantas escaramuzas antes de completar la tarea. En un caso, por ejemplo, un patrón cucaracha intentó hacer que encarcelaran a Rainbolt alegando que le había quebrado una pierna en un altercado que surgió de un intento de entregar hielo con choferes rompehuelgas. Rainbolt eludió los cargos.

Finalmente, toda la situación se puso bajo el control del sindicato y después los ingresos de los choferes del hielo mejoraron regularmente.

Se presentaba un problema distinto en las empresas donde el Local 574 había perdido las elecciones para negociar colectivamente después de las huelgas de 1934. Entre estas firmas estaba la La Belle Safety Storage, una de las mayores compañías en la industria del trasbordo. Como en la gran mayoría de situaciones de esta índole, los trabajadores de esta compañía se lamentaban de haber votado contra el sindicato. Uno por uno, salvo un puñado, todos se habían afiliado desde entonces al Local 574, y ahora estábamos en condiciones de exigir que la compañía firmara un contrato laboral.

En este caso el "Local 500" intentó intervenir contra nosotros. Corcoran y Hall trataron de hacer que los patrones de trasbordos les ayudaran a excluir de la industria al Local 574. Como incentivo elaboraron sus propuestas de convenio en torno a la promesa de que los miembros del sindicato iban a "trabajar a favor de los intereses de la Compañía en todo momento". Esto hizo que la Asociación de Transportistas convocara a una reunión para considerar un "movimiento iniciado... en los últimos días... que es de vital importancia".

El Local 574 respondió a la amenaza con una huelga contra la La Belle. Esta acción puso al "Local 500" en aprietos. Hall había enrolado en la compañía a cuatro hombres a quienes los demás trabajadores consideraban esquiroles. Al hacerlo les había prometido protección para que pudieran seguir trabajando, sin importar lo que hiciera el Local 574. Ahora habíamos puesto una fuerte línea de piquete alrededor de aquel lugar y Hall no podía hacer nada al respecto. Y los patrones tampoco. Así que la La Belle firmó un convenio con el Local 574 después de estar paralizada tres días.

Poco después los patrones de trasbordos decidieron en conjunto darle el portazo al "Local 500". Emprendieron la negociación de un nuevo acuerdo con el Local 574, a pesar de que el convenio por la huelga de 1934 no vencía sino hasta el 31 de mayo de 1936. El nuevo contrato, con un plazo de un año, entró en vigor el 1 de noviembre de 1935. Bajo sus disposiciones todos los trabajadores de trasbordo recibieron un aumento salarial de cinco centavos por hora, efectivo a partir del 1 de junio de 1936. Esta vez los patrones firmaron directamente con el sindicato, en vez de tratar con la Junta Laboral, como habían hecho en 1934.

Al resumir el significado de estas experiencias, el *Northwest Organizer* afirmó: "El Local 574 es un sindicato establecido, profundamente arraigado. Está aquí para quedarse y para construir".

Era evidente que estábamos logrando defendernos contra Tobin en Minneapolis, pero no nos detuvimos con eso. También se tomaron medidas para llevar la lucha a la Internacional. Estaba por realizarse un congreso de la IBT, los cuales se celebraban cada cinco años. Esto nos brindaba una vía para hacer un llamamiento a todos los locales de Teamsters del país. Les enviamos una carta abierta, presentando nuestro caso y pidiendo su apoyo en nuestra lucha por el reingreso a la Internacional.

Ya que Tobin manejaba todo con mano de hierro, no teníamos ilusiones de que el congreso anulara su decisión. Sin embargo, era posible que nuestro contraataque tuviera ciertos efectos buenos. El estado de ánimo de masas en el movimiento obrero estaba cambiando debido a las condiciones de radicalización de esa época, y la IBT no podía permanecer totalmente inmune a este proceso. Había una buena oportunidad de que pudiéramos suscitar simpatía entre los miembros de fila y quizás hasta entre algunos funcionarios subalternos. Esta probabilidad era mayor gracias al prestigio nacional que el Local 574 había logrado por sus combativas luchas de 1934.

Entendíamos que no se podría desarrollar una oposición significativa contra la línea de Tobin con tiempo suficiente para que afectara el congreso venidero, pero eso era un factor secundario. Nos parecía que la lucha en torno a la política de la IBT sería larga. Era seguro que lo que había empezado en 1934 iba a calar mucho más hondo de lo que muchos comprendían. Por estas razones el éxito o el fracaso de nuestros esfuerzos no dependía del resultado de los sucesos inmediatos. Aún era completamente posible que, a la larga, nuestra lucha provocara algunos cambios fundamentales en la Internacional.

En cuanto al problema inmediato, el aparato de Tobin le impuso al congreso una decisión que ratificaba la revocación de nuestra carta constitutiva, según se había anticipado. Además, se enmendó la constitución de la IBT para prohibir que los comunistas pudieran ser miembros.

Las dos medidas estaban interrelacionadas. Con ambas se pretendía impedir la propagación de un movimiento rebelde en el seno de la organización nacional. El establecimiento de una política de afiliación excluyente sentaba las bases para la expulsión bajo cargos falsos de miembros del ala izquierda. A la vez, brindaba un instrumento para un *red-baiting** indiscriminado que empañara los temas en disputa. Además de estas amenazas, se les recordó a los oposicionistas que también podrían ser objeto de actos generales de represalias. Se había lanzado la advertencia de que los locales sindicales desafiantes podían anticipar que perderían su carta constitutiva.

Tobin obviamente daba por sentado que este tipo de medidas le permitiría llevar a cabo su plan de despedazar al Local 574 y reorganizar los residuos bajo su control burocrático. Sin embargo, teniendo en cuenta todos los factores, la situación en Minneapolis ponía seriamente en duda que él pudiera lograr ese objetivo. Después de meses de intentos continuos, sus lacayos habían logrado inscribir a menos de 50 trabajadores en el "Local 500". Esa cifra representaba apenas poco más del uno por ciento de los miembros del Local 574.

"Si eso representa una escisión", observó el *Northwest Organizer*, "... Webster no entendía su propio diccionario".

---

* Ver nota en la pág. 27.

8

Sección de Trabajadores Federales

Había una esfera importante en la cual gozábamos de una completa ventaja sobre Tobin.

Al igual que la mayoría de los burócratas de la AFL, él no quería tener nada que ver con los desempleados. A su parecer, estos trabajadores no eran más que una chusma, rompehuelgas en potencia, con quienes los sindicalistas "responsables" no se debían involucrar. Si algo debía hacerse por ellos, planteaban los de su opinión, que sean las agencias de asistencia social las que asuman toda responsabilidad. Durante cierto tiempo la jerarquía de la AFL hasta se opuso al seguro por desempleo.

Nosotros sosteníamos un punto de vista opuesto, basado en la realidad objetiva. Había muchos millones de desempleados a nivel nacional. Todos eran víctimas del sistema económico capitalista, forzados a vivir en circunstancias miserables bajo condiciones de depresión. Como trabajadores, merecían apoyo de los sindicatos en una lucha por lograr concesiones sociales de los capitalistas para mejorar su suerte. Esta ayuda no solo sería un acto necesario de solidaridad de clase, por importante que eso fuera como cuestión de principios. Era la mejor forma de evitar que los patrones embaucaran a los desempleados para ocupar los puestos de los sindicalistas que salían en huelga. Por tanto, insistíamos, el movimiento sindical debía hacer todo lo posible para ayudar a los desocupados.

Esta disputa en cuanto a la política a seguir, sobre lo que parecería ser un tema inconexo, repercutió directamente en nuestro choque con Tobin dentro del movimiento sindical. Un bosquejo de los antecedentes de la lucha de los desempleados aclarará esta conexión.

Tras la caída de la bolsa de valores en 1929, los despidos en las industrias aumentaron de forma constante. Más y más trabajadores se sumían en una crisis económica personal. Pero el gobierno de Herbert Hoover se empecinaba en tratar la catástrofe social emergente como un lapso temporal de reajuste económico, asegurándole repetidamente al país que la prosperidad estaba "a la vuelta de la esquina". El gobierno federal no hacía nada para ayudar directamente a los desempleados. Los dejaba a la merced de los sistemas locales de asistencia pública. Por lo general éstas eran entidades arcaicas que solo a regañadientes daban ayuda a los necesitados, haciéndolo de forma tal que resultaban experiencias humillantes para los beneficiarios.

Al principio, los trabajadores que eran víctimas de esa situación la toleraban, tendiendo a aceptar las promesas de Hoover de que sus dificultades solo serían temporales. Las actividades organizadas entre los desempleados se limitaba principalmente a tácticas de "autoayuda". Se formaban comités para extraer alimentos, ropa y otros artículos de comerciantes dispuestos a contribuir considerándolo una inversión en buena voluntad. Se instituyó la búsqueda organizada de trabajitos que resultasen en unos cuantos dólares. Los frutos de esos esfuerzos los compartían equitativamente quienes participaban en las actividades.

No tardó mucho que los comerciantes se tornaran renuentes a continuar sus donaciones, que para ellos se habían vuelto muy costosas. Se hicieron entonces esfuerzos entre grupos de desempleados para desarrollar sistemas de trueque. Estos giraban en torno a intentos de producir bienes de consumo sencillos en proyectos organizados al estilo comunal. Por lo general, los comerciantes que aceptaban manejar esos productos usaban vales como método de pago, que luego eran aceptados para la compra de ciertas mercancías en tiendas que participaban en ese plan general.

Después de cierto tiempo, este tipo de actividad de "autoayuda" comenzó a desvanecerse y pasó a un segundo plano. Los desempleados comenzaban a darse cuenta más y más que sus dificultades no eran temporales, que sus problemas no se iban a resolver con recontrataciones tempranas. Esto dio paso a una tendencia hacia nuevas formas de acción de masas.

Se desarrollaron técnicas para resistir el desahucio de inquilinos por los caseros. Se organizaron manifestaciones —caracterizadas por una creciente aceleración de su alcance y combatividad— para presionar a los funcionarios municipales, estatales y federales a favor de mejoras en la asistencia pública. Al mismo tiempo se aclaró que los desempleados no estaban luchando principalmente por un subsidio. Lo que querían, ante todo, era tener trabajo constante.

Con su viraje hacia la aplicación de la presión de masas sobre el gobierno capitalista, entre los desempleados comenzó a crecer la conciencia política. Esto dio paso a que partidos radicales ganaran cada vez más influencia en el movimiento de los desempleados. Asimismo, iban mejorando las posibilidades para que los militantes con conciencia de clase desempeñaran un papel dirigente entre los trabajadores que tenían empleo, muchos de los cuales se estaban volviendo bastante combativos. Para 1933, ese fenómeno combinado había avanzado hasta tal punto que objetivamente era posible lograr un salto cualitativo en la capacidad combativa del movimiento obrero. Si se pudiera integrar a los trabajadores empleados y desempleados en un proceso de apoyo mutuo a sus luchas respectivas, se podría organizar un equipo poderoso en oposición a la clase capitalista.

Para los revolucionarios de esa época, el lograr este objetivo necesario era un reto clave.

Actuando en consecuencia, los trotskistas en el Local 574 en 1934 habían comenzado a atraer a los desempleados hacia una alianza con el sindicato. Esto implicaba una fuerza considerable. Al medirse en términos aproximados de familias de trabajadores desempleados, representaba casi un tercio de la población adulta de la ciudad. Además había bajones periódicos en la situación económica de otros trabajadores. Muchos pasaban por ciclos en que estaban empleados, luego quedaban cesantes temporalmente y se veían obligados a subsistir por un tiempo con la asistencia pública.

Cientos de miembros del Local 574 se hallaban en esta última categoría. Estos miembros tenían un interés directo en la lucha que libraban los desempleados para mejorar su situación y querían que el sindicato interviniera en la batalla. A su vez, miles de los que estaban completamente desempleados sentían una creciente afinidad con el Local 574. Se daban cuenta que si ayudaban a que el sindicato se estableciera como fuerza en la ciudad, se abriría el camino para lograr un apoyo real para sus propias luchas. En su conjunto, estos factores interrelacionados permitían forjar un frente único poderoso en el seno de la clase trabajadora.

Para asegurar una alianza firme con los desempleados, se necesitaban medidas para demostrar que no sería un asunto unilateral. Había que movilizar el apoyo de los sindicatos en la lucha por mejorar la asistencia pública. Había que mantener una colaboración en los proyectos federales de trabajos temporales que había establecido Roosevelt. A la vez era necesario desarrollar una cooperación estrecha con los dirigentes de los desempleados al planificar su ayuda en la lucha del Local 574 contra los patrones del transporte.

Al respecto surgió un problema táctico debido a la política seguida por el Partido Comunista. Los estalinistas habían logrado cierta influencia entre los desocupados al crear consejos de desempleados. Los trotskistas habían sido excluidos de estas organizaciones, que estaban bajo el estricto control del PC y actuaban de acuerdo a la línea ultraizquierdista que ese partido aún seguía en 1934. Era de esperarse que, en vez de ayudar a promover la unidad obrera, los estalinistas usarían sus consejos como un arma para lanzar ataques faccionales contra el Local 574 dirigido por los trotskistas. Por tanto, había que desarrollar la forma de flanquearlos en el movimiento de los desempleados.

Ese objetivo se logró mediante el Consejo Central de Trabajadores de Minneapolis (*Minneapolis Central Council of Workers*—MCCW). Este era un cuerpo de delegados que representaban a grupos de desempleados, algunos sindicatos, grupos políticos sindicales y otras organizaciones obreras. El MCCW se había creado con el propósito expreso de luchar por los desempleados y gozaba del patrocinio de la Unión Central del Trabajo de la AFL. A través de este organismo el Local 574 pudo desarrollar relaciones de trabajo sumamente eficaces con los desempleados, basadas en la colaboración recíproca en todos los ámbitos de la lucha.

Los trabajadores desempleados se sumaron en tropel a los piquetes de los Teamsters en las huelgas de mayo y de julio–agosto de 1934, y supieron desempeñarse muy bien en la batalla. A su vez, el sindicato los respaldó en sus luchas de esa época en los proyectos federales de la Administración de Asistencia de Emergencia (*Emergency Relief Administration*—ERA). Esta alianza dinámica le granjeó la victoria al Local 574 en su conflicto con los patrones del transporte y, en el transcurso de la acción, el MCCW alcanzó la cifra sin precedentes de 4 mil miembros.

Sin embargo, surgió un nuevo problema cuando la resolución de la huelga de 1934 de los Teamsters causó un descenso repentino del ritmo de la acción de masas. El cambio de ambiente provocó que muchos de los desempleados, quienes habían respondido a la dramática lucha sindical, cayeran en la inactividad. Sobrevino una pausa en el movimiento de los desempleados, y el MCCW sufrió una fuerte disminución de miembros. Esta experiencia subrayó la necesidad de una mayor estabilidad en la organización de los desempleados. Confirmó también el criterio del Local 574 de que se había hecho absolutamente necesario organizar a los trabajadores desocupados con el patrocinio de los sindicatos.

Nosotros planteábamos que esto se podía hacer de tal forma que los desempleados pudieran conservar su propia organización aparte, así como sus derechos democráticos plenos. El cambio principal sería su afiliación al movimiento sindical. Con esta medida, se le podría impartir al movimiento de los desempleados la estabilidad interna necesaria. Al mismo tiempo, se lograría una nueva ventaja con la ayuda sindical directa en la lucha por los intereses de los trabajadores desocupados.

Estos criterios recibieron la aprobación de los dirigentes del MCCW, quienes se mostraron dispuestos a disolver su organización en una nueva estructura sindical del tipo que proponíamos.

También se acordó realizar gestiones para que la Unión Central del Trabajo de la AFL se responsabilizara de la nueva medida. Entre sus distintas filiales sindicales había muchos miembros desocupados, todos los cuales necesitaban el apoyo sindical colectivo que mejor se podía organizar a través de ese organismo central. Con ese fin los delegados del Local 574 presentaron una resolución ante la CLU. Se aprobó por un amplio margen y se creó un comité para elaborar la política de esta nueva forma de actividad sindical proyectada. Entonces Tobin revocó nuestra carta constitutiva, la CLU se replegó de su compromiso y la tarea recayó completamente en nuestro sindicato "proscrito".

Una vez más, el Local 574 estaba por emprender una acción pionera destinada a aumentar la fuerza combativa de la clase trabajadora.

En los estatutos del local se estipularon ciertas pautas básicas para el proyecto. La sección pertinente decía: "Es deber de los sindicatos ayudar a los trabajadores desempleados a organizarse y mejorar su nivel de vida. Para cumplir esta obligación el sindicato mantendrá una sección auxiliar de trabajadores desempleados que se conocerá como la Sección de Trabajadores Federales (*Federal Workers Section*—FWS) del Local 574. Esta sección funcionará bajo la supervisión directa de la Junta Ejecutiva del sindicato y contará con la asistencia plena del sindicato. Los miembros de la Sección de Trabajadores Federales no tendrán voz ni voto en las asambleas regulares del sindicato".

Había distintas razones para esta última disposición. La afiliación a la Sección de Trabajadores Federales no estaba limitada a los miembros del Local 574 que habían sido cesanteados. Sus filas estaban abiertas a todos los desempleados de la ciudad, incluso los desocupados que eran miembros de otros sindicatos. Por tanto, iba a ser una formación heterogénea y, se esperaba, de tamaño considerable. Dicha entidad no se podía incorporar formalmente al sindicato con voz y voto. Eso habría deformado el carácter básico del local como organización de trabajadores empleados en la industria del transporte por camión. Los problemas resultantes habrían debilitado la base sindical sobre la cual había que organizar al movimiento de los desempleados. Por tanto el nuevo organismo se debía estructurar como sección auxiliar del local.

Se entregaron insignias sindicales especiales y carnets de afiliación a los trabajadores que se unían a la FWS. Ellos cotizaban 25 centavos por mes, que era prácticamente lo máximo que podían pagar. Los fondos adicionales que hacían falta para realizar las actividades necesarias se cubrieron con subsidios del Local 574 y, más adelante, con donaciones de otros sindicatos. Se celebraron asambleas regulares de la sección en las que los miembros elaboraron un programa y formularon un curso de acción para lidiar con sus problemas específicos como trabajadores desempleados.

Al entrar en batalla con las autoridades públicas, estos trabajadores ahora gozaban de ciertas ventajas sin precedentes. Habían logrado un equilibrio organizativo gracias a su contacto estrecho con un sindicato estable. Tenían a su disposición la ayuda de liderazgo de los experimentados combatientes de clase que estaban en la junta ejecutiva del Local 574. De hecho, la junta asignaba a uno de sus miembros a trabajar de forma sistemática con los desempleados, por lo general fue Grant Dunne. Él hacía más que consultar con los dirigentes de la FWS sobre sus problemas; una de sus funciones era también ayudarlos en sus tratos con funcionarios municipales, estatales y federales. Puesto que hablaba en nombre del sindicato en su conjunto, el papel de Grant ayudaba a recalcar que los desempleados gozaban del respaldo de la fuerza plena del Local 574.

En el transcurso de unos meses se forjó un plantel eficaz para la Sección de Trabajadores Federales. Ninguno de los miembros del plantel era funcionario asalariado. Todos se las arreglaban económicamente del mismo modo que los desempleados, o con asistencia pública o con un trabajo del proyecto federal de empleos temporales.

Una parte importante del plantel consistía de ex dirigentes del MCCW. Entre ellos estaban Ed Palmquist, Carl Kuehn, Roy Orgon, George Viens y Louis White. Marvel Scholl también integró el plantel, trabajando, como los demás, sin remuneración.

La dirección política dentro del plantel de la FWS recayó principalmente en Max Geldman, quien había sido trotskista desde 1930. Desde un principio ocupó un papel clave en las luchas que realizó la sección. Además fue decisivo al reclutar a la mayoría de los antiguos dirigentes del MCCW y a varios miembros de las filas de la FWS al Partido de los Trabajadores. Este último logro añadió una nueva dimensión al desarrollo de un ala izquierda amplia en el movimiento obrero.

Tan pronto el FWS se había preparado para tomar acción, se inició una lucha para mejorar el sistema de asistencia pública. Había muchos males que combatir. Los usuarios del sistema de asistencia recibían un trato insolente de parte de los investigadores y los funcionarios municipales. Era común la discriminación contra trabajadores que vivían de la asistencia. Había familias pobres que eran desalojadas de sus hogares porque el Departamento de Asistencia había evadido el pago de las subvenciones de alquiler.

La FWS puso fin a estas prácticas, que aumentaban las penas de los desempleados, al presionar a los funcionarios municipales. Al mismo tiempo se inició una batalla para lograr importantes mejoras en los presupuestos asignados a las familias que recibían asistencia. Marvel Scholl escribió más tarde sobre varios aspectos de esta lucha.

"Dorothy Holmes [quien luego se casó con Henry Schultz] y yo colaboramos para lograr incrementar el presupuesto de asistencia, elaborando demandas específicas que se planteaban a las autoridades", escribió. "Lo hicimos con ayuda de profesores y estudiantes de la Escuela de Agricultura de la Universidad de Minnesota. El viejo presupuesto con el que subsistían los desempleados era totalmente inadecuado. Por ejemplo, se basaba en las necesidades calóricas mínimas (y digo *mínimas*) de los distintos grupos de edades dentro de la familia. Los varones adolescentes recibían la dieta calórica más grande. A las muchachas y a los niños más pequeños, incluidos los bebés, las madres y los padres les tocaba mucho menos. Pero hasta las cantidades mayores para los varones adolescentes eran completamente inadecuadas.

"Cuando ya habíamos elaborado un presupuesto de alimentos, la Sección de Trabajadores Federales se lo presentó al consejo municipal. Algunos miembros del consejo trataron de desoír nuestras demandas alegando que no tenían fondos para costearlas. Nosotros les respondimos: 'Tomen los fondos para la asistencia de los que los tienen: los ricos'. Nuestra respuesta provocó fuertes aplausos entre los trabajadores desempleados que habían colmado la sala del consejo para asistir a la audiencia. En nuestra lucha también recibimos la ayuda amable de los dos concejales del Partido de los Agricultores y Trabajadores, I.G. Scott y Ed Hudson.

"Hicieron falta como tres de esas sesiones", añadió Marvel, "antes de que el consejo cediera. Se amplió el presupuesto alimentario. Además, provocamos acción ante nuestras demandas de que se aumentaran las subvenciones de alquiler, ropa, servicios públicos, carbón y medicinas. Ahora Minneapolis contaba con el presupuesto de asistencia más alto del país y los desempleados tenían una organización capaz de hacer que se cumpliera".

Su último punto se ilustró en un episodio que sucedió poco después. La clase dominante intentó denegar la victoria de los trabajadores presionando al consejo municipal para "mantener en vilo" los prometidos aumentos en la asistencia. La mayoría del consejo municipal cedió ante las presiones patronales y todo quedó en el aire. La FWS respondió iniciando una convocatoria a una manifestación de desempleados frente a la alcaldía, la cual se realizó el 18 de septiembre de 1935. La policía atacó a los manifestantes, pero estos no se dejaron amedrentar, dejando claro que los actos intimidatorios no resolverían los asuntos en disputa. Después de este enfrentamiento hubo un tira y afloja en el cual, paso a paso, la FWS logró mejores condiciones para los trabajadores que se veían obligados a subsistir con la asistencia pública.

La FWS también prestó atención a otro tipo de asistencia administrada por el Departamento de Asistencia Pública del Condado de Hennepin, conocida como Ayuda a Niños Dependientes (*Aid to Dependent Children*—ADC). A principios de la década de 1930, esta asistencia significaba subsidios en efectivo de 20 dólares mensuales por cada niño para las mujeres cuyos maridos habían fallecido o las habían abandonado. Un relato de las dificultades que enfrentaban estas mujeres se encuentra entre los recuerdos de Marvel Scholl arriba mencionados.

"Las que recibían la ADC eran sometidas a más acoso que los usuarios normales de la asistencia", observó. "Aunque ellas no recibían un subsidio para su propio sustento, no se les permitía trabajar si estaban en el programa. Todo indicio de que en ese hogar residiera un hombre era motivo para retirarles inmediatamente el subsidio. Se sabía que los investigadores de la ADC llegaban a medianoche, intentando pescar a un hombre en la cama de la madre; registraban los hogares buscando ropa de hombre, pipas, etcétera.

"Otra organización en Minneapolis, que colaboraba estrechamente con la ADC, era una 'caridad' privada conocida como la Asociación Protectora de Niños. Su objetivo principal en la vida era la separación de familias, especialmente las de mujeres que se acogían a la ADC. Cuando sus agentes le caían encima a una mujer —principalmente a través de la ADC— husmeaban en el barrio, entrevistaban a vecinos y comerciantes, armaban su caso y luego arrastraban a la madre a los tribunales para quitarle a sus hijos.

"Nuestras miembros siempre nos informaban de estos casos. Teníamos una regla fundamental. Hacíamos nuestra propia investigación, basando siempre nuestras decisiones en lo que era mejor para los niños. Y esto lo sabían y lo entendían nuestros miembros desde un comienzo.

"Entonces nos presentábamos en el tribunal con el miembro. El juez del Tribunal de Niños había desarrollado un odio muy sano hacia los investigadores de la 'Asociación Protectora', y en presencia nuestra los llamaba 'solterones fisgones, hombres y mujeres'. Le dio por convocarnos a George Viens y a mí a su despacho antes de que se ventilara un caso en el tribunal, para discutirlo con nosotros y solicitar nuestra opinión.

"En todos los casos en que nos presentábamos en nombre de una de nuestros miembros se le otorgaba la custodia formal a un representante del sindicato y nosotros poníamos al niño en la 'casa de acogida' de su madre. Así se evitaron muchas tragedias. Farrell y yo, por ejemplo, en un momento determinado, juntos y por separado, fuimos tutores de 14 niños.

"A veces", añadió Marvel, "cuando la enfermedad de una madre hacía necesario que pusiéramos a los niños por un tiempo en un verdadero hogar de acogida, enfrentábamos un dilema. No nos parecía satisfactoria ninguna de las pensiones existentes. Así que establecimos una propia. Hicimos un llamado a las familias de sindicalistas, algunas con hijos propios, otras cuyos hijos habían crecido y dejado el hogar. Media docena de parejas presentaron solicitudes y fueron aceptadas como pensiones por la agencia oficial. A nuestros pupilos los poníamos en estos hogares sindicales".

Mientras peleábamos con las autoridades locales en torno a estos problemas, también estábamos organizando a los trabajadores de los proyectos de la Administración de Asistencia de Emergencia del gobierno federal. Estos proyectos de empleos temporales representaban apenas un gesto simbólico para la fuerza laboral parada. Los trabajos disponibles eran limitados, como lo era también su duración. Los salarios se establecían a un nivel mínimo de subsistencia. Prevalecían las condiciones del taller abierto, donde los secuaces del gobierno trataban a los trabajadores de forma despótica.

Los desempleados asignados a estos proyectos —quienes llegaron a conocerse como "trabajadores federales"— necesitaban para defenderse una organización parecida a un sindicato. Uno de nuestros objetivos claves era ayudar a satisfacer esa necesidad, fortaleciendo así los lazos entre los empleados y desempleados. Por eso el Local 574 nombró su unidad especial de desempleados la Sección de Trabajadores Federales.

Al avanzar el reclutamiento a la FWS en los proyectos de la ERA, se daban pasos preparativos para la acción. En cada proyecto los trabajadores elegían delegados para manejar sus quejas. Estos delegados sostenían discusiones colectivas para preparar recomendaciones sobre las líneas políticas a seguir que se les presentarían a todos los miembros de la sección. Sin embargo, apenas había comenzado este proceso cuando a mediados de 1935 Roosevelt desarticuló su programa de la ERA y cambió todo el sistema federal de asistencia.

La acción de Roosevelt partía de la misma política fríamente calculada que había seguido con regularidad. Pretendía ofrecer apenas suficiente asistencia federal para evitar una convulsión mayor entre los desempleados, pero nada más. Para mantener la situación bajo control dentro de este marco contradictorio desarrolló un patrón cíclico de operativos. El mismo había comenzado con la creación de una Administración de Obras Civiles unos meses después de asumir la presidencia en 1933.

Los desempleados reaccionaron a esta medida inicial con una renovada esperanza, pensando que el gobierno federal de verdad iba a resolver sus problemas. Después gradualmente fue quedando claro que no iba a ser así. No todos los desocupados recibían ayuda federal, y los que sí, recibían muy poca. Comenzaron a presionar al gobierno para que aumentara la asistencia, y se formaron organizaciones de desempleados en base a esta lucha. Por un tiempo, ante estas presiones Roosevelt hizo concesiones a regañadientes, aunque se resistía palmo a palmo y en realidad concedía muy poco.

Luego, a principios de 1934, volcó toda la situación a su

favor al acabar con el plan original de asistencia. Se hizo entonces una transición hacia un nuevo sistema de asistencia federal llamado Administración de Asistencia de Emergencia (ERA). El gobierno adrede sembró confusión durante el proceso de cambio, lo que resultó en varias pérdidas para los trabajadores. Algunas de las anteriores conquistas económicas desaparecieron durante el desbarajuste. Las organizaciones existentes de desempleados quedaron en un estado de confusión, y muchas tendieron a desintegrarse. En general, los desempleados se vieron en la necesidad de reorganizarse, superar la desmoralización que habían provocado las artimañas de Roosevelt, y volver a comenzar de cero en la batalla por sus derechos.

Para mediados de 1935 habían logrado reanimar su lucha a nivel nacional a tal grado que estaban presionando enérgicamente para extraer concesiones federales. Entonces el gran liberal en la Casa Blanca decidió desbaratarla repitiendo el ciclo de 1934. Se inició una transición de la ERA a un nuevo arreglo federal llamado la Administración de Progreso de Obras (*Works Progress Administration*—WPA).

Fue precisamente en este momento que quedó demostrada la eficacia insólita de una organización de desempleados patrocinada por un sindicato. No se permitió que los miembros de la Sección de Trabajadores Federales quedaran a la deriva en la nueva situación, como sucedía con la mayoría de los desempleados. Su asociación con un sindicato fuerte se convirtió para ellos en un factor estabilizador en el momento de crisis. Concretamente significó que recibieron ayuda eficaz para actuar con rapidez y volver a movilizar a los desempleados en general para continuar su lucha.

Tan pronto comenzaron los nuevos proyectos de la WPA, la FWS lanzó una campaña organizativa entre los trabajadores afectados. Después se celebraron elecciones de delegados en todos los proyectos, lo que llevó a una estructura de representación sindical parecida a la que el Local 574 había establecido en la industria del transporte. Luego se inició una lucha para resolver quejas presentadas por los trabajadores, y había muchas.

A los trabajadores desempleados los iban quitando por completo de los padrones de asistencia de la ciudad y los ponían a trabajar bajo el nuevo sistema de la WPA. En muchos casos había un intervalo largo entre el último cheque de asistencia y el primer día de paga en la WPA. Después de mucho jaleo las autoridades municipales se vieron forzadas a suspender su práctica de eliminar tan precipitadamente a esos trabajadores de los padrones de asistencia, y se logró asegurar indemnización para los afectados.

Surgió un reclamo general que afectaba a todos los que estaban en la WPA en torno a la remuneración. La paga era de $60.50 por mes, realmente un nivel de hambre. De hecho, era inferior al nivel presupuestario que la ciudad de Minneapolis se había visto forzada a establecer para los usuarios de la asistencia. En consecuencia, los trabajadores que eran trasladados de la asistencia directa —pagada por la ciudad— al sistema federal de "asistencia por trabajo" sufrían un recorte automático de sus ingresos.

La FWS se dio a la tarea de impedir esta estafa movilizando a los trabajadores en torno a una demanda a las autoridades de la ciudad: o hacen que la WPA pague más, o brindan ayuda suplementaria a los que están en la WPA. Nuestra campaña fue eficaz. La ciudad concedió pagos suplementarios, aumentando el monto que recibían los trabajadores de la WPA al nivel que habrían recibido si se hubieran mantenido con la asistencia directa.

Para entonces, la Sección de Trabajadores Federales se venía estableciendo como la principal organización de desempleados de la ciudad. A sus filas ingresaban nuevos miembros por centenares. Algunos jamás antes se habían asociado con un sindicato; otros de estos desempleados eran o habían sido miembros de diversas organizaciones de la AFL. Todos eran fieles partidarios del Local 574, sin un solo amigo de Tobin entre ellos.

Estábamos captando a toda una nueva categoría de aliados en la lucha del local por la supervivencia.

9

Nueva ola de huelgas

Estaba por llegarnos más apoyo desde un nuevo sector. Los trabajadores empleados en toda la ciudad experimentaban un auge de combatividad que conducía a una nueva ola de huelgas. Su estado de ánimo combativo surgía de las frustraciones provocadas por la política de la clase dominante durante los dos años anteriores.

Roosevelt había lanzado su programa "Nuevo Trato" en 1933 con promesas de que se haría algo de veras significativo por los "mal alimentados, los faltos de vestido, los mal albergados" de la nación. Su demagogia despertó grandes expectativas entre los trabajadores. Eso los llevó, al principio, a depender del gobierno para resolver sus problemas. Luego comenzaron a aprender, por una serie de experiencias, que nada podía sustituir su propia acción.

Una de estas experiencias tuvo que ver con la Ley de Recuperación Industrial Nacional (*National Industrial Recovery Act*—NRA), que fue una de las primeras medidas instituidas por Roosevelt. Típica de las normas del capitalismo, la ley iba dirigida principalmente a cebar la economía al aumentar las ganancias privadas. Los propagandistas de Washington acicalaban este objetivo como una medida que traería beneficios "públicos".

Se establecieron códigos de "competencia leal" de la NRA para poner fin a los recortes competitivos de precios entre los capitalistas, a quienes se les encomendó "autoregularse". Se instituyó una política de "dinero fácil" para aumentar los niveles de ganancia. Esto, por supuesto, provocó aumentos de precios.

En cuanto a los trabajadores, se estipularon códigos para establecer salarios mínimos y horas máximas. Sin embargo, las verdaderas decisiones sobre estos asuntos se dejaban completamente en manos de los patrones en cada industria. Bajo la ley, a los trabajadores no les tocaba voz en absoluto.

La Sección 7(a) de la NRA sí daba, sobre el papel, garantías al derecho de los trabajadores a organizarse y negociar colectivamente con los patrones. No obstante, en la práctica la administración Roosevelt buscaba obstaculizar las luchas que emprendían los sindicatos. Pretendía desviar los conflictos industriales hacia el pantano de la mediación gubernamental, siempre a costa del movimiento obrero. Por consiguiente, comenzaron a acumularse pruebas de que el "Nuevo Trato" era un trato injusto para los trabajadores.

Pero estos logros obtenidos bajo la NRA no satisfacían a los avaros capitalistas. Ellos querían ganancias aún mayores. Por eso se propusieron coartar la autoridad que le habían permitido asumir a Roosevelt en 1933. En aquella época, a los patrones los embargaba un gran temor de que la severa depresión económica pudiese precipitar un levantamiento obrero de tal magnitud que haría peligrar su dominio del país. A raíz de su confusión y alarma, al presidente entrante le habían dado rienda suelta, temporalmente, para que hiciera todo a su alcance para evitar el peligro.

Ahora la situación había cambiado. Con la ayuda de la jerarquía de la AFL, el demagogo en la Casa Blanca estaba frenando la tendencia objetiva hacia una revolución de la clase trabajadora. Aunque esta tendencia aún no había sido revertida del todo, los capitalistas estaban recuperando su confianza. Eso los envalentonó para presionar por el retorno de la "libre empresa" irrestricta.

Para conseguir su objetivo los glotones de ganancias recurrieron a la Corte Suprema de Estados Unidos. La respuesta que dio ese augusto organismo a sus demandas ilustraba su servilismo a la clase dominante. En mayo de 1935 la corte declaró que la NRA era inconstitucional.

El siguiente paso que dio Roosevelt sobre el frente sindical fue hacer que el Congreso aprobara la Ley Wagner de Relaciones Laborales, firmándola en julio de 1935. La nueva medida exigía formalmente que los patrones negociaran con los sindicatos que representaran a la mayoría de sus empleados. Se estableció una Junta Nacional de Relaciones Laborales para mediar las disputas industriales. Además se estableció una categoría de "prácticas laborales injustas", que servía de vía para poner estas disputas bajo la jurisdicción de los tribunales federales. Esta última cláusula supuestamente iba dirigido contra los patrones, pero con el tiempo se llegó a utilizar cada vez más contra los trabajadores.

Los funcionarios sindicales colaboracionistas de clases alabaron la Ley Wagner como la "Carta Magna del Trabajo". Eso, por supuesto, era un disparate absoluto. Al elogiar profusamente la nueva ley, en realidad expresaban su esperanza de que ésta les permitiría mantener a los trabajadores embaucados con la idea de que la dependencia en el gobierno capitalista podría sustituir el uso de la fuerza sindical contra los patrones.

Sin embargo, en Minneapolis los funcionarios de derecha de la AFL no tendrían mucha suerte en ese sentido. Muchos trabajadores, quienes nunca habían estado organizados, adquirieron una idea de su fuerza de clase inherente con la victoriosa lucha del Local 574 en 1934. Luego habían visto cómo los trabajadores de la Arrowhead y de los garajes se organizaron y ganaron huelgas por el reconocimiento sindical, lo que también significó logros materiales inmediatos para los involucrados. Ahora los trabajadores no sindicalizados estaban listos, en números crecientes, para entrar en acción a título propio.

Muchos se estaban afiliando a la AFL. No bien lo hacían presionaban a los funcionarios sindicales para que los dirigieran en una batalla contra los patrones. En efecto, esa tendencia estaba a punto de desembocar en dos huelgas reñidas. Ante el impacto de esas luchas, el deseo irresistible de medirse con los patrones se propagó entre otros trabajadores y se desarrolló una nueva forma de proceder. En algunos casos los trabajadores no sindicalizados simplemente se iban a la huelga de forma espontánea. Luego acudían en conjunto al movimiento sindical, pidiendo ayuda para equiparse debidamente para la batalla.

En general, los trabajadores que participaban en las luchas que se iban desencadenando reconocían instintivamente que necesitaban la orientación de dirigentes sindicales con capacidad combativa probada. No querían tener nada que ver con los colaboracionistas de clases que se postraban ante la clase patronal. Eso naturalmente los llevaba a pedir ayuda del Local 574, y les importaba un bledo que Tobin nos hubiese declarado "proscritos".

Estos sucesos se vieron acompañados de un cambio en el gobierno municipal.

En las elecciones municipales de junio de 1935 el alcalde Bainbridge, cuyo papel de rompehuelgas le había ganado el odio de la clase trabajadora, procuró la reelección. Un movimiento sindical enardecido se lanzó en apoyo a Thomas E. Latimer, candidato del Partido de los Agricultores y Trabajadores para el cargo. Latimer resultó electo, haciendo creer a la mayoría de los trabajadores que ahora tenían un alcalde que se pondría de su lado contra los patrones. Sin embargo, las cosas no resultaron así. Latimer pronto demostró ser tan escurridizo y traicionero en el cargo público como lo había sido el gobernador Olson durante las huelgas de 1934.

Un anticipo de lo que vendría en este sentido se pudo apreciar en un artículo del *Minneapolis Tribune* del 30 de junio de 1935: "La flotilla de seis carros blindados para el uso de la policía en la guerra contra los asaltantes de bancos está por completarse y estará lista para ser usada la semana próxima. La mitad del costo de los carros blindados la contribuyeron banqueros y empresarios en Minneapolis".

Bajo un encabezado que advertía, "Se vislumbran problemas", el *Northwest Organizer* respondió a la noticia planteando una pregunta retórica al movimiento obrero: "¿Acaso dudan que estos carros blindados se usarán principalmente, no contra asaltantes de bancos, sino contra trabajadores que salgan en huelga?"

Latimer no demoró mucho en dar la respuesta.

Apenas había asumido el cargo cuando 250 trabajadores de hierro ornamental salieron en huelga en ocho talleres de la ciudad. El paro lo realizó el Local 1313 de la Asociación Internacional de Mecanometalúrgicos (IAM de la AFL). Las reivindicaciones que se plantearon a los patrones se enfocaban en el reconocimiento del sindicato, así como mejores salarios y condiciones.

Aunque una delegación de huelguistas pronto llegó al Local 574 con una solicitud formal de ayuda, dentro del Local 1313 hubo resistencia cuando intentamos responder. Provenía de los estalinistas. Desde el viraje reciente en su línea sindical, habían logrado establecerse en los locales de los mecanometalúrgicos. Ahora querían utilizar el paro en la industria del hierro ornamental para fortalecer su base sindical, y consideraban toda intervención nuestra como un obstáculo a sus ambiciones políticas. Pero la lucha pronto dio un vuelco que les imposibilitó excluirnos de la situación.

Una de las mayores empresas implicadas era el taller Flour City Ornamental Iron Works, allí donde las vías del ferrocarril Milwaukee Railroad cruzaban la 27 Avenida Sur. El jefe principal, Walter Tetzlaff, era prominente en los consejos de la Alianza Ciudadana. Aspiraba a romper la huelga y como medida preparatoria había obtenido una orden judicial contra los piquetes.

La siguiente medida contra el sindicato llegó la mañana del 26 de julio. El alcalde Latimer se personó a la planta de Tetzlaff, acompañado de unos 70 policías. Escoltaron adentro a unos 25 esquiroles, sin toparse con dificultad alguna al cruzar la pequeña y sorprendida línea de piquete. Este acto rompehuelga era un desafío para todo el movimiento sindical, y los estalinistas ya no podían mantenerla como una lucha privada, aun si así lo hubiesen querido.

Cuando corrió la voz sobre el acto traicionero de Latimer, el Local 574 se lanzó a la acción. Como primer paso, Henry Schultz y yo fuimos a consultar con los dirigentes del Local 1313 en el cuartel general de la huelga cerca de la planta Flour City. En ese lugar detectamos un aire de pesimismo.

Los estalinistas entendían que había que llevar refuerzos, si es que se iba a luchar, pero su política anterior los había aislado tanto del movimiento de masas que no sabían por dónde empezar tal esfuerzo. Lo único que habían hecho era concertar una cita por la tarde con Latimer para condenar su acción. Les preguntamos sobre los esquiroles y nos dijeron que el sindicato anticipaba que serían escoltados de la planta a las 4:30 de la tarde. Esta información dio la pauta para nuestra intervención. La situación merecía la presencia de un gran comité de bienvenida para recibirlos.

El Local 574 rápidamente puso en marcha su maquinaria para movilizar voluntarios, incluido un llamado de la Sección de Trabajadores Federales pidiendo ayuda de los desempleados. Se contactaron otros sindicatos combativos y también ellos respondieron a la emergencia. Para las 4:30 se contaba con más de mil piquetes frente a la planta.

A la hora señalada llegaron refuerzos policiales. Unos policías fueron asignados al lote de la compañía donde estaban estacionados los autos de los esquiroles y a los demás los concentraron en el portón principal de la planta. Era fácil ver lo que intentarían como táctica. Llevarían los autos hasta la entrada, uno por uno. Allí, bajo la protección de la policía, los esquiroles se meterían en los autos y estos pasarían a toda velocidad por la línea de piquete.

Ideamos lo que demostró ser una contramedida eficaz. Solo se puso una parte reducida de los piquetes a la entrada. Nuestra fuerza principal se utilizó para formar una doble fila a lo largo de la 27 Avenida, por donde los autos de los esquiroles tendrían que pasar. Esto le dio a la policía una idea falsa de la fuerza sindical, y se vieron confundidos aún más por una táctica diversionista que empleamos.

Entre los piquetes voluntarios estaba Elmer Crowl, funcionario del sindicato de oficios de la construcción. Era luchador, pero como un toro, tenía una sola técnica de batalla: agachar la cabeza y embestir. En ciertas ocasiones esta tendencia había causado problemas. Pero en este caso, un aspecto negativo se podía convertir en un rasgo positivo.

Se permitió que Crowl asumiera el mando de los piquetes a la entrada de la planta. Cuando la policía empezó a sacar a los esquiroles, en el acto él encabezó una embestida contra ellos. Eso mantuvo al mando de la policía tan ocupado que apenas se fijaron adónde estaban enviando los autos llenos de esquiroles.

La principal fuerza sindical, que se había encontrado unas piedras en el vecindario, había preparado la verdadera recepción. Los piquetes se alinearon en un tramo bastante largo de la proyectada ruta de escape. Cuando los autos empezaron a salir de la planta, se les dio una tunda que los esquiroles que iban adentro no olvidarían pronto.

Esta respuesta tan eficaz por parte de otras fuerzas en el movimiento sindical, en un momento cuando los huelguistas realmente necesitaban mucha ayuda, les dio una nueva inspiración. En vez de debilitar al Local 1313, la acción de Latimer le había infundido una nueva fuerza. Para consolidar lo logrado, el comité de huelga pidió que otros sindicatos enviaran representantes a participar en sus sesiones, lo cual se hizo. Con el cambio en esta situación, Tetzlaff abandonó su intento de abrir la planta y por un tiempo la huelga se mantuvo tranquila.

Menos de un mes después, se desató una nueva batalla, esta vez en la industria de calceterías. Afectó a la compañía Strutwear Knitting, ubicada en la Sexta Calle Sur, a unas cuadras del centro de la ciudad. La empresa empleaba a unos 1100 trabajadores. Hacía cierto tiempo que Roy Wier, organizador de la Unión Central del Trabajo, venía realizando una campaña para incorporarlos a la Federación Americana de Trabajadores de Calceterías (*American Federation of Hosiery Workers*), de la AFL. Él se había concentrado en organizar a los hombres cualificados que manejaban las máquinas de hilar; las trabajadoras, que eran la mayoría de la fuerza laboral, habían sido ignoradas.

De hecho, Wier venía actuando en general de forma irresoluta y pensada a medias. Esto ayudó a provocar el despido de ocho operarios de máquinas por actividades sindicales, a modo de advertencia para los demás trabajadores. Viéndose obligado a actuar, Wier dirigió a la organización para salir en huelga sin la preparación debida. Las principales reivindicaciones eran el reconocimiento del sindicato, la restitución de los ocho a sus puestos y un aumento salarial.

La huelga empezó el 16 de agosto. De los 200 y tantos tejedores cualificados, menos de una docena intentaron romper la huelga. A estos últimos los arrearon a la planta con protección policiaca, junto a unas 50 empleadas que habían sido desoídas por el sindicato y desorientadas por la propaganda de la compañía. Con esta fuerza mínima, los patrones echaron a andar la maquinaria, esperando debilitar la moral de los huelguistas al dar la impresión que la producción iba en marcha. Pero los trabajadores conocían demasiado bien los sonidos de la fábrica como para que los engañaran.

Entonces enviaron un aviso a todos los empleados de que el 19 de agosto se reanudarían por completo las operaciones bajo la protección policiaca y quienes no se reportaran a trabajar serían despedidos. El movimiento sindical respondió a la amenaza enviando refuerzos a la línea de piquete. Llegaron principalmente del Local 574, de la Sección de Trabajadores Federales, del Local 1313 y del sindicato de torneros, que también estaba en huelga. Para las 6:30 de la mañana del 19 de agosto, se había congregado una fuerza sindical de más de 500 para respaldar a los huelguistas de calceterías.

Al poco rato llegaron unos 100 policías a la planta. Los

acompañaban los autos blindados, que se estaban tomando un día libre en su persecución de ladrones de banco. A eso de las 8 de la mañana los esquiroles, todos agrupados, avanzaron hacia la entrada. Cuando intervinieron los piquetes, los policías se lanzaron contra nuestra línea, blandiendo sus garrotes con saña. Se dio toda una batalla antes de que los esquiroles —entre quienes ahora había esquiroles profesionales— lograran entrar al edificio.

Durante la pelea los policías rodearon a Ray Dunne y lo arrastraron hasta adentro de la fábrica. Desahogaron la ira que sentían contra el Local 574 golpeándolo despiadadamente. Después lo sacaron a escondidas, pasando la línea de piquete en un carro blindado, y lo llevaron a la cárcel. Solo a insistencia de Ray lo llevaron finalmente al hospital, donde las radiografías indicaron que le habían fracturado tres costillas. Lo mantuvieron bajo arresto acusándolo de "no obedecer a un agente de policía". El Local 574 muy pronto lo liberó bajo fianza y le gestionó atención médica adecuada, pero tuvo que guardar cama por un tiempo.

A eso de las 3 de la tarde se hicieron preparativos para encaminar a los esquiroles a casa al final del día. No iba a ser fácil. Esta vez no llegarían de direcciones distintas para congregarse bajo la protección de la policía, como habían hecho en la mañana. Al contrario. Tarde o temprano la policía tendría que dejarlos ir por su cuenta y por rumbos distintos.

Empezaron la evacuación sacando a los esquiroles por el portón trasero de la planta, donde los autos blindados estaban alistados para protegerlos. Iban formados en columnas de cuatro en fondo, con las mujeres en las filas exteriores para resguardar a los hombres en el centro. Se formaron los policías a pie sobre los dos flancos de la formación. La procesión empezó por la Séptima Avenida Sur hacia el distrito comercial. En un momento dado en la ruta,

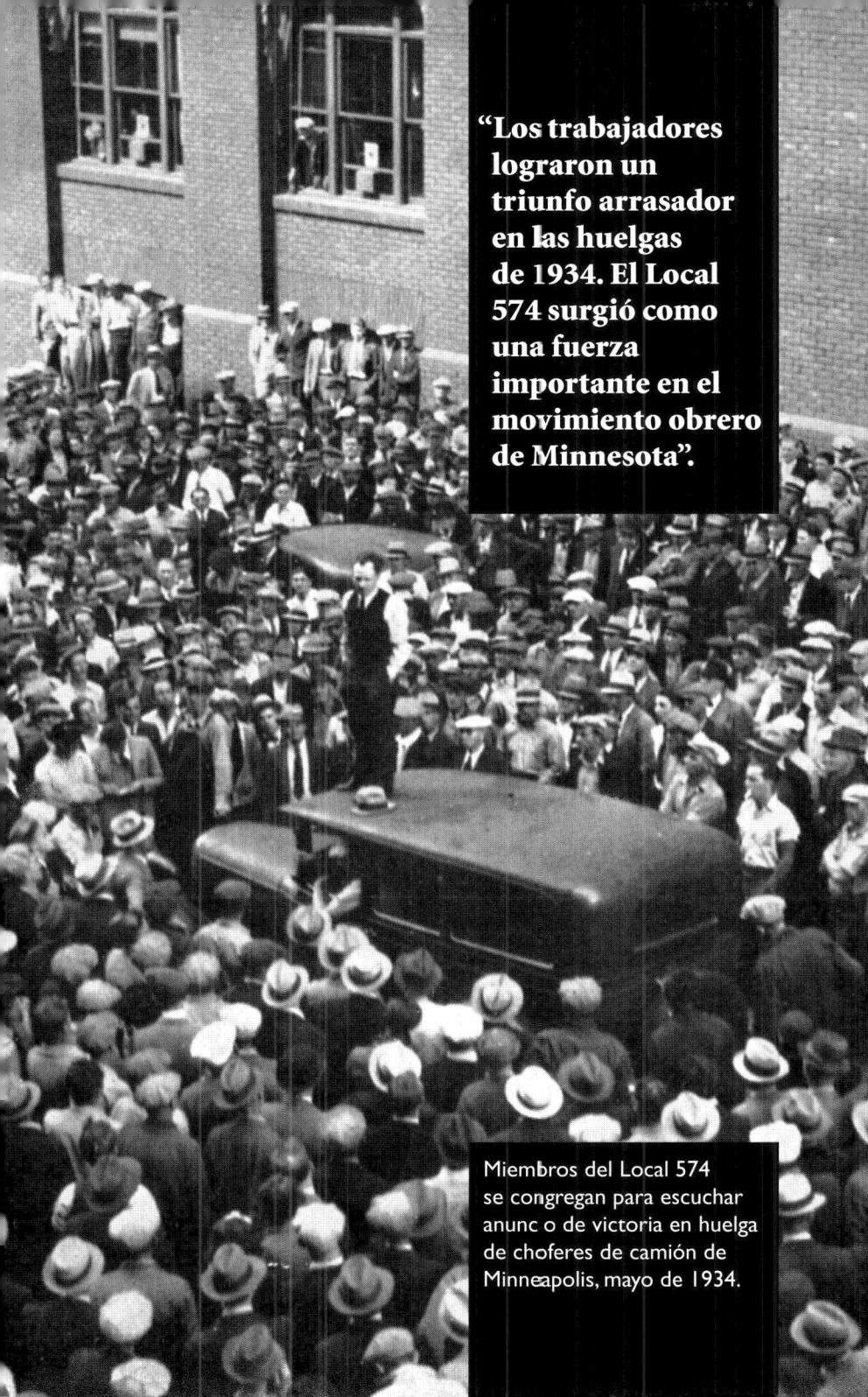

"Los trabajadores lograron un triunfo arrasador en las huelgas de 1934. El Local 574 surgió como una fuerza importante en el movimiento obrero de Minnesota".

Miembros del Local 574 se congregan para escuchar anuncio de victoria en huelga de choferes de camión de Minneapolis, mayo de 1934.

"Estimulados por la victoria sindical en la industria del transporte, trabajadores por todo Minneapolis comenzaron a orientarse hacia la sindicalización. Dondequiera que se daba una nueva batalla, las filas obreras trataban de emular los métodos del Local 574".

ST. PAUL DAILY NEWS / SOCIEDAD HISTÓRICA DE MINNESOTA (MHS)

El Local 574/544 se solidarizó con huelguistas por toda la ciudad y la región:

1. Huelga por reconocimiento del sindicato de Trabajadores de Calceterías contra la Strutwear Knitting, Minneapolis, 1935. **2.** Huelga de brazos caídos en la Northern Oats, donde los trabajadores se organizaron para afiliarse al Sindicato de Trabajadores de Molinos de la Harina y Cereales, Minneapolis, 5 de mayo de 1936.

3. Edificio de la Flour City Ornamental Iron Works muestra daños tras batalla campal entre piquetes y policías durante huelga del sindicato de mecanometalúrgicos IAM, Minneapolis, 1935. **4.** Huelguistas de la American Gas Machine, organizados por el Sindicato Independiente de Todos los Trabajadores, Albert Lea, Minn., 1937.

"Los trabajadores se espabilaron ante el papel del gobierno capitalista, que se revelaba en sus métodos de regir mediante el engaño y la brutalidad".

ST. PAUL DAILY NEWS / MHS

MINNEAPOLIS TRIBUNE / MHS

1. Ataque policiaco a huelguistas de la Strutwear Knitting, 1935.
2. En Minneapolis, 48 trabajadores fueron procesados por participar en huelga de brazos caídos en la Northern Oats, mayo de 1936. Tras campaña obrera de defensa los cargos fueron desestimados.

3. Marzo de 1937. Miembros del Local 19802 del Sindicato de Obreros del Petróleo protestar contra alcalde de Minneapolis Thomas Latimer, del Partido de los Agricultores y Trabajadores, porque daba protección policiaca a empresas donde había huelga. **4.** William S. Brown, derecha, presidente del Local 544, interrogado por policía de St. Paul, julio de 1937. Brown fue arrestado por participar en piquetes curante huelga de choferes de camión de St. Paul, acusándosele de "robo en carretera". Cuando el Consejo de Choferes del Distrito Norte Central convocó a una huelga de 48 horas si procesaban a Brown, derogaron los cargos.
5. Caricatura del *Northwest Organizer,* 30 de junio de 1938.

"El Local 574 lanzó un programa para forjar una organización que pudiera emplear toda su fuerza en nombre de todos los trabajadores. Esta óptica se contrapuso a la política de la cúpula de la AFL de crear oportunidades especiales para unos pocos relativamente privilegiados".

NORTHWEST ORGANIZER

MHS

NORTHWEST ORGANIZER

1. En 1935, el presidente internacional de los Teamsters, Daniel Tobin, respaldado por la cúpula de la AFL, lanzó un ataque frontal contra el Local 574. Encabezado del *Northwest Organizer* del 12 de junio: "Tobin invoca nueva medida antisindical contra el 574".
2. Noviembre de 1935: 3 mil trabajadores colman salón de reuniones del Local 574 para protestar este ataque.
3. "El Local 574 estaba por emprender una acción pionera destinada a aumentar la fuerza combativa de la clase trabajadora: crear una sección auxiliar de trabajadores desempleados". Policías lanzan gas lacrimógeno contra manifestación frente a alcaldía convocada por Sección de Trabajadores Federales del Local 574, 13 de septiembre de 1935. **4.** Piquete contra un pastor tacaño de Minneapolis durante campaña de 1937 para sindicalizar a chóferes privados.

"El control de las filas sobre los asuntos del Local 574, incluida la selección democrática de la dirección, era la razón de su fuerza. A la cabeza de la lucha irían militantes aguerridos, adheridos a un programa común".

1

NORTHWEST ORGANIZER

NORTHWEST ORGANIZER

NORTHWEST ORGANIZER

1. Delegados del Local 574 de los centros de trabajo.

2. El salón del Local 574 (1936) se llenaba la mayoría de noches de miembros y visitas. "Aquí es bienvenido todo hombre y mujer sindicalista", declaraba el sindicato.

3. Junta ejecutiva del Local 574. Desde la izquierda: Farrell Dobbs, Grant Dunne, Carl Skoglund, V.R. Dunne, Miles Dunne, Jack Smith, William Brown, Nick Wagner. Si bien V.R. Dunne no era entonces miembro de la junta, a menudo asistía a sus reuniones como asesor.

"La creación del CIO propició el aumento inmediato de la convicción de que para los sindicalistas nacía un nuevo día".

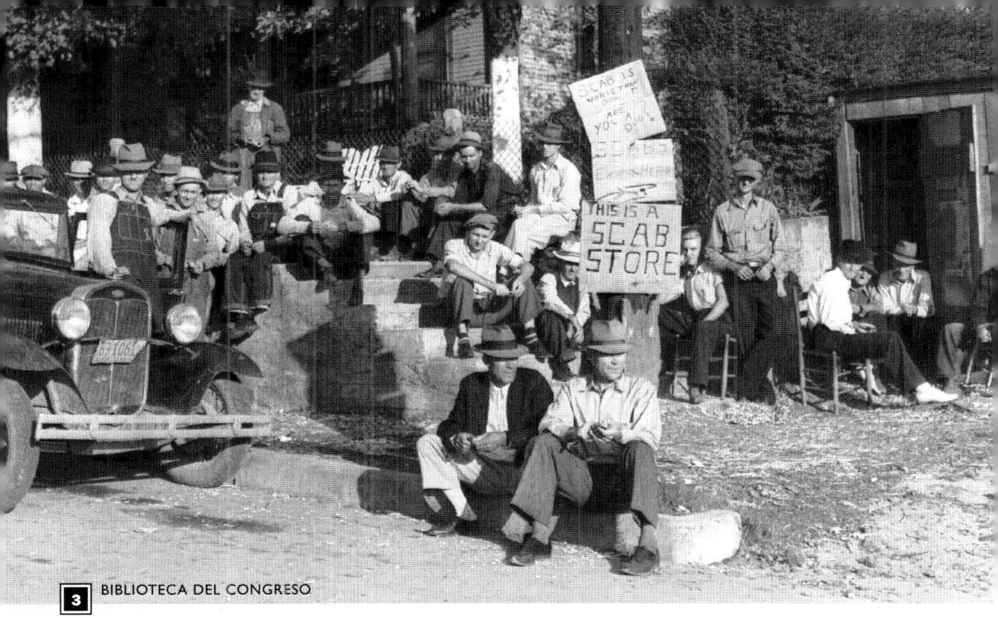

3 BIBLIOTECA DEL CONGRESO

A comienzos de 1936, obreros en industrias de producción masiva se sumaron a filiales del recién formado Congreso de Organizaciones Industriales (CIO) y libraron huelgas combativas por el reconocimiento sindical y contratos. **1.** Huelguistas de Empacadores Unidos, CIO, South St. Paul, Minn., 1938. **2.** Asamblea de huelguistas del algodón en California, noviembre de 1938. La huelga, integrada mayormente por mexicanos, la dirigió el sindicato de Enlatadores Unidos, CIO. **3.** Mineros del cobre en huelga, del sindicato de Trabajadores de Minas, Plantas y Fundiciones, CIO, aguardan frente a tienda de la compañía la salida de esquiroles al final del turno. Ducktown, Tennessee, 1939. **4.** Organizadores del Sindicato Marítimo Nacional, CIO, en lancha, impulsan elección sindical entre barqueros del puerto, Nueva York, 1937.

BIBLIOTECA DEL CONGRESO

4

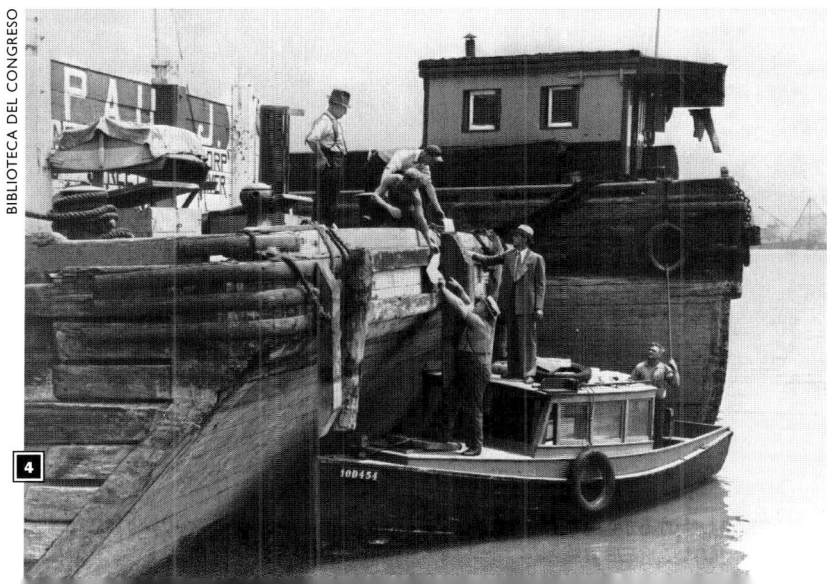

"Un auge de combatividad condujo a una nueva ola de huelgas. La demagogia de Roosevelt y su 'Nuevo Trato' despertó grandes expectativas. A través de su experiencia, los trabajadores comenzaron a aprender que nada podía sustituir su propia acción".

1. Obreros del caucho en Akron, Ohio, comienzos de 1936, en huelga de brazos caídos en la Goodyear Tire & Rubber: primera de una ola de huelgas similares en Estados Unidos. Huelguista muestra paquete recién recibido y remitido a "Posta #7, Ciudad de Piquetes Goodyear".
2. Huelga de brazos caídos en la Yale & Towne Manufacturing en Detroit, abril de 1937. Las miembros del sindicato automotriz UAW observan cómo la policía irrumpe en la planta para arrestar a los huelguistas.

los policías parecieron pensar que sus protegidos podrían dispersarse solos de forma segura. Pero no resultó así.

Gracias a las noticias sobre la batalla de la mañana, habían llegado refuerzos a la línea de piquete, que ahora sumaban alrededor de mil. Estas fuerzas rápidamente se formaron en dos filas sólidas, paralelas a la marcha de los esquiroles. Al avanzar lentamente este desfile extraordinario, uno que otro de los esquiroles varones fue garroteado; los espectadores daban gritos de ánimo a los piquetes; y se produjo un embotellamiento de tráfico. Nada le estaba saliendo bien a la policía, que se habían metido en un verdadero aprieto.

Supusimos que a los esquiroles los llevarían hasta Dayton's, un gran almacén entre la séptima y octava calles sobre la Avenida Nicollet, donde se podrían confundir entre los clientes. Entonces se despachó un destacamento de piquetes por la Octava Calle para entrar a la tienda desde ese lado.

Tal como habíamos anticipado, la marcha se detuvo al llegar a la Séptima Calle y Nicollet. Los policías formaron líneas protectoras a la entrada de Dayton's y metieron a sus protegidos por las puertas giratorias. Dentro del almacén los piquetes la emprendieron contra los esquiroles, procurando enseñarles que debían cambiar de conducta.

Se opinaba que las mujeres habían sido tratadas injustamente por Wier. Se les habló de manera acorde y varias de ellas asistieron a la siguiente asamblea sindical.

Las inquietudes sobre la combatividad sindical expresada en la Strutwear y en la Flour City no se limitaban a los patrones. Los burócratas de la AFL estaban igualmente molestos por su incapacidad de controlar a los trabajadores recién sindicalizados. En un intento de cambiar las cosas, exigieron que Wier excluyera al Local 574 de la situación en la Strutwear. Él acató el pedido, informándonos desvergonzadamente que ya no se necesitaba nuestra ayuda. Afortunadamente, ese sesgo de la situación no ponía en peligro inmediato a la huelga, como fácilmente pudo haber sucedido. La gerencia de la Strutwear, estupefacta por el resultado de la lucha del 19 de agosto, había decidido posponer cualquier otro intento de volver a abrir la planta.

Luego la cúpula de la AFL se ocupó de llevar a cabo ciertos asuntos inconclusos de la Alianza Ciudadana. Esto tenía que ver con el plan rompehuelgas del "Comité de los 100", proyectado por la Alianza a comienzos de abril, que en aquel entonces no había logrado arrancar. El plan aún les resultaba atractivo a los burócratas sindicales, quienes compartían el deseo de los patrones de impedir luchas obreras combativas. Por eso ahora presionaban por la creación de un organismo "público" que pronunciara juicios sobre disputas obrero-patronales.

El 24 de agosto se celebró una reunión entre el alcalde Latimer y funcionarios de la Federación Estatal del Trabajo de Minnesota, la Unión Central del Trabajo de Minneapolis y el Consejo Unido de Teamsters. Los presentes emitieron una declaración conjunta en que lamentaban la "reciente pequeña avalancha de controversias industriales en la ciudad". Se culpaba de la situación a "extorsionistas". Se hizo una propuesta de que los funcionarios sindicales se reunieran con "los intereses patronales y empresariales" en un intento de "eliminar este conflicto industrial".

Sucedió que el Local 574 acababa de fijar una fecha límite para una huelga en la Glenwood Inglewood, una empresa distribuidora de agua de manantial, que había rehusado suscribir un contrato sindical. Cuando el presidente de la compañía leyó en la prensa la declaración conjunta Latimer-AFL, hizo una solicitud pública al alcalde pidiendo protección. De inmediato se lanzó una campaña propagandística, dirigida a convertir este incidente en prueba de que el Local 574 era la principal causa de todos los líos sindicales en la ciudad. Pero entonces en todo eso les empezó a salir el tiro por la culata. El patrón de la Glenwood Inglewood decidió de repente que para él lo más inteligente era firmar el contrato sindical sin obligarnos a salir en huelga.

A eso le dimos seguimiento con una declaración de la junta ejecutiva del Local 574, que señalaba que todas las huelgas que se estaban dando en Minneapolis en ese momento las realizaban sindicatos de la AFL. Respecto a estas luchas, la declaración añadía: "El Local 574 sigue apegado a su política de brindar toda la ayuda que pueda cada vez que se la pidan oficialmente. No aspiramos a manejar los asuntos de otros sindicatos".

Poco después Latimer nombró una Junta Empleado-Empleador, en la que puso a tres funcionarios de la AFL: T.E. Cunningham, J.B. Boscoe y Guy Alexander. Luego exigió que todos los trabajadores en huelga retornaran a sus empleos y dejaran que la nueva junta resolviera su diferendo con los patrones.

A los huelguistas se les había planteado una alternativa entre políticas opuestas. Podían regresar a trabajar, poniendo su destino en manos de los agentes de negocios de la AFL y de Latimer; o podían aceptar la oferta del Local 574 de ayudarlos a luchar hasta ganar el reconocimiento del sindicato y concesiones sobre sus demás reivindicaciones.

No tardó en darse la primera respuesta. Llegó como respuesta a un nuevo ataque rompehuelga contra los trabajadores del hierro ornamental.

Interpretando el mensaje de los "estadistas del movimiento obrero" como señal de que se había socavado la combatividad sindical, Tetzlaff decidió reanudar las operaciones en la Flour City. Comenzó con una "fuerza laboral" de unos 20 supervisores y rompehuelgas profesionales. Los alojaron en la planta, protegidos por matones armados bajo contrato privado.

Había una ordenanza municipal que prohibía alojar a esquiroles en un establecimiento industrial. Señalando este hecho, los huelguistas exigieron que las autoridades los retiraran. Tetzlaff eludió ese obstáculo recurriendo a los tribunales. Se le concedió una orden judicial contra la aplicación de la ordenanza.

El 9 de septiembre el Local 1313 convocó una manifestación de protesta, con poca preparación de antemano. La asistencia no fue tan grande como podía haber sido, pero se corrió la voz sobre la actividad. Esto hizo que llegaran refuerzos para una segunda concentración de protesta la noche siguiente, que se celebró en un terreno baldío enfrente de la planta. De repente, sin advertencia, la policía atacó la concentración. Dispararon gases lacrimógenos contra el mitin desde vehículos blindados. Después los policías que andaban a pie se ensañaron contra la concentración con sus cachiporras para desbaratarla.

A la mañana siguiente los informes en la prensa patronal destacaron el éxito del ataque policiaco. Esto provocó una ola de ira entre los trabajadores de la ciudad. Se había preparado el terreno para otra batalla campal.

A las nueve de la noche del 11 de septiembre, ya se habían congregado más de 5 mil trabajadores afuera de la planta Flour City. Había también una gran cantidad de policías, como también media docena de carros blindados. Por un rato la situación se mantuvo relativamente tranquila; la actividad principal era un programa de oradores realizado por diversos dirigentes sindicales.

Pero a eso de las 11 de la noche, la policía intervino para desbaratar la asamblea y desocupar las calles alrededor de la planta. De inmediato se desató un motín policiaco total. Los carros blindados avanzaron primero, y sus cuadrillas dispararon gases lacrimógenos desde las portillas. Detrás movilizaron a los policías a pie, como la infantería que va detrás de los tanques en un combate militar. Aporrearon a la multitud de forma despiadada, sin distinción de edad o sexo. Ni siquiera se libraron los residentes de las casas frente a la planta, quienes en su mayoría habían estado sentados en sus pórticos. Si se resistían, los policías enloquecidos en algunos casos los perseguían al interior de sus casas para darles una golpiza.

Entretanto, veteranos combatientes de las líneas de piquete entre los manifestantes habían efectuado un repliegue organizado. Se filtraron entre las casas frente a la planta hacia los callejones de atrás. Ahí se reagruparon y lanzaron incursiones contra la policía. Poco después los carros blindados se metieron a los callejones, seguidos por las patrullas a pie. En este caso los manifestantes aprovecharon la falta de alumbrado en la calle y ahí se produjeron algunos de los combates más feroces. Antes de que se acabara, los policías habían desenfundado sus pistolas y disparado a quemarropa contra los trabajadores.

Hubo una escena que nunca olvidaré. Emil Hansen del Local 574 —un hombre enorme y fornido— se había encontrado medio ladrillo de concreto. Una y otra vez lanzó el proyectil contra el parabrisas de un carro blindado, tratando de romper el vidrio. Aunque no lo logró, su intento valeroso resumía la ira, determinación y valentía de los luchadores sindicales.

La batalla duró hasta las dos de la madrugada. Para entonces toda la zona estaba saturada de gas lacrimógeno. La policía había matado a dos trabajadores: Melvin Bjorklund y Eugene Casper. Unos cuantos más habían resultado heridos de bala por la policía. Hubo cantidad de ambos lados que habían salido lesionados por cachiporrazos y pedradas. Sin embargo, relativamente pocos habían sido arrestados. La policía había mostrado un mayor afán en infligir bajas que en tomar prisioneros.

Como demostró claramente el enfrentamiento de esa noche, la resistencia obrera contra las acciones rompehuelgas de Latimer se había vuelto tan fuerte que había que cambiar su política en la situación de Flour City. Informaron a Tetzlaff que no le podrían brindar el apoyo policial esperado. Retiraron a los esquiroles y matones de la planta y esta se cerró de nuevo.

Tras la atrocidad del 11 de septiembre, un gran jurado emitió un fallo que absolvió al alcalde y a la policía de todo crimen. Después de este encubrimiento de sus acciones criminales, la Defensa Obrera No Partidista (*Non-Partisan Labor Defense*—NPLD) organizó un juicio público, con Latimer como principal acusado. Se celebró el 16 de septiembre, ante un público de casi mil trabajadores, en la sede del Local 574.

Bill Brown, presidente del Local 574, fue elegido juez principal. Louis Roseland, de los carpinteros, fue designado secretario del tribunal. Francis Heisler, quien antes había ayudado a los huelguistas de Fargo, llegó de Chicago para hacer de fiscal. El público escogió a un jurado de 12 trabajadores, ninguno de los cuales había estado presente en la escena del crimen.

Latimer había sido invitado formalmente para aparecer en su propia defensa pero rehusó hacerlo. Por lo tanto, Brown nombró a Gilbert Carlson, un abogado laboral de Minneapolis que manejaba los asuntos legales del Local 574, para defender al alcalde, y se le juzgó in absentia.

Se escuchó a más de dos docenas de testigos. Entre ellos había piquetes, residentes de las casas enfrente de la planta de la Flour City y personas que por casualidad iban pasando por el lugar cuando ocurrió el ataque policiaco. Dieron informes testimoniales sobre disparos por la policía, sobre víctimas infortunadas a quienes sacaban a rastras de autos que pasaban y sobre personas heridas en sus casas por balas perdidas de la policía.

El jurado declaró a Latimer y al Departamento de Policía culpables de asesinar a Bjorklund y a Casper y de lesionar a muchos trabajadores más.

Se había invitado a reporteros de los periódicos, y los diarios dieron bastante publicidad al juicio. En una edición ampliada del *Northwest Organizer* el 18 de septiembre se publicó una versión taquigráfica de las deliberaciones y se distribuyeron ejemplares entre todo el movimiento obrero.

Aproximadamente una semana después, el Local 1313 ganó su lucha. Tetzlaff y otros patrones del hierro ornamental reconocieron al sindicato. Se firmó un acuerdo que estipulaba la restitución de todos los huelguistas sin discriminación y un aumento de salario, además de otros logros para los trabajadores. Una vez más la Alianza Ciudadana, que había estado detrás de las maniobras rompehuelgas, había recibido una paliza.

La victoria sindical precipitó paros espontáneos en otras industrias. Un ejemplo típico fue la acción que tomaron los trabajadores no sindicalizados en la confitería Powell Candy Co. Un día la gerencia anunció un recorte salarial, y lo que sucedió después lo describió posteriormente Marvel Scholl, quien se encontraba en el Local 574 en ese momento.

"Se oyó como que si una manada de elefantes estaba subiendo por las escaleras", escribió. "Todo el mundo salió corriendo de sus oficinas y se encontró el corredor lleno de trabajadores, empleados de la fábrica de dulces, todos vestidos aún con sus batas, delantales y gorros. Y la suciedad azucarada que se les pega en el trabajo.

"Un vocero dijo, 'Estamos en huelga. Organícennos'.

"Los patrones habían recortado los salarios. Y espontáneamente, toda la cuadrilla decidió que ya estaban hartos. Sin liderazgo, sin organización alguna, simplemente abandonaron la fábrica, salieron en conjunto por la Avenida Washington y se presentaron ante los dirigentes del 574".

Les ayudamos a montar una línea de piquete, redactar sus reivindicaciones y escoger un comité negociador. Un miembro del plantel del Local 574 fue entonces con el comité a reunirse con el patrón. Al mismo tiempo contactaron con Roy Wier para saber qué sindicato de la AFL tenía la jurisdicción en esa esfera. Él se personó y los enroló en el Sindicato de Trabajadores de Alimentos. A las 4:30 de la tarde, la Powell firmó un contrato que reconocía al sindicato, anulaba el recorte salarial y otorgaba concesiones en cuanto a salarios y condiciones.

Bill Brown dijo la pura verdad cuando comentó al día siguiente de este episodio, "A nadie le gustan los dirigentes del 574, excepto a los trabajadores".

Las perspectivas de que Tobin lograra excluirnos del movimiento sindical iban de mal en peor. No solo no podía captar hacia su bando a los trabajadores entre las filas, sino que entre los funcionarios de algunos sindicatos se había desarrollado una rebelión contra él y sus homólogos locales.

En el seno de la Unión Central del Trabajo se había formado un ala izquierda organizada, apoyada por 15 locales de la AFL. El 30 de septiembre, estos locales celebraron una conferencia en la que reiteraron demandas anteriores de que el Local 574 fuera restituido al IBT. También tomaron una posición contra la colaboración de los secuaces sindicales de derecha con Latimer, quien se había prostituido con la Alianza Ciudadana. La conferencia pidió la disolución de la Junta Empleado-Empleador y la reafirmación del derecho de los trabajadores a la huelga.

Esta acción subrayaba el hecho que Tobin no había logrado movilizar contra nosotros al movimiento local de la AFL. Encima de esto, iban surgiendo problemas para William Green, presidente de la AFL. Él también estaba experimentando desafíos a sus directivas arbitrarias al movimiento sindical de la ciudad. Fue entonces que ellos dos se reunieron para ver qué hacían.

Siendo burócratas típicos, decidieron enviar a Minneapolis a un mandamás para que por la fuerza metiera en cintura a los miembros disidentes de la AFL.

10

Ganamos otro asalto

El 30 de octubre de 1935, un recién llegado, Meyer Lewis (sin parentesco con John L.), celebró en Minneapolis una conferencia de prensa, presentándose como representante especial de William Green. Escogió como su tema central lo que se había convertido en un tópico bastante trillado a nivel local. Green lo había enviado a la ciudad, dijo, para librar de "rojos" al movimiento obrero.

Su plan de acción, según informó el *Minneapolis Journal*, era contactar con empleadores que habían sido "víctimas de agresión comunista en disputas laborales", instar a los sindicalistas a que repudiaran a los radicales, y "unir a toda la ciudadanía bajo una bandera común para depurar a la ciudad completamente del comunismo". Con ese fin hizo una ferviente súplica de ayuda a los clubes cívicos, el clero y la policía.

El emisario de Green se reunió entonces con dirigentes de la Alianza Ciudadana, quienes expresaron su acuerdo con estos objetivos. La Alianza facilitó que él consiguiera un espacio en los diarios para instar a los patrones del transporte por camión a romper sus contratos con el Local 574 y tratar solo con agentes de negocios de la AFL que fueran "responsables". A los patrones les interesaban los objetivos de Lewis, pero las experiencias pasadas los habían vuelto cautelosos en cuanto a ponerse abiertamente de su lado.

Más bien, lanzaron un ataque indirecto contra el Local 574, desenterrando casos judiciales olvidados de la huelga de mayo de 1934. En aquel entonces, varios casos de cargos de "desorden público" entablados contra los piquetes habían sido manejados de forma técnica al no comparecer tras pagar una fianza de 25 dólares cada uno. Ahora los patrones hicieron que el fiscal municipal emitiera nuevas órdenes judiciales contra los implicados. Arrestaron a dos personas. Los detenidos fueron Harry DeBoer del plantel del Local 574 y Phillip Scott, quien antes había sido exonerado del cargo de asesinar a C. Arthur Lyman, un asistente de policía especial, en 1934. Ambos casos al final fueron desechados por falta de pruebas y no se hicieron más arrestos de ese tipo.

Era evidente que si iban a atacar exitosamente al Local 574, Meyer Lewis tendría que cumplir sus alardes públicos. Sin embargo, pronto se dio cuenta que era un general sin ejército. Dentro del movimiento sindical, eran pocos con quienes podía contar aparte de los burócratas de derecha de la Unión Central del Trabajo (CLU). Así que entró en consultas con los más reaccionarios de estos secuaces de los gremios de oficios a fin de planear una estrategia para "tomarse" el Local 574.

Para empezar, Lewis convocó una reunión especial de todos los agentes de negocios de la AFL para exigir su apoyo. Entre ellos había amigos del Local 574 que estaban airados por lo que habían venido leyendo en los periódicos. Arremetieron contra Lewis y presentaron una moción para pedir a Green que lo retirara. Después de un acalorado debate la reunión se suspendió para evitar que la moción se pusiera a votación. Como reproche de despedida el secuaz de Green amenazó con revocar la carta constitutiva de la CLU si en ese organismo no refrenaban al ala izquierda.

Mientras tanto habíamos lanzado una contraofensiva frente al nuevo ataque de *red-baiting*. En un editorial del *Northwest Organizer* se fustigó a Meyer Lewis, quien había lanzado su ataque directo contra el Local 574 con una mentira burda. Él había intentado acusarnos falsamente de escisionistas —alegando que nos habíamos retirado de la AFL— para encubrir su propio papel escisionista al servicio de Tobin. Nos habían expulsado injustamente de la federación con un subterfugio en torno a los impuestos per cápita, recordó el periódico sindical a los trabajadores. Desde entonces habíamos llevado a cabo un lucha incesante para ser restituidos a la AFL, pidiendo únicamente que a nuestra organización se le concedieran sus derechos democráticos. Habíamos apoyado sistemáticamente a los sindicatos de la AFL contra los patrones, y en dos años no se había perdido una sola huelga.

En cambio, el recién llegado secuaz de Tobin había recibido el patrocinio público de la Alianza Ciudadana, que buscaba reimponer las condiciones de taller abierto de la época anterior a 1934, cuando en muchos años no se había ganado una sola huelga.

A nuestro contraataque contra Meyer Lewis en el periódico sindical siguió un mitin de protesta, abierto a todo sindicalista, celebrado el 8 de noviembre en la sede del Local 574. Más de 3 mil trabajadores asistieron al mitin. Colmaron el auditorio principal, los salones de reuniones pequeños y la calle enfrente del edificio. Se usaron altoparlantes para que todos pudieran escuchar a los oradores. Bill Brown dio el discurso principal en nombre del Local 574 y varios funcionarios sindicales participaron en el programa.

Ace Brewer, responsable del local de músicos, habló en apoyo al Local 574 y ofreció disculpas por el hecho de que Meyer Lewis también fuera músico. Los representantes de los sindicatos de los trabajadores del hierro ornamental y de las dulcerías nos agradecieron el apoyo que habían recibido y se comprometieron con la lucha en nuestra defensa. Similar apoyo expresaron los funcionarios que hablaban en nombre de los fogoneros y engrasadores, trabajadores de lavanderías y del hierro estructural. El concejal I.G. Scott, del Partido de los Agricultores y Trabajadores, llamó al Local 574 "el punto realmente brillante de Minneapolis", añadiendo que al movimiento sindical le vendría bien una dosis generalizada de "bandolerismo".

El Local 382 del sindicato mecanometalúrgico, al que habíamos ayudado en la huelga de los garajes a comienzos de año, no envió ningún representante a la reunión. La timidez por parte de Herman Hussman, el agente de negocios, no fue la única razón. Él estaba influenciado además por William Mauseth, el principal estalinista del local, quien no quería aplausos para los dirigentes trotskistas del Local 574. El *Northwest Organizer* denunció a Hussman y a Mauseth de nombre, señalando que habían cometido un error. Su ausencia en el mitin de protesta la consideraría Lewis como rendición ante él, incluso antes de que él los hubiese encañonado.

Nuestra advertencia al Local 382 no se basaba en puras suposiciones. Meyer Lewis ya había actuado contra el Local 18005 de los trabajadores de Lavado en Seco. Primero había exigido que el sindicato escogiera entre el Local 574 y la AFL. Cuando los miembros rehusaron repudiarnos, les revocó la carta constitutiva. A pedido de Rubin Latz, el agente de negocios, el Local 574 envió a Carl Skoglund para hablar con estos trabajadores acerca de los temas fundamentales implicados en la lucha que se daba dentro de la AFL. El local votó por continuar su desafío del representante dictatorial de Green.

Justo después de eso tuvimos nuestro primer enfrentamiento directo con él. Se dio el 12 de noviembre en el Foro Estudiantil de la Universidad de Minnesota. Lewis, quien aún no se había dirigido a una reunión de trabajadores en la ciudad, parecía creer que iba a lograr una recepción amistosa entre los estudiantes. Bajo el titular "El Local 574 va a la universidad", el *Northwest Organizer* informó de lo sucedido.

Lewis estaba sentado en la tarima, esperando que comenzara la reunión, cuando entraron Bill Brown y Ray y Grant Dunne. Para su consternación, ellos fueron hacia él, se presentaron y le dijeron que habían ido a escuchar lo que iba que decir. Lewis, que pareció entrar en pánico, dio un discurso bastante incoherente y, al solicitárselo, accedió a contestar preguntas. Bill Brown pidió la palabra al moderador.

"Rehúso responder a su pregunta antes de que la haga", interrumpió Lewis a modo de decreto.

"No espero que responda a mi pregunta antes de que se la haga", le replicó Brown, provocando una ola de carcajadas y fuertes aplausos del público.

Después, estudiantes que unos días antes habían asistido al mitin de protesta del Local 574 tomaron las riendas de la discusión. Atacaron al desmoralizado burócrata sindical, haciendo añicos sus argumentos. Más tarde la radioemisora universitaria transmitió algunos de los momentos sobresalientes de la reunión y nos ganamos unos cuantos amigos.

Al día siguiente, Lewis apareció por primera vez en una reunión de la Unión Central del Trabajo. Hasta entonces, a nuestros representantes se les había permitido asistir a estas sesiones como observadores, pero en esta ocasión los porteros no los dejaron entrar. Sin embargo, resultó que no teníamos de qué preocuparnos, gracias a la labor que se había hecho para organizar un ala izquierda en el organismo central.

De acuerdo a un orden del día especial, se le concedió la palabra a Lewis para exigir que la CLU declarara al Local 574 como "proscrito permanente" y lo respaldara a él en su lucha contra nosotros. Al hablar, fue interrumpido continuamente por comentarios hostiles de los presentes. Después, un delegado tras otro se paró para hacerlo trizas. Se propuso una moción para exigir que Green retirara a Lewis y la reunión terminó en un alboroto cuando el presidente, miembro del ala derecha, declaró que la moción era inadmisible.

Más o menos una semana después, un comité especial de la Unión Central del Trabajo se comunicó con nosotros, diciendo que les habían encargado elaborar un ajuste de las relaciones entre los sindicatos de la AFL y el Local 574. En la discusión dijimos que para lograr una resolución fundamental de las dificultades existentes, hacía falta restituir al Local 574 a la IBT y restaurar la carta constitutiva del Local 18005, que Lewis había revocado. Lo único que queríamos era volver a las relaciones que existían antes de que Tobin intentara excluirnos del movimiento. En dependencia de tal medida, no teníamos la intención de contravenir las jurisdicciones asignadas a otros locales de choferes o a sindicatos de la AFL en otras industrias. Seguiríamos ayudando a todos los locales afiliados a la CLU de cualquier forma posible, pidiendo solo a cambio que ellos nos concedieran la misma consideración.

El comité de la CLU coincidió en que nuestra posición era razonable y que la reciprocidad exigía el reconocimiento de nuestra jurisdicción por parte de los sindicatos de la AFL. Dijo que se haría una recomendación al organismo central para regularizar las relaciones de acuerdo a lo planteado en la discusión.

Estas pláticas habían ocurrido mientras Meyer Lewis estaba de viaje para consultar con Green y con Tobin. A su regreso, estableció una oficina permanente y anunció públicamente que continuaría supervisando a la AFL local por un período indefinido. Esto llevó a otra batalla con él en una reunión de la CLU. Comenzó con una tormenta de protestas de los delegados del ala izquierda por su anuncio público. Sobrevino un segundo alboroto cuando Lewis intentó impedir que se aprobara la tregua que durante su ausencia el comité especial había negociado con el Local 574. Sus objeciones fueron desoídas por una mayoría decisiva del organismo y se aprobó el informe del comité especial. Se creó un Comité de Políticas conjunto —que consistía de unos funcionarios de la AFL y Carl Skoglund a nombre del Local 574— para resolver cualquier disputa que pudiera surgir.

Después de este revés, Lewis se juntó con sus compinches del ala derecha para planear la anulación de la política de "manos fuera" que la CLU había aprobado respecto al Local 574. Para empezar, él esperaba someter a golpes a varios agentes de negocios que habían empezado a vacilar en su oposición hacia él. Sin embargo, la lucha de clases intervino y desbarató sus planes. Se había desarrollado una nueva situación en la huelga de la AFL en la empresa Strutwear Knitting.

Después de su solicitud inicial de que el Local 574 se mantuviera al margen de esa lucha, Roy Wier había metido a los huelguistas de la calcetería en un verdadero aprieto. Comenzó planteando "como estadista" una solicitud a la compañía. Propuso que el tema central del reconocimiento del sindicato se debía resolver con elecciones organizadas por la Junta Laboral. Les prometió a los patrones que si ganaba el sindicato, él estaría dispuesto a someter los demás temas al arbitraje, incluida la restitución de los operarios de máquinas despedidos por su actividad sindical.

Los ofrecimientos de Wier fueron rechazados tajantemente por la compañía, que no tenía la menor intención de reconocer al sindicato. Fue entonces que Meyer Lewis cayó en la ciudad, expresando su simpatía hacia los patrones que habían sido "víctimas de la agresión comunista en disputas laborales". La gerencia de la Strutwear lo interpretó como señal de que un nuevo intento de reanudar las operaciones recibiría apoyo al interior del movimiento sindical.

Se creó una empresa testaferra en St. Joseph, Missouri. La falsa entidad interpuso un recurso de desembargo ante un tribunal estadounidense y se mandaron alguaciles federales para proteger un cargamento de bienes acabados que se le remitía desde la planta en huelga en Minneapolis. Se inició entonces la búsqueda de camiones y choferes, ofreciendo primas salariales.

Ya que esto ahora implicaba el uso de camiones, la huelga había pasado a la jurisdicción del Local 574. Por tanto intervinimos y asumimos el mando de la lucha. A todas las empresas locales de trasbordo se les advirtió que el sindicato las cerraría si intentaban proveer camiones para la maniobra rompehuelgas que estaba emprendiendo el gobierno federal. Ninguna intentó desafiarnos. Al final la Strutwear consiguió camiones y choferes de Winona, un pueblito que quedaba a unos 200 kilómetros.

El 29 de noviembre llegaron los camiones esquiroles a la

planta, acompañados de una veintena de agentes federales y como un centenar de policías municipales. Ya duchos en oponernos a los desplazamientos de camiones, hallamos la forma de reforzar rápidamente la línea de piquete. Se hizo un llamado a los delegados del Local 574 para que enviaran el máximo número de camiones a la Strutwear.

No estábamos ampliando la huelga para incluir empresas camioneras. Los miembros del sindicato sencillamente estaban usando los camiones que conducían por las calles en horas de trabajo para apoyar una buena causa. Al poco rato, a las inmediaciones de la planta comenzaron a llegar camiones de todos los tamaños, con carga de todo tipo. Se estacionaban en doble fila en las calles y los choferes, llevándose las llaves, iban a ver qué estaba pasando donde se habían congregado la policía. Se había fortalecido así la línea de piquete y sería difícil desplazar los camiones esquiroles en las calles atascadas.

Después de una buena trifulca los agentes federales y los policías lograron escoltar los productos esquiroles a una estación ferroviaria cercana, pero no sin sufrir bajas. Cuatro choferes esquiroles y un agente federal habían resultado heridos. Del lado sindical, varios piquetes habían sido golpeados y unos cuantos arrestados.

Aun cuando se desplazaron camiones, los huelguistas se habían anotado una victoria. Todo había sido un plan para desmoralizarlos al involucrar al gobierno federal en un ataque violento contra la línea de piquete. Había ocurrido todo lo contrario. Los huelguistas adquirieron más confianza por el apoyo que habían recibido en torno al choque.

Al mes siguiente, súbitamente metieron a la planta a unos 30 esquiroles en una maniobra sorpresiva contra una línea de piquete ligera. A la hora de la salida ese día, ya había más de 600 piquetes presentes y tuvieron que lanzarse repetidas embestidas policiacas contra la línea de piquete para poder sacar a los esquiroles esa noche. A la mañana siguiente se dio un choque más fuerte aún y durante las horas siguientes fue creciendo progresivamente la fuerza del cuerpo de piquetes. Ya en las primeras horas de la tarde, se evidenciaba que estaba por darse una batalla mayor entre los trabajadores y la policía.

A pedido de Latimer, el gobernador Olson rápidamente envió una fuerza de la Guardia Nacional al lugar de los hechos, y bajo su protección retiraron a los esquiroles. Por un lapso breve mantuvieron soldados de guardia en la planta, cuyo cierre Olson le había exigido a la compañía. Los patrones entonces solicitaron ante el Tribunal de Distrito del Condado de Hennepin una orden judicial muy amplia contra los piquetes en la planta. Entre los acusados estaban Latimer, el sindicato en huelga, el Local 574, la CLU y una larga lista de huelguistas. Nada resultó del intento de imponer una orden judicial y por un tiempo se dio una situación de empate.

Al final la gerencia de la Strutwear decidió llegar a un acuerdo con los trabajadores de calcetería. Reconocieron su sindicato, todos los huelguistas fueron restituidos a sus trabajos, excepto los ocho despedidos por actividad sindical (sus casos fueron presentados al juez de un tribunal de distrito), y aumentaron los salarios. Al tener en cuenta que en un momento anterior la huelga casi se daba por perdida por el liderazgo inepto, el acuerdo era prácticamente lo mejor que el sindicato podía obtener dadas las circunstancias.

Mientras se libraba la lucha en la Strutwear, surgió una nueva disputa en otra industria. Ocurrió en la Northern States Power Company, un monopolio de servicios eléctricos en la zona. El Local 160 de la Hermandad Internacional de Trabajadores de la Electricidad (*International*

Brotherhood of Electrical Workers—IBEW), AFL, estaba sindicalizando a los trabajadores de la electricidad y la dirección del sindicato acudió al Local 574 buscando ayuda para lidiar con la empresa. A mí me tocó la tarea, previa aprobación de los miembros del Local 160. Ellos votaron a favor de escogerme como su vocero, y acompañé al comité sindical a una reunión con R.F. Pack, presidente de la empresa.

Cuando entramos a su ostentosa oficina, Pack me miró fríamente pero hizo como si sus soplones no le habían dicho que yo iba a venir.

"¿Usted es empleado de la empresa?" me preguntó. Entonces George Phillips, el presidente del sindicato, me presentó.

"Usted se tendrá que ir", me dijo Pack, señalándome la puerta con un gesto imperioso. "Solo trataré con nuestros empleados".

El comité sindical le informó que ellos me habían escogido para hablar en su nombre, e insistió en que yo participara en las negociaciones. Como Pack seguía obstinado, nos marchamos todos juntos.

No se trataba de mi participación como individuo. Pack estaba impugnando el derecho del sindicato de escoger a sus representantes. Él pretendía excluir al Local 574 de la situación. Y así esperaba poner al sindicato a la defensiva desde el comienzo.

No lo logró. Su arrogancia provocó tanto resentimiento entre los trabajadores que tuvo que abandonar su negativa a reunirse conmigo. Sin embargo, en la sesión siguiente evadió una discusión sobre las reivindicaciones sindicales. Lo que hizo fue cuestionar la autoridad del local de negociar sin la sanción de los funcionarios internacionales del sindicato.

En ese momento, Meyer Lewis intentó ganarse la confianza del Local 160 al pedir públicamente que Pack renunciara de la Junta Empleado-Empleador de Latimer, en la cual participaba el ejecutivo de la compañía eléctrica. Pack renunció. Lewis después intentó hacer que el sindicato depositara su confianza en la Junta de Latimer, alegando que, al ya no estar Pack en ella, la Junta sería "neutral" y "justa".

El Local 160 no se dejó engatusar y convocó una reunión especial para el 15 de enero de 1936, con el fin de realizar un voto de huelga.

Eso trajo a la situación a un mediador especial, Fred A. Ossana, un abogado que anteriormente había representado al Local 574 en diversos casos judiciales. En la víspera de la votación de huelga, él hizo arreglos para que sostuviéramos otra reunión con el presidente de la compañía. Tras mucho debate, Pack aceptó reconocer el sindicato, aumentar los salarios y observar las normas de antigüedad. Pero indicó que ni pondría el acuerdo por escrito ni garantizaría por cuánto tiempo se mantendrían en efecto los aumentos salariales. Nosotros, desde luego, exigimos un compromiso por escrito por un plazo determinado. La reunión terminó en un punto muerto.

La disputa continuó todo el día siguiente, 15 de enero, por métodos indirectos, con Ossana de intermediario, haciendo llamadas telefónicas al sindicato y a la compañía. Finalmente, a las 7:00 p.m., una hora antes de que comenzara la reunión de huelga, Pack se rindió. Aceptó redactar por escrito las condiciones del acuerdo con su firma y que los aumentos salariales se mantuvieran durante todo el año 1936.

Se había consolidado un sindicato más. La campaña "Hagamos de Minneapolis una ciudad sindical" avanzaba con creciente ímpetu.

En enero de 1936 se celebraron también las primeras

elecciones de funcionarios del Local 574 desde la revocación de la carta constitutiva. Los cuatro cargos principales no se disputaron. De forma unánime, Brown fue reelecto presidente; Frosig, vicepresidente; Grant Dunne, secretario de actas; y yo, secretario-tesorero. La reelección de los titulares se disputó solo por los tres cargos de síndico.

Los nuevos contendientes eran Oscar Gardner, Curt Zander, Axel Soderberg, L. Abroe y R.F. DePew. Ninguno de ellos impugnaba la política fundamental de la dirección. Más bien se trataba de militantes que intentaban mejorar su posición en el sindicato al postularse para síndico, que se consideraba un cargo secundario.

Los miembros mostraron poco interés en las elecciones y hubo poca concurrencia a las urnas. Al darse los resultados los tres síndicos titulares —Ray Dunne, Harry DeBoer y Moe Hork— habían salido reelectos por un margen de más de dos a uno. Vale señalar que Ray Dunne ahora servía al sindicato en capacidad de asesor. Dedicaba gran parte de su tiempo como dirigente central del movimiento trotskista en la ciudad.

Lo más notable de la votación de los miembros —que tanto otros sindicatos, como Tobin, Meyer Lewis y los patrones habían observado muy de cerca— fue su prueba de la solidaridad y fuerza interna del Local 574.

Los resultados electorales reflejaron también el hecho que los estalinistas habían fracasado en sus intentos de echar a andar algo dentro del local contra su liderazgo trotskista. Se habían empeñado en eso. Lo pudimos confirmar cuando nos topamos con unas directrices emitidas por el "Comité Ejecutivo Central del Partido Comunista para el Distrito de Minnesota". En el *Militant* del 1 de febrero de 1936 se informó sobre la esencia de las directrices. A los miembros del partido en Minneapolis se les ordenaba "hacer que los funcionarios y miembros del sindicato se alejen más del 574". Se debía colonizar el local en sí y plantear la demanda de "negociar" con Tobin.

Estas directrices eran más o menos idénticas a la línea que venía impulsando Meyer Lewis, y tampoco él estaba teniendo mejores resultados que los estalinistas.

Mientras estábamos captando nuevos aliados al ayudar a los trabajadores de la Strutwear y de la Northern States Power, Lewis había pasado bastante tiempo confabulándose con Latimer. A comienzos de 1936 logró que el alcalde llamara a su oficina a los patrones del carbón y de trasbordos. Se ejerció más presión para inducirlos a romper sus contratos con el Local 574 y obligar a sus empleados a afiliarse al "Local 500". Si lo hacían, prometía Latimer, la policía estaba preparada para tratarnos con brusquedad.

Después de contemplarlo a la luz de cómo Lewis y Latimer se habían desempeñado hasta el momento, los patrones rechazaron la propuesta. Aún tenían pocos deseos de meterse en la clase de lucha que sabían que se daría.

Lewis recurrió entonces a Corcoran para tratar de echar a andar una campaña de sindicalización en las empresas pequeñas del carbón y de trasbordos. Lograron la cooperación de dos entidades: la River Terminal Coal and Dock Company y la de trasbordo Swanson Fuel and Transfer. En ambos casos los patrones trataron de obligar a los trabajadores a afiliarse al grupo de Tobin. El Local 574 declaró la huelga contra la River Terminal y amenazó con paralizar también a la Swanson. Corcoran intentó proporcionar esquiroles, pero sin éxito. Todo el asunto se resolvió rápidamente a nuestro favor.

Tales incidentes intensificaron el odio que los miembros del Local 574 sentían hacia la pandilla de Tobin. Además, no mejoraba su reputación el hecho de verse viajando de un lado para otro con una escolta de policías, como solían hacer, y de tener policías presentes cuando sostenían una reunión.

Después Lewis intentó desarrollar una base para el "Local 500" con incursiones contra el Local 19802 del Sindicato de Obreros del Petróleo de la AFL. Anteriormente, cuando este sindicato se había constituido para los despachadores de gasolina, el Local 574 había transferido a sus choferes de combustible a la nueva organización de acuerdo a los conceptos de sindicato industrial. Lewis ahora exigía que estos choferes fueran traspasados al sindicato nominal de Tobin. Para respaldar su demanda recurrió a actos de intimidación. A la dirección del sindicato del petróleo le lanzaron un ataque de *red-baiting* y amenazas de revocar su carta constitutiva. A pesar de estas presiones, el Local 19802 rechazó rotundamente su demanda y los choferes permanecieron en ese sindicato, donde debidamente pertenecían.

Después de más o menos un mes de hacer "campaña" de esa forma, el "Local 500" convocó un mitin de masas, que se promovió con mucha publicidad. Asistieron exactamente 12 trabajadores. De los que llegaron, unos habían llegado para denunciar a los agentes de Tobin y debatir a favor del Local 574.

Como revelaron esos episodios ante los ojos de todos, estábamos repeliendo las incursiones de Lewis-Corcoran sobre todos los frentes. Al mismo tiempo, el Local 574 seguía logrando más estabilidad interna. El reclutamiento constante le iba dando fuerza a sus miembros. Estaba funcionando un sistema muy eficaz de delegados sindicales. Los contratos con los patrones se hacían cumplir a plenitud. Y cada vez que el sindicato tenía que salir en huelga contra una de las empresas camioneras, ganaba la batalla.

Nuestro mayor dolor de cabeza para mantener la actividad sindical al nivel necesario era de índole económica.

Debido al amplio alcance de las operaciones, los gastos corrientes eran elevados. Después de pagarlos con los ingresos procedentes de las cotizaciones de los miembros de $1.60 por mes, no quedaba mucho para los salarios del plantel. La forma en que manejábamos este problema específico la describió después Marvel Scholl, cuyo relato sobre nuestra situación personal reflejó las dificultades que enfrentaba todo el plantel del sindicato.

"El dinero que hubiese disponible", recordó, "se dividía entre los miembros del plantel todos los sábados por la mañana. Quienes tenían niños recibían más que los hombres solteros: a veces hasta $20 semanales, más frecuentemente $10 o $15. Los solteros, que tenían sus propios problemas para subsistir, a menudo venían a cenar a nuestra casa.

"Vivíamos en una casita en la Avenida Drew entre Cedar y Brownie Lakes. Tenía cuatro cuartos pequeños y, aunque nos la alquilaban como casa de invierno ($20 por mes sin calefacción), de ninguna forma estaba acondicionada para el invierno: no tenía aislamiento ni sótano, sino más bien un hueco en el sótano para un recipiente de carbón. La calentábamos con dos estufas de carbón, un calefactor en la sala y una estufa mixta (carbón y gas) en la cocina.

"Todos los sábados, si Farrell no podía venir a casa, uno de los miembros del plantel salía con nuestra 'paga' y me llevaba a comprar abarrotes. Por suerte, los abarrotes eran baratos. Sin embargo, los almidones formaban la parte principal de nuestra dieta. Una canasta de papas (unos 50 centavos), 10 libras de azúcar, el café más barato (3 libras por $1), un trozo de tocino, unas latas de carne en conserva, mucho maíz y tomates enlatados (latas no. 2, unas 5 ó 6 por $1), mantequilla a una libra por 20 centavos más o menos, unos cuantos panes blancos grandes, huevos en pequeñas cantidades dependiendo del precio, judías blancas, cerdo salado, harina de maíz, harina y —de vez en cuando— un paquete de chocolate para las tres pequeñas.

"Tengo cinco platos que yo podía hacer en cantidad: crema de maíz, frijoles al horno con pan de maíz (que siempre hacía en dos grandes ollas en la estufa de carbón), frijoles salcochados con puerco salado que se comía sobre pan de maíz, arroz español y espaguetis americanos.

"Cuando era hora de que los hombres llegaran a casa, la cena siempre estaba lista en la estufa. Una de las niñas —o yo— se paraba en la puerta para contar cuántos hombres salían del auto. Cuando a veces comíamos papas con carne enlatada, yo jamás cocía menos de dos galones de papas. Pero si era crema de maíz, las papas eran parte integral del plato, fritas con un trocito de tocino antes de añadir el maíz enlatado (con agua). Si del auto se bajaban más de tres huéspedes con Farrell, me apresuraba a la estufa, abría más latas de maíz para la crema, un poco más de agua, etcétera. Si eran frijoles horneados, siempre había suficiente. Si eran frijoles salcochados, se les echaba más agua. Si era arroz español o espaguetis, más tomates.

"Ninguna de estas comidas, con la posible excepción de los frijoles horneados, se podía considerar comida de calidad, pero llenaba.

"Luego de comer, todos los hombres regresaban al local para sus diversas reuniones nocturnas. Yo lavaba los platos.

"Ese arreglo no me agradaba. Durante esa época les dio sarampión a nuestras niñas, una a la vez, resfríos, etcétera, así que estaba literalmente cautiva en la casa. Mientras comían, los hombres hablaban de sus problemas sindicales, de sus victorias y decepciones, de qué nuevo grupo de trabajadores había ido a pedirles ayuda. Era la única forma de mantenerme al tanto de lo que era mi verdadera vida.

"Durante ese tiempo teníamos un lujo. Ahorrábamos 50 centavos semanales y con eso contratábamos a una niñera cada jueves por la noche para que los dos pudiéramos ir a la reunión de la rama del Partido de los Trabajadores".

Entre los que Marvel mencionó que acudieron a pedirnos ayuda, estaban los dirigentes del Local 1859 de los Trabajadores de Muebles de la Hermandad Internacional de Carpinteros, AFL. Ellos habían sindicalizado la compañía J.R. Clark, que producía artículos especiales de ebanistería. La empresa recientemente había aceptado un contrato que reconocía al sindicato y estipulaba aumentos salariales, así como otras mejoras. Después el patrón trató de engañar a los trabajadores para que firmaran contratos individuales (amarillos). Estos supuestamente afirmaban el contrato con el sindicato, pero contenían una cláusula amañada en que se leía: "Este acuerdo está sujeto a cambios sin aviso".

El sindicato había frustrado el intento, movilizándose rápidamente para alertar a los trabajadores para que no cayeran en la trampa. Poco después, la compañía reanudó su ataque al despedir a un sindicalista fuera del orden de antigüedad por supuesta "insubordinación".

El 23 de marzo, los 300 trabajadores afectados llegaron a la fábrica a la hora normal y ocuparon sus puestos correspondientes. Pero cuando sonó la sirena para empezar, simplemente se sentaron, emulando la técnica huelguística que recientemente habían introducido los trabajadores del caucho en Akron. Entonces los dirigentes sindicales apostaron guardias en todos los portones, se celebró una asamblea y se eligió un comité de huelga.

En seguida se envió una delegación para pedir ayuda del Local 574. Ayudamos a organizar los preparativos y el transporte de comidas a los huelguistas de brazos caídos dentro de la planta, quienes se quedaron allí tres días y dos noches.

Era una experiencia nueva para los patrones de la ciudad y no sabían cómo ayudar a la gerencia de la Clark para intentar romper la huelga. Al parecer, temían que un intento de enviar a la policía causaría daños a la fábrica, por lo que solo llegó un destacamento reducido de policías para hacer acto de presencia afuera en la calle. Ya que las fuerzas de "la ley y el orden" no atacaron a los trabajadores, todo el conflicto se mantuvo pacífico.

La mañana del tercer día el presidente del Local 1859, John Janasco, me llamó por teléfono a la sede del Local 574 y me pidió que fuera a la Clark y les ayudara a negociar con el patrón. Le acababan de decir que la compañía quería llegar a un arreglo con el sindicato.

Cuando llegué me encontré a un puñado de policías afuera y una fuerte guardia sindical en la entrada principal. En el portón había un rótulo que decía, "No hay ofertas de empleo", que se había puesto para que lo vieran los posibles esquiroles. Adentro, las puertas que conducían a la fábrica desde las oficinas ejecutivas habían sido bloqueadas. En la oficina más grande me encontré reunidos al jefe, sus abogados y el comité negociador del sindicato, esperando para empezar las deliberaciones.

Después de un poco de debate, la compañía aceptó un acuerdo que llevó a la restitución de Walter Lehman, el sindicalista despedido, y a resolver otros reclamos que habían surgido de intentos de violar el contrato sindical. Las condiciones generales fueron aceptadas por los sindicalistas y retornaron al trabajo al día siguiente, ahora protegidos por un sindicato fuerte.

Para entonces, la lista de sindicatos a los que el Local 574 había ayudado se estaba volviendo impresionante, como era también la calidad de la ayuda que les brindábamos. Habíamos desempeñado un papel valioso no solo para que se ganaran varias huelgas libradas por otros sindicatos, sino por el ingreso a la AFL de varios miles de nuevos miembros desde el otoño de 1934. Y la AFL había emitido cartas constitutivas para muchos sindicatos recién formados, organizados en gran parte con nuestra ayuda. Prácticamente no había un sindicato en Minneapolis que no hubiese adquirido más fuerza tras nuestra victoria en la tremenda lucha de 1934 contra los patrones del transporte. El movimiento obrero empezaba a aventajar a la Alianza Ciudadana antisindical, y todo el mundo comprendía que el Local 574 había proporcionado la clave para cambiar la correlación de fuerzas de clases. De ahí que las filas sindicales, en su gran mayoría, se ponían de nuestro lado.

En cambio, para Meyer Lewis el balance era todo lo contrario. Él había llegado a la ciudad unos meses antes con el fin de aislarnos de los sindicatos de la AFL. Al principio su objetivo declarado en el ataque contra nosotros había consistido en "unir a toda la ciudadanía bajo una bandera común para depurar completamente del comunismo a la ciudad". Ahora, en sus perspectivas ya se le había reducido a tácticas de poca monta como las que Corcoran había iniciado un año antes. No podía hacer nada más que lanzar pequeñas incursiones para tratar de captar miembros de otros sindicatos de la AFL en un intento de desarrollar el "Local 500", y en cada ocasión había fracasado.

Ante este desenlace vergonzoso para Meyer Lewis, Tobin cambió de estrategia. Decidió enviarle refuerzos a Corcoran desde otras áreas de la IBT. En realidad, casi no le quedaban alternativas, a no ser que estuviera dispuesto a abandonar el ataque contra nosotros.

Entretanto, la jerarquía de la AFL estaba demasiado enredada en una lucha interna propia como para prestarle mucha atención a las necesidades de Tobin.

La pugna interna se recrudece

Ya para la primavera de 1936 quedaba patente que se estaba gestando una escisión en la Federación Americana del Trabajo.

Los trabajadores de las industrias básicas estaban presionando mucho por un viraje hacia la forma industrial de sindicalización. Según esta forma todos los empleados en una planta o industria determinada estarían unidos en un solo sindicato en vez de estar divididos en distintas agrupaciones de oficios, como habían estado antes. Para los trabajadores ese cambio era imperativo. Era la única forma de luchar de manera eficaz contra las empresas monopolistas que los empleaban.

Su demanda a favor de un cambio de política organizativa era resistida por la mayoría de los altos burócratas sindicales. Los choques resultantes se encaminaban hacia una rebelión grande de las filas contra los obstinados partidarios de los gremios de oficios que dominaban la AFL. Esta tendencia había provocado serias preocupaciones entre los funcionarios más astutos de la federación. Ellos temían que si la burocracia dominante no cedía un poco ante la creciente presión desde abajo, un gran número de trabajadores podrían ser influenciados por dirigentes radicales.

Los funcionarios de un bloque de sindicatos nacionales, dirigidos por John L. Lewis del Sindicato Unido de Mineros (*United Mine Workers*—UMW), habían procurado tomar acción en el congreso de la AFL de octubre de 1935 para aliviar la situación. Presentaron una resolución que abogaba por un viraje hacia el sindicalismo industrial, especialmente en la industria básica. Sin embargo, la resolución fue derrotada por un voto de tres contra dos.

Poco después, John L. Lewis tiró una bomba en el Consejo Ejecutivo de la AFL. Renunció como vicepresidente de la federación, acto que significaba una declaración de guerra contra los empedernidos defensores de los gremios de oficios que definían su política. Entonces el bloque dirigido por Lewis formó el Comité para la Organización Industrial (*Committee for Industrial Organization*—CIO). La sede del comité se estableció en Washington, DC, y John Brophy, del sindicato minero, fue nombrado director organizativo del nuevo organismo.

Ninguno de los dirigentes fundadores del CIO tenía un historial claro de progresista. Por tanto su nueva posición en apoyo a la causa de los sindicatos industriales los había llevado hacia un papel nuevo y bastante desconocido para ellos. Por eso actuaban de forma cautelosa y vacilante, pero eso era solo un aspecto de la nueva situación. Se estaban poniendo en marcha fuerzas nuevas que los arrastrarían en una ola creciente de lucha de clases.

En Minneapolis, por ejemplo, con la creación del CIO inmediatamente surgió la convicción de que para los sindicalistas estaba amaneciendo un nuevo día. Pronto se había realizado una conferencia de partidarios del sindicalismo industrial, que consistió de delegados de 21 sindicatos de la AFL y del Local 574. El encuentro había establecido un Comité de Seguimiento para que dirigiera la formación de una agrupación a favor del CIO en el seno del movimiento sindical de la ciudad.

La situación nacional cambiante, y las repercusiones locales que ya se constataban, mejoraban las perspectivas futuras del Local 574. Si la escisión que se venía desarrollando en la AFL era lo suficientemente profunda, ahora podíamos vislumbrar las posibilidades de encontrar nuevos aliados a nivel nacional. Por eso nos adecuamos a una actitud táctica flexible hacia el CIO.

Mientras observábamos detenidamente las tendencias sindicales que cambiaban, también participábamos en un nuevo avance hacia una reagrupación revolucionaria a escala nacional.

Trabajadores e intelectuales jóvenes se estaban afiliando al Partido Socialista en números crecientes. Entre ellos se estaba formando un ala izquierda que comenzaba a avanzar a tientas hacia un programa revolucionario. Estos socialistas revolucionarios en potencia enfrentaban dos obstáculos mayores. En el PS se topaban contra un ala derecha empedernida que pretendía bloquear sus esfuerzos por hacer que el partido virara hacia un rumbo revolucionario. Al mismo tiempo, el Partido Comunista, apegado a su línea del "Frente Popular", por diversas vías buscaba guiar a estos jóvenes militantes para que volvieran al reformismo.

Esta situación exigía que los trotskistas desarrollaran contactos estrechos con el ala izquierda del PS y la ayudaran a evolucionar hacia un programa socialista revolucionario pleno. Para trazar el curso de acción necesario, el Partido de los Trabajadores (*Workers Party*—WP) celebró un congreso nacional a comienzos de 1936. El encuentro autorizó que la dirección del partido negociara el ingreso en bloque de los cuadros del WP al Partido Socialista y semanas más tarde se consumó la medida deseada.

La delegación de la rama de Minneapolis al congreso del Partido de los Trabajadores la integramos Ray Dunne, Carl Skoglund, Henry Schultz, Carlos Hudson y yo. Ya que el encuentro se celebró en Nueva York, decidimos manejar hasta Washington, DC, para visitar la sede del CIO. Allí sostuvimos una larga plática con John Brophy, director organizativo de la formación sindical industrial.

Para sorpresa nuestra, lo encontramos plenamente informado de la lucha del Local 574 con Tobin. Esto nos animó para tantearlo sobre la posibilidad de conseguir una carta constitutiva del CIO para el local. Dijo que por el momento eso quedaba definitivamente excluido, ya que era muy poco probable que el CIO se involucrara en la industria del transporte, aun si se daba una escisión en la AFL.

Al concluir la discusión Brophy nos aconsejó que continuáramos nuestra lucha por ser readmitidos a la Hermandad Internacional de Teamsters.

Poco después esa batalla dio un vuelco nuevo y feroz. Tras fracasar en sus intentos de movilizar a la AFL local contra nosotros, Meyer Lewis había ido a consultar con Green y Tobin. Volvió a la ciudad a finales de abril, trayendo consigo a la vanguardia de una pandilla de matones que Tobin enviaba para iniciar una campaña de intimidación y de terror contra el Local 574.

La fuerza invasora la dirigía L.A. Murphy, jefe de un local de los Teamsters en Rockford, Illinois, que estaba afiliado al Consejo Unido de Teamsters de Chicago. A su llegada, Murphy se instaló en una oficina en el Edificio Pence 306. Trabajando desde allí, en nombre de Tobin se hizo cargo del Consejo Unido de Teamsters de Minneapolis. La pandilla que utilizaba consistía de burócratas formados por las prácticas de la IBT al estilo de Chicago, junto con simples matones contratados para el proyecto. De ese grupo se escogió un nuevo plantel de funcionarios para el "Local 500", mediante el cual pensaban funcionar. Agregaron al escuadrón un individuo local, Bruce Vincent, quien anteriormente había sido contratado como guardaespaldas de Cliff Hall. Además, Pat Corcoran le dio a Murphy su plena cooperación, como también hizo Meyer Lewis.

Los matones de Tobin, armados con cachiporras y pistolas, comenzaron a acechar las calles y los andenes de carga. Se hacían intentos de obligar a los choferes de camión a que aceptaran insignias del "Local 500", que se ofrecían gratuitas. Esa movida inicial implicaba que ahora sería peligroso salir a la calle luciendo la insignia del Local 574, y que solo los trabajadores que lucieran la insignia del sindicato nominal de Tobin estarían a salvo.

En todas partes los camorristas se toparon con la negativa de aceptar su "protección". Entonces hicieron amenazas directas de violencia en un intento de sembrar el miedo entre las filas del Local 574.

Murphy pronto pasó de las amenazas a los verdaderos ataques físicos. Lo hizo con la confianza de que las fuerzas dominantes, lejos de obstaculizarlo, lo ayudarían. Los patrones estaban a favor de sus objetivos. El alcalde Latimer estaba dispuesto a darle ayuda policiaca, haciendo que la policía se hiciera de la vista gorda cuando nos atacaban; al mismo tiempo, él se mantenía atento a oportunidades de montarnos un caso fabricado en base a una u otra acusación. Además, se podía estar seguro que la prensa capitalista ofrecería una pantalla propagandística para las intrigas solapadas. Se presentarían los hechos de manera que nos hicieran quedar mal y se pintara a los agentes de Tobin como la parte agraviada.

Muchos años después, Malcolm X, al referirse al tema en un contexto diferente, describiría elocuentemente esta vieja artimaña periodística. Lo planteó así: "Ustedes saben, hermanos, que la prensa tiene una responsabilidad grave y a veces también es responsable como cómplice. Porque si se deja usar para presentar a los criminales como víctimas y a las víctimas como criminales, entonces la prensa es cómplice del mismo crimen. Se están dejando usar como arma en manos de los que realmente son los culpables".

Conscientes de tales métodos para fabricar cargos, estudiamos muy cuidadosamente la defensa del Local 574 frente al ataque de Murphy. Nuestra primera medida fue alertar a todo el movimiento obrero del nuevo peligro a través del *Northwest Organizer*. Al desarrollarse la batalla, en el periódico sindical se informaba y analizaba cada paso que daba la pandilla de Tobin. Al mismo tiempo, se les recordaba a todos los trabajadores lo que para ellos estaba en juego con nuestra lucha.

No se trataba simplemente de mantener intacto el sindicato más fuerte y progresista de la ciudad. Si lográbamos derrotar a Tobin, se ayudaría a que otros locales sindicales contuvieran a los dictadores que estaban a la cabeza de sus organizaciones nacionales. Y a la inversa, el triunfo del presidente de la IBT habría sido un revés general contra la democracia sindical. Comprendiendo esto, los miembros de la AFL por toda la ciudad siguieron apoyando al Local 574 en la defensa de sus derechos democráticos.

En la propia batalla, Murphy parecía anticipar que se libraría al estilo al que él se había acostumbrado en la zona de Chicago. Anticipaba que le hiciéramos frente, plantel contra plantel, garrote contra garrote, pistola contra pistola. También daba por sentado que las filas del sindicato serían poco más que espectadores, esperando a ver quién saldría vencedor y pasaría a mandarlas. Ya que la clase dominante y sus lacayos en los cargos públicos estaban de su lado, íbamos a enfrentar una situación de dados cargados. Por eso, al comienzo del conflicto él y sus matones se mostraban muy bravucones.

No tardó mucho para que Murphy se desengañara de estos conceptos. No teníamos la menor intención de permitir que las cosas se desarrollaran así. Nuestra política consistía en involucrar a todos los miembros del Local 574 en la lucha, la cual ellos sabían era vital para sus intereses. Muy pronto se convocó una reunión general en la cual se preparó para la batalla a toda la organización. De esta manera, se expuso a los invasores de Tobin como lo que eran realmente: una pandilla de matones que atacaba a un movimiento de masas.

Aunque hubiese sido un error táctico que nos armáramos, sí adoptamos al respecto una medida de propaganda. Los funcionarios del Local 574 formalmente solicitamos a la policía que nos otorgara permisos para portar armas para la protección propia. Tal como anticipamos, la policía nos denegó las solicitudes, pero se había aclarado una cosa. Nuestra acción ayudó a llamar la atención del movimiento obrero al hecho de que estábamos frente a una pandilla armada y que necesitábamos apoyo masivo.

Más tarde, cuando la situación se puso bastante áspera, un par de miembros del plantel del Local 574 sí se armaron calladamente. La policía detuvo a uno de ellos, George Frosig, bajo cargos de portar un arma y se necesitó una recia batalla judicial para librarlo de un serio caso de cargos fabricados. Después de eso tuvimos pocas dificultades para hacer cumplir la política del sindicato de no portar armas.

Justo cuando la lucha comenzaba a ponerse seria, ocurrió un hecho que ayudó a movilizar mucho apoyo. El movimiento obrero de Minneapolis celebró el Primero de Mayo, un día de fiesta de la clase obrera internacional arraigado en tradiciones revolucionarias. La celebración se realizó con un desfile. Lo patrocinó la Unión Central del Trabajo, participaron muchos sindicatos locales y marcharon más de 7 mil trabajadores. Portaron pancartas en que se leía "Por la acción sindical unida", "Hagamos de Minneapolis una ciudad sindical".

El acto tuvo un doble efecto. Los miembros del Local 574 que participaron en la marcha se vieron animados por la solidaridad sindical que se manifestó. En cambio, la pandilla de Tobin comenzó a darse cuenta de que enfrentaban un problema mucho más complejo de lo que habían anticipado.

No obstante, a Murphy le comenzó a preocupar otra complicación. A finales de mayo vencería el acuerdo que resolvió la huelga de 1934, y los contratos del Local 574 con los patrones correspondientes se tendrían que renovar. Como ya era el principio de mayo, él tendría que actuar rápidamente sobre ese frente. Hacían falta dos cosas para conseguir sus objetivos: él tendría que pactar acuerdos con los patrones en negociaciones secretas (medida que a ellos les resultaría aceptable); pero antes de que eso se pudiera lograr, él tendría que mostrarse capaz de captar sectores importantes de los miembros del Local 574 (hazaña que requeriría bastantes esfuerzos).

Murphy decidió hacer su primera jugada en la Chippewa Spring Water Company. Allí solo habíamos sindicalizado a una parte de los trabajadores, y el patrón parecía creer que con la ayuda de un escuadrón de matones nos podría excluir por completo. En consecuencia, él estaba listo para llegar a un arreglo con el "Local 500". Esto resultó en un ultimátum para los choferes de la compañía afiliados al

Local 574. Les dijeron que, a partir del 16 de mayo, solo se permitiría trabajar allí a los miembros del sindicato nominal de Tobin. Rápidamente supimos de esta acción y nos preparamos para intervenir.

Cerca del amanecer de aquella mañana de mayo, todo el plantel del Local 574 se apareció en el andén de carga de la Chippewa. Pero no habíamos llegado solos, como había supuesto Murphy que iba a suceder. Estaba presente también un numeroso grupo de sindicalistas de otras compañías que se habían tomado licencia del trabajo para ayudar. No iba a ser una riña entre pandillas. El escuadrón de camorristas se enfrentaría a una numerosa línea de piquete.

Cuando el patrón miró por la ventana de su oficina y vio lo que pasaba, agarró el teléfono. Como a los 10 minutos llegaron unos 30 policías. Murphy llegó entonces con siete de sus secuaces amontonados en su carro.

El comandante de la policía preguntó si habíamos convocado una huelga. Respondimos que no. Nuestra única intención era la de hablar con los miembros del Local 574 en la compañía y ver que nadie interfiriera con su derecho a trabajar. Esta respuesta inesperada pareció desorientar al jefe de los policías. Con la mirada confundida, fue a hablar con Murphy, quien había juntado a su cuadrilla a su alrededor de un lado del andén. Más o menos a esa hora los trabajadores, entre ellos los que portaban insignias del Local 574, se alistaron para ir a trabajar. A medida que crecía la tensión, sencillamente esperamos a ver si iban a interferir con nuestros miembros.

Entonces el patrón envió un mensaje a través de la policía de que quería dialogar. Aceptamos, ya que no teníamos nada que perder. Bill Brown y yo fuimos a la oficina de la compañía para hablar en nombre de nuestro bando. Murphy y Jack Smith hicieron lo mismo a nombre del

"Local 500". La sesión se caracterizó por una notable falta de cordialidad.

Fingiendo una inocencia herida, el patrón se acobardó de su pacto con la pandilla de Tobin. Pidió que los dos lados hallaran la forma de resolver la disputa sindical sin interferir con sus operaciones. Nosotros contestamos que con tal que a nuestros miembros se les dejara trabajar en paz, él no tendría problemas con el Local 574. A Murphy no le quedó más remedio que abandonar su ataque contra nosotros en la Chippewa, y así concluyó ese episodio.

Después de ese enfrentamiento, las empresas de paquetería firmaron un contrato por un año que reconocía al Local 574 como único agente negociador de sus empleados. Era el primer acuerdo directo que habíamos logrado en esta esfera y ahora teníamos a los empleados tan organizados que las compañías cedían sin obligarnos a salir en huelga. Los trabajadores ganaron importantes aumentos salariales así como diversas mejoras en sus condiciones laborales.

Poco después logramos un avance importante en las relaciones con las mueblerías, a cuyos conductores y ayudantes habíamos logrado sindicalizar, junto con los empleados de los departamentos de envíos. Se presentaron las reivindicaciones sindicales a los patrones, quienes nos dijeron que estaban dispuestos a negociar. Al final se firmó un contrato que estipulaba logros importantes para los trabajadores. Como en la situación de las paqueterías, se logró sin tener que recurrir a la acción huelguística.

En ambos casos Murphy había intentado negociar con los patrones implicados. Si bien conversaban con él de muy buena gana, hasta deseándole éxito, al final de cuentas habían capitulado ante el Local 574. En efecto, tanto dudaban de la capacidad del "Local 500" de intervenir que no habían visto razón para poner a prueba nuestra capacidad de vencerlos en una huelga. Evidentemente no creían que la pandilla de Tobin pudiese romperla, ni siquiera con ayuda de la policía y los periódicos.

Si las cosas seguían así, Murphy pronto se vería acorralado a menos que hiciera algo, y rápido. Al darse cuenta de la situación, hizo un intento desesperado de incitarnos a una trifulca, plantel contra plantel. Su acción ya no reflejaba ilusión alguna de que se nos podía intimidar. Murphy sabía bien que no. El objetivo fundamental era dar a los funcionarios municipales una oportunidad de meter presos a los dirigentes del Local 574 bajo cargos falsos. Si podían decapitar así al sindicato, habría posibilidades mucho mejores de apoderarse del mismo.

La nueva ofensiva comenzó la mañana del 21 de mayo. Ray Dunne y George Frosig estaban repartiendo volantes y hablando con los choferes en los depósitos de carga de los ferrocarriles de Omaha. De repente llegó un sedán Buick; del auto salió una pandilla de matones de Tobin y atacó a Ray y a George con cachiporras. Los golpearon gravemente.

El Buick era propiedad de L.A. Murphy como se pudo indagar a través de la oficina de licencias de auto. Este hecho, junto con un relato sobre esta atrocidad, se publicó en el *Northwest Organizer* para informar al movimiento obrero del nuevo peligro. Para dejar constancia, se presentó una denuncia ante las autoridades públicas. Pero éstas, como era de esperarse, no hicieron nada.

El Local 574 convocó de inmediato un mitin de masas de protesta. La noticia de la atrocidad se había propagado rápidamente y la sede estaba llena de miembros del sindicato, muchos acompañados de sus esposas. Como indicaba este último suceso, los trabajadores no habían estado tan enardecidos sino desde las huelgas de 1934. Estaban más que dispuestos a resistir y ahora, siendo veteranos de combate, sabían que se debía hacer de forma inteligente.

Los miembros aceptaron el consejo de la junta ejecutiva y aprobaron un plan de acción de tres puntos: se redoblaron esfuerzos para lograr la pronta renovación de convenios laborales que estaban por vencer; se votó a favor de una cuota para un fondo especial de defensa; y se aprobó una resolución que definía las directrices de una campaña para movilizar a la clase trabajadora en la ciudad contra este nuevo ataque gangsteril.

La resolución condenó el gangsterismo introducido por Tobin, calificándolo como luz verde para los enemigos del movimiento sindical. Si lograban que esos métodos funcionaran contra el Local 574, se advirtió a los demás sindicatos, los mismos se utilizarían también contra ellos. Se había lanzado así un desafío abierto a los dirigentes y miembros de todas las organizaciones de la AFL. Era su deber actuar en interés propio y unirse a la lucha para librar al movimiento de la amenaza de la matonería.

Nuestro llamado llegó a oídos receptivos. Miembros de las directivas sindicales, y sobre todo miembros de filas de los locales de la AFL, presionaron a los dirigentes del ala derecha de la Unión Central del Trabajo y del Consejo Unido de Teamsters. Junto con los clubes distritales del Partido de los Agricultores y Trabajadores, ejercieron también mucha presión sobre el alcalde Latimer. Bajo fuerte ataque, el alcalde se sintió obligado a hacer algo... así que se puso a calumniarnos.

Hacia finales de mayo, un pequeño ejército de policías efectuó una redada sorpresiva al Local 574, irrumpiendo en nuestra sede pistolas en mano. Iban acompañados de periodistas y fotógrafos. Llevando órdenes judiciales, que no identificaban a los acusados, por venta ilegal de bebidas alcohólicas, registraron el local en busca de pruebas. No encontraron nada más que parte de un barril de cerveza que se había guardado al sobrar después de una fiesta. Dos veces más en los días siguientes la policía nos invadió, pero no logró detectar nada que pudiese usarse contra el sindicato.

Fue en relación con estos intentos de calumniarnos que arrestaron a Frosig bajo el cargo de posesión de armas mencionado antes.

Aprovechando la pantalla propagandística que Latimer procuraba brindarle, Murphy reanudó los ataques físicos. A plena luz del día, la tarde del 3 de junio, a cuatro miembros de filas del Local 574 que iban en un auto particular por la Avenida Washington dos vehículos con matones de Tobin los obligaron a hacerse a la acera y a bajarse. Mientras unos encañonaban a los sindicalistas, otros sacaron cachiporras y los aporrearon. Cuando las víctimas corrieron para escaparse, les soltaron una descarga de tiros.

Unos espectadores anotaron los números de placa de los autos de los matones, información que se le dio a Latimer junto con la demanda de que respondiera. Como siempre, nadie fue arrestado.

Por otra parte, el alcalde sostuvo una conferencia con Murphy y con Meyer Lewis. Después se convocó a los periodistas y Murphy les presentó una declaración. Según el informe del *Minneapolis Tribune*, tuvo el descaro de acusar a las víctimas de "haber hecho ellos mismos los disparos", declarando falsamente que lo habían hecho luego de "haber perdido un pleito con los empleados de la Stanchfield Transfer", una compañía ubicada cerca de la escena del crimen.

Una semana después, un delegado del Local 574, Harold Haynes, fue atacado mientras trabajaba. Acababa de volver a la cabina de su camión después de hacer una entrega. En ese momento el sedán Buick matriculado a nombre de Murphy llegó y le cerró el paso. Se bajaron cinco matones.

Uno encañonó a Haynes con una pistola. Los otros cuatro lo sacaron de la cabina y lo golpearon con cachiporras y las culatas de las pistolas.

Presentamos una fuerte protesta ante el gobernador Olson. En una carta firmada por Bill Brown le informamos que el 15 de junio íbamos a realizar una asamblea especial del Local 574. Exigimos una respuesta oficial para esa fecha sobre lo que Olson proponía hacer sobre el intento criminal de Tobin, en complicidad con Latimer, de destruir una parte del movimiento sindical.

Brindándonos su apoyo inmediato, el club del quinto distrito del Partido de los Agricultores y Trabajadores insistió en que Olson tomara medidas rápidas. Se plantearon demandas de que usara el poder ejecutivo del estado para poner fin a los actos vandálicos en Minneapolis y descubrir a los instigadores del complot contra el movimiento sindical.

Al gobernador se le enviaron demandas similares desde otros sectores del movimiento sindical y del Partido de los Agricultores y Trabajadores. Dado que se iba a postular para ser reelecto en el otoño, políticamente le resultaba peligroso hacer caso omiso de estas presiones, y lo sabía. Así que dijo que investigaría la situación de inmediato, actuando como si no había sabido lo que estaba ocurriendo. Al parecer, Olson convenció a Latimer de que era políticamente ventajoso calmar las cosas dentro del movimiento sindical, porque los ataques físicos contra nosotros amainaron.

A pesar de estos ataques, habíamos ido ganando terreno frente a los patrones. A principios de junio los proveedores de materiales de construcción y las empresas del mercado —con una excepción— firmaron convenios directos con el sindicato. En ambas industrias se reconoció al Local 574 como único agente negociador de los trabajadores.

Los nuevos acuerdos, que duraban un año, hasta el 31 de mayo de 1937, estipulaban aumentos salariales y mejores condiciones de trabajo. Para los trabajadores del mercado, en especial, el avance había sido muy notable. Desde 1933 sus salarios casi se habían duplicado y la semana laboral se había reducido de unas 80 ó 90 horas a 48.

La que no cedía en el mercado era la empresa Gamble-Robinson, una de las de mayor importancia, que había sido excepcionalmente belicosa en su postura antisindical. Le declaramos la huelga, acción que puso a la pandilla de Tobin contra la pared. Este era un claro conflicto entre sindicatos y patrones. Si intentaban intervenir contra nosotros, tendrían que hacerlo como rompehuelgas. Con la esperanza de fomentar tal intento, Latimer de inmediato ofreció a la compañía protección policiaca. Pero quedó demostrado que era poco lo que él, Murphy o los patrones podían hacer contra nosotros.

El Local 574 había sindicalizado completamente a los trabajadores de la Gamble-Robinson y la huelga fue 100 por ciento sólida. Los abarroteros independientes anunciaron por medio de su asociación que no aceptarían ninguna entrega de la compañía en huelga. Entonces el paro se extendió a ramas de la compañía en otras ciudades de Minnesota.

Tras estar completamente cerrada unas dos semanas, la Gamble-Robinson suscribió el mismo convenio con el Local 574 que antes habían aceptado las demás compañías del mercado. Después se pactaron acuerdos con los huelguistas más allá de Minneapolis. En términos globales, se había fortalecido el sindicalismo en la zona en general; el Local 574 había demostrado su fuerza; y los tobinistas se habían mostrado incapaces de frenar nuestra ofensiva en relación con los convenios.

Al parecer los patrones que hasta ese momento se habían mostrado despreocupados captaron el mensaje y entraron en negociaciones serias con el Local 574. No tardó en firmarse un nuevo convenio con las compañías de arena y grava, brindando logros para los empleados. El convenio con las empresas distribuidoras de hielo se renovó con mejoras. Siguieron otros convenios.

A medida que nos anotamos estas victorias, también se fue desarrollando una ola más amplia de luchas sindicales. Unos 700 trabajadores de marcos de ventanas, puertas y carpintería estaban en huelga por el reconocimiento de su sindicato, el Local 1865 del Sindicato de Ebanistas, AFL. El Local 574 les había prestado su salón principal para que lo usaran como cuartel general de huelga y estaban utilizando nuestra cocina de comedor. Además les ayudamos con consejos tácticos, los cuales su dirigencia inexperta recibió con agrado.

Intentando sacar ventaja propagandística de la campaña difamatoria de Tobin-Latimer, las compañías afectadas publicaron campos pagados en los periódicos para ofuscar el asunto. Imputaban que sus empleados querían trabajar pero que, por actos de intimidación instigados por el Local 574, no podían llegar al trabajo. No surtió el efecto deseado. Los huelguistas se mantuvieron firmes y la industria continuó cerrada. Finalmente el 24 de junio se llegó a un acuerdo. El Local 1865 logró ser reconocido y los trabajadores obtuvieron importantes mejoras materiales.

Menos de una semana después de retirarse el Local 1865, nuestras instalaciones fueron usadas como cuartel general de huelga por los trabajadores de la Northern States Power. Pack, el jefe de la compañía, estaba incumpliendo el convenio que había firmado el enero anterior. Esto provocó que unos 200 trabajadores cualificados en los departamentos de cables aéreos y subterráneos salieran en huelga en señal de protesta. La acción la dirigió Henry Schultz, a quien la junta ejecutiva del Local 160 del sindicato de los trabajadores de la electricidad había contratado para ser su organizador y vocero.

La huelga, realizada con mucha combatividad, duró solo unos días. Pack se vio obligado a responder a los reclamos de los trabajadores. Se reafirmó lo estipulado anteriormente por escrito, y esta vez el Local 160 fue reconocido plenamente como único agente negociador de los trabajadores de la compañía.

Cabe destacar otra disputa, solo para señalar la amplitud del ascenso obrero. En el Club de Golf de Minneapolis, un campo en el suburbio de St. Louis Park frecuentado por gente bien, los cargadores de equipo salieron en huelga. Fue una acción espontánea por parte de adolescentes no sindicalizados, quienes estaban haciendo lo que, a su parecer, era lo más natural para jóvenes trabajadores indignados con sus patrones. Una vez salieron en huelga, lo primero que hicieron fue ponerse en contacto con los "proscritos" del Local 574 para buscar apoyo y consejos. Su lucha logró algunas mejoras para los cargadores en general.

Al hacer el balance, la ventaja ahora se inclinaba mucho a favor del Local 574 en la lucha con Tobin. Gracias a un reclutamiento constante, el sindicato contaba con una membresía estable de más de 4 mil. Se estaban renovando convenios con las patronales y firmando acuerdos en nuevos sectores de la industria camionera, todos con avances importantes para los trabajadores. El ánimo que esto había propiciado se expresó en una carta que Oscar Halverson, un miembro de fila, escribió al sindicato.

"Mis chicos han estado comiendo carne, además de buena comida, desde la huelga de 1934", decía en un fragmento, "así que para ellos el sol sale y se pone con el 574".

La mayoría de los trabajadores de otras industrias abrigaba hacia el Local 574 opiniones similares a las expresadas por Halverson. Sabían que en toda batalla con los patrones, estaríamos allí para ayudarles. Y todos los que se asociaban con nosotros se daban cuenta que la experiencia les brindaba un mejor entendimiento de la lucha de clases, ayudándoles a convertirse en luchadores más capaces en la causa obrera.

En contraste con nuestra creciente fuerza y prestigio, el "Local 500" se mantenía débil numéricamente y cada vez más adquiría peor reputación. No había logrado un avance importante en ningún sector de la industria camionera. Otros sindicatos lo iban considerando cada vez más como un inconveniente para la AFL. En vez de proscribirnos del movimiento sindical como habían intentado, los tobinistas vieron que eran ellos a quienes la gran mayoría de la clase trabajadora de la ciudad identificaba como parias.

Al final todo esto resultó ser demasiado para Pat Corcoran. A finales de junio llamó por teléfono a Ray Dunne para pedir que se concertaran negociaciones de paz entre el Local 574 y el Consejo Unido de Teamsters.

12

Tobin se echa atrás

Las negociaciones formales comenzaron poco después de la oferta del tobinista. Carl Skoglund, Ray Dunne y yo representamos al Local 574. Pat Corcoran habló a nombre del Consejo Unido de Teamsters. L.A. Murphy y Jack Smith se presentaron como funcionarios del "Local 500".

La primera conversación se sostuvo en un ambiente cargado de tensión, reflejando la hostilidad que se había desarrollado entre las dos partes. Nosotros aprovechamos el hecho que nuestros adversarios habían pedido la paz. Cuando se acabaron las formalidades, simplemente guardamos silencio, esperando con expectación que ellos hicieran la jugada de apertura.

Corcoran tomó la delantera. El Consejo Unido quería elaborar un arreglo, dijo, por el cual el Local 574 pudiera ser reincorporado en su conjunto al sindicato Teamster, pero eso tendría que hacerse de una forma especial. Propuso que nos fusionáramos con el "Local 500" bajo una nueva carta constitutiva; que cada parte nombrara tres funcionarios a la junta ejecutiva del nuevo local, y que un séptimo miembro "neutral" de la junta, fuera designado por el Consejo Unido. Murphy y Smith indicaron su acuerdo con esta propuesta.

Respondimos que la mayoría de los trabajadores en la industria general del transporte estaban en nuestras filas, mientras que ellos prácticamente no tenían miembros en esa esfera. Esto significaba que en realidad sería una fusión con la IBT, no con el "Local 500". Sostuvimos que debía liquidarse su sindicato nominal. Si querían poner fin a la pugna, lo único que tenían que hacer era readmitir al Local 574 a la Internacional, con todos sus afiliados como miembros legítimos y con sus funcionarios actuales, quienes habían sido elegidos democráticamente por las filas.

Corcoran nuevamente recalcó que ciertos arreglos se tendrían que elaborar siguiendo las orientaciones de su propuesta, de lo contrario no lograrían que Tobin aceptara readmitirnos. Sugirió que lo pensáramos y que le avisáramos cuando estuviéramos listos para reanudar la discusión. Así terminó la primera conversación.

Ahora teníamos que tomar una decisión vital. Si la pelea con Tobin se iba a resolver, era evidente que el Local 574 tendría que volver a organizarse bajo una nueva carta constitutiva, con cambios en la dirección formal. Esto nos planteaba dos interrogantes claves. ¿Se podía lograr un arreglo que asegurara la preservación del carácter y los principios básicos del Local 574? Si rechazábamos la propuesta de paz, ¿nos arriesgaríamos a aislarnos del resto del movimiento sindical y a la destrucción definitiva del sindicato?

Este último peligro muy pronto podía volverse real, a menos que demostráramos que realmente deseábamos ayudar a encontrar una solución a la lucha sindical interna. No podíamos contar con captar nuevas fuerzas al alinearnos formalmente con el CIO. Brody ya nos había dicho que la nueva agrupación sindical industrial no anticipaba penetrar la industria del transporte. Por tanto, nuestro principal respaldo aún tendría que provenir del movimiento de la AFL a nivel local. Hasta el momento habíamos recibido apoyo de éste en base a nuestra lucha por ser readmitidos a la IBT. Pero si ahora dábamos la impresión de que buscábamos seguir un camino independiente por tiempo indefinido, ese apoyo comenzaría a menguar. El aparato de la IBT podría entonces tomar la delantera y poco a poco hacernos trizas.

De estas consideraciones sacamos la conclusión de que nuestro camino más indicado era procurar el mejor acuerdo posible con Tobin. Desde nuestra óptica, existían varios factores que nos permitirían lograr un arreglo aceptable. A nivel nacional era evidente que en la industria básica se estaba gestando una masiva ola de huelgas. A nivel local los trabajadores estaban en marcha, arrastrando a los funcionarios de la AFL más profundamente hacia conflictos con los patrones. Estas tendencias por lo general impartían al movimiento cierto tono de combatividad que nos ayudaría en el seno de la IBT.

Si bien era cierto que el plan de Corcoran nos reduciría a una minoría formal en la junta ejecutiva del nuevo local propuesto, ese hecho no describía el cuadro completo. Los miembros continuarían apoyando a los funcionarios del Local 574, como antes. Nos respaldaría una fuerte dirección secundaria entre los miembros del plantel del sindicato y los delegados sindicales en los centros de trabajo, todos los cuales eran luchadores aguerridos. Sería una situación más o menos análoga a la relación que hubo entre el comité organizador y el consejo ejecutivo oficial durante las huelgas de 1934.

En cuanto a las relaciones entre la dirección y los miembros, en lo tocante a los cuadros del Local 574, no habría cambio alguno. Nos parecía que esto permitiría garantizar que continuara el control de las filas sobre los asuntos del nuevo local. Por consiguiente, existiría una forma de obstruir todo intento tobinista de cambiar la política fundamental. De esto se desprendía, en nuestra opinión, que bajo el nuevo arreglo propuesto, el local podría mantener su carácter y sus principios básicos.

Por estas razones generales, en el liderazgo del sindicato tomamos la decisión de que la medida consistente de una fusión con el "Local 500" debía aceptarse como base para la readmisión a la IBT. Se avisó entonces a Corcoran que estábamos dispuestos a reanudar las negociaciones. Luego se dieron varias discusiones, en las cuales se fueron elaborando los detalles necesarios de las condiciones de la fusión. Los puntos claves se pueden resumir así:

1. El Local 574 y el "Local 500" serían liquidados y se emitiría una nueva carta constitutiva, creándose un solo Sindicato General de Choferes. (El número que más tarde se nos asignó fue 544. Corcoran había persuadido a Tobin de aproximarse lo más posible al 574 sin permitir nuestra readmisión con la denominación original del local).

2. Los actuales afiliados del Local 574 serían readmitidos a la IBT como miembros hábiles, sin multas u otro gravamen. (Específicamente, esta última cláusula significaba que se abandonaría el tema de los impuestos per cápita atrasados que debíamos a la Internacional, pretexto que Tobin había usado para revocar nuestra carta constitutiva).

3. Los funcionarios del nuevo local serían dos representantes del 574, dos representantes del "500", un síndico del 574 y un síndico del "500"; la junta ejecutiva estaría integrada por los funcionarios y síndicos arriba indicados, más el secretario del Consejo Unido de Teamsters, quien

actuaría como séptimo miembro y presidente. (En las negociaciones se llegó al entendimiento de que los cargos de presidente y secretario de actas del nuevo local los ocuparían representantes del 574, y que los cargos de vicepresidente y secretario-tesorero los ocuparían representantes del "500").

4. El plantel de organizadores lo establecería y escogería la junta ejecutiva. (Al respecto, se acordó que a cada parte le correspondería la mitad de los miembros del plantel; que en general los organizadores trabajarían en pares, uno por cada lado; y que el número total de miembros del plantel se definiría por la situación financiera del sindicato. También se acordó que yo seguiría siendo director del plantel).

5. Todas las divisiones, es decir, las secciones existentes del Local 574, permanecerían en el local reorganizado por un plazo de al menos un año. (No nos preocupaba mucho la implicación de que al cabo de un año se pudiera intentar dividir el local en oficios distintos, cada uno con su propia carta constitutiva. Anticipábamos que para entonces tendríamos suficiente control sobre la nueva situación como para rechazar fácilmente tal peligro. De no suceder así, significaría que enfrentábamos problemas aún más grandes. Por tanto no veíamos razón de cuestionar esta aparente condición para el futuro del local).

6. La Sección de Trabajadores Federales (FWS) seguiría como unidad auxiliar del nuevo local. (Los miembros desempleados de otros locales de los Teamsters ya se habían ido afiliando a la FWS mientras el Local 574 estaba "proscrito". Esta disposición significaba que ahora dicha medida formaría parte de la política oficial del Consejo Unido).

7. El *Northwest Organizer* sería el órgano oficial del Consejo Unido de Teamsters, bajo la supervisión de su

junta ejecutiva. (Se acordó en las negociaciones que Miles Dunne sería nombrado director del periódico. El primer número bajo los nuevos auspicios salió el 12 de agosto de 1936).

8. El plan arriba descrito tenía que ser aprobado por la Hermandad Internacional de Teamsters. (Corcoran nos aseguró que se trataba de una mera formalidad, que tenía que ver con la aprobación del acuerdo por la Junta Ejecutiva Internacional. Dijo que a Tobin lo habían mantenido al tanto del avance de las negociaciones y que él ya había indicado de manera informal que aprobaría las condiciones establecidas para nuestra restitución).

Rara vez un burócrata sindical había hecho concesiones de esa magnitud a "subordinados" a quienes en un principio se había propuesto disciplinar.

Tras revocar nuestra carta constitutiva en abril de 1935, Tobin había exigido que, como condición para ser readmitido a la IBT, el Local 574 debía ser completamente reorganizado. A los trabajadores internos se les negaría la afiliación, la cual él definía estrechamente como trabajadores que estaban empleados directamente en camiones, ya fuera manejando, cargando o descargando. Algunas secciones del sindicato serían cercenadas como unidades de oficios separadas. Los funcionarios electos y los militantes destacados entre las filas del local serían expulsados.

Ahora todo eso había cambiado. Todos los miembros del Local 574, incluidos sus funcionarios y organizadores, serían reintegrados sin excepción. Ya no se exigía que el local fuera desmembrado inmediatamente en unidades de oficios separadas. Se había reconocido nuestro derecho a organizar a los trabajadores internos, lo que significaba que el local mantendría su carácter esencial de sindicato semiindustrial.

Como se verá más adelante, esta concesión de Tobin sobre la jurisdicción de los miembros marcó el primer paso en una serie de sucesos que al final cambiaría el carácter organizativo de la propia IBT.

Antes de que presentáramos la propuesta a los miembros para adoptar una decisión final, hacían falta dos pasos más. Uno suponía la aprobación formal por parte del Sindicato Internacional de las condiciones bajo las cuales seríamos readmitidos. El otro tenía que ver con una consulta más amplia de parte nuestra a nivel del liderazgo.

Tan pronto había quedado claro que habían buenas posibilidades de lograr la readmisión a la IBT de una manera aceptable, se informó al respecto a Jim Cannon, el dirigente central del movimiento trotskista a nivel nacional. Le pedimos que viniera a Minneapolis para consultas, y al poco tiempo llegó a la ciudad. Antes él había hablado con otros dirigentes trotskistas en el Partido Socialista, al cual pertenecíamos en esa época.

Los principales camaradas del partido, entre ellos Jim, tenían dudas sobre nuestro propuesto acuerdo con Tobin. Entre ellos había inquietudes de si podríamos sobrevivir bajo las condiciones planteadas. Pensaban que tal vez era preferible ser vencidos luchando que correr el riesgo de comprometernos como revolucionarios, si el acuerdo nos salía mal. Sin embargo, en general se acordó que las opiniones de los camaradas de los Teamsters merecían un peso especial al decidir qué hacer. Se entendía que la decisión sobre la política a seguir tendría que tomarse mediante una consulta directa de liderazgo en el lugar de la acción.

Jim Cannon se reunió en su habitación del Hotel West con la fracción del partido en los Teamsters. También estuvo presente Bill Brown. Fue una sesión muy larga en la que se examinó cuidadosamente cada faceta de la nueva situación.

Nosotros explicamos por qué nos parecía que debía aceptarse el acuerdo propuesto con Tobin. Jim, por su parte, nos comunicó las dudas que tenían los dirigentes trotskistas nacionales respecto a ese curso. Al desarrollarse la discusión, los camaradas de los Teamsters unánimemente expresamos confianza de que podríamos mantener un control decisivo del liderazgo dentro del nuevo local propuesto. También argumentamos enérgicamente a favor de que el partido aprobara nuestra recomendación.

Jim, como dirigente experimentado del partido, entendía la necesidad de ser flexible en esta situación. No podía ofrecer ninguna razón estratégica de importancia para que el Local 574 continuara como sindicato independiente. Se reducía a una cuestión de si podríamos evitar comprometernos en un organismo directivo conjunto con los tobinistas. Nosotros estábamos seguros que sí.

Si el partido insistía en que la oferta de readmisión a la IBT se debía rechazar, éramos nosotros quienes tendríamos que llevar a cabo esa política. Lo estaríamos haciendo con cierto resentimiento contra la imposición de dicha línea, porque no nos parecía necesaria o aconsejable. Por tanto, era probable que quedara debilitada la moral partidista, con consecuencias adversas.

Jim estaba plenamente consciente de estos factores. Sabía que todo intento de imponernos una política a la que nos oponíamos seguramente resultaría en serios problemas. No se trataba de una cuestión de principios. Se trataba sencillamente de elegir una u otra táctica. Así que Jim aceptó que el partido debía darnos el beneficio de la duda sobre la decisión táctica. Al hacerlo, mostró la calidad de un verdadero dirigente.

"No estoy completamente de acuerdo con su decisión", fue lo que en efecto nos dijo Jim, "pero asumiré plenamente la responsabilidad junto a ustedes, aun si esto sale mal".

Para entonces, la disputa en el seno de la AFL sobre el sindicalismo industrial había alcanzado una nueva etapa. El Consejo Ejecutivo había dado a John L. Lewis y a los demás dirigentes del CIO un ultimátum para que disolvieran su nueva organización o, de no hacerlo, que fueran expulsados de la federación. Se decía que Lewis estaba desafiando la orden y ya se vislumbraba la posibilidad real de una escisión temprana. (Esta había de ocurrir en agosto de 1936, cuando se suspendió al CIO de la AFL).

Aunque era una posibilidad remota, la reunión de la fracción del partido decidió que debía hacerse un último intento de integrar el Local 574 al CIO. Bill Brown y Ray Dunne fueron enviados por avión para consultar con John Brophy sobre cuáles eran nuestras posibilidades. De nuevo él les dijo que el CIO no tenía planes para la industria del transporte y repitió su consejo de que aceptáramos la readmisión a los Teamsters.

Ahora estábamos listos para proponer este último curso de acción a los miembros del sindicato, siempre y cuando la IBT aprobara las condiciones negociadas con los tobinistas a nivel local. La confirmación requerida llegó el 9 de julio en un cable de Meyer Lewis, quien había ido a la sede en Indianapolis con un comité del Consejo Unido de Teamsters. En su mensaje se leía:

"La propuesta firmada por representantes del Local 500 de la Hermandad Internacional de Teamsters y representantes del Local 574 del Sindicato General de Choferes, como base para resolver la disputa de los Teamsters en Minneapolis, ha sido aprobada por la Hermandad Internacional de Teamsters a través de John Gillespie, presidente interino. Ambas organizaciones ahora pueden presentar solicitud formal para una nueva carta constitutiva a emitirse en base a condiciones allí establecidas. Confío que esto dé paso a una campaña para sindicalizar completamente la industria de los Teamsters en Minneapolis y que será estímulo para la sindicalización de la industria de los Teamsters en todo el estado. Con ese fin, deseo a la nueva organización el mayor de los éxitos y les ofrezco la colaboración más completa. Copia enviada a solicitud de Smith y Corcoran".

En una asamblea regular de delegados sindicales celebrada el 10 de julio, la cuestión de nuestra readmisión a la IBT constituyó tema especial en el orden del día. Al dar el informe en nombre del comité negociador, presenté las condiciones del acuerdo propuestas y la recomendación de la junta ejecutiva de que se aceptaran. Se leyó el telegrama de Meyer Lewis; también un cable de Bill Brown y Ray Dunne informando sobre los resultados negativos de su conversación con John Brophy.

En la discusión algunos hablaron a favor de la propuesta, otros en contra. Para dar una idea de las opiniones de los que se oponían, los siguientes son comentarios típicos, según se apuntaron en las actas de la reunión:

"Gagnon: Si se quita el nombre 574, nos verán como que estamos regresando deshonrados...

"Gordon: Bajo ninguna circunstancia va a permitir que Pat Corcoran actúe como dictador.

"Rogers: No me convence autorizar a nadie que no sean nuestros propios funcionarios.

"Zander: Me avergonzaría de lucir una insignia de la AFL...

"Novey: Nos harán pedazos y botarán a los miembros de nuestra directiva.

"Rommerdal: Si los miembros abren la boca en una asamblea les van a dar de puñetazos".

Después de un extenso debate, la recomendación de la junta ejecutiva de aceptar las condiciones de readmisión propuestas fue aprobada por un margen aproximado de dos a uno. Entre los que votaron a favor no había una sensación de haberse rendido ante Tobin; y entre los que votaron en contra no habría titubeos en aceptar la decisión final de los miembros. Básicamente, los delegados constituían un organismo sindical relativamente homogéneo, dispuesto a actuar en armonía con el principio democrático del dominio de la mayoría.

Antes de la asamblea general de miembros, programada para el 13 de julio, se podía contar con que los delegados sindicales informaran fielmente en los centros de trabajo a los demás obreros sobre la discusión que habían tenido con los funcionarios del sindicato. Esto significaba que los miembros del sindicato no se sorprenderían cuando el asunto se les presentara para llegar a una decisión en la asamblea.

Cuando comenzó la asamblea general, el salón estaba repleto. Era la reunión cerrada más numerosa del sindicato en más de un año. Al igual que en la reunión de delegados, informé sobre la recomendación de la dirección, hablando a nombre de la junta ejecutiva. La presentación se puede resumir con exactitud razonable a partir de los apuntes que usé, que aún están en mis archivos.

Comenzó con una breve reseña de las negociaciones con los tobinistas. Se informó sobre la votación realizada en la reunión de delegados. Luego se leyeron las condiciones propuestas para ser readmitidos, haciéndose las aclaraciones necesarias. Después hablé siguiendo estas líneas generales:

"Todos lamentamos que vamos a perder la designación 574, pero hay que señalar que también desaparece el 'Local 500'. Realmente no hay alternativa al respecto. No pudimos convencer al resto del movimiento de que retener el 574 como nuestro número constitutivo es algo por lo que se debe luchar.

"Aunque el 574 será minoría en la nueva junta ejecutiva, será una minoría poderosa. Nuestros representantes pueden usar el instrumento de los informes minoritarios, de ser necesario. Pueden contar con el sólido respaldo de los delegados sindicales y de nuestra combativa membresía. En este sentido hemos ganado una victoria importante contra la Internacional. No se va a expulsar a ningún miembro de la directiva, como originalmente había exigido Tobin, y cualquier miembro hábil tiene derecho a ejercer un cargo.

"La junta ejecutiva ha dedicado largas horas a este problema, tratando de considerar todos sus aspectos. Así vemos la situación.

"Anteriormente nuestra fuerza ha radicado en la consigna: 'Queremos formar parte del movimiento'. Así se ha ganado apoyo entre las filas de otros sindicatos.

"La Internacional ahora ofrece un arreglo con nosotros. En la oferta no existe ningún punto sólido que podamos usar para defendernos si la rechazamos. El resto del movimiento dice y dirá que el acuerdo es justo.

"Aún no se nos ha lanzado la acusación de sindicalismo dual. Pero si rechazamos las condiciones propuestas para la readmisión a la IBT, es lo que pasaremos a ser a los ojos de otros sindicatos.

"¿Nos podemos dar ese lujo?

"¿Qué sindicatos se nos podrían unir? Solo los que nosotros hemos forjado. Todos conocemos las debilidades de otros dirigentes en el movimiento, los cuales han vacilado durante toda la lucha prolongada con Tobin. No se podría contar con ellos.

"El *Labor Review* [órgano oficial de la Unión Central del Trabajo] aún no nos ha atacado, pero lo haría. Se convertiría en rival del *Northwest Organizer*, en vez de que los dos periódicos sindicales se complementen.

"Perderíamos casi de inmediato a los miembros débiles del sindicato. Nuestras filas se reducirían paulatinamente a un grupo relativamente pequeño de luchadores que combaten hasta las últimas consecuencias.

"Si aceptamos la oferta de la Internacional, regresaríamos con una membresía fuerte y combativa. Tendremos tres miembros en la junta ejecutiva, la mitad del plantel de la organización y todos los delegados. Esto constituye una verdadera fuerza.

"Los miembros de nuestra directiva pasarán a ser delegados del Consejo Unido de Teamsters y de la Unión Central del Trabajo. Podemos contemplar el desarrollo de una organización estatal de Teamsters. Y podemos dar manos a la obra con nuestros planes de sindicalizar a los choferes de larga distancia.

"En el movimiento sindical de esta ciudad existe un nuevo estado de ánimo. De ahí que a los funcionarios de la Internacional les resultaría muy peligroso traicionarnos. Si lo hacen, nos marchamos de nuevo.

"Hemos dialogado sobre este tema con el CIO, como también con otros amigos y asesores. Después de estas discusiones y en base a los argumentos que he esbozado aquí, la junta ejecutiva ha llegado a una firme decisión.

"Recomendamos aceptar las condiciones propuestas para nuestra readmisión a la Internacional".

Después del informe, Bill Brown, el presidente del sindicato, solicitó la discusión de los presentes. Se le concedió la palabra a un orador tras otro para debatir la cuestión, a favor o en contra. Cuando al final se pasó a la votación, los miembros votaron por un margen de seis contra uno a favor de reincorporarnos a la Hermandad Internacional de Teamsters.

Una batalla de 15 meses había culminado con un Local 574 victorioso.

La directiva del local reorganizado se había designado específicamente así: del antiguo Local 574, William S. Brown, presidente; Carl Skoglund, síndico; Farrell Dobbs, secretario de actas. Del antiguo "Local 500", L.A. Murphy, secretario-tesorero; Jack Smith, vicepresidente; Nick Wagner, síndico. Pat Corcoran, el secretario del Consejo Unido de Teamsters, fue nombrado presidente de la junta ejecutiva.

Cabe señalar que en esta nueva situación, ahora nos parecía posible y aconsejable que Skoglund ocupara un cargo en el sindicato, a pesar de su problema de ciudadanía.

El 14 de julio, los nuevos miembros de la directiva emitieron un documento público conjunto en el cual declaraban:

"El nuevo local asumirá y hará cumplir todos los contratos pactados anteriormente con los empleadores por los locales disueltos.

"Con la magnífica armonía hecha posible gracias a las bases de cooperación recientemente establecidas entre todos los dirigentes y miembros del movimiento sindical local, se garantiza que los miembros de los sindicatos de Minneapolis y de todos los sindicatos del estado extraerán mayores beneficios de sus organizaciones. Las partes del nuevo acuerdo se comprometen a trabajar de forma leal y consecuente para promover los mejores intereses de los trabajadores según lo posibilita un movimiento unido de la Federación Americana del Trabajo".

La nueva carta constitutiva —bajo la denominación del Local 544 del Sindicato General de Choferes— fue presentada formalmente al sindicato en una gran asamblea pública, a la que hubo una buena concurrencia en general de miembros de la AFL. John Geary, en representación de Tobin, hizo la presentación, recibida por Bill Brown. T.E. Cunningham, presidente de la Federación Estatal del Trabajo, dio la bienvenida al Local 544 a la AFL. Miles Dunne habló como director del *Northwest Organizer*. Ray Dunne reseñó la historia del Sindicato General de Choferes a partir de 1933. Jack Smith manifestó aprecio por el espíritu de armonía y buena voluntad que había encontrado en el local reorganizado.

Poco después, los delegados del Local 544 ocuparon oficialmente sus cargos en el Consejo Unido de Teamsters y en la Unión Central del Trabajo. En ambos casos su llegada fue recibida con salvas de aplausos.

Tras una demora de casi dos años, ahora era posible lanzar la campaña general de sindicalización que debía haberse iniciado tras nuestra victoria en la huelga de 1934. Esta perspectiva se había planteado en una declaración de la junta ejecutiva del Local 574, emitida en relación con el retorno del sindicato a la IBT. Tal como informó el *Northwest Organizer* del 22 de julio de 1936, la declaración decía en parte:

"Los choferes deben tomar la delantera hacia la organización y sindicalización de los trabajadores no sindicalizados del estado y del noroeste. Poderosos por derecho propio, los choferes pueden aumentar esta fuerza por una sola vía. Esto es, al seguir los ejemplos del Local 574, al brindar ayuda a otros grupos de trabajadores para que ingresen a las filas de la Federación Americana del Trabajo...

"Los funcionarios y miembros del Local 574, junto a los nuevos hombres capaces y las fuerzas aumentadas procedentes del Sindicato Internacional, pasan ahora a la labor seria de sindicalizar a los choferes, ayudantes y trabajadores de almacenes de Minneapolis, de Minnesota y del noroeste".

13

Nuevos horizontes

Nuestro llamado a favor de una campaña de expansión de los Teamsters no era un mero reflejo estimulado por la victoria contra Tobin. Como política consciente, esperábamos echar a andar esta campaña al instante, tanto para que cumpliera necesidades inmediatas, como también con la meta más a largo plazo de ampliar nuestra influencia en el seno de la IBT. Esto tenía en cuenta varias consideraciones.

Las tendencias nacionales y locales se seguían desarrollando a favor nuestro. Los dirigentes del CIO habían demostrado valor suficiente para enfrentar una escisión con los tozudos partidarios de los gremios de oficios en la AFL en torno al problema del sindicalismo industrial. Los obreros de la industria básica pronto vieron en este fenómeno nuevas oportunidades para un enfrentamiento significativo con las grandes empresas. Su espíritu combativo ayudó a la vez a generar más confianza y combatividad entre el resto de la clase trabajadora.

En Minneapolis, estos impulsos se vieron intensificados aún más por la readmisión del Local 574 a la IBT. Nuestro retorno a la AFL no solo puso fin al conflicto sindical interno sino que elevó a un plano superior las posibilidades para la acción obrera unificada. Los trabajadores de la ciudad, al percibir las oportunidades que ofrecía la nueva situación, por lo general se mostraban ansiosos de lanzar una nueva ofensiva contra los patrones.

Al ayudar a lanzar rápidamente la ofensiva deseada, podíamos fortalecer nuestra posición dentro del reconstituido Local 544 del Sindicato General de Choferes. Una enérgica campaña de sindicalización pondría a los tobinistas en desventaja. Pronto se desarrollarían nuevos enfrentamientos con los patrones. Corcoran, Murphy y sus seguidores tendrían que apoyar la lucha, o perderían toda capacidad de influir en las filas sindicales. Al mismo tiempo, todo intento suyo de introducir políticas de colaboracionismo de clases podría ser rechazado bajo condiciones de lucha que nos favorecían. Como mínimo, esto suponía la posibilidad de neutralizarlos. Pero también teníamos en mente un objetivo mayor. Nuestra intención era atraerlos, de ser posible, a que apoyaran una trayectoria sindicalista constructiva.

Si lográbamos este último objetivo, se obtendría ayuda para extender la influencia de un Local 544 combativo en círculos más amplios de los Teamsters. A nuestro parecer, locales de la IBT en otras partes del país tomaban nota de nuestro éxito al hacerle frente a Tobin. Ahora parecía razonable dar por sentado que ellos comenzarían a pronunciarse con más fuerza sobre cuestiones de política sindical. De ser así, ganaríamos aliados para los intentos de convertir a toda la Internacional en una organización combativa.

Como primer paso hacia este objetivo mayor, buscamos

fortalecer el Consejo Unido de Teamsters de Minneapolis. Este esfuerzo comenzó con nuestro apoyo al Local 471 de Choferes Lecheros en una campaña para sindicalizar unas lecherías de taller abierto. Durante años estas compañías habían resistido al sindicato. Si ahora pudiésemos ayudar a meterlas en cintura, sería un buen comienzo en nuestras relaciones con Pat Corcoran. Su primera verdadera colaboración con nosotros sería en un choque con los patrones en el que su sindicato sería el beneficiado.

Corcoran estaba ansioso por llevar a cabo esta campaña. Habiendo sido él mismo chofer lechero, estaba sinceramente dedicado al movimiento sindical, especialmente a los intereses del Local 471. Sin embargo, como dirigente sindical estaba limitado por sus fuertes ambiciones en cuanto a su carrera personal. Por esa debilidad había quedado bajo la tutela de los funcionarios del ala derecha de la AFL, quienes se dedicaron a inculcarle el arte del "estadismo del movimiento obrero". Esa mala educación, junto con su perspectiva arribista, estaban a la raíz de su mezquina conducta al apoyar a Tobin contra el antiguo Local 574.

Ahora que había dejado atrás ese suceso infame, Corcoran daba muestras de un cambio de perspectivas. Por ejemplo, su interés en combatir a los patrones lecheros parecía ir más allá de un mero deseo de fortalecer al Local 471. Se mostraba deseoso de rectificar su anterior mala conducta y mejorar su imagen como dirigente sindical. Así que sus gestos amistosos hacia nosotros los consideramos como sinceros, sujetos solo a la prueba del desempeño real.

Corcoran no era de la talla de Bill Brown, ni en su estatura como dirigente ni en su perspicacia política. No obstante, creíamos que podía desempeñar un papel valioso, al menos comparable parcialmente con el de Brown, si se le estimulaba y ayudaba de manera apropiada. En todo caso, nada se perdía con tratar. Por tanto, nos propusimos ayudar a que afloraran sus mejores cualidades.

Hacia finales de julio empezó la operación de limpieza en la industria lechera. La acción fue un torbellino en el que los patrones sintieron la fuerza impresionante de un movimiento unido de Teamsters. Los planteles de todos los locales en el Consejo Unido salieron en apoyo del Local 471. En el plantel del Local 544 pronto se desarrolló una competencia sana entre los del antiguo Local 574 y los del antiguo "500", en la que cada grupo buscaba el mejor resultado.

Una huelga de un día en la Engell Dairy Company llevó a un contrato firmado con el Local 471. De las empresas que habían resistido era una de las más grandes y hacía mucho tiempo que era una de las peores espinas clavadas en el sindicato. Cuando su resistencia se desplomó, las otras compañías de taller abierto pronto comenzaron a entrar en razón. En poco tiempo la industria quedó 100 por ciento sindicalizada.

Hubo un caso en particular que le permitió a Pat Corcoran realmente comenzar a ganarse el respeto de los veteranos del Local 574. Ocurrió en una lechería en una pequeña comunidad en las afueras de Minneapolis.

Temprano una mañana se montó una línea de piquete en ese sitio. No tardó en aparecerse el policía del pueblo con una escopeta. Apuntó el arma hacia la línea de piquete y nos ordenó que la disolviéramos, diciendo que en su pueblo él no iba a tolerar tejemanejes propios de una ciudad grande. Corcoran se volteó y avanzó furiosamente hacia el hombre de la ley, acercándose tanto que el cañón casi le tocaba el pecho.

"Si crees que puedes disparar contra piquetes pacíficos y salirte con la tuya", dijo desafiante, "intenta dispararme, hijueperra ama-patrones".

Los demás nos acercábamos para apoyar a Pat. El policía, al parecer afectado repentinamente por un agudo ataque intestinal, bajó el arma y se echó atrás. Menos de una hora después, el patrón firmó el convenio sindical.

Más o menos por esa fecha, Jack Smith también se desempeñó bien al negociar con la Chippewa Spring Water Company. Era uno de los sitios donde antes el antiguo "Local 500" había intentado darnos problemas. Smith, al igual que Corcoran, ahora buscaba hacer desagravios. Él pidió la tarea, y el convenio que negoció para los trabajadores en esta compañía cumplió con las normas que había establecido antes el antiguo Local 574. Era señal de que a los tobinistas, quienes ahora participaban en la dirección del local reorganizado, se les podía convencer de nuestra forma de tratar con los patrones.

Tras la campaña de limpieza en la industria lechera, el Consejo Unido de Teamsters lanzó una "campaña antiesquirol" general. Delegados y miembros activos de locales de los Teamsters reforzaron los planteles sindicales para llevar a cabo la operación. Se asignaron cuadrillas de cuatro por auto para los distintos sectores de la ciudad. Se peinaban las calles y se revisaban los andenes de carga y almacenes, mientras el consejo luchaba por un 100 por ciento de sindicalización en la industria del transporte por camión. El éxito de la campaña se reflejó en el hecho que el Local 544 por sí solo reclutó a casi mil miembros en un mes.

Entre estos reclutas había muchos trabajadores de la industria de abarrotes al por mayor. Su respuesta a la campaña de sindicalización indicaba que estábamos en condiciones de hacer un importante avance en esta esfera. A Harry DeBoer y Ray Rainbolt se les encargó un esfuerzo continuo para que el sector de abarrotes al por mayor del Local

544 alcanzara su fuerza plena. Al avanzar la campaña, se sostuvieron reuniones de trabajadores en que se elaboraron reivindicaciones para un convenio sindical. Estas fueron presentadas luego a los patrones, quienes tajantemente rehusaron dialogar con los representantes sindicales.

Detrás de la posición inflexible de los empleadores había un nuevo complot de la Alianza Ciudadana. Los dirigentes de la Alianza estaban alarmados por el éxito de la campaña de sindicalización del Consejo Unido de Teamsters, la cual había electrizado a todo el movimiento obrero de Minneapolis. En un intento desesperado de frenar la ola creciente, habían persuadido a las empresas de venta de abarrotes al por mayor a servir de punta de lanza de un contraataque contra el movimiento sindical. Entre estas compañías había sucursales de las cadenas nacionales y de las grandes compañías independientes cuyos dueños eran gente de sangre azul entre la clase pudiente de la ciudad. Con estas fuerzas a la vanguardia, la Alianza planeaba usar contra nosotros todo ardid disponible: métodos de *red-baiting*, policías, matones, artimañas del gobierno... todo. Así esperaban ejercer suficiente presión sobre los tobinistas que ahora estaban en el Local 544 para dividir al liderazgo del sindicato.

Sin embargo, resultó que desde un comienzo Corcoran, Murphy, Smith y Wagner tendieron a mostrarse deferentes hacia los dirigentes trotskistas en el local. Aceptaban el hecho de nuestra mayor experiencia en luchas de este tipo, en base a lo cual asumieron un papel secundario. Su actitud resultó ser muy útil en la lucha que siguió.

Al negarse los empleadores a negociar, el sindicato les declaró la huelga el 20 de agosto. Participaron más de 400 trabajadores en 12 empresas. Las filas del sector de abarrotes al por mayor eligieron un comité de huelga, y uno de los huelguistas, Pete Harris, fue escogido presidente.

Empezaron los piquetes en las empresas en huelga y se organizaron unos cuantos escuadrones móviles para brindar a las fuerzas sindicales la agilidad necesaria. Aunque muy pronto la industria quedó paralizada de forma eficaz, pensamos que sería una lucha larga e hicimos los preparativos correspondientes. Estos variaban desde las tareas elementales de establecer un comedor para alimentar a los huelguistas, hasta el problema más complejo de publicar suplementos diarios del *Northwest Organizer* para refutar las mentiras de los patrones y contar lo que decían los trabajadores.

Este último paso fue sumamente vital porque la clase dominante rápidamente lanzó una andanada de propaganda malintencionada contra el sindicato. Los anuncios a toda plana en los diarios, junto con extensas declaraciones de los empleadores, pretendían incitar gritos de pánico de que los huelguistas estaban provocando una "escasez de alimentos". Esto iba acompañado, claro está, de acusaciones de que el liderazgo sindical era trotskista, repitiendo las calumnias de 1934. Como señaló el *Northwest Organizer*, la prensa patronal informaba a plenitud sobre las declaraciones de las compañías, normalmente en primera plana. En cambio, de 12 declaraciones emitidas por el sindicato, solo una apareció en los periódicos y solo de forma parcial. Recibió unas dos pulgadas de espacio, perdidas en una sección interior.

Al mismo tiempo la Alianza Ciudadana emitía boletines para los empleadores de toda la ciudad llamándolos a unirse para un "enfrentamiento decisivo" con el movimiento obrero. Con toda esa publicidad se celebró un mitin patronal en el Hotel Radisson. L.A. Murphy asistió al encuentro en nombre del Local 544, disfrazándose de empresario. Allí escuchó cómo los patrones congregados se volvían frenéticos a la vez que empezaron a contribuir a un fondo económico a ser utilizado en su campaña rompehuelgas.

En ese marco, la Junta Empleado-Empleador de Latimer salió con una declaración pública. Instaba a los trabajadores de las abarroterías en huelga a que volvieran al trabajo, diciendo que no podía mediar la disputa con los empleadores hasta que no hicieran eso. Aunque en la junta había tres miembros de los sindicatos —T.E. Cunningham, J. Boscoe y G. Alexander— el Local 544 no fue consultado antes de que la junta emitiera su declaración unánime. Esta acción desleal de los tres "estadistas del movimiento obrero" provocó un severo reproche por parte de la dirección de la huelga. La cuestión fundamental era el reconocimiento del sindicato, se les dijo, y eso no era debatible.

El rechazo de la línea de la junta de Latimer fue seguido por un mitin de masas en apoyo a los huelguistas. El grueso de los miembros del Local 544 concurrió para solidarizarse con la sección del sindicato enfrascada en la batalla. Miembros de otros locales del Consejo Unido de Teamsters asistieron como un solo grupo. Inspirados por este respaldo, los trabajadores de abarroterías cobraron más voluntad que nunca para ganar la lucha. Sus líneas de piquete se mantuvieron firmes y las compañías afectadas por la huelga no pudieron realizar entregas.

Al preparar su próxima jugada, la Alianza Ciudadana usó una organización "cívica" para celebrar un mitin de "ley y orden". Se planteó una demanda para que las acciones policiacas contra los huelguistas fueran más eficaces. A su vez, eso se utilizó como pantalla propagandística en un plan para traer matones a sueldo. La primera acción se realizó contra lo que la Alianza parecía considerar un punto débil del frente sindical.

En ese momento el Sindicato de Trabajadores de Molinos de la Harina y Cereales estaba en huelga en el molino de la Archer-Daniels-Midland. En la tarde del 17 de septiembre, todos se encontraban en una asamblea sindical salvo una fuerza mínima de piquetes. Aprovechando esta situación, la compañía hizo que trajeran un vagón de tren por el apartadero del molino. Llevaba a unos 10 hombres armados y cierta cantidad de provisiones.

La noticia de la maniobra fue transmitida inmediatamente a la asamblea de huelguistas del molino y al Local 544. Cientos de piquetes del molino y simpatizantes, entre ellos huelguistas de abarrotes, se apresuraron al sitio de la acción. Allí se congregaron alrededor del vagón y pronto salieron los matones portando rifles. Los policías de turno en el molino ordenaron que retiraran las armas. Ellos entraron de nuevo al vagón para hacerlo. Después volvieron a salir, esta vez armados con revólveres, y dispararon varias veces hacia los piquetes.

Los trabajadores enfurecidos respondieron lanzándose a la carga contra los matones, quienes se replegaron apresuradamente dentro del vagón. Pero durante la trifulca, quién sabe cómo el vagón había cogido fuego. Así que los policías tuvieron que rescatar a los matones de la compañía y escoltarlos al molino para protegerlos. En el primer intento de la Alianza Ciudadana de emplear el gangsterismo, le había salido el tiro por la culata.

Recurriendo a una nueva táctica, la Alianza puso en marcha una demanda para que el gobernador enviara soldados contra los huelguistas. La solicitud de intervención militar la hizo el sheriff John Wall, quien utilizó el incidente de la Archer-Daniels-Midland para alegar "amotinamiento y violencia". En la prensa patronal comenzaron a aparecer rumores de que la Guardia Nacional estaba siendo "movilizada para una acción de emergencia en disputas laborales de Minneapolis". Se intensificó la propaganda alarmista sobre una "escasez de alimentos", dando a entender que las tropas llegaban para romper la huelga de los abarrotes. Intentando a la vez darse aires de ser dulcemente razonables, los patrones de las abarroterías ahora se estaban reuniendo con el sindicato: pero las negociaciones continuaban en un punto muerto. Se habían convertido en toda una estratagema rompehuelgas.

Con las líneas de clase del conflicto demarcadas nítidamente, la Unión Central del Trabajo y el Consejo de Gremios de la Construcción hicieron promesas formales de apoyo a los huelguistas de las abarroterías. El Consejo Unido de Teamsters votó a favor de detener todas las entregas a las cadenas de tiendas en los vecindarios. Ya no podían recibir leche, hielo o carne, ni qué hablar de abarrotes. Al poco tiempo, las tiendas de dos cadenas tuvieron que cerrar por completo.

Las pequeñas empresas de abarrotes al por mayor también estaban sintiendo la presión. Algunas ya le habían comunicado al sindicato que les gustaría resolver la huelga, pero tenían miedo de actuar a causa de las amenazas de represalias orquestadas por la Alianza Ciudadana. Ahora se veían entre la espada y la pared pues las grandes compañías intentaban matar de hambre a los huelguistas. En consecuencia, comenzaron a romper filas y firmar el convenio con el sindicato, arriesgándose a lo que pudiera deparar el futuro.

En vez de verse vencidos por hambre, como esperaba la Alianza, los huelguistas de los abarrotes estaban recibiendo donaciones frecuentes de dinero y alimentos de otros sindicatos y de organizaciones agrícolas. Llegaban generosas contribuciones de tenderos independientes en los barrios, quienes entendían que tenían algo en juego en la lucha sindical contra las cadenas de tiendas. La Sección de Trabajadores Federales tomó la delantera para obligar a la municipalidad a que pusiera a los huelguistas en las planillas de asistencia pública.

Ahora que la suerte de la batalla iba cambiando para desventaja de las compañías, la minoría de trabajadores de abarrotes que habían resistido la sindicalización comenzaron a afiliarse al Local 544. En todo caso se podría decir que la huelga estaba cobrando más ímpetu.

En eso, el 7 de octubre, tras una guerra de casi dos meses, se rindieron las grandes empresas mayoristas de abarrotes. Se firmó un contrato directo con el Local 544 otorgando el reconocimiento pleno del sindicato. Los salarios y las condiciones de trabajo se elevaron a las normas que habíamos establecido en otros sectores de la industria del transporte por camión. Para los trabajadores fue una victoria arrasadora.

En unos cuantos casos más, grupos de empleadores habían estado dando pretextos para posponer los acuerdos con el sindicato, esperando a ver el resultado en la lucha de los abarrotes. Estos grupos ahora iniciaron negociaciones serias con el Local 544. En un lapso breve, los patrones del carbón y de trasbordos firmaron renovaciones de contratos. Por primera vez se logró un acuerdo con los grandes almacenes, el cual cubría a los choferes, ayudantes y empleados de los departamentos de envíos y de bodegas. En cada caso se registraron importantes logros para los trabajadores sin tener que recurrir a una acción huelguística.

También los dueños del molino se vieron obligados a negociar con el Sindicato de Trabajadores de Molinos de la Harina y Cereales.

Se le había asestado un golpe mortal a la Alianza Ciudadana como tal. En enero de 1937, la Alianza se disolvió formalmente y los patrones se reorganizaron en una nueva entidad llamada Industrias Asociadas. En un editorial titulado "El leopardo cambia de manchas", el *Northwest Organizer* caracterizó así la decisión:

"El reciente anuncio en los periódicos de que la Alianza Ciudadana se ha disuelto, que ha despedido a sus funcionarios y desalojado sus oficinas, hay que tomarlo con reservas...

"Los mismos patrones, los mismos que odian al movimiento obrero y la misma gente cuya única perspectiva es la de desbaratar, destruir y derrotar al movimiento sindical pasan a conformar los miembros de la nueva entidad de los empleadores.

"Pero también sería un error pensar que los patrones de Minneapolis no han cambiado sus tácticas, métodos y estrategias para tratar con sus empleados. La dirección que elaboraba la política de la 'desaparecida' Alianza Ciudadana creía en choques frontales con las organizaciones obreras y creía en derrotar a los sindicatos por la fuerza bruta...

"Aquí ha crecido un poderoso movimiento sindical en los últimos tres años que absolutamente excluye la idea de que alguien pueda derrotarlo con tácticas de mano dura. Los patrones tenían que idear un método nuevo, más sutil y más siniestro para tratar con los sindicatos obreros...

"Los pistoleros, matones y rompehuelgas importados serán remplazados con un pequeño ejército de representantes patronales entrenados, conciliadores laborales y directores de relaciones de personal. Su política consistirá en hacer trastabillar a los sindicatos en negociaciones, redactar acuerdos sindicales con doble sentido y sobornar a representantes sindicales con dinero y obsequios.

"El nuevo movimiento obrero de Minneapolis ha alcanzado una etapa sumamente peligrosa en su historia", advirtió el editorial. "Dirigentes sindicales cuyo valor es incuestionable y que son capaces de luchar hasta la muerte en la línea de piquete son propensos a caer presa de los nuevos voceros de los grupos patronales. El movimiento obrero debe redoblar su guardia".

Como demostraba la publicación misma del editorial en el periódico sindical, en la dirección del Local 544 las cosas iban muy bien en cuanto a este aspecto. Las experiencias en la huelga de los abarrotes habían acercado a Corcoran, Murphy, Smith y a Wagner a nuestros puntos de vista sobre las relaciones sindicato-patronales. Esa tendencia se vio reflejada en la recomendación unánime de la junta ejecutiva para que los miembros aprobaran un "contrato modelo" como guía para el plantel sindical en las negociaciones con los patrones. Según se aprobó oficialmente, contenía los siguientes puntos claves:

1. Los contratos con los patrones se limitarán a un plazo de un año.

2. Las reivindicaciones sobre salarios y condiciones de trabajo se decidirán en consulta con los sindicalistas implicados en cada caso específico.

3. Se recibirán primas por horas extras, con la disposición adicional de que no habrá horas extras sino hasta que todos los empleados en ese centro hayan trabajado su cuota total de horas normales.

4. Si por ley llega a reducirse la semana laboral, las tasas salariales deberán aumentarse en la proporción necesaria para garantizar que no haya reducción de la paga semanal global. (Esta demanda estaba vinculada a la lucha sindical general por una semana laboral más corta para reducir el desempleo).

5. El sindicato resolverá las disputas en cuanto al orden de antigüedad. El empleador no tendrá voz en este asunto.

6. Los pagos atrasados de salarios que se les debe a trabajadores a causa de violaciones del contrato por el patrón deberán computarse al doble de la tasa salarial normal.

7. Se le exigirá al empleador el reconocimiento formal del

IMPRENTAS FIRMAN CONTRATO CON SINDICATO DE CHOFERES

CONVENIO LABORAL

La Industria Impresora y el Sindicato General de Chóferes y Ayudantes, Local 544, acuerdan apegarse a las siguientes condiciones y disposiciones que cubren salarios y condiciones de trabajo:

ARTÍCULO I

El empleador acepta contratar solo miembros del Sindicato o que acepten ser miembros en no más de quince (15) días, siempre y cuando, no obstante, que tal empleado de inmediato solicite afiliación en el Local 544.

ARTÍCULO II

El empleador acepta no pactar ningún convenio o contrato con sus empleados, individual o colectivamente, que de forma alguna esté en conflicto con las condiciones y disposiciones de este convenio.

ARTÍCULO III

El horario de trabajo actual se mantendrá en cada establecimiento, excepto que se podrán trabajar horas adicionales hasta cuarenta y cuatro (44) horas por semana en caso de circunstancias inusuales. Todas las horas por encima de cuarenta y cuatro (44) por semana se deberán pagar sobre la base de salario y medio excepto que se pagará el doble por domingos y los siguientes días festivos legales: Año Nuevo, Día de Condecoración, Cuatro de Julio, Día del Trabajo, Día de Acción de Gracias y Navidad. No habrá turnos divididos.

ARTÍCULO IV

A ningún miembro del Sindicato se le reducirá el salario a consecuencia de este convenio.

ARTÍCULO V

Empleados que han estado en servicio de la compañía por un año o más recibirán un mínimo de una semana de vacación con paga completa según la tarifa aquí establecida.

ARTÍCULO VI

Al reducir el número de empleados por falta de trabajo u otra razón legítima, regirá la antigüedad. Ningún empleado será despedido sin causa suficiente.

ARTÍCULO VII

Las siguientes serán las tarifas de paga mínimas:

Chóferes. . . . . $30 por semana
Receptores. . . . . 65¢ por hora
Despachadores. . . . . 65¢ por hora
Almaceneros. . . . . 55¢ por hora

Este convenio estará en pleno vigor y efecto desde el 5 de febrero de 1937 y se mantendrá vigente por un año.

Los convenios del Local 544 eran siempre cortos, claramente escritos. Jamás incluían una cláusula que prohibiera salir en huelga. El *Northwest Organizer* publicaba el texto completo de todo contrato negociado por el Local 544. Aquí se traduce uno representativo que apareció el 18 de febrero de 1937.

derecho del sindicato a operar su sistema de delegados.

8. El sindicato mantiene el derecho de irse a la huelga por violaciones patronales al convenio laboral.

9. Ningún patrón puede ordenar que sus empleados crucen la línea de piquete de un sindicato en huelga.

Ninguna de estas disposiciones representaban meros puntos de regateo para ser usados como toma y daca en negociaciones con los patrones. Todas y cada una constituían asuntos de política elemental. Todas se hacían cumplir debidamente en la práctica. Como director del plantel, mi trabajo era velar que así fuera.

En la medida de lo posible, los miembros del plantel sindical trabajaban en pares: uno del antiguo Local 574, el otro del antiguo "Local 500". Esto nos ayudaba no solo a ejercer una influencia progresista sobre los novatos del plantel, sino también a inculcarles el concepto de equipo en el liderazgo. A este último objetivo ayudó también el hecho que lográramos mantener la política de igual paga para el plantel a un nivel que no superara la recibida por los obreros cualificados en la industria.

La organización del trabajo del plantel se tenía que llevar a cabo bajo condiciones complejas. La fusión en la práctica de dos fuerzas previamente hostiles era solo parte del problema. Hubo un crecimiento notable y rápido de las filas del sindicato. Se tenía que negociar contratos con un gran número de empleadores y había que hacerles cumplir. Había que desarrollar nuevos patrones de actividad organizativa ampliada si se iba a aprovechar todo el potencial de las condiciones objetivas favorables.

Para lograr estos fines diversos, las operaciones del plantel se dividieron en tres amplias categorías. A unos equipos les tocó el trabajo en el terreno, para buscar la expansión de la fuerza sindical. A otros se les dio la tarea de manejar las negociaciones con los patrones. Otros más tuvieron la tarea de resolver los reclamos que surgían de las violaciones de los contratos existentes por parte de los empleadores.

Se codificaron procedimientos normales para el manejo de reclamos, como se había hecho en el caso de la negociación de contratos. Se ideó un formulario adecuado para el registro por escrito de todos los reclamos, tanto para asegurar que los trabajadores afectados proporcionaran la información necesaria, como para verificar que sus quejas no se perdieran en el ajetreo. De acuerdo a la política del sindicato, se daba por sentado que el trabajador siempre tenía la razón. Si un patrón alegaba que un reclamo se había presentado injustamente, a él le correspondía demostrarlo. En cada instancia, el informe sobre el reclamo me lo tenían que devolver a mí, como director del plantel, con un recuento escrito de la resolución del caso.

La verificación del cumplimiento del contrato según estas directrices dio lugar a un problema que involucraba a dos organizadores que provenían del antiguo "Local 500", Eddie y Al Firotto. Ninguno de ellos parecía tener mucha experiencia sindical, no obstante insistían en trabajar juntos. Esto dificultaba utilizar sus servicios. Así que hice lo posible para encargarles el manejo de reclamos en compañías pequeñas donde los problemas eran relativamente poco complicados y donde el sindicato fácilmente pudiese ejercer la presión necesaria sobre los patrones.

Después de un tiempo se supo que estaban aceptando favores de los patrones. Al informar del asunto a la junta ejecutiva, señalé también que ellos mostraban poco interés en el trabajo sindical y quizás no se opondrían a buscar empleo en otra parte. Se acordó que yo hablase con ellos en este sentido. Así lo hice y al ver la lógica de la situación, los hermanos Firotto voluntariamente se retiraron del plantel sindical.

Al poco tiempo surgió otra situación, esta vez en relación con Joe Bellini, quien también había llegado al plantel del antiguo "Local 500". Se supo que había agredido a un miembro de fila del sindicato. Brown, Skoglund y yo presentamos una moción ante la junta ejecutiva para que fuera despedido de inmediato. Murphy, Smith y Wagner votaron contra nuestra moción.

Hasta ese momento, en la junta ejecutiva habíamos logrado tomar las decisiones necesarias por consenso. Dada la situación, ambos lados parecían opinar que había sido la mejor manera de actuar, ya que estábamos en vías de forjar una colaboración principista en la dirección con buena voluntad de ambas partes. Sin embargo, ahora estábamos en un punto muerto, y por primera vez Corcoran tendría que dar su voto decisivo en su calidad de presidente "neutral" de la junta.

Corcoran —al igual que Murphy, Smith y Wagner— parecía tener un sentido de obligación hacia Bellini, quién había trabajado con ellos en la anterior lucha contra nosotros. Al mismo tiempo, sabía que nosotros tomábamos absolutamente en serio nuestra moción. Si él votaba contra nosotros, llevaríamos el asunto inmediatamente ante los miembros del sindicato. Estaba en juego una cuestión de principios. Bajo ninguna circunstancia se podía tolerar el abuso físico de las filas por parte de los funcionarios del sindicato.

Corcoran decidió resolver el problema votando a favor nuestro y Bellini fue sumariamente despedido del plantel sindical.

Murphy, Smith y Wagner aceptaron la decisión de buena gana. Nuestras relaciones de dirección colectiva continuaron como antes, aun cuando uno o dos más del antiguo "Local 500" se retiraron del plantel sindical voluntariamente, al parecer por no agradarles la disciplina que ahora se había establecido firmemente.

Se había alcanzado un punto en que los miembros del antiguo Local 574 en el plantel sindical estaban listos para iniciar a los novatos sobrevivientes en la "Orden del Cuarto Grado". El ritual era sencillo, aunque un tanto violento. Cuatro miembros de la orden llevaban a un bar al candidato al grado. Allí lo sentaban con ellos en una mesa, de tal forma que no se pudiera escapar. Se pedían los tragos, a cuenta del candidato, por supuesto. Se alzaban las copas para un brindis, y cuando el novato intentaba dar un sorbo, los otros lo aporreaban con vigor en el brazo, haciéndolo derramar el trago. El proceso se repetía hasta que la víctima lograba beberse su poción. Molido y magullado, se le proclamaba entonces miembro de la orden.

Ya que la iniciación se ofrecía solo a individuos respetados por los que ostentaban el "Cuarto Grado", aunque el procedimiento era rudo, en realidad se hacía en señal de honor. En este caso, por tanto, era símbolo de la creciente afinidad entre los dos componentes del liderazgo del sindicato, afinidad que ahora se basaba en gran parte en la adherencia común a políticas sindicales de principios con carácter de lucha de clases.

También se venían registrando avances de otra forma más. A Pat Corcoran lo había impresionado el potencial de crecimiento sindical que era evidente en la nueva situación. Comenzó a responder a las oportunidades de una forma que reflejaba una capacidad de visualizar la construcción del sindicato en gran escala. Para empezar, inició varias medidas para fortalecer el Consejo Unido de Teamsters, usando para ese fin su puesto de organizador.

Se consiguió una nueva carta constitutiva, como Local 289, para los choferes de panaderías, entre quienes apenas se empezaba a afianzar una campaña de sindicalización. Harry DeBoer, quien había sido funcionario del antiguo

Local 574, fue electo organizador del nuevo local. Más tarde llegó a ser el presidente.

El Local 221 de Choferes Hieleros —que desde hacía mucho existía como poco más que una caricatura de sindicato— fue reorganizado completamente. Dos miembros del plantel organizativo del antiguo Local 574, Ray Rainbolt y Kelly Postal, fueron electos los principales miembros de la directiva del local reorganizado. Rainbolt llegó a ser presidente, y Postal fue designado secretario-tesorero.

Como parte de este proyecto, el Local 544 traspasó sus choferes hieleros al Local 221, actuando con el consentimiento de los trabajadores implicados. El curso opuesto, el de disolver el 221 en el 544, no se habría podido tomar sin arriesgar alguna fricción con Tobin. Ya que eso no habría sido aconsejable —y ya que el local reorganizado ahora estaría bajo una dirección capaz— creímos que lo mejor era transferir a los choferes del hielo. Parecía ser la única forma en que la unidad obrera necesaria se podría obtener dentro de la industria.

Aparte de nuestra transferencia voluntaria de los choferes hieleros, no se tocó ninguna otra sección del Local 544 durante el período posterior.

Se avanzó otro paso más cuando las oficinas del Consejo Unido de Teamsters y todos sus afiliados se trasladaron a la sede del Local 544. El edificio entero fue ocupado para ese propósito, casi duplicando el espacio disponible. Se hizo una remodelación considerable para racionalizar las oficinas e instalaciones para las asambleas a fin de cumplir con las necesidades ampliadas.

En la sede renovada también se facilitó espacio para el Local 160 de los Trabajadores de la Electricidad y para el Local 1859 de los Trabajadores de Muebles. Ambas organizaciones se habían vuelto fieles aliadas de los Teamsters, gracias a la ayuda que les habíamos brindado, y querían aproximarse lo más posible a ocupar una parte integral en nuestra estructura de operaciones.

Otro ocupante de la sede era el Local 20316 de los Trabajadores de Almacenes e Internos, que la AFL había constituido recientemente. Este local, dirigido por James Bartlett y Robert F. Tibbetts, estaba sindicalizando entre algunos de los sectores más explotados de la clase obrera: trabajadores jóvenes, no cualificados y mujeres. Una de sus primeras campañas, por ejemplo, se realizó en la Sears-Roebuck, una empresa de taller abierto, bajos salarios y mala reputación a nivel nacional.

En general, en el 257 de la Avenida Plymouth Norte se estaba concentrando toda una potencia. Se había logrado así una mayor palanca en la campaña para ampliar nuestra influencia en la IBT, esfuerzo que ya iba en camino.

14

Nos extendemos hacia fuera

En el *Northwest Organizer* del 15 de julio de 1936 se había publicado el borrador de un programa para una campaña de expansión de los Teamsters. En sus pasajes principales decía:

"El primer paso que debe darse es erigir un Consejo Unido de Teamsters del Noroeste. Esta organización debe actuar como centro de intercambio de información y debe coordinar las actividades de sindicalización de un plantel de organizadores entrenados y eficientes…

"Lo más difícil en un programa de esta índole sería poner bajo el abrigo de las condiciones sindicales a los choferes de pequeños centros poblacionales y a los que trabajan en comunidades más o menos aisladas. La única manera lógica de poder sindicalizar a los choferes de camión y a los trabajadores del transporte empleados en pequeños pueblos y aldeas es establecer sindicatos locales en diversos centros estratégicos a lo largo del estado cuyos miembros provendrían… [de] diversas comunidades pequeñas ubicadas dentro de un radio de, digamos, 50 millas del local de los choferes…

"No se puede concebir un mejor terreno de prueba para procurar resolver este problema que Minnesota, donde ya existe un movimiento sindical progresista dirigido de forma inteligente".

En la misma edición, el periódico sindical abordó la sindicalización de los choferes por carretera, quienes transportaban carga, enseres domésticos, etcétera, entre ciudades, a veces por distancias muy largas. El problema central se planteó así:

"Intentar sindicalizar a los choferes del transporte de larga distancia en diversas comunidades locales sin un programa nacional que coordine los esfuerzos de diversos organismos locales jamás podrá lograr los resultados deseados.

"Los choferes del transporte terrestre ocupan en la actividad industrial una posición muy parecida a la del obrero ferrocarrilero. No puede ser un hombre no sindicalizado en un extremo de su ruta y sindicalizado al otro extremo…

"Resulta evidente que lo que se necesita, antes de poder sindicalizar al chofer de larga distancia, es una campaña nacional bien planeada, bien financiada y bien dirigida. La vieja forma poco sistemática de intentar sindicalizar a los choferes del transporte terrestre en una comunidad a la vez dará más o menos los mismos resultados que los logrados hasta la fecha. Es decir, prácticamente nada…

"Cientos de miles de camioneros de larga distancia están a la espera de alguna agencia que pueda mejorar sus condiciones de trabajo y lograr que sus salarios aumenten a un nivel vital. Es el momento oportuno de comenzar esta campaña".

La sindicalización de los choferes por carretera y la organización a fondo de agrupaciones de Teamsters en nuevas localidades eran tareas interrelacionadas, señaló el *Northwest Organizer*.

Tomemos el caso de choferes de línea de pueblos donde prevalecía el taller abierto, que llegaban a un baluarte sindical como Minneapolis, por ejemplo. Tenían que afiliarse a la IBT y sus patrones estaban obligados a pagar la escala salarial que habíamos establecido para ese trabajo. Los patrones afectados difícilmente podían negarse a cumplir con estas condiciones, ya que la única alternativa era dejar de operar en la ciudad.

Se formaba un núcleo organizativo en la punta del trayecto que era de taller abierto. El ímpetu que esto brindaba a la sindicalización en esas poblaciones se veía reforzado aún más por los aumentos salariales que recibían los choferes de línea, los cuales a menudo eran bastante notables.

La influencia así obtenida podría ayudar, a su vez, a lograr un avance en la industria local de acarreo, que atendía las operaciones de transporte ya sindicalizadas. Desde ese punto de apoyo, se podría extender la sindicalización a otras ramas del transporte por camión local y a las ocupaciones afines.

Este proceso, desde luego, presuponía el apoyo a los organismos nacientes por parte de entidades más fuertes de la IBT en la región. Se necesitaba la ayuda directa de organizadores experimentados. Cuando un nuevo sindicato se veía forzado a realizar una acción huelguística, el respaldo debía ser inminente: para ganar el reconocimiento y obtener logros para los miembros.

En la medida que se pudiese lograr así una sindicalización a fondo en los pueblos retirados, se prepararía el terreno para aprovechar los nuevos puntos fuertes para sindicalizar a los choferes de línea que provenían de terminales de taller abierto aún más remotas. A la vez, las cadenas de empresas de abarrotes, redes de distribución al por mayor, etcétera, podían ser puestas bajo el control del sindicato sobre la base de distritos. Sin embargo, antes de que se pudieran lograr estos objetivos había que organizar una conferencia de los Teamsters de un amplio alcance geográfico.

Como primer paso hacia ese fin, a principios de agosto de 1936 gestionamos consultas conjuntas con otros dos sindicatos de Minnesota que estaban bajo la jurisdicción del Sindicato General de Choferes: el Local 120 de St. Paul y el Local 346 de Duluth. Se llegó a un entendimiento con ellos, en principio, sobre la necesidad de desarrollar una colaboración más extensa entre los Teamsters, comenzando a nivel estatal.

Además, el Local 120 acordó unirse al Local 544 en una campaña conjunta para la sindicalización completa del transporte de carga en Minneapolis y St. Paul. Una medida inicial de este tipo sería particularmente importante, ya que las dos ciudades constituían en realidad una sola zona metropolitana dividida por una línea artificial. Por tanto, era seguro que una divergencia en el avance de los Locales 120 y 544 resultaría perjudicial. Por otra parte, conquistas mutuas logradas mediante estrechas relaciones de trabajo podrían forjar una formidable base para los Teamsters en las Ciudades Gemelas desde la cual podíamos extendernos hacia fuera.

Pocas semanas después, se registraron más avances en el congreso de Cloquet de la Federación Estatal del Trabajo de Minnesota. Se celebró una reunión de los delegados de los Teamsters en el congreso para debatir la necesidad de una colaboración organizada. El debate sacó a relucir numerosos problemas que los locales de la IBT enfrentaban en diversas partes del estado. Ahí mismo se tomó la decisión de constituir un consejo estatal provisional y crear una agencia central para unificar y coordinar las actividades de los Teamsters.

Más o menos en esa época, logramos ayudar a los camioneros de Fargo a reactivar el sindicato en esa ciudad de Dakota del Norte. A comienzos de 1935 Tobin les había revocado la carta constitutiva, contribuyendo así en gran medida a la derrota de una enconada huelga. Desde entonces habían conservado un núcleo de militantes, esperando la oportunidad de reanudar su lucha contra los patrones. Pat Corcoran, quien ahora podía y estaba dispuesto a darles un empujón, los respaldó para obtener una nueva carta constitutiva de la IBT, esta vez como el Local 116. Ya se iba reconstituyendo una relación que nos llevaría a traspasar las fronteras estatales.

Como se había acordado en las conversaciones de Cloquet, el 10 de enero de 1937 se celebró en Minneapolis una conferencia de locales de los Teamsters. Pat Corcoran dio el informe principal. Las viejas ideas no se adecuaban a las necesidades del día, dijo. Hacían falta nuevos métodos y formas de sindicalizar a los trabajadores en la industria del transporte por camión. Una vez logrado ese paso, nuestro objetivo debía ser tratar de establecer la uniformidad de salarios, horarios y condiciones de trabajo en todo el distrito. No había planes ocultos para apoderarse de ningún sindicato local a fin de formar un bloque de poder, le aseguró a los delegados. El único objetivo era un programa honesto y sincero de cooperación.

La conferencia resolvió lanzar un Consejo de Choferes del Distrito Norte Central (*North Central District Drivers Council*—NCDDC). Corcoran fue electo presidente y yo fui nombrado secretario del nuevo organismo. La extensión del distrito que se definió provisionalmente abarcaba las Dakotas, Iowa, Minnesota, Wisconsin y el norte de Michigan.

El Local 120 de St. Paul no participó en la conferencia. Al parecer, el agente de Tobin, John Geary, fue en gran medida responsable de que el local se replegara de su compromiso anterior. Aparentemente Geary no quería que los rebeldes de Minneapolis se entrometieran con la organización de los Teamsters —tranquila, ordenada y conservadora— que él presidía en esa ciudad.

Por el momento dejamos de lado el problema de St. Paul y dedicamos nuestra atención inmediata a Wisconsin. Otro de los organizadores generales de Tobin, Henry Berger, quien tenía su base en Chicago, mantenía bajo su vigilancia los locales de los Teamsters en ese estado colindante. Corrían rumores de que Berger hablaba mal de nosotros dondequiera que fuera. Así que Corcoran y yo decidimos asistir a una conferencia de la IBT celebrada en Green Bay a finales de enero.

Allí encontramos delegados que estaban muy mal informados sobre las metas y los propósitos del NCDDC. No obstante, parecían tener deseos de conocer la verdad, lo que nos dio la oportunidad de meter unos cuantos argumentos sobre la necesidad de cambios en los métodos de organización de los Teamsters. Aunque nuestros intentos no resultaron en la integración directa de los locales del este de Wisconsin al consejo, como habíamos proyectado, al menos habíamos hecho unos amigos entre ellos.

Tras este episodio, Corcoran, L.A. Murphy y yo fuimos a una reunión del Consejo Ejecutivo Internacional, celebrada en Washington, DC. Era la primera vez que Tobin y yo nos conocíamos personalmente. Los dos observamos las cortesías requeridas, pero con una frialdad que reflejaba nuestras relaciones hostiles del pasado.

Corcoran habló a nombre nuestro ante el consejo. El contenido de sus comentarios fue asegurar que las cosas marchaban bien en el Local 544 y que prevalecía la armonía en el Consejo Unido de Teamsters de Minneapolis. Después Tobin pidió una conversación privada con Corcoran y Murphy. Luego me contaron que Tobin los había interrogado sobre el consejo de distrito que estábamos formando. Tenían la impresión que sus respuestas habían aliviado las sospechas de Tobin sobre el proyecto.

Durante el viaje también nos detuvimos en Chicago. Principalmente a través de los contactos que tenía Murphy en esa ciudad, pudimos explicar nuestros planes de expansión entre los círculos de los Teamsters e incluso estimular cierto interés en el proyecto. La voz de Berger ya no era la única que se escuchaba allí al respecto.

A partir de marzo, Corcoran y yo realizamos una gira extensa por Minnesota y las Dakotas, hablando en calidad de funcionarios del NCDDC. El itinerario incluyó las ciudades donde ya existían locales de los Teamsters y otros donde nos proponíamos lanzar nuevas agrupaciones. El papel conservador que Pat había desempeñado antes en la AFL resultó útil para impulsar nuestros objetivos. Su reputación entre los del ala derecha le permitió solicitar la colaboración activa de funcionarios de las Federaciones Estatales de la AFL en Dakota del Norte y del Sur, lo que resultó ser de lo más valioso.

Nuestra gira sirvió principalmente como operación exploratoria. Dondequiera que dábamos con un buen terreno, le daban seguimiento otros organizadores de los sindicatos más fuertes, especialmente los Locales 544 y 471 de Minneapolis y el Local 346 de Duluth. Después de cierto tiempo Walter Hagstrom, un delegado sindical del Local 544 en la empresa de taxis Yellow Cab y también trotskista, fue asignado a tiempo completo como organizador del NCDDC. Trabajó principalmente en Dakota del Norte, donde se iba acelerando rápidamente el ritmo de sindicalización.

En otra parte del distrito, pronto surgió un conflicto con la cadena mayorista de frutas y verduras Gamble-Robinson (conocida también como Nash-Finch). Comenzó en el norte de Minnesota. La compañía estaba dispuesta a negociar con el Local 346 en Duluth, pero rehusaba tratar con el sindicato en Hibbing. Apegándose a las normas del NCDDC, el Local 346, el sindicato más fuerte, rehusó negociar hasta que se incluyera a Hibbing. Así se obligó a la compañía a dar concesiones a los empleados en ambas localidades.

Como una semana después, el Local 662 de la IBT en Eau Claire, Wisconsin, salió en huelga contra la sucursal de la Gamble-Robinson en esa ciudad. El NCDDC brindó el máximo de apoyo a los trabajadores que batallaban y al poco tiempo triunfaron. En un acuerdo que se extendía mucho más allá de Eau Claire, la empresa firmó un convenio global que abarcaba todas sus sucursales del distrito donde antes no se había obtenido un contrato sindical. En algunas de estas sucursales, sobre todo en los pueblos más pequeños, los salarios aumentaron casi el doble. Se fijaron fechas de vencimiento idénticas, lo que ponía a los trabajadores en una posición firme para renegociar mejores condiciones un año más tarde.

Así, el NCDDC había desempeñado un papel directamente instrumental para transferir dinero de los bolsillos de los patrones a los de los trabajadores. Además, esto se había logrado contra una de las entidades más grandes y de peor fama antisindical en la región. La noticia de la victoria se esparció por las praderas como fuego en pastizal seco. Los trabajadores en una ciudad tras otra se vieron inspirados a contribuir a la campaña de los Teamsters con renovado vigor.

Esta respuesta mostraba cómo la radicalización en esos días se estaba propagando entre las masas, desde las principales ciudades hasta los focos más aislados de la población nacional.

Reaccionando lógicamente según su punto de vista de clase, los capitalistas se propusieron debilitar la fuerza creciente de los Teamsters en su punto de origen, el Local 544. En Minneapolis, ellos ahora estaban mejor organizados que nunca con su nueva agrupación, Industrias Asociadas (*Associated Industries*). También se había establecido su homólogo en St. Paul, con un grupo en el transporte por camión denominado el Comité de Empleadores por el Cumplimiento (*Employers Compliance Committee*). Los patrones de las Ciudades Gemelas, actuando en conjunto, buscaron utilizar contra nosotros las deficiencias del Local 120, que estaba mal dirigido.

Su plan era mantenerse firmes contra la renovación de contratos con el Local 544 hasta que se impusieran las condiciones más severas posibles al sindicato en St. Paul que era más débil. Sentarían así las bases propagandísticas para rechazar nuevas concesiones en Minneapolis y exigir, en cambio, que renunciáramos a conquistas ya logradas. Al lanzar un ataque por el flanco del Local 544, en vez de intentar asestarle un golpe frontal aplastante como en el pasado, esperaban socavar la fuerza del local.

Nuestra primera respuesta fue dejar saber a los patrones que sabíamos lo que tramaban; así esperábamos darles un susto a algunos de los más nerviosos. En un editorial del *Northwest Organizer* declaramos: "Si los empleadores de Minneapolis quieren guerra, la tendrán, pero serán sus manos las manchadas de sangre, no las nuestras".

Entretanto, emprendimos el trabajo de desarrollar acción conjunta con el Local 120. En este sentido, Corcoran, Murphy, Smith y Wagner fueron de gran ayuda como integrantes de la junta ejecutiva del Local 544. Utilizaron su influencia en la IBT para concertar una reunión sobre el tema con funcionarios de la Internacional. Se sostuvo una sesión en Indianapolis, con comités de ambos locales y con la presencia de John Geary. Allí se logró un acuerdo de que los dos sindicatos debían colaborar para intentar nivelar los salarios en la industria camionera en las Ciudades Gemelas.

Luego se acordaron reivindicaciones comunes para una escala de salarios más alta. Esto significaba que los trabajadores en St. Paul, cuyas tasas salariales habían quedado rezagadas, obtendrían un mayor aumento que los de Minneapolis. Sin embargo, para nosotros esto no significaba problema alguno, porque nuestros miembros entendían la necesidad de esta aparente desigualdad en el proceso de establecer la paridad salarial. Se reconocía que el logro de este objetivo a la larga llevaría a logros mucho más grandes.

Cuando se presentaron las reivindicaciones a las empresas de trasbordos, el Local 120 indicó que saldría en huelga si eran rechazadas. En el caso del Local 544, los miembros aprobaron otorgar a la junta ejecutiva la facultad plena de convocar una huelga. Se hizo así porque los contratos que estaban por renovarse implicaban a otros sectores de la industria además de las empresas de trasbordo y, al elaborar nuestra táctica, había que considerar asuntos delicados sobre el momento más oportuno.

Para demostrar que íbamos en serio, el Local 544 salió en huelga primero contra las grandes mueblerías el 16 de junio. Una semana después capitularon los patrones de las empresas de trasbordo de Minneapolis, cuando estaba por convocarse una huelga en su contra. Firmaron un convenio en que concedían la demanda de un salario mínimo de 70 centavos por hora, lo que establecía una nueva marca en la industria. Nuestra victoria rompió el frente único de las Industrias Asociadas. También dio marcha atrás a la situación estratégica que los patrones habían intentado crear a nivel de las Ciudades Gemelas.

En St. Paul las empresas de trasbordo rehusaron aceptar las condiciones del convenio de Minneapolis, y el Local 120 les declaró la huelga el 23 de junio. El Local 544 inmediatamente se movilizó para apoyar las líneas de piquete y contribuir con conocimientos prácticos a partir de su considerable experiencia huelguística. Se asignaron especialistas para ayudar en cada departamento de actividad.

Con la ayuda de estos experimentados veteranos, se introdujo al piqueteo la técnica de los escuadrones móviles. Se instaló un comedor. Se formó un comité auxiliar de mujeres para participar en la lucha. La redacción del *Northwest Organizer* sacó un boletín huelguístico diario. A petición de los huelguistas, un representante del Local 544 también ayudó en las negociaciones con los patrones.

Los sindicatos más allá de las Ciudades Gemelas y pertenecientes al NCDDC apoyaron la lucha rehusando transportar lo que normalmente correspondería al Local 120.

La huelga apenas había comenzado cuando la Asociación de Transporte Motorizado Regulado rompió filas con el resto de patrones y firmó un convenio con el sindicato (tema al que volveremos más adelante). Como esta asociación representaba a grandes empresas de transporte de larga distancia, su acción constituyó un gran avance para el Local 120. Sin embargo, a pesar de este cambio, las empresas dedicadas al transporte local persistieron desesperadamente en sus intentos de vencer al sindicato.

En los diarios se publicaron anuncios pagados en que se atacaba a Arthur F. Hudson, presidente del Local 120, para sembrar discordia entre los huelguistas. Luego de tergiversar los temas pertinentes, un anuncio proclamó descaradamente: "La única conclusión que se puede sacar es que el presidente de vuestro sindicato, dominado por los dirigentes del Local No. 544, ha considerado que su poder y programa personales tienen más importancia que el bienestar tanto de los camioneros de St. Paul como del público".

Después la prensa se enfocó en un incidente de la huelga para insistir con aún más saña en el falso tema de la "dominación" del Local 544. Resulta que un día un camión esquirol se salió de la carretera y cayó en una zanja. Bill Brown, quien por casualidad andaba por esa zona, fue arrestado. Lo acusaron de "robo en carretera", delito que conllevaba entre 5 y 40 años de prisión. En la prensa se lanzó una campaña difamatoria en torno al cargo, y los patrones dejaron claro que querían condenarlo.

La amenaza provocó una declaración del NCDDC de que convocaría a una huelga de protesta de 48 horas de sus 20 mil afiliados en cuatro estados si procesaban a Brown. Un intento de debilitar al consejo de los Teamsters en su propio centro se convertía en un nuevo peligro para los patrones en la periferia del distrito. Eso provocó que intervinieran elementos más sobrios de la clase dominante y al final fueron retirados los cargos contra Brown.

Mientras sucedía todo esto, las líneas de piquete se habían mantenido sólidas. Al luchar hombro a hombro, habían surgido fuertes sentimientos de camaradería entre los Locales 120 y 544. Si alguien se iba a rendir, tendrían que ser los patrones, y eso fue exactamente lo que sucedió.

Tras un paro de ocho días, las empresas de trasbordo llegaron a un acuerdo con el sindicato. Se fijaron tasas de salarios comparables a las de Minneapolis. De hecho, el contrato registró logros tan impresionantes en su conjunto que a los huelguistas les costó creer lo que oían cuando se leyeron las condiciones del convenio en la asamblea de ratificación.

Al tomar en cuenta la victoria que habían logrado —y la ayuda que habían recibido— ya no cabía duda de si los funcionarios y miembros del Local 120 serían partidarios activos del NCDDC a partir de entonces.

Ahora que se había ganado la lucha clave, el Local 544 enfocó su atención en el problema de su propio contrato. La huelga contra las mueblerías ya se había resuelto a favor de los trabajadores. No tardó mucho en negociarse la renovación de los convenios con otros sectores de los patrones del transporte por camión sin necesidad de una lucha. En todos los casos los patrones cedieron sobre los puntos más importantes. El plan de las Industrias Asociadas de socavar la fuerza del sindicato había estallado como una burbuja en el viento.

Como para agregarle un toque de ironía, el Local 544 sindicalizó a los choferes privados de la clase adinerada. La iniciativa la tomaron unos ex taxistas que ahora ocupaban esos trabajos. No hubo negociaciones. El sindicato simplemente envió a cada empleador una carta que indicaba el salario mínimo que había que pagar, tal como habían decidido los trabajadores involucrados. Pocos pusieron reparos. Aparentemente temían que, si se resistían, los escuadrones móviles del sindicato sacarían sus limosinas de circulación.

Al resumir los logros salariales generales de los miembros del Local 544 Bill Brown, en su estilo inimitable, escribió en el *Northwest Organizer*: "Recuerden que hace como tres años, apenas estábamos ganando nuestros 42.5 centavos por hora, que según los patrones no era ni más ni menos que el comunismo. Los 70 a 75 centavos por hora que hoy estamos recibiendo nos tendrán que situar en alguna etapa avanzada de la Utopía que aún no tiene nombre".

Nuestro gran salto hacia adelante en las Ciudades Gemelas dio más ímpetu a la campaña de los Teamsters en todo el distrito. Se constituyeron nuevos locales en tres ciudades, con lo que llegaron a 11 las nuevas unidades desde el comienzo de la campaña. Dos estaban en Marshalltown y Mason City, lo que significaba el inicio de la penetración en Iowa.

La tercera estaba en Winona, en el sureste de Minnesota. Esta región del estado siempre había sido un baluarte del antisindicalismo. De hecho, fue Winona de donde se habían enviado los camiones esquiroles a Minneapolis durante la huelga de la Strutwear en 1935. Ahora, dos años después, la AFL lograba su primer avance en esa región.

En agosto el recién formado Local 799 de la IBT salió en huelga contra las industrias del hielo, del carbón, de la madera y de trasbordos en Winona, donde se había sindicalizado a unos 250 trabajadores. El sindicato ganó importantes aumentos salariales y otros avances, estableciéndose firmemente en el pueblo.

En esta época se realizaron huelgas contra diversos tipos de empresas camioneras en Brainerd, Eau Claire, Mankato y Minot. En algunos casos los patrones intentaron formar sindicatos amarillos para derrotar a la IBT; en otros casos, usaron a la policía ferrocarrilera junto a la policía local contra los huelguistas; y en Mankato se intentó organizar bandas de justicieros, empleando las sirenas de las fábricas como señal de movilización. Pero ninguna de esas tretas antisindicales dio resultado.

Todas las huelgas las ganaron los Teamsters. Se registraron alzas salariales de hasta el 64 por ciento (Minot). Las horas de trabajo, que en la mayoría de los casos habían sido insoportablemente largas, se recortaron a 48 por semana. Para reforzar el reconocimiento del sindicato se establecieron sistemas de delegados sindicales para vigilar que los patrones cumplieran los convenios. En algunos casos los triunfos sindicales fueron seguidos por "campañas antiesquirol" que emulaban el método del Local 544.

Con su campaña en pleno avance, el NCDDC celebró una conferencia el 18 y 19 de septiembre de 1937 en Hibbing, Minnesota. Asistieron 83 delegados, en representación de 29 locales de la IBT del distrito. Las deliberaciones se enfocaron en un informe del Comité de Campo, organismo dirigente del consejo, que se incorporó a las actas de la reunión. Los fragmentos claves señalaban:

"Es importante reconocer que el trabajo general del Consejo ahora está pasando rápidamente a una segunda etapa decisiva. Durante la primera etapa el trabajo se centró principalmente en la formación de Sindicatos Locales y en la creación de la maquinaria para la organización de estos sindicatos y la elaboración de reivindicaciones a presentarse a los patrones. Esta etapa del trabajo aún queda por realizarse en diversos lugares.

"Sin embargo, una gran parte del Consejo ahora ha pasado a la etapa de desarrollo en que las negociaciones con los patrones ya están en marcha y podría resultar necesaria la acción huelguística. Esto crea una gran demanda de hombres experimentados que se reúnan con los patrones y en general dirijan la estrategia del Sindicato a fin de tomar las medidas necesarias para asegurar contratos firmados. Exige además que se establezca la más estrecha colaboración entre los diversos Sindicatos Locales y el Comité de Campo del Consejo.

"Se cometerán muchos errores, pero es de vital importancia recordar que un grave error de un Sindicato Local, que resulte en la derrota a manos de los empleadores, tendría un efecto perjudicial en todos los Sindicatos Locales del Consejo.

"También es importante tener muy presente que en las primeras etapas hemos pescado a los patrones con la guardía baja, pero ellos van a resistir enérgicamente nuestros esfuerzos de sindicalización y para ese fin van a utilizar todo instrumento que esté a su disposición...

"Se debe recordar que el Consejo solo representa, al final de cuentas, una organización voluntaria de Sindicatos Locales que actúan en conjunto para que la fuerza de uno sea la de todos. De esto se desprende que la debilidad de un Local se convierte en la debilidad de todos los Locales, y cuando un Local no carga su parte del peso, la labor del Consejo se ve gravemente obstaculizada...

"Entendemos perfectamente que estamos tratando con seres humanos y no con diagramas, y que aun en las mejores circunstancias todos tenemos muchos defectos; pero es precisamente por estos hechos que pedimos con seriedad que todos los delegados y todos los Sindicatos Locales reconozcan la naturaleza de nuestro Consejo y las desventajas bajo las que funciona, y que hagan todo lo que esté en su poder para ejercer el máximo de iniciativa y cooperación a fin de lograr el éxito de la organización de todos los choferes del distrito".

La conferencia aprobó las perspectivas planteadas por el Comité de Campo. Además se aprobó una resolución a favor de que la AFL adoptara el régimen industrial de organización, forma que los nuevos locales de la IBT tendían a emular. Sintiéndose mejor equipados para la lucha, los delegados regresaron a sus diversas localidades y pronto se desarrolló una nueva ola de batallas contra los patrones.

En octubre se realizó en Fargo una huelga de tres semanas contra las empresas de transporte por carretera y de acarreo local. El sindicato ganó una sólida victoria, logrando el pleno reconocimiento por los empleadores. Se registraron notables avances en materia de salarios, horas y condiciones de trabajo. Tras una demora de dos años y otra reñida lucha más, el Local 116 se había sobrepuesto a la derrota que Tobin le había impuesto en 1935 a su antecesor.

Mientras se realizaba esta acción, ocurrió también un paro unos kilómetros al norte, en Grand Forks, Dakota del Norte. Participaron trabajadores de trasbordos, de panaderías, de mercados y de abarrotes al por mayor, y los conflictos en las distintas empresas duraron entre varios días y tres semanas. A pesar de la violencia desatada por la clase dominante contra los trabajadores, el Local 581 de la IBT salió victorioso en todos los frentes. Se arrancaron concesiones importantes de los patrones. Se había alcanzado un grado más alto de sindicalismo en ese pueblo anteriormente atrasado.

En el vecino estado de Dakota del Sur, a las pocas semanas se produjo un conflicto enconado en Sioux Falls. Jack Maloney y Happy Holstein, del antiguo plantel del Local 574, se habían enviado a esa ciudad a petición del Local 749 de los Teamsters. Este sindicato, constituido hacía poco, se concentraba en ese entonces en la sindicalización de choferes del transporte de larga distancia y local. Los patrones rehusaban negociar con él, y en noviembre se convocó a una huelga.

Se trajeron esquiroles y la policía recibió equipo antimotín en un intento de aplastar el paro. Resultaron dos batallas campales, una en la empresa de trasbordo Munce Brothers y la otra en la Wilson Transportation. Aunque varios trabajadores resultaron heridos cuando la policía los agredió con gases y cachiporras, las líneas de piquete se mantuvieron firmes. Al final las empresas se rindieron al sindicato y el NCDDC registró otro avance más.

Entretanto, no obstante, se le había asestado un grave golpe a la campaña de los Teamsters en Minneapolis.

15

Asesinato a sangre fría

"El miércoles por la noche, a eso de las 10, Patrick J. Corcoran, secretario-tesorero del Consejo Unido de Teamsters de Minneapolis y presidente del Consejo de Choferes del Distrito Norte Central, fue asesinado vil y brutalmente cerca de su casa.

"Temprano esa noche él había participado en una reunión del Local de Choferes de Lavanderías en la sede del Consejo, en el 257 de la Avenida Plymouth Norte. Salió de la reunión rumbo a su casa, puso su automóvil en el garaje y se dirigió hacia la puerta. Fue entonces que su atacante o atacantes lo agredieron, lo golpearon, le rompieron el cráneo y le dieron un balazo en el cerebro. Su cuerpo cubierto de nieve fue hallado por un vecino a las 11:30 p.m."

Con esos párrafos escuetos se describió el asesinato del dirigente de los Teamsters ocurrido el 17 de noviembre de 1937, en una edición especial del *Northwest Organizer*. El periódico sindical también informó lo siguiente:

"El jueves por la mañana, a las 10 en punto, se celebró una

reunión ejecutiva especial del Consejo Unido de Teamsters en su sede. La asamblea ejecutiva decretó que el Consejo ofrece una recompensa de Diez Mil Dólares por el arresto y condena de los responsables del asesinato de Corcoran. Decretó además el sábado 20 de noviembre como día de asueto para todos los miembros de los oficios de acarreo en Minneapolis, para permitir que los miembros asistan a los servicios funerarios para el sindicalista martirizado, a celebrarse en la Basílica de Santa María…

"Miles Dunne fue electo para ocupar temporalmente el puesto de secretario-tesorero del Consejo". (Posteriormente los delegados del Consejo Unido eligieron formalmente a Miles para ocupar el puesto por un plazo completo).

La reunión ejecutiva del Consejo también emitió una declaración pública en que afirmó: "Pat Corcoran ha dirigido una lucha intransigente contra los patrones de Minneapolis y sin lugar a dudas ha incurrido, por su lealtad inquebrantable a los intereses de los trabajadores, la enemistad de una parte amplia de los patrones de Minneapolis y sus agentes. No cabe duda que muchos de los patrones que han tratado con Corcoran durante los últimos dos años tienen motivos para desear su eliminación".

En un comunicado que se emitió simultáneamente, el Local 544 afirmó: "Pat Corcoran y el Sindicato de Choferes en un momento dado se encontraron en lados opuestos. Sin embargo, desde aquel momento y desde el momento en que el Local del Sindicato de Choferes regresó a la Internacional de Choferes, no ha habido partidario más firme ni amigo más auténtico que Corcoran. Desde el reacercamiento entre el sindicato otrora proscrito (574) y la AFL, nadie ha dado más apoyo a los Choferes que Pat Corcoran. Ha sido nuestro amigo y nos ha dado a conocer por todas sus acciones que se ha interesado activamente en fomentar los intereses de los oficios de acarreo en Minneapolis…

"Durante su lucha por sindicalizar a los trabajadores del transporte por camión del noroeste, Corcoran se había hecho enemigos que, sin duda, deseaban su muerte. Si el asesinato de dirigentes de los oficios de acarreo es la respuesta de la patronal, entonces el Local 544 afirma: pueden matar a quienes crean que son los dirigentes. Pero hemos capacitado a personas que seguirán adelante con la lucha".

Al día siguiente hablaron por radio Miles Dunne y Ray Sawyer, presidente del Sindicato de Choferes Lecheros. Transmitieron a toda la ciudad la oferta del Consejo Unido de una recompensa de 10 mil dólares por la detención y condena de los asesinos de Pat. Además notificaron a todos los trabajadores sobre los planes para un paro de camiones durante el funeral.

Durante toda la noche del viernes y las primeras horas del sábado, una hilera interminable de sindicalistas pasó silenciosamente por el hogar colmado de flores de la familia Corcoran, para rendirle a Pat su último homenaje. Desde las nueve de la mañana hasta el mediodía, mientras se realizaba el servicio fúnebre, no circuló un solo camión por la ciudad. Más de 10 mil trabajadores acudieron a la basílica para los últimos ritos, llenando esa iglesia grande y desbordándose hasta la calle. Había delegaciones de los pueblos de la región representando los locales de los Teamsters afiliados al NCDDC. Con dolor y con rabia todos habían venido a darle a Pat la despedida que merecía. Y estaban más resueltos que nunca a seguir adelante en la lucha sindical que le había costado la vida.

Después del funeral el Local 544 realizó una asamblea general de miembros para evaluar la nueva situación. Todos los presentes coincidimos en los principales problemas que enfrentábamos. Para que hubiera posibilidad alguna de encontrar a los que habían asaltado a Pat, el movimiento sindical tendría que ejercer mucha presión sobre el gobierno para que tomara acción. Esto, sin duda, tendría que hacerse a la luz de un nuevo ataque capitalista, ya que era de esperarse que los patrones usaran su trágica muerte en contra del sindicato.

Reconociendo que los enemigos del movimiento obrero podían intentar otros asesinatos, la asamblea votó a favor de tomar medidas de protección. Se autorizó armar al plantel del Local 544. También se decidió proveer guardaespaldas de las filas del sindicato para los miembros de su directiva.

En este caso, el hecho de armar a los miembros del plantel ocurría en circunstancias distintas de las que habían prevalecido en 1936. Esta vez no había una lucha sindical interna. Uno de los nuestros había sido asesinado por agentes de la clase dominante —era lo que teníamos que dar por sentado— y había una amenaza implícita contra otros. Así que el sindicato compró revólveres calibre .38 para uso defensivo. Como protección contra la posible fabricación de cargos por la policía por portar estas armas, se solicitaron permisos oficiales. Cuando las autoridades denegaron la solicitud, nos cubrimos registrando los números de serie de las pistolas con el jefe de la policía.

L.A. Murphy estuvo a cargo de estos trámites. Luego, tras cumplir esa tarea a cabalidad, renunció como secretario-tesorero del Local 544. Al hacerlo explicó que razones personales de importancia exigían que volviera a Rockford, Illinois. Allí, pasado un tiempo, volvió a sus actividades anteriores como funcionario de los Teamsters en esa ciudad.

(El individuo que regresó a Rockford era distinto del que había salido de esa ciudad en la primavera de 1936 para servir a Tobin en Minneapolis. En el transcurso de combatir al Local 574, Murphy había llegado a respetar a sus dirigentes trotskistas. Después, su asociación con no-

Portada del *Northwest Organizer* del 19 de noviembre de 1937, tras asesinato de Pat Corcoran (foto), secretario-tesorero del Consejo Unido de Teamsters de Minneapolis y presidente del Consejo de Choferes del Distrito Norte Central. El sindicato ofreció $10,000 por captura de los asesinos; el gobernador Elmer Benson ofreció $500.

sotros en la junta ejecutiva del Local 544 lo había atraído, al menos en parte, a los principios de lucha de clases a los que nos apegábamos. A su modo, se había convertido en simpatizante trotskista. Hasta su muerte años más tarde, Murphy hizo contribuciones económicas al partido de vez en cuando, haciéndolas a través de Ray Dunne).

Mientras tanto, Jim Cannon, tan pronto supo del asesinato de Corcoran, de inmediato salió para Minneapolis. Como en anteriores momentos de crisis, trabajó estrechamente con la fracción del partido en los Teamsters, ayudándonos de todas las formas posibles. Además Jim trajo consigo a Felix Morrow, un competente periodista del partido, para ayudar a la redacción del *Northwest Organizer*. En ambos casos la ayuda fue realmente apreciada. Nos enfrentábamos a problemas complejos al definir la estrategia del sindicato y contrarrestar los ataques propagandísticos de sus enemigos.

Por una parte, ya se venía desarrollando una campaña difamatoria en los diarios. Los capitalistas no habían tardado en aprovechar esta nueva oportunidad para atacar a los trotskistas, contra quienes tenían quejas profundas. Desde 1934 habíamos ocupado un papel fundamental al forzar a los patrones a ceder millones de dólares en aumentos salariales. Y para 1937 ya nos habíamos convertido en un factor clave en una campaña de sindicalización por toda la región que añadiría nuevas sumas enormes a las nóminas empresariales. Así que la clase dominante tenía incentivos materiales para tratar de usar el asesinato de Pat para virar la marea contra nosotros. Se podían anticipar llamados a investigar a los sindicatos. El objetivo mínimo sería sembrar divisiones en el movimiento obrero y desmoralizar a los trabajadores. También existía el peligro de que intentaran confeccionar un caso fabricado judicial contra los dirigentes del Local 544.

Al mismo tiempo los estalinistas indudablemente aprovecharían esta oportunidad para lanzarnos un ataque faccional carente de principios. Y no cabía duda que lo harían sin importarles en lo absoluto las consecuencias que tendría para el movimiento obrero. De eso podíamos estar seguros, ya que una y otra vez habían hecho lo mismo en anteriores momentos críticos de la lucha de clases.

También existía la posibilidad de nuevas dificultades con Tobin, ya que nuestras relaciones pacíficas con él en aquel momento eran de una naturaleza bastante frágil.

En estas circunstancias generales, hacía falta una contraofensiva rápida contra la clase dominante. Como primer paso en ese sentido, elaboramos demandas concretas para que el gobierno tomara medidas enérgicas para buscar a los asesinos de Corcoran. Entonces se lanzaron esfuerzos para desarrollar el frente único más amplio posible en el movimiento obrero en torno a esas demandas.

La contraofensiva comenzó con la redacción de dos resoluciones. Una exigía que el médico forense del condado, Gilbert Seashore, creara un jurado pesquisidor para efectuar una investigación del asesinato. La otra llamaba a que el fiscal general de Minnesota, Ervin, nombrara un investigador especial para descubrir a los asesinos. Específicamente, se pedía que Ervin nombrara al puesto investigativo a Sam Bellman, un representante estatal del Partido de los Agricultores y Trabajadores que era muy conocido y que gozaba de una amplia confianza entre los círculos sindicales.

Ambas resoluciones fueron aprobadas primero en el Consejo Unido de Teamsters. Luego los representantes de ese organismo de la IBT lograron que se aprobaran en una reunión de la Junta de Agentes de Negocios Sindicales de Minneapolis. Esta última organización, integrada por funcionarios de todos los sindicatos de la AFL, era ampliamente representativa del movimiento sindical de la ciudad. Así se había formado rápidamente un frente único significativo en torno a las dos demandas específicas, que fueron respaldadas poco después por la Unión Central del Trabajo.

Luego, una amplia delegación sindical se reunió con Ervin y con Seashore para pedir acción inmediatamente respecto a las demandas del movimiento sindical. Ervin rehusó nombrar un investigador especial, alegando que faltaban fondos. Pero la administración estatal, como era del Partido de los Agricultores y Trabajadores, tenía que hacer alguna demostración de cooperación con el movimiento sindical. Así que el gobernador Elmer Benson (quien había asumido el cargo al morir Floyd Olson en 1936) le pasó el balón a Roosevelt, pidiendo la ayuda del FBI para encontrar a los asesinos. El fiscal general de Estados Unidos, Cummings, respondió que Washington no podía involucrarse en el caso "a menos que se produzcan pruebas de que se cometió un crimen federal". Como señaló el *Northwest Organizer*, el asesinato de dirigentes sindicales no parecía ameritar la atención federal.

Sin embargo, el forense Seashore sí respondió a las demandas sindicales. Convocó un jurado pesquisidor que desde el punto de vista de los sindicatos era sorprendentemente favorable en su composición. Lo formaban T.E. Cunningham, presidente de la Federación Estatal del Trabajo; Allen Sollie, del Sindicato de Empleados Municipales y del Condado, de la AFL; I.G. Scott, comisionado del condado por el Partido de los Agricultores y Trabajadores (antiguo concejal municipal); Sam Bellman, a quien los sindicatos habían querido como investigador especial; Charles Horn, un patrón de tendencias liberales; y el ex alcalde de Minneapolis, Kunze, funcionario de un banco.

El jurado se reunió el 30 de noviembre y realizó una investigación que duró cinco días. Citó a unas 140 personas a comparecer. Los aspectos más destacados de las sesiones se resumieron en el *Northwest Organizer*.

Alice Corcoran, viuda de Pat, y Frank Dorrance, del Local 471, hablaron sobre diversas amenazas que se habían hecho contra la víctima del asesinato. En un caso, unos gángsteres habían amenazado de muerte a Pat, se informó, para tratar de impedir que sindicalizara a los choferes de los camiones de helados.

El doctor Russell Noice dijo que había escuchado a cuatro hombres amenazar a los Dunne y a Bill Brown en una cervecería.

Ray Dunne declaró que las amenazas contra dirigentes sindicales se dan con frecuencia, especialmente en momentos cuando el movimiento sindical está dando grandes pasos. "Poco antes de que Corcoran fuera asesinado", dijo al jurado, "entregamos algunas de estas amenazas a la policía".

Cuando yo comparecí como testigo, el jurado Horn me preguntó sobre posibles resentimientos contra el sindicato por parte de empresas camioneras que pagaban bajos salarios y que venían a Minneapolis de otras ciudades. Sus preguntas me permitieron recalcar la posibilidad de que Pat había sido asesinado por agentes de los patrones.

Durante las sesiones de la investigación, la prensa capitalista se quejó continuamente alegando que Grant Dunne estaba dirigiendo la investigación. En realidad, el sindicato había asignado a Grant para que asistiera al forense Seashore de cualquier forma posible. Nuestra actitud contrastó notablemente con la falta de ayuda significativa al jurado pesquisidor por parte de las fuerzas oficiales de "la ley y el orden". Debido en buena medida a la falta de disposición de la policía de cooperar, la investigación no obtuvo pistas sobre los asesinos de Corcoran.

Al observar la falta de concentración en esfuerzos por dar con los criminales, el *Northwest Organizer* afirmó: "Nuestros enemigos prefieren que la identidad de los asesinos se mantenga un misterio. En primer lugar, porque esos asesinos provinieron sin duda de los enemigos del movimiento obrero. Segundo, porque solo mientras no se encuentre a los asesinos de Pat podrán nuestros enemigos seguir tratando de achacárselo a los sindicatos por los cuales Pat vivió y murió".

El letargo de la policía en el caso de Corcoran era sintomático, como lo eran también las calumnias contra el movimiento sindical en la prensa capitalista y las continuas amenazas contra otros dirigentes obreros. Eso se había convertido en norma cotidiana. Para los sindicalistas la vida en esas condiciones se reflejó en las experiencias narradas posteriormente por Marvel Scholl.

"No sería del todo cierto decir que para mí el terror comenzó con el asesinato de Pat Corcoran", escribió. "En realidad, todo el período de nuestra expulsión de los Teamsters, con la presencia de los matones de Tobin en la ciudad, fue una época de incertidumbre acerca de la vida de nuestros compañeros.

"Pero el verdadero terror comenzó temprano esa mañana de noviembre, cuando de repente alguien golpeó nuestra puerta y despertamos para escuchar decir a Harry DeBoer, 'Despierta, Farrell. Asesinaron a Pat anoche'.

"En aquel entonces no teníamos teléfono. Pero después de eso Farrell cedió ante mis ruegos para instalar uno, aunque significaba que él ya no tendría ese poquito de paz y privacidad del que había gozado al no tenerlo.

"Cuando Tommy Williams [un taxista afiliado al Local 544] se convirtió en guardaespaldas de Farrell, prácticamente vivía con nosotros: hasta el punto de acompañarnos al cine los sábados por la noche, aunque en esas ocasiones ambos insistíamos en que lo acompañara Violet [su esposa].

"Farrell odiaba tener guardaespaldas y andar con pistola, y siempre que podía, se escabullía y manejaba a casa solo. Al final dejó de andar con la pistola y la dejó descargada sobre un estante elevado en la cocina.

"Una noche mientras escribía mi [columna para el *Northwest Organizer*] Línea de Piquete, nuestra perrita, Lady, se puso a ladrar hacia la puerta de la cocina y la regañé. De repente oí que se rompía un cristal en el sótano, en el frente donde había un cuarto de almacenamiento.

"Entonces me di cuenta que había alguien en el sótano. Parece que habían estudiado los hábitos de Farrell. Él solía estacionar el coche en el garaje, entrar a la casa por la puerta levadiza lateral y bajar al sótano para atizar la calefacción para la noche.

"Llamé a la sede de los despachadores de gasolineras, donde sabía que era más probable que estarían Farrell y Tommy, ya que estaban en huelga. Tommy se puso al teléfono pero no pudo encontrar a Farrell, lo que significaba que seguramente iba rumbo a casa solo. Mi preocupación por él me hizo cometer impulsivamente un acto temerario.

"Agarré la pistola del estante, ni siquiera intenté cargarla, y con Lady a mi lado bajamos al sótano a atizar la calefacción. Era evidente que en la pequeña parte de almacenaje había alguien. Lady se quedó en la puerta al frente del sótano, ladrando como loca, mientras yo cargaba la calefacción, y luego subimos corriendo al piso de arriba.

"Momentos después, escuché el crujido de las escaleras del sótano y oí cerrarse la puerta levadiza que daba al exterior. Así que me planté en nuestra puerta delantera, esperando que Farrell llegara a casa. Cuando su coche llegó a la rampa salí corriendo, gritándole que se bajara y entrara en la casa. Yo estaba segura que el asesino aún estaría esperándolo en el garaje.

"Otro incidente, que ocurrió cuando Farrell estaba fuera de la ciudad, sucedió así:

"A eso de la medianoche salí a la veranda para revisar el candado de la puerta delantera antes de acostarme. Justo al otro lado de la calle, pero enfrente del terreno baldío que había entre nuestra casa y la de los Zimmerman, había un coche. Como toda la cuadra de enfrente eran terrenos baldíos cubiertos de maleza, y como no veía luces en ninguna de las casas del lado nuestro, sabía que el coche no pertenecía a visitantes de algún vecino. Parada en la oscuridad vi que alguien encendía un cigarrillo y luego se encendían otros dos cigarrillos en el asiento trasero del coche.

"Apagué las luces de la sala y del comedor, dejé encendida la luz del baño por unos momentos y después la apagué. Así me quedé completamente encerrada y sin que se vieran luces en ninguna parte. Entonces llamé a la oficina del 544 pero no había nadie. Recordé que los trabajadores de la electricidad estarían reunidos en la sede del sindicato y los llamé. Afortunadamente hallé a George Phillips [presidente del Local 160].

"Según sus instrucciones, me escabullí hacia el pórtico de atrás y esperé. Mientras me encontraba allí, alguien salió del coche y se metió en los arbustos al otro lado de la calle, probablemente a hacer sus necesidades porque regresó a los pocos minutos.

"Como a los 15 minutos empezaron a llegar coches por las calles 40 y 41, para converger desde ambos extremos hacia la cuadra en la 19 Avenida Sur donde se ubicaba nuestra casa. La gente en el coche se dio cuenta de lo que pasaba y salieron disparados como un rayo. Los muchachos sindicalistas dijeron que había cuatro o cinco hombres en el auto.

"Entraron todos, revisaron la casa, incluso el sótano, y

registraron el garaje en el fondo. Después de quedar satisfechos —y dejarme satisfecha— de que no había nadie merodeando, y tras calmarme un poco, se dispusieron a marcharse.

"Cuando se iban, un trabajador —probablemente un poco bisoño en la lucha de clases— me preguntó, '¿Por qué no llamó a la policía?' Y los demás se echaron a reír a carcajadas".

Poco sorprende que sindicalistas experimentados se rieran cínicamente de la idea de recibir protección policíaca contra asesinos. Desde la muerte de Pat, se había hecho cada vez más patente que, en el mejor de los casos, las autoridades solo realizaban una búsqueda superficial de los asesinos. De vez en cuando la policía anunciaba un "avance" anticipado en el caso, pero después reconocía que estaba de nuevo donde había empezado. De hecho, su actuación se estaba convirtiendo en una farsa obvia.

Mientras tanto la campaña difamatoria continuaba en la prensa capitalista. Se hacían intentos de vincular la muerte de Corcoran a un "gangsterismo" en el movimiento sindical. En el *St. Paul Daily News* apareció una caracterización típica que se refería a "los zares del movimiento obrero, que cobran tributo mediante la violencia". En su edición del 29 de noviembre de 1937, este mismo periódico afirmaba: "De continuar el terrorismo, se va a desarrollar un movimiento de justicieros".

Fue en este contexto que los estalinistas hicieron su aporte. Ellos no necesitaban ni investigación ni pruebas para achacar la culpa del asesinato. El *Daily Worker* del 23 de noviembre de 1937 simplemente anunció que en Minneapolis había "una creciente indignación popular contra las revelaciones de que el extorsionismo y gangsterismo importados al movimiento obrero en esta ciudad, y vinculados a los trotskistas en la dirección del Sindicato de

Choferes, han sido fuente del asesinato".

Esta acusación la repitió el llamado "Consejo Industrial del CIO del Condado de Hennepin", que en esa época era principalmente una organización nominal utilizada como fachada por los secuaces del Partido Comunista local. A través de este arreglo, alegaban, el "asesinato era el resultado lógico del gangsterismo y extorsionismo fomentados en el movimiento obrero de Minneapolis por la dirección de Dunne-Brown-Dobbs del 544 y sus aliados".

Sin embargo, George Cole, director regional del CIO, repudió rápidamente esa acción. Declaró en público que no se había autorizado el uso del nombre del CIO para hacer tales acusaciones. Su repudio fue seguido al poco tiempo por otro del Consejo de Trabajadores de Empacadoras del CIO de Minnesota. Esta verdadera organización de carne y hueso calificó los cargos maquinados por los estalinistas contra los Teamsters como "sumamente dañinos para el bienestar y el futuro del CIO y de un movimiento obrero unido".

Obstaculizado en la esfera del CIO, el PC volvió su atención hacia la AFL. Harold Bean, un funcionario sindical estalinista, tomó la iniciativa de formar un "Comité de voluntarios para expulsar el gangsterismo del movimiento sindical". Entonces se anunció que el 1 de diciembre el comité celebraría una "audiencia pública de masas sobre el gangsterismo en el movimiento sindical de Minneapolis que resultó en el asesinato de Patrick J. Corcoran".

Los individuos que aparecían como patrocinadores de la "audiencia pública" fueron citados inmediatamente a comparecer ante el jurado pesquisidor. Allí se les puso en el banquillo de los testigos y se les pidió que presentaran la evidencia en la que basaban sus alegatos. No teniendo nada que ofrecer, se les expuso como mentirosos.

Ante esta presión 11 funcionarios de la AFL, quienes figuraban entre los que convocaban el acto del 1 de diciembre, repudiaron la farsa en su totalidad. Afirmaron que sus nombres habían sido usados fraudulentamente sin su conocimiento o consentimiento. Esto redujo el "comité de voluntarios" a nada más que estalinistas conocidos, volviéndolo impotente.

Luego del incidente en el jurado pesquisidor, más de 150 funcionarios del movimiento sindical de Minneapolis se reunieron a petición de la Junta de Agentes de Negocios Sindicales. La reunión aprobó una resolución que declaraba:

"Todo intento de atribuir el asesinato de Corcoran a fuerzas dentro del movimiento obrero y de mancillar a los sindicatos con la acusación de que 'el gangsterismo y extorsionismo' entre las filas del movimiento sindical son responsables del asesinato, constituye una vil calumnia contra el movimiento obrero genuino y su funcionario martirizado y escuda a los verdaderos asesinos y a las fuerzas tenebrosas detrás de ellos…

"Condenamos el acto de masas anunciado para el miércoles 1 de diciembre en el Salón Eagles como un acto que de ninguna manera representa la actitud del movimiento sindical, como ayuda a los enemigos mortales del movimiento obrero y como una muestra clara más de la campaña inescrupulosa de elementos irresponsables para desprestigiar y dividir al movimiento sindical de Minneapolis".

Esta condena a los estalinistas impidió efectivamente su intento malintencionado de convertir la investigación del asesinato en un linchamiento de los dirigentes del Local 544. Sin embargo, estos faccionalistas sin principios ya le habían causado un daño grave al movimiento obrero. Habían ayudado a que los patrones desviaran las sospechas de sí mismos y usaran el asesinato como arma contra los sindicatos. De hecho, su conducta atroz le había dado respiración artificial a la campaña difamatoria en la prensa capitalista. El *Minneapolis Star*, por ejemplo, señaló con júbilo las "acusaciones hechas por dirigentes sindicales" como el problema más importante con respecto al asesinato.

Bajo el amparo del ataque incesante contra el Local 544 en la prensa diaria, la patronal emprendió un sondeo para ver si el sindicato había quedado debilitado internamente. Una vez más tomaron la delantera las empresas de tiendas de abarrotes al por mayor, cuyo contrato con el local había vencido recientemente. En las negociaciones las empresas lanzaron un ultimátum: declararon que si el sindicato no aceptaba de inmediato sus condiciones para renovar el contrato, retirarían todas las ofertas. Era evidente que querían provocar una huelga y los trabajadores los complacieron votando a favor de un paro de labores a partir del 9 de diciembre.

El segundo día de la huelga los patrones recibieron ayuda del alcalde Leach (un reaccionario total que había ganado las elecciones de 1937 para la alcaldía, desplazando del puesto a Latimer). Leach habló por la radio para deplorar la interrupción de labores por "una facción de ciertos autodesignados dirigentes sindicales" y para instar al movimiento sindical a que "se depure a sí mismo".

Luego el alcalde intentó ayudar a impulsar una maniobra de sindicato amarillo pidiendo a los trabajadores de abarrotes que evitaran al Local 544 y firmaran pactos individuales con los patrones. Lo hizo enviando por correo copias de las propuestas patronales a las casas de los huelguistas, pidiéndoles que escribieran su voto al respecto y se lo mandaran de regreso a él. Esta treta se promovió en los diarios como un "voto secreto" mediante el cual los trabajadores podían hablar por sí mismos.

La maniobra antisindical de Leach fracasó por completo. La huelga se mantuvo firme, probando que la fuerza combativa del Local 544 era tan grande como siempre. Al comprender a cabalidad que esta era la verdadera situación, los patrones ni siquiera esperaron los resultados del "voto secreto" del alcalde. Al cuarto día de la disputa firmaron la renovación del contrato. Este puso los salarios y condiciones laborales a la par de los que recientemente se habían logrado en otros sectores de la industria del transporte por camión.

Poco después de la victoria sobre los patrones de los abarrotes, el Local 544 dio otra demostración de que su estabilidad interna no había sido afectada por la campaña difamatoria tras el asesinato de Corcoran. El vehículo fue la elección de funcionarios sindicales. De los siete puestos a llenarse solo cinco estaban ocupados por titulares de la selección anterior de una junta ejecutiva plena. Con el asesinato de Pat y la renuncia de Murphy se habían creado dos vacantes.

Las elecciones se llevaron a cabo estrictamente de acuerdo con los métodos establecidos por el antiguo Local 574. Las nominaciones se hicieron en una asamblea general de miembros, que también eligió de entre las filas jueces para las elecciones. Se estipuló un mes de campaña electoral. Después los miembros realizaron un voto secreto y las urnas se mantuvieron abiertas dos días en la sede del sindicato.

Entre las candidaturas se presentó una lista compuesta por dirigentes actuales del sindicato. Incluía a Bill Brown para presidente; Jack Smith para vicepresidente; Grant Dunne para secretario de actas (para remplazarme en ese puesto); Farrell Dobbs para secretario-tesorero (para remplazar a Murphy). También se postularon tres síndicos: Carl Skoglund y Nick Wagner (ambos titulares) y Miles Dunne (para remplazar a Corcoran).

Solo se disputó uno de los puestos. Oscar Gardner, un delegado, se postuló contra Brown para presidente del sindicato. En su campaña Gardner no planteó diferencias programáticas importantes con la actual dirección. Hasta donde recuerdo, su principal argumento era que podría desempeñarse mejor que Bill al ejecutar la política sindical. Los miembros no aceptaron ese planteamiento y Brown fue reelegido por un voto de más o menos tres a uno.

La votación fue muy numerosa, incluso para los candidatos que se postulaban sin oposición. La concurrencia a las urnas fue casi el doble de las elecciones anteriores. Era claramente la forma en que los trabajadores le decían a los enemigos del Local 544 que mantenían plena confianza en sus dirigentes.

Fue especialmente notable que Smith y Wagner, que provenían del antiguo "Local 500", no tuvieron contrincantes al ser reelegidos. Por su conducta como funcionarios del Local 544 se habían ganado la aprobación de las filas sindicales. Esto por sí solo reflejaba hasta qué punto habían llegado a aceptar la política fiable de los dirigentes del antiguo Local 574, que ahora constituían una sólida mayoría de la junta ejecutiva del local reorganizado. Una vez más, la dirección del sindicato estaba logrando una relativa homogeneidad.

Ante el fracaso manifiesto de su intento de mellar la roca más sólida del movimiento sindical de la ciudad, los capitalistas aflojaron en su ofensiva propagandística contra nosotros. Al mismo tiempo los diarios redujeron su cobertura sobre la búsqueda de los asesinos de Corcoran. Las autoridades pronto dejaron el caso de lado, y jamás se ha resuelto.

A pesar de que el movimiento obrero se vio frustrado en sus intentos de dar con los asesinos, en cierto sentido había logrado una victoria. El movimiento sindical había repelido un ataque de la clase gobernante que, en muchos aspectos, era el más despiadado desde que la policía utilizó armas antimotines contra nosotros en 1934. Esto significaba que la campaña de los Teamsters por toda la región podía echar a rodar de nuevo con el acelerador a fondo.

Al menos así habría sido de no habernos topado con nuevas dificultades con Tobin. Como secretario del NCDDC, le escribí al jefe de la IBT poco después de que Pat fuera asesinado. Mi carta le dio un recuento de la tragedia y de nuestros intentos de encontrar a los atacantes. Cualesquiera fueran las opiniones de Tobin al respecto, no se molestó en comunicárnoslas. Eso no era buena señal.

16

Un avance importante

Avanzamos con la campaña de expansión celebrando una sesión del Consejo de Choferes del Distrito Norte Central (NCDDC) en Minneapolis el 5 de diciembre de 1937. Art Hudson, quien encabezaba el Local 120 en St. Paul, fue electo presidente del organismo para ocupar la vacante ocasionada por el asesinato de Pat Corcoran. Se debatieron entonces planes para pasar hacia la ampliación de la zona que abarcaba el NCDDC.

Como ya había confirmado la experiencia, la clave de este objetivo eran los choferes de larga distancia. Por tanto se proyectó una serie de pasos concretos para movilizar a estos trabajadores y hacer sentir su fuerza frente a los patrones del transporte de larga distancia.

Estas medidas incluían: lanzar la campaña de sindicalización más amplia posible por todos los estados norcentrales; establecer un contrato regional que estipulara salarios, horas y condiciones de trabajo uniformes para el transporte de carga urbano; desarrollar acciones coordinadas entre los locales de los Teamsters involucrados en la lucha por estos objetivos; y crear un organismo dirigente representativo —acorde con la extensión de la región— para dirigir la batalla.

Los trabajadores que eran objeto de esta campaña trabajaban en condiciones inhumanas. Las horas de trabajo variaban mucho. Eran bastante comunes los viajes de entre 80 y 120 horas continuas, con siestecitas que se pescaban de vez en cuando. Se realizaban trechos aún más largos usando cabinas-dormitorios.

Por lo general el "lecho" era una tabla detrás del asiento del chofer, con un colchón delgado, duro y a menudo lleno de bultos. Estas operaciones les tocaban a dos choferes, quienes se turnaban entre el volante y el "descanso" en la tabla. Era imposible recuperarse realmente del agotamiento en esas condiciones toscas e insalubres en un camión en marcha. Aun así, los patrones a menudo intentaban descontar del salario de los choferes el tiempo que pasaban en la litera, alegando que "no estaban trabajando".

Estas jornadas largas de viaje continuo embotaban los reflejos de los conductores. Para colmo, a menudo tenían que usar equipo defectuoso. Además, los peligros implícitos en esta situación a veces se complicaban en el invierno por los efectos entumecedores de conducir camiones grandes sobre carreteras resbalosas sin calefacción en la cabina. Por esta combinación de factores, frecuentemente ocurrían accidentes.

Las tarifas salariales para este peligroso trabajo eran un revoltijo confuso. Los ingresos se calculaban de diversas formas de acuerdo a tarifas fijas por hora, por milla o por viaje. El kilometraje no se calculaba según la verdadera distancia que se viajaba, sino normalmente de forma arbitraria usando lo que los patrones llamaban las tablas de "distancia lineal corta", un mecanismo para hacer trampa que tenía poco que ver con la realidad de conducir sobre las autopistas. Con métodos igualmente taimados, se calculaban las tarifas de viajes sin previsión alguna por el tiempo perdido debido a dificultades operativas, cuyas probabilidades de ocurrir eran más que seguras.

Independientemente de la forma del salario fijo que se usaba —por hora, por milla o por viaje— rara vez se tomaba en cuenta otro factor que no fuera la conducción en sí. Se esperaba que los trabajadores donaran su tiempo y su trabajo al cargar, recoger y hacer entregas durante el trayecto, así como al descargar al final del viaje. También pagaban el pato por el tiempo perdido aguardando la carga, por averías o al tener que pasar la noche en el lugar.

Al tomar en cuenta todos estos factores, los choferes por carretera en muchos casos apenas recibían unos 30 centavos por hora, y en algunos casos hasta menos. Y de ese magnífico salario, por lo general tenían que pagar sus comidas y alojamiento durante el viaje.

Como si esos bajos salarios no eran suficiente, para muchos de estos trabajadores el empleo era inseguro. Los patrones aprovechaban al máximo el excedente de mano de obra creado por la depresión económica. Para conseguir trabajo, los choferes tenían que permanecer en la propiedad de la compañía sin remuneración, esperando a que se les llamara para hacer un viaje. Al asignar los trabajos, los patrones hacían caso omiso de la antigüedad. Los lamebotas recibían un trato preferente, mientras que los rebeldes pasaban dificultades.

La fuerte competencia por trabajos permitía que las compañías les robaran a sus empleados de otra forma adicional. Persuadían a algunos trabajadores a comprar equipo de transporte usando un plan de financiación a largo plazo. Las empresas que poseían derechos oficiales de transporte concedidos por el gobierno contrataban el equipo y el chofer por milla, por tonelada o por viaje. De la cuota que le pagaban, el operador-propietario tenía que cubrir el costo del equipo, incluidos los gastos de operación y el problema de su reemplazo cuando se gastara. Después de cumplir con estos costos el operador-propietario a duras penas se ganaba la vida como chofer independiente.

Encima de todo esto, surgían ambiciones entre los operadores-propietarios individuales para agrandar sus propiedades y hacerse empresarios por cuenta propia. Esto fomentaba divisiones entre las filas de los trabajadores, dando una ventaja táctica a los patrones.

Teniendo en cuenta todo, había una necesidad apremiante de mejorar los salarios, las horas y las condiciones de los choferes por carretera. De ahí se derivaba que una verdadera campaña de sindicalización obtendría una gran respuesta entre estos trabajadores. Sin embargo, la realidad era que la IBT había hecho poco para sindicalizarlos y había logrado aún menos para imponerles un contrato sindical a sus patrones.

Detrás de esa negligencia se hallaba la política caduca del régimen de Tobin. El enfoque de la IBT lo habían definido las condiciones anteriores, cuando el transporte por carreta o por camión estaba limitado a operaciones locales y los ferrocarriles manejaban el transporte de larga distancia en general. Bajo estas circunstancias, las actividades sindicales en una ciudad determinada se mantenían completamente aisladas de las de otras localidades. Por tanto, a nivel estructural la organización en su conjunto era poco más que una federación poco cohesiva de agrupaciones municipales sobre las que Tobin presidía como monarca feudal.

Para financiar su régimen, el jefe de la IBT gravaba con impuestos per cápita las cotizaciones recaudadas por los sindicatos locales. Se mantenía un plantel de organizadores generales bien remunerados —empapados de la vieja ideología de Tobin— para que supervisaran todas las actividades sindicales. De esta y otras maneras se repartían favores a los servidores leales. A cambio, se contaba con que estos escudriñaran las violaciones de la "ley" de la IBT y ayudaran a castigar a los infractores según lo decretaba el presidente general.

En este marco habían surgido Consejos Unidos de Teamsters relativamente fuertes en varias ciudades, especialmente en las más grandes. Estos organismos se habían desarrollado más o menos como feudos aislados, presididos por burócratas locales dictatoriales. Dentro de su propio dominio, a estos personajes se les concedía bastante libertad de acción, siempre y cuando no hicieran nada que contradijera directamente a Tobin.

Los Consejos Unidos se fundaban en la sindicalización de los choferes en la industria del transporte por camión a nivel local. Ninguna de estas agrupaciones había prestado mucha atención al ascenso de las operaciones de transporte por carretera y las necesidades de los trabajadores afectados. En la mayor parte de los casos, los conductores que llegaban a una terminal sindicalizada procedentes de una ciudad donde reinaba el taller abierto, simplemente tenían que unirse al local de la IBT en esa terminal. Lo único que conseguían a cambio de pagar una cuota sindical era una libreta de afiliado; en la mayoría de los casos aún tenían que trabajar en condiciones no sindicalizadas. En este sentido los locales afiliados al Consejo Unido de Teamsters de Chicago estaban entre los peores transgresores.

Si un local de los Teamsters en una ciudad grande de vez en cuando daba una señal de apoyo a los choferes de autopista, eso no resultaba en gran cosa. Los patrones por lo general sorteaban el problema basando a sus choferes en el extremo opuesto del trecho. Allí la escala salarial sería más baja, ya fuera porque la ciudad no estaba sindicalizada o porque el local de la IBT en esa punta era relativamente débil.

Dicho llanamente, para una acción eficaz hacía falta la colaboración de los locales de la IBT a nivel regional. Solo entonces se podrían poner las terminales de taller abierto bajo el firme control del sindicato. Además, era una forma de superar las diferencias existentes entre los pocos contratos de larga distancia que había y establecer condiciones uniformes para todas las operaciones de línea.

No obstante, los Consejos Unidos, arraigados a conceptos de antaño, no respondían a las nuevas necesidades. Al contrario, los burócratas que dominaban estas organizaciones tendían a sospechar de cualquier intento de colaboración entre ciudades. Veían en estas ideas amenazas a su control sobre los feudos que se les habían entregado bajo la "ley" de la IBT. No querían tener nada que ver con un programa regional organizado.

Tobin compartía esta tendencia de anteponer la preocupación por el poder personal por encima de las necesidades de los trabajadores. No quería organismos en la IBT que fueran más amplios que los Consejos Unidos, cada uno restringido a una ciudad determinada. Desde su punto de vista, un organismo regional más amplio significaba la amenaza de un poder rival que podría surgir y retarlo. De hecho, él había interrogado muy detenidamente a Corcoran y a Murphy acerca del NCDDC, obviamente con esa preocupación en mente. Desde entonces Corcoran había sido asesinado y Murphy había vuelto a Rockford, dejando a los trotskistas con una autoridad directiva incontestable en el Local 544. Dada esta situación, teníamos que suponer que el jefe de la IBT ahora vería nuestros esfuerzos por ampliar el NCDDC con más sospechas que nunca.

La solución del problema radicaba en una contradicción elemental que militaba contra Tobin y a favor nuestro. Su política y sus formas de organización no habían cambiado con las épocas cambiantes. Así que su posición se veía debilitada por su negativa terca a hacer los reajustes necesarios. En contraste, nosotros pretendíamos modificar la estrategia, la táctica y las normas de funcionamiento del sindicato para acometer las necesidades del día.

Nuestra línea, de aplicarse debidamente, podía satisfacer los deseos de los trabajadores de luchar en defensa de sus intereses de clase. Por eso, las posibilidades objetivas de una campaña eficaz eran inmensas. De hecho, iban surgiendo iniciativas espontáneas para empezar a tomar acción en la esfera de las operaciones por carretera en un pueblo tras otro, en regiones más allá del territorio actual del NCDDC. Lo único que exigía la situación para la creación de una verdadera fuerza motriz era una mayor ampliación de la colaboración organizativa y una orientación a nivel de liderazgo.

Respecto a esta última necesidad, había varios factores que nos ayudarían a extender la influencia del liderazgo a través de una región más amplia. Muchos de los locales que intentaban organizar a los choferes por carretera eran relativamente débiles. Muy a menudo los dirigentes de estas unidades eran bastante inexpertos. Por consiguiente, tendían a recibir con agrado todo apoyo y orientación, acudiendo en especial al Local 544 en busca de ayuda.

Acudían a nosotros en parte por la fuerza que habíamos demostrado en 1934 y también por nuestra exitosa batalla para lograr la restitución a la IBT. Parecían pensar que nosotros les podríamos enseñar a luchar y nosotros parecíamos saber cómo impedir que Tobin desbaratara la lucha.

Si íbamos a aprovechar al máximo esta situación favorable, al desarrollar nuestras tácticas había que considerar problemas delicados sobre el momento oportuno para actuar. Como había sucedido al preparar la lucha de 1934, era necesario evitar un enfrentamiento prematuro con el jefe de la IBT en torno a la presente campaña. Teníamos que dar por sentado que dicho enfrentamiento inevitablemente iba a ocurrir. Sin embargo, sería vital que cuando se produjera, ya se hubiese desarrollado una fuerza organizativa y un ímpetu de lucha más allá de lo que él pudiera controlar. Por eso habíamos actuado conscientemente, de un paso bien planeado al siguiente, desde que lanzamos nuestra campaña de expansión en el verano de 1936.

En un principio nos habíamos concentrado en sindicalizar a unos 2 mil choferes de carretera que conducían camiones hacia y desde Minneapolis. Una parte de ellos trabajaba para patrones basados en esa ciudad, otros para flotas de transporte operadas desde otros puntos de la región. En cualquiera de los casos, los patrones estaban obligados a pagar no menos de la escala salarial establecida por el Local 544, lo cual en general se traducía en un aumento salarial automático para los choferes por carretera de otros pueblos, sindicalizados o no. Reconocíamos la afiliación a los sindicatos locales ubicados en otras ciudades. Solo insistíamos en que ningún trabajador que transportara carga hasta o desde Minneapolis recibiera una remuneración inferior.

Según se describió antes con bastantes detalles, esta política sirvió como un medio importante de promover el ascenso y desarrollo del NCDDC durante la etapa siguiente. Sin embargo, al aplicarla surgieron algunos malentendidos con locales de la IBT más allá del territorio del NCDDC. Un ejemplo típico tuvo que ver con el Local 90 en Des Moines, Iowa.

Carl Keul, quien encabezaba ese local, se apareció un día en Minneapolis seguido por un patrón del transporte por camión de Des Moines. Se quejaba de que estábamos interfiriendo con la entrada de los miembros de su sindicato a la ciudad. Después de deshacernos del patrón, tuvimos una discusión fructífera con Keul.

Él pensaba que seguíamos la práctica de Chicago de hacer que todos los choferes que llegaban a la ciudad se afiliaran a nuestro local, aun si ya pertenecían a otra unidad de la IBT. Refutamos esa versión, que se la había transmitido el patrón. Entonces le explicamos por qué el Local 90 —cuyo contrato estipulaba una escala salarial más baja que la nuestra— debía de colaborar para hacer que los patrones pagaran la tarifa más alta en las carreras a Minneapolis. Una vez que vio la luz, Keul se hizo partidario de nuestro programa para la creación de una fuerza eficaz de la IBT por todo el territorio de los estados norcentrales.

Habían surgido problemas similares con locales de los Teamsters en el oriente de Wisconsin que no se habían afiliado al NCDDC. Algunas de estas unidades tenían contratos con empresas del transporte por camión de larga distancia, pero sus escalas salariales por lo general eran inferiores a la tasa que prevalecía tanto en Minneapolis como en St. Paul a mediados de 1937. En esos casos, como en el caso de Keul, los malentendidos habían surgido con nuestra política de hacer cumplir la escala más elevada para sus miembros cuando estos entraban a las Ciudades Gemelas.

A raíz de esto Hudson y yo, como funcionarios del NCDDC, asistimos a una reunión de los locales de Wisconsin, celebrada en diciembre de 1937 en Milwaukee. Allí el problema inmediato se zanjó al aceptarse nuestra política de aplicar la escala más alta cuando se produjera una situación contradictoria sobre salarios. También se llegó al acuerdo de que se necesitaba un contrato uniforme para el transporte por carretera, que se pudiera aplicar por toda la región. Una vez más, se le había dado un nuevo impulso al movimiento a favor de un cambio en la política de la IBT.

El desarrollo general de nuestra campaña alcanzó una fase cualitativamente nueva en una conferencia del NCDDC celebrada en St. Paul el 8 y 9 de enero de 1938. Había presentes delegados de 46 sindicatos locales ya afiliados al organismo. Entre ellos se encontraba el afiliado más reciente, el Local 383 de Sioux City, Iowa, al cual el NCDDC acababa de asignar a Jack Maloney para brindarle ayuda directa como organizador experimentado.

Además llegaron observadores de los locales de la IBT en Des Moines, Iowa; Omaha y Lincoln, Nebraska; Kansas City, Missouri; y para nuestra grata sorpresa, hasta de Tulsa, Oklahoma, en el sur. La voz de la campaña realmente se iba propagando de boca en boca por las autopistas.

Como primer punto del temario presenté el informe del Comité de Campo. Comenzaba con un resumen de los logros registrados desde que se había formado el NCDDC un año antes. Las filas de los sindicatos locales en las grandes ciudades habían crecido bastante. Se estaban reavivando antiguos locales y se estaban creando nuevos en los pueblos más pequeños. La presión ejercida por el consejo había contribuido a que los locales negociaran con los patrones convenios laborales que estipulaban mejoras importantes en materia de salarios y condiciones para sus miembros. En todos los casos en que se habían necesitado huelgas para conseguirlo, la IBT había ganado. Se habían reducido las diferencias salariales entre las ciudades más grandes y las más pequeñas. Y en el transcurso de estas luchas se había abierto el camino para sindicalizar a las grandes cadenas a nivel de distrito, como en el caso de la Gamble-Robinson.

Abordando entonces la cuestión del transporte por carretera, el informe trató los problemas que surgían de la falta de una escala salarial uniforme en los contratos existentes con las empresas camioneras de larga distancia.

Se subrayó también que en muchos casos la situación se hacía aún más confusa por la ausencia de contrato. Esto resultaba en presiones patronales para mantener todas las escalas salariales a los niveles más bajos. En esas condiciones los locales a menudo se enredaban en malentendidos y querellas que no ayudaban a nadie más que a los enemigos del movimiento obrero. Para encarrilar a la IBT en este sentido, el informe estableció dos puntos esenciales: la colaboración entre los sindicatos locales y una escala salarial uniforme para la región.

Después de una discusión preliminar de estas perspectivas, la asamblea entró en receso el resto del día. La idea era que al reiniciar las deliberaciones a la mañana siguiente se enfocaría en elaborar un amplio plan de expansión de la sindicalización y en la selección de un comité conjunto sobre escalas salariales. Sin embargo, sucedió que se tuvo que cambiar el orden del día.

Entre las sesiones llegó a la ciudad John S. Picago, un organizador general basado en Milwaukee. Traía una directriz de Tobin emitida en nombre de la Junta Ejecutiva Internacional. La junta, se afirmaba, no aprobaba las asambleas generales entre sindicatos locales para debatir asuntos generales. Toda conferencia de ese tipo tenía que limitarse a asuntos específicos que involucraran a locales específicos. En realidad, se nos estaba ordenando que disolviéramos el NCDDC.

Cuando la conferencia se reanudó el día siguiente, se inició con la lectura de la directriz que habíamos recibido. Esto produjo una explosión. Un delegado tras otro tomó la palabra para denunciar la acción dictatorial de Tobin, que iba totalmente en contra de las necesidades del momento. La actitud desafiante se reflejó aún más en la aprobación unánime de una recomendación del Comité de Campo para que se enviara una delegación a Indianapolis, para interponer una protesta directa ante el presidente general.

Entre los que hicimos el viaje como representantes del NCDDC estuvimos: Art Hudson, del Local 120 en St. Paul; Carl Keul, del Local 90 en Des Moines; Jack Maloney, del Local 383 en Sioux City; Fred Smith, del Local 346 en Duluth; Thomas V. Smith, del Local 554 en Omaha; Jack Wirth, del Local 116 en Fargo; y Farrell Dobbs, del Local 544 en Minneapolis.

También trajimos a John Geary, el organizador general basado en St. Paul, un acérrimo tobinista. Queríamos comprometerlo como parte directa de cualquier entendimiento que se pudiera lograr en un enfrentamiento con su jefe.

Nuestra sesión con el director de la IBT comenzó con una disertación pomposa de su parte sobre las "leyes" de la organización, la cual escuchamos cortésmente. A continuación se llevó una sorpresa. Con la única excepción de Geary, cada miembro de la delegación le respondió de manera enfática.

Después de más o menos una hora de argumentos cada vez más acalorados, en la que a sus puntos de "ley" contrapusimos la necesidad urgente, pareció que a Tobin le calaron un par de hechos simples. Las cosas estaban cambiando dentro de la industria y dentro del sindicato más rápidamente de lo que él se había percatado. A menos que se hicieran algunos reajustes en la política a seguir, podía toparse con una rebelión de grandes proporciones. Así que decidió ser un poco más flexible.

Al final ofreció un arreglo aceptable. Se permitiría la colaboración a través de las ciudades entre los locales para tratar problemas críticos, siempre que no violaran los derechos de los Consejos Unidos de Teamsters. Esa acción colectiva quedaba restringida al manejo de problemas especiales en esferas específicas. Entre ellas se encontraban las lecherías y las cadenas de productos agrícolas, el suministro de materiales para los complejos panaderos y la construcción de autopistas. Además, y más importante aún, estábamos autorizados a proceder con las medidas necesarias para establecer escalas salariales uniformes en el transporte de larga distancia por todos los estados norcentrales. Se entendía que en todas estas actividades se mantendría informado a Tobin de lo que estábamos haciendo.

Aunque el NCDDC ya no podría funcionar como antes, con un alcance irrestricto y una amplia gama de actividades, se había logrado un avance importante. Contábamos ahora con la aprobación de Tobin para el proyecto clave, una campaña amplísima de sindicalización de los choferes por carretera a escala regional. Una vez que este grupo clave de trabajadores se sindicalizara, la IBT podría crecer rápidamente en todos los rincones de la industria del transporte por camión. Este crecimiento exigiría finalmente el desarrollo de una forma de organización regional amplia y sofisticada en el sentido concebido originalmente por el NCDDC (lo cual sucedió cuando más adelante se formó la Conferencia Central de Teamsters).

Sin embargo, antes de que se pudiera preparar el terreno para la consecución de estos objetivos más amplios, tuvimos que ganar una batalla contra las empresas de transporte de larga distancia.

17

Campaña por 11 estados

Ahora que le habíamos extraído a Tobin su aprobación de la acción colectiva en el ámbito del transporte por carretera, rápidamente se organizó una sesión de planificación en Minneapolis. Asistieron representantes sindicales locales de Iowa, Minnesota y Wisconsin. Nuestra discusión se enfocó en medidas para formar un comité de convenio regional y hallar una forma de entablar negociaciones regionales con compañías de transporte por carretera. Para iniciar estos esfuerzos se acordó una división de trabajo.

Chicago era el centro de estas operaciones de transporte por camión en la cuenca alta del valle del río Mississippi. Por tanto era la terminal clave para nuestra campaña y había que incorporar al movimiento allí a colaborar con nosotros. Así que los locales de Wisconsin, que tenían las mejores relaciones con los sindicatos de Chicago, tomaron la iniciativa de organizar una reunión con los funcionarios apropiados de los Teamsters en esa ciudad.

También se sobreentendía que entretanto los demás nos

concentraríamos en la movilización de fuerzas adicionales en la parte sudoccidental de la región. En efecto, ya se había dado un primer paso en ese sentido. Inmediatamente después de la reunión con Tobin, se había recibido una solicitud del Local 554 de Omaha para que algunos de nosotros fuéramos allá a darles apoyo. Así que Jack Maloney, Carl Keul, Art Hudson, Carl Skoglund y yo habíamos ido a Omaha para pasar un fin de semana de conversaciones con estos trabajadores.

Nuestras discusiones llevaron al Local 554 a tomar la decisión de ampliar su plantel de organizadores y extender su campaña de sindicalización hasta el estado de Nebraska. También se celebró una asamblea de miembros, en la que más de 400 choferes colmaron el recién inaugurado local del sindicato en el 1222 de la Calle Harney. Los asistentes se mostraron muy entusiastas con la campaña regional para exigir cuentas a los patrones del transporte por carretera.

Inspirados por el ánimo que encontramos en Omaha, realizamos una conferencia de trabajo el 19 y 20 de febrero de 1938 en Sioux City. Llegaron delegados de sindicatos locales de Minnesota, Iowa, las Dakotas y Nebraska. El encuentro tomó dos decisiones fundamentales. Se organizó una campaña de reclutamiento a extenderse a lo largo del valle del río Missouri desde Dakota del Sur hasta Kansas y Missouri. Además se llegó a un acuerdo general sobre las demandas contractuales que se presentarían a los patrones.

Respecto a esta última decisión, ya se habían venido sentando las bases necesarias por más de un año. Eso se inició en Minneapolis en el otoño de 1936, como una de las medidas de nuestra campaña general de expansión. Siguiendo nuestra práctica establecida, habíamos comenzado tratando de consultar ampliamente a los trabajadores del transporte de larga distancia. Sin embargo, en este caso, el objetivo no se podía lograr del todo con discusiones colectivas. Siempre había tantos choferes que estaban en medio de viajes que solo se podía juntar a unos cuantos a la vez.

Para resolver este problema, preparamos un cuestionario diseñado para recoger sus opiniones. Una serie de preguntas procuraba obtener información sobre las condiciones laborales precisas bajo las cuales trabajaba cada chofer. Una segunda categoría solicitaba recomendaciones sobre demandas que debían presentarse a los patrones del transporte por carretera. También se brindaba espacio para comentarios generales. Ya que era más fácil obtener la información deseada con solicitudes anónimas, no se pedía que lo firmaran.

Se entregaron paquetes del cuestionario a militantes sindicales que trabajaban en la industria. Los llevaban en sus viajes y los repartían a otros choferes. Muchos que nunca siquiera se acercaban a Minneapolis aceptaban copias y, en estos casos, normalmente pedían copias adicionales que ellos mismos pudieran repartir. Más adelante, estos trabajadores entregaban los cuestionarios completados a algún chofer que iba rumbo a Minneapolis, pidiendo que los entregaran al Local 544. Así obtuvimos un cuadro bastante claro de las opiniones de los trabajadores a nivel regional.

Después, la información así obtenida se clasificaba y generalizaba. De este proceso surgió un conjunto concreto de reivindicaciones sindicales que con toda seguridad recibirían el fuerte respaldo de los choferes por carretera en general.

En mayo de 1937 se presentaron demandas a la Asociación de Transporte Motorizado Regulado. Como se mencionó antes, esta institución consistía de empresas de transporte de larga distancia con sede en las Ciudades Gemelas. La asociación estableció un comité para reunirse con los representantes de los Locales 120 y 544. Luego, poco después de empezar las negociaciones, se había desatado la huelga del trasbordo en St. Paul. Al verse en aprietos, estas compañías desertaron del frente único que los patrones de las Ciudades Gemelas habían formado y pronto llegaron a un arreglo con la IBT.

A principios de junio de ese año, firmaron un convenio laboral que hizo más que exceder las demandas del sindicato respecto al transporte local. También abarcaba sus operaciones por carretera. Entre las principales cláusulas de este último acuerdo estaban las siguientes:

El sindicato sería el único representante de los empleados de carreteras.

Una jornada semanal de 54 horas para los choferes de línea, con primas por horas extras. Si se les pedía que fueran a trabajar, tendrían la garantía mínima de 40 horas. Los choferes no estaban obligados a cargar o descargar en las terminales antes o después de un turno de manejo de ocho horas.

Los choferes recibirían un mínimo de 70 centavos por hora. La jornada comenzaría al momento de reportarse a trabajar y continuaría hasta el momento que a uno lo dejaran ir. Esto incluiría el tiempo que se pasaba con retrasos, en recoger carga y hacer entregas, en cargar y descargar, con averías y embotellamientos.

Los choferes no estarían obligados a descansar en las cabinas-dormitorios. El patrón debía brindar instalaciones apropiadas para dormir fuera de casa. Mientras estuvieran de viaje, se le pagaría a los choferes los costos de alojamiento y comida.

Los derechos de antigüedad debían regir en todo aspecto.

Los choferes no estaban obligados a operar equipo defectuoso o a violar las leyes de velocidad. Debían instalarse calentadores en todos los camiones de larga distancia.

El patrón debía reconocer el sistema de delegados sindicales en el lugar de trabajo.

El sindicato mantendría el derecho de huelga en caso que el patrón violara el contrato.

En la conferencia de Sioux City estas cláusulas se utilizaron como base para preparar las reivindicaciones que se presentarían a los patrones para obtener un convenio uniforme y a nivel regional. Con solo unas pocas excepciones, las condiciones del acuerdo de las Ciudades Gemelas se incorporaron casi textualmente a las reivindicaciones regionales. Las excepciones eran las siguientes:

Se decidió que ya estábamos en una situación lo suficientemente fuerte para librar una lucha por reducir la semana laboral de los choferes de larga distancia a 48 horas (lo cual, como veremos más adelante, resultó ser una meta demasiado ambiciosa en esa etapa).

La reivindicación salarial se cambió para estipular que los choferes de línea recibieran como mínimo 70 centavos por hora o 3 centavos por milla. Esto se hizo porque la experiencia nos enseñaba que bajo ciertas circunstancias el pago por milla ofrecía ventajas a los trabajadores. Sin embargo, cuando se utilizaba ese método de cálculo, aún exigíamos que no se pagara menos de 70 centavos la hora por cualquier trabajo que no fuera conducir.

Se añadió una nueva cláusula estipulando que los operadores-propietarios debían recibir el costo de operar su equipo, más su valor de reemplazo, más salarios a escala sindical como choferes.

Nuestra acción en Sioux City en respuesta a las propuestas de reivindicaciones para el contrato regional resultó ser de lo más oportuna. Los locales de Wisconsin habían tenido éxito en sus intentos de convocar en Chicago una conferencia ampliada del transporte por carretera. Y ahora podíamos ir allá con un programa integral que en todos los aspectos esenciales se podía presentar para ser implementado.

El encuentro de Chicago se inauguró el 2 de marzo de 1938 y duró cuatro días. Asistieron representantes de locales sindicales de ocho estados: Illinois, Wisconsin, Minnesota, Iowa, Missouri, Dakota del Norte, Dakota del Sur y Nebraska. También estuvieron presentes tres organizadores generales de Tobin: Henry Berger, John Geary y John Picago.

Entre los presentes estaban dos funcionarios del Local 710 de Chicago, Mike Healy y Frank Brown. Anunciaron que habían llegado simplemente como observadores, dependiendo del resultado de su intento de obtener la jurisdicción del transporte de larga distancia con base en Chicago. Añadieron que el principal funcionario de su local sindical, John T. (Sandy) O'Brien, estaba en Indianapolis en ese momento, discutiendo el asunto con los funcionarios de la Internacional y que se esperaba su retorno antes de que concluyera la conferencia.

Al principio Henry Berger pretendió dominar las deliberaciones, o para ser más precisos, intentó impedir cualquier discusión seria. Cada vez que uno de nosotros, del viejo NCDDC, tomaba la palabra, él respondía de manera sarcástica, "Esperen no más que llegué O'Brien". La implicación era clara. Él pensaba, con mucha confianza, que estaba a punto de recibir una ayuda importante para ponernos en nuestro lugar. Sin embargo, decidimos no hacerle caso, porque Healy nos había informado confidencialmente durante un receso que el Local 710 estaba a favor de lo que estábamos tratando de lograr.

Sandy O'Brien, quien había de cobrar mucha importancia en la campaña que se desarrollaría después de este encuentro, parecía andar por los 40 años. Había ascendido por lo escarpado de la ruda escuela política de la IBT en un Chicago atestado de gangsterismo. Por algún tiempo había sido el jefe indiscutido del Local 710, una estrecha estructura de oficios basada en los choferes que realizaban entregas de carne en la ciudad.

Capaz de pensar hacia el futuro, él percibía el potencial del proyecto por carretera. Sin embargo, a diferencia de los trotskistas, no lo veía principalmente como medio para impulsar la lucha de clases. Parecía considerarlo más como una oportunidad de ampliar su base en el Local 710 y fortalecer su posición como su principal dirigente.

Cualesquiera que fueran sus motivos precisos, O'Brien apreciaba la importancia estratégica de Chicago como eje de las operaciones del transporte de larga distancia en la zona. También veía la necesidad de poner fin a la repartición de los choferes de carreteras entre distintos locales sindicales en la ciudad. Por tanto, se dio a la tarea de aglutinar a estos trabajadores en el Local 710 y persuadió a los locales cuyos miembros transportaban carga dentro de la ciudad de que aceptaran ese arreglo. Dos factores fueron fundamentales para este último logro: él les garantizaba a estos locales una plena colaboración en sus propias esferas y tenía una merecida fama como persona que cumplía su palabra.

Con el terreno así preparado, O'Brien había ido a Indianapolis a pedir que la jurisdicción deseada fuera aprobada formalmente. Al respecto tenía ventajas sobre cualquier otro representante de un sindicato local. Él mismo era miembro de la Junta Ejecutiva Internacional. Además, era un amigo cercano de Thomas L. Hughes, quien antes había estado en Chicago y había llegado a ser secretario-tesorero general de la IBT. Gracias a ese peso, Sandy obtuvo la luz verde de Tobin y así se creó una base sólida para la sindicalización de los choferes por carretera en la terminal de Chicago.

Otro problema que enfrentaba el Local 710 era el escaso conocimiento que tenían sus dirigentes sobre la industria de flete de larga distancia. Después supimos que esto había llevado a O'Brien a tantear a L.A. Murphy sobre la posibilidad de conseguir ayuda fiable de los dirigentes del Local 544. Murphy le aseguró que nosotros teníamos experiencia organizativa en la industria y que tratábamos de manera abierta y franca con nuestros colaboradores. Así que desde un principio tuvimos muy buenas credenciales ante el Local 710.

Por otro lado, teníamos mucho que ganar con esta colaboración. Representaba otra gran oportunidad del tipo que en dos ocasiones anteriores habíamos sabido aprovechar. La primera había sido la cooperación de Bill Brown para lograr el avance inicial en el Local 574. Luego Pat Corcoran se había desempeñado como figura clave para iniciar el NCDDC. Ahora Sandy O'Brien estaba a punto de ayudarnos a ampliar la campaña regional.

Nuestra relación con él desde un principio entrañó dos aspectos. Nosotros teníamos el programa y el conocimiento organizativo necesario para la tarea inmediata. Él ejercía una influencia vital en el Consejo Unido de Teamsters y en la sede de la IBT. Juntos podríamos infundirles un nuevo contenido a algunas de las viejas instituciones de los Teamsters, convirtiéndolas en vehículos para el progreso.

El primer paso hacia ese objetivo se dio cuando O'Brien regresó a Chicago y se incorporó a la conferencia que estábamos celebrando allí. Informó sobre las perspectivas favorables que resultaron de su viaje a Indianapolis y declaró públicamente el apoyo pleno del Local 710 al proyecto por carretera. Después de eso, Henry Berger dejó de interferir en la reunión. Nos pusimos a trabajar en serio y las cosas comenzamos a andar.

Las demandas para el contrato que habíamos preparado en la sesión de Sioux City se aprobaron con pequeños cambios. Solo se añadió una disposición importante. A solicitud de los locales de Illinois y Wisconsin se incluyó una cláusula que exigía que los patrones contrataran únicamente a trabajadores que fueran miembros del sindicato, una forma de taller cerrado. Se decidió entonces enviar copias de las reivindicaciones a todos los locales del Sindicato General de Choferes de la zona. A estos locales se les pidió que no renovaran ningún convenio existente con las compañías de larga distancia en tanto siguieran pendientes las negociaciones sobre un contrato regional y uniforme. A cada empleador se le presentó también una copia de las reivindicaciones, junto con una solicitud de sostener negociaciones.

Se eligió un Comité del Área Norte Central para orientar la campaña sindical. Entre sus miembros estaban Mike Healy por Illinois (con la participación de O'Brien cuando era necesario); Joseph F. Scislowski (de Milwaukee) por Wisconsin; Farrell Dobbs, por Minnesota (con ayuda de Harry DeBoer); Carl Keul y Jack Maloney por Iowa; T.T. (Ted) Neal (de Kansas City) por Missouri; Jack Wirth por Dakota del Norte; Happy Holstein por Dakota del Sur; y Thomas V. Smith por Nebraska. El comité nombró como funcionarios a Scislowski de presidente, y a mí se me designó secretario.

Los delegados también votaron a favor de iniciar una intensa campaña de afiliación a lo largo de las principales carreteras troncales y terminales. Además se ordenó al comité que explorara la posibilidad de ampliar la zona más allá de los ocho estados que entonces participaban en la campaña.

Ted Neal y yo asumimos la responsabilidad de explorar la región del suroeste. Con la ayuda de Floyd Webb de los Teamsters en Joplin, organizamos conferencias de los sindicatos locales en el oeste de Missouri, Kansas, Oklahoma y el norte de Arkansas. Estas sesiones revelaron que había bases firmes para incluir a todo Missouri en nuestra campaña. Sin embargo, en los otros tres estados los locales de la IBT aún eran bastante débiles y no se les podía considerar como fuerzas eficaces de combate.

Entretanto, Sandy O'Brien y Mike Healy habían emprendido la tarea de extenderse hacia el este de la región. Sus esfuerzos se vieron coronados al llegar delegados de Indiana, Michigan y Ohio a la siguiente conferencia general de transporte por carretera, que se celebró el 24 de marzo en Chicago.

En esta reunión ampliada se reafirmaron unánimemente las decisiones tomadas a comienzos de marzo. Esto nos permitió avanzar en la causa común con la fuerza adicional que aportaban algunos de los locales relativamente grandes de la región oriental. También significaba que ahora podíamos enfocar nuestra mirilla en un contrato único para toda la zona que cubriera todo el transporte de larga distancia en 11 estados.

A tono con esta expansión geográfica, se agregaron más miembros al comité regional. Entre estos estaban J.M. (Red) O'Laughlin del Local 299 en Detroit, por Michigan; B.V. Griff del Local 407 en Cleveland, por Ohio; E.J. Williams del Local 135 en Indianapolis, por Indiana. (Después de un tiempo Thomas E. Flynn de South Bend, quien luego llegó a ser secretario-tesorero general de la IBT, fue integrado a la representación de Indiana). La delegación de Missouri también se amplió con William Ryan del Local 600 en St. Louis y John A. Ray como su suplente.

Después de sumarse al comité, Red O'Laughlin decidió

contribuir a los esfuerzos a nivel de zona. Para facilitarlo, se asignó la dirección de la actividad organizativa en el distrito de Michigan y sus alrededores a James R. Hoffa (posteriormente presidente general de la IBT). En ambos casos esto funcionó bien.

Hoffa ya tenía cierta experiencia en el trabajo de sindicalización por carretera. También tenía la virtud de ser ávido para aprender y rápido para asimilar ideas nuevas. Esto le permitió hacer aportes importantes al esfuerzo colectivo mediante el cual todos procurábamos lograr nuestras metas de la campaña.

O'Laughlin, quien en una época había sido sparring de Jack Dempsey, era un luchador en todo sentido. Una vez incorporado al movimiento del transporte por carretera, estaba dispuesto a ir hasta el final. Ni una sola vez mostró titubeos ni reservas. No importaba dónde surgía un problema serio en la zona, ni cuánto tiempo tardaba rectificarlo, siempre se podía contar con su aporte directo dónde y cuándo su ayuda se necesitara.

En su conjunto, el comité del área era una agrupación extraordinaria. Entre sus miembros había funcionarios sindicales más viejos, formados según los métodos tradicionales de la IBT, quienes encaraban serios problemas para reacoplarse a la nueva situación. Junto a ellos había jóvenes dirigentes con experiencia organizativa limitada, algunos de los cuales hasta hacía poco habían sido choferes por carretera. Debido a estos orígenes contrastantes, había varias contradicciones implícitas en el comité. Sin embargo, éstas se veían mitigadas por una serie de factores positivos.

Había mucha cabida para los aportes de todos los miembros del comité. Por su posición en la IBT, lo más antiguos podían captarnos aliados en otras partes del movimiento, y también podían dar ayuda práctica al recurrir a aspectos valiosos de sus experiencias anteriores. A su vez, los dirigentes jóvenes compensaban su inexperiencia de varias formas: contribuían su energía y combatividad a la campaña; conocían la industria y los trucos empleados por los patrones; y estaban allegados a las filas del sindicato. Además, el comité se cimentó por el hecho que todos habían aceptado objetivos comunes por decisión conjunta, factor que ayudó a crear un espíritu de buena voluntad.

Estas circunstancias permitieron que los revolucionarios en esta estructura —quienes teníamos conciencia política de clase y experiencia sindical— ayudáramos a superar fricciones que aparecían de vez en cuando. En esto nos ayudaba el hecho que las metas de la campaña reflejaban plenamente las aspiraciones de los trabajadores en la industria. Por tanto era posible, cuando resultaba necesario, usar las presiones de las filas sobre el comité para frenar riñas inútiles y superar cualquier tendencia de desviarnos de una política eficaz.

En general, el Comité del Área Norte Central se había convertido en un competente equipo directivo. Estaba a la cabeza de un ejército rápidamente creciente de trabajadores por carretera. Y los peligros de una intervención adversa de la sede de la IBT se habían reducido a un mínimo. Estos logros llevaban a una conclusión: *estábamos listos para enfrentar a los patrones.*

Poco tiempo después de la segunda reunión de Chicago, nuestro ejército tuvo la oportunidad de ejercitar sus músculos. La Holdcroft Transportation, la compañía más grande que operaba desde Sioux City, comenzó a despedir choferes que se afiliaban al sindicato. El Local 383 salió en huelga contra la empresa el 29 de marzo. Otros locales de la IBT paralizaron sus instalaciones en Marshalltown, Omaha y Sioux Falls. El Local 90 en Des Moines patrulló la carretera de Lincoln para frenar las operaciones de la

Holdcroft a lo largo de la principal arteria y el Local 710 impidió la entrada a Chicago.

Después de un paro de 18 horas, la compañía se rindió. Los choferes despedidos fueron restituidos a sus puestos y les pagaron los salarios perdidos. Se implantaron normas de antigüedad y los trabajadores en esa empresa que habían resistido afiliarse entraron a tropel al sindicato.

Como una semana después, el Local 844 se fue a huelga contra la Brady Transfer en Fort Dodge por el despido de sindicalistas. Muy pronto paralizaron sus operaciones en toda la región con ayuda de los locales de la IBT en Des Moines, Sioux City, Omaha, Mason City, Waterloo y en las Ciudades Gemelas. Un paro de 22 horas forzó a la empresa a restituir a los trabajadores despedidos, junto con el pago de sus salarios atrasados y la institución de normas de antigüedad. Ya que esta empresa mantenía algunas de las peores condiciones de trabajo en la zona, se plantearon también reivindicaciones al respecto. Se le obligó, por ejemplo, pagar a los choferes no solo por el tiempo de carga y de paradas, sino también por sus gastos de viaje. No se tomó acción en relación con las tarifas salariales porque esos asuntos debían resolverse a nivel regional.

Estos golpes relámpago contra dos compañías notoriamente antisindicales tuvieron un efecto doble. Se demostró a los trabajadores que el comité del área actuaba en serio y que tenía la fuerza para proteger sus empleos. Esto dio un nuevo impulso a nuestra campaña de afiliación. Al mismo tiempo, se les hizo ver a los patrones que ahora tenían que tomar en serio a la IBT. Eso era un logro, pero seguía pendiente un gran problema. Aún teníamos que hallar la forma de aglutinar un comité representativo de patrones para sostener negociaciones centralizadas. Eso no iba a ser fácil.

A nivel regional, el transporte de larga distancia estaba

en manos de una colección abigarrada de empresas. Por cada entidad grande había decenas de compañías chicas. Entre sí se peleaban como perros para obtener negocios. Para reducir un poco sus tarifas a fin de poder pujar mejor —y lograr aún una jugosa ganancia— competían para ver quién estrujaba más a los trabajadores. Estos factores, junto con la negligencia de la IBT hacia los trabajadores afectados, resultaron en la ausencia de una estructura patronal para negociar con el sindicato en un marco geográfico amplio.

El único medio evidente a través del cual se pudiesen iniciar negociaciones centralizadas era la Asociación Camionera Americana (*American Trucking Association*—ATA), una organización patronal nacional. Este organismo sí tenía un Comité de Relaciones Laborales. De hecho, Sandy O'Brien se acababa de enterar por medio de Tom Hughes que los funcionarios de la IBT se iban a reunir con este comité para discutir problemas relacionados con la jurisdicción sindical en el transporte motorizado. Aprovechando la oportunidad, enviamos una solicitud directa a la ATA para que tomara cartas a fin de concertar negociaciones regionales con los patrones. John Lawrence, su gerente general, contestó que la organización no tenía autoridad de negociar convenios laborales, por lo que tendríamos que negociar con los empleadores a nivel local.

Respondimos con un telegrama a V. Rogers, presidente de la ATA. Se le remitió a St. Louis, donde estaba reunida la junta de directores de la organización. En nuestro mensaje, fechado 21 de abril, se leía:

"Solo podemos interpretar la carta del Sr. Lawrence como una forma cortés de decir que los empleadores rehúsan negociar con los sindicatos a nivel regional. Les declaramos enfáticamente que los sindicatos insistimos en un convenio regional uniforme y no nos vamos a someter a su ridículo programa de desviar negociaciones hacia un laberinto de conferencias subdistritales o de ciudades individuales. Sabemos lo que esto significaría y por qué lo quieren... Si persisten en su política actual, no podemos asumir responsabilidad por cualquier acción drástica que se puedan ver obligados a tomar los sindicatos que representamos".

Como forma indirecta de responder a nuestra protesta, la junta de directores de la ATA disolvió su Comité de Relaciones Laborales. Eso solo nos dejaba una opción: tendríamos que obligar a los patrones de la zona a que crearan su propia agencia central de negociación.

Nuestro primer paso fue enviar un ultimátum a más de 1 200 empleadores en los 11 estados. Como habíamos hecho con la ATA, declaramos nuestro rechazo a "ser desviados hacia un laberinto de negociaciones regionales y en ciudades individuales". Dicho curso, afirmábamos, solo "perpetuaría las condiciones caóticas actuales". Se pidió a cada una de las empresas que declarara su intención respecto a la demanda del sindicato para que se negociara un contrato regional uniforme. Lo que implicaba era bastante claro. Si no lográbamos una respuesta satisfactoria, se vislumbraba una huelga.

La movilización de las fuerzas sindicales para la batalla comenzó a través de una serie de encuentros regionales. Este método ayudó a asegurar la máxima asistencia en todas partes de la región. En estas sesiones se dieron informes a los representantes sindicales locales sobre los problemas que enfrentábamos para imponer la realización de negociaciones regionales. También se alertó a los locales para que se dispusieran a tomar acción huelguística, en caso de ser necesario, a fin de lograr el acuerdo deseado con los patrones.

En la reunión regional sostenida en Kansas City sucedió algo inusitado. Sandy O'Brien y Mike Healy se esforzaron sobremanera para estar presentes, principalmente como muestra de solidaridad. Esto tuvo un efecto positivo entre los sindicatos locales de la región. Estaban acostumbrados a que cuando a sus miembros les tocaba hacer viajes a Chicago, lo único que recibían allí eran chichones. Ahora los dirigentes del local del transporte por carretera en Chicago habían ido a su territorio, dispuestos a ponerse hombro a hombro con ellos en una lucha sindical progresista. Era una muestra de la forma en que nuestras fuerzas se iban entrelazando como compañeros de armas.

Después de estas reuniones preliminares se celebró una conferencia general el 8 de mayo en Chicago. Hubo una nutrida asistencia. Por primera vez se contó con la presencia de un funcionario del Sindicato General de Choferes de Louisville, Kentucky, Pat Ansboury, un simpatizante trotskista. Los delegados reafirmaron su posición a favor de las negociaciones regionales. Se instó a todos los locales del transporte por carretera a que no pactaran con sus patrones sino hasta que se pudieran establecer condiciones uniformes. Además se facultó al comité regional para que consultara con los funcionarios generales de la IBT en nombre de los locales que participaban en la campaña de 11 estados. El propósito era asegurar la cooperación de la Internacional en la lucha por un contrato regional.

Una semana después, nuestro comité se reunió con Tobin en Indianapolis. Frente a la formidable combinación que ahora representábamos, él abandonó su habitual actitud pomposa y escuchó detenidamente nuestro informe. Luego hizo unas cuantas preguntas, con el objetivo patente de obtener un cuadro más claro de la situación. Al contestarle, repetidamente recalcamos que empezaban a surgir condiciones nuevas y favorables.

Nuestro ultimátum a los patrones había asustado a los que operaban desde bastiones de la IBT como Chicago,

Minneapolis, etcétera. Ahora se mostraban dispuestos a ayudar a iniciar alguna forma de negociaciones regionales. Esta nueva tendencia nos permitió asegurarle a Tobin que había posibilidades de llegar a un acuerdo por lo menos con una parte de los patrones de la zona. Nuestra actitud pareció satisfacerle de que actuaríamos "responsablemente" y prometió cooperar con nosotros contra los empleadores que rehusaran negociar.

El jefe de la IBT también aprobó medidas para intensificar la movilización de nuestras fuerzas. Coincidió en que el comité regional podía convocar reuniones que integraran a las juntas ejecutivas de todos los locales del transporte por carretera en los 11 estados. Se nos autorizó informar en estas reuniones de su promesa de apoyarnos contra los patrones recalcitrantes.

Sin embargo, justo en ese momento, cuando la campaña iba cobrando impulso rápidamente, se recibió un nuevo golpe en Minneapolis. Fue un golpe trágico y sin sentido.

18

Otra muerte

"A eso de las nueve de la noche del miércoles, Arnold Johnson entró al café Friedlund's, en la esquina de Plymouth y Washington, donde Miles Dunne se encontraba en una mesa... Johnson le dijo a Miles Dunne que saliera y después de un momento le dijo: 'Acabo de matar a un hombre. Le di dos plomazos'.

"Dunne, al suponer naturalmente que Johnson bromeaba, haciéndose el serio le preguntó el nombre de la víctima.

"'Bill Brown', dijo Johnson.

"Sin creerse la historia ni por un instante, Dunne le pidió a Johnson que entrara y se tomara un trago. Johnson insistió que hablaba en serio. 'No me crees, pero sí lo hice', dijo.

"Después de unos minutos Miles empezó a tomar a Johnson más en serio. Vio que Johnson estaba de un humor extraño y actuaba distinto de lo normal. Cuando Jack Smith entró al café, Miles le pidió, a insistencia de Johnson, que buscara a Grant Dunne.

"Cuando llegó Grant, Johnson lo llevó a un lado y repitió su historia.

"Todavía nadie le creía, pues la historia no tenía sentido. Johnson mantenía relaciones muy amistosas con Bill Brown y los demás funcionarios de los choferes.

"Decidieron contarle a Vincent [Ray] Dunne sobre el comportamiento de Johnson. Sabían que Vincent pensaba asistir a la reunión regular de la Unión Central del Trabajo.

"Jack Smith se ofreció a llevar a Johnson a la Unión Central del Trabajo. Allí, Johnson le repitió su historia a Vincent.

"Según V.R. Dunne, Johnson tenía un semblante tenso y de loco. Vincent se mostró incrédulo. Recomendó que todos regresaran al café.

"De regreso a Friedlund's se sentaron con Johnson y le pidieron más detalles. Su versión era incoherente y él se negaba a decir exactamente dónde estaba Brown. Al insistir en que diera detalles, simplemente agitaba la mano vagamente. Después de una hora de interrogatorio, dijo finalmente que el cadáver de Brown estaba en su auto y que el auto estaba estacionado en la Avenida Washington.

"Vincent y Miles Dunne inmediatamente caminaron por la Avenida Washington. A media cuadra avistaron el auto de Brown. Había alguien desplomado en el asiento.

"Los dos fueron de inmediato a la estación de policía de Northside y reportaron lo que habían visto. Un auto patrulla salió a investigar, los patrulleros encontraron allí el cadáver de Brown. Se llamó una ambulancia. El cirujano de la ambulancia declaró muerto a Brown.

"La policía apresó entonces a Johnson en el café y lo llevó a la estación de policía, donde confesó haber matado a Brown. Luego pusieron a Johnson en una celda".

Como indicaba este informe del *Northwest Organizer*, la

primera reacción al asesinato del presidente del Local 544, ocurrido el 25 de mayo de 1938, fue una de incredulidad y asombro. Parecía tan irreal, tan completamente carente de móvil, que era difícil creer los detalles. Sin embargo, él había desaparecido. Habíamos sufrido un golpe demoledor, que golpeaba particularmente el seno del plantel sindical porque con él compartíamos una camaradería estrecha y larga en la batalla.

Sin embargo, a pesar de lo que cada uno de nosotros sentía a nivel personal, aún teníamos la responsabilidad colectiva de reaccionar como dirigentes. Sobre todo teníamos que permanecer alertas al peligro de que la clase dominante utilizara la tragedia contra el sindicato. Por eso rápidamente emitimos una declaración pública a nombre de la junta ejecutiva del Local 544. Decía en parte:

"El Sindicato General de Choferes ha sufrido una pérdida irremediable. Bill Brown, con apenas 43 años de edad, había sido un alma dirigente de nuestro movimiento desde su comienzo...

"Durante la mayoría de los años desde 1916, había trabajado en su oficio, como camionero de trasbordos. Era carne y hueso de los hombres que él dirigía, y gozaba de su cariño y afecto como ningún otro miembro del sindicato...

"Los buitres ya sobrevuelan el cadáver de Bill Brown. Los enemigos del movimiento obrero y su prensa pretenden difamarlo a él y al sindicato que forjó. Los sindicalistas y los amigos del movimiento obrero tratarán a estos enemigos con el desprecio que se merecen.

"La muerte de Bill Brown se debe colocar en una categoría completamente diferente del asesinato de Patrick Corcoran el año pasado. Las dos tragedias no tienen nada en común y advertimos al movimiento sindical de que rechace los intentos de los enemigos de establecer un 'vín-

Trabajadores colman la calle frente a sede del Local 544 de Teamsters durante funeral de su presidente, Bill Brown.

culo' entre ambas. Pat Corcoran murió a manos de enemigos mortales del movimiento obrero; es evidente que Bill Brown fue víctima de un amigo y hermano sindical en un ataque de locura temporal".

Las honras fúnebres de Bill se llevaron a cabo en el local de los Teamsters. A las 10 en punto de esa mañana se abrió al público el gran auditorio, donde se veló de cuerpo presente. Delegados sindicales, luciendo bandas distintivas en el brazo, hicieron de acomodadores.

Durante las cinco horas siguientes, una interminable fila de trabajadores y trabajadoras —de todos los sectores del movimiento obrero— desfilaron frente al féretro rodeado de flores para rendir sus últimos respetos al dirigente caído. Entre ellos había delegaciones de locales de los Teamsters de toda la zona norcentral. Además llegaron mensajes de condolencias de sindicalistas de todas partes de Estados Unidos.

Cuando empezó el rito final a las tres de la tarde, todos los salones del edificio estaban llenos; muchos, con la cabeza descubierta, se quedaron en la calle. Se utilizaron altoparlantes para transmitir la ceremonia del auditorio principal hacia los otros salones y a la calle.

Los familiares habían acordado que Miles y Ray Dunne participaran en el programa de oradores en nombre del sindicato, pero había otro factor que creaba un problema. Ellos querían que el pastor de la familia, el reverendo Franklin Marlatte de la iglesia luterana, se encargara de una parte religiosa de la ceremonia. Por supuesto, nosotros respetábamos su solicitud, pero también teníamos presente que Bill Brown no era una persona religiosa. No parecía correcto que un predicador sentara un tono de "arrepentíos pecadores" en el momento que le dábamos nuestro último adiós. Así que preparamos el programa a modo de cumplir con los deseos de la familia y aún sentar en general un tono digno de Bill.

Miles Dunne habló primero. Como informó el *Northwest Organizer*, en su presentación dijo:

"En esta vida hay personas que pasan por ella y ven la vida difícil de los trabajadores. Hay quienes ven la verdad y se resienten, pero desahogan su resentimiento rumiando en cuartos oscuros. Una minoría de los que ven, poseen la valentía y una chispa divina y principios. En vez de derramar lágrimas, tienen la convicción de que su tarea es salir al campo de la lucha y rectificar los males que ven a su alrededor. Hay una pequeña minoría de hombres así, y Bill Brown era uno de esos hombres...

"Él hacía las cosas que quería hacer. Les trajo algo de comodidad y seguridad a miles de trabajadores. Si existiera un Valhala, donde se juntaran los grandes defensores de la clase trabajadora, Bill ocuparía allí uno de los lugares más altos entre los que han luchado por la causa".

El reverendo Marlatte ofició entonces la ceremonia religiosa. Hay que decir, a su favor, que pareció entender la naturaleza insólita de la ocasión, ya que habló y oró en tono moderado y con relativa brevedad.

Ray Dunne ofreció las palabras finales.

"Bill está presente hoy con nosotros en su última asamblea sindical con sus hermanos y hermanas", dijo, "con la gente por la que él vivió y por la que luchó...

"Él comprendía que la clase obrera tenía que organizarse a nivel mundial... Entendió la necesidad de aplicar las teorías de los grandes dirigentes obreros del mundo a las condiciones actuales.

"Bill tenía sus propias formas enérgicas de aplicar estas teorías. Veía en el movimiento obrero el instrumento que haría de este mundo algo mejor que una casa de hambre o un campo de concentración, el instrumento que se apoderaría de las economías de esta vida y tejería una vida hermosa para todos los que trabajamos.

"Bill no trataba de imponerles sus ideas a quienes él fue escogido a dirigir... Sí insistía en que si los hombres han de ser dirigentes, deben darle su vida al movimiento obrero... Su entendimiento y su actitud hacia la vida debe ser el ánimo que inspira a cada hombre y cada mujer que está hoy aquí".

Después de la ceremonia una procesión de carros de más de dos millas de largo acompañó al presidente del sindicato hasta el cementerio Crystal Lake. Allí se había reunido otra enorme multitud para darle un saludo final.

Entre quienes llegaron a la ciudad para el funeral estaba Jim Cannon, el dirigente trotskista nacional, quien compartía nuestra simpatía por Bill. Después se reunió con la fracción Teamster del partido para ayudarnos a elaborar la defensa del Local 544 contra los nuevos ataques que ahora habían de esperarse de sus enemigos. En esta ocasión no necesitó ir acompañado de un periodista del partido para ayudarnos. Felix Morrow aún estaba en la ciudad y se había encargado de los aspectos de publicidad de nuestro problema desde el momento que supimos del asesinato de Bill.

Una de las primeras medidas que se tomaron tras la reunión de la fracción del partido fue enviar un informe oficial a Tobin. Como secretario-tesorero del Local 544, yo redacté la carta. Ofrecía los hechos respecto a la muerte de Bill y delineaba otros aspectos de la situación, a saber:

"Johnson se afilió al Local en la época de las huelgas en 1934, mientras trabajaba como chofer para una empresa que vendía piezas de plomería al por mayor. En los dos últimos años había sido empleado de forma intermitente por el sindicato cuando se requerían fuerzas organizativas adicionales y había estado empleado regularmente como organizador durante casi todo el último año. Había sido amigo cercano de Bill Brown. Habían trabajado juntos por bastante tiempo y se sabía que a menudo la pasaban juntos después de las horas de trabajo.

"Hay indicios de que habían estado tomando la noche que ocurrió la tragedia; sin embargo, no parece que eso en sí explique lo sucedido. No sabemos cómo explicarlo, salvo que se trate de locura temporal. La policía también indica que ellos creen que ese sea el caso. Habíamos notado que Johnson a veces parecía terriblemente deprimido, pero eso se lo atribuíamos a la tensión nerviosa por exceso de trabajo, pues era un trabajador afanoso...

"Los miembros del sindicato parecen entender que es precisamente una de esas cosas inesperadas que nadie podía haber anticipado o impedido, y no van a permitir que los enemigos del sindicato la aprovechen para destruir la moral del sindicato.

"El sindicato está defendiendo a Arnold Johnson, no con la intención de luchar para exonerar y liberarlo, sino primero, porque ha sido miembro leal del sindicato y, segundo, porque si llegara a caer a manos de un leguleyo perseguidor de ambulancias controlado por el Departamento de Policía su defensa se haría con miras a dañar la buena fama del sindicato.

"La Junta Ejecutiva recomienda a los miembros que se lleven a cabo elecciones especiales para remplazar al hermano Brown de modo que nadie pueda alegar que un móvil político causó su asesinato".

Poco después de redactarse la carta, una asamblea general de los miembros del Local 544 decidió celebrar las elecciones especiales recomendadas para escoger a un nuevo presidente. Cuatro candidatos fueron nominados en la reunión: Carl Skoglund, entonces síndico; también Thomas McCue, Frank E. McArdle y Peter Harris, todos miembros de fila del local. Se permitió casi un mes para hacer campaña. Luego las urnas se mantuvieron abiertas en el local del sindicato por dos días, el 8 y 9 de julio, para la emisión de los votos secretos.

Skoglund fue elegido a la presidencia, al recibir la mayoría de todos los votos emitidos.

Fue necesario entonces remplazarlo en su anterior puesto de síndico. Ya que faltaba poco para las próximas elecciones normales del sindicato, los miembros autorizaron a la junta ejecutiva a designar a una persona que completara lo que quedaba del turno de Skoglund en ese cargo. Kelly Postal fue nombrado síndico.

Los miembros del sindicato también votaron a favor de una cuota para recaudar fondos a nombre de Agnes Brown, la esposa de Bill, y de sus dos hijos jóvenes, Raymond y Richard.

Mientras se llevaban a cabo estas medidas, se había desarrollado el anticipado ataque contra el sindicato. El alcalde Leach tomó la iniciativa de lanzar una campaña difamatoria contra nosotros. Luego la desarrolló sistemáticamente la prensa patronal. Un pastor, el reverendo George Mecklenburg, también intentó sacar tajada. Y la camarilla local del Partido Comunista, fingiendo hablar en nombre del CIO, afiló sus hachas faccionales para sumarse al ataque.

Desde todos estos rincones llegaba un clamor para librar al movimiento obrero de "gángsteres y extorsionistas". Su blanco principal era la junta ejecutiva del Local 544, y al tomar impulso, el ataque difamatorio se tornaba cada vez más infame.

El *Minneapolis Star*, por ejemplo, reprodujo un artículo malintencionado del *New York Daily News*. Lo firmaba un tal "Jerry Vessels". Aunque "Vessels" firmaba el artículo desde Minneapolis, en la ciudad no se le conocía y no se podía hallar rastro de él. Su tema central era que la ciudad se había convertido en un "centro de terror" debido al "extorsionismo" sindical. Para probar la acusación, él fabricó sus propias pruebas.

Según la versión de "Vessels", Johnson había gruñido, con tono desafiante, que mató a Brown a raíz de una repartición injusta de dinero que Johnson, como organizador, ayudó a recaudar.

Desde el día que Johnson se entregó y confesó el asesinato de Brown, la prensa capitalista de la ciudad había llenado página tras página prácticamente con cada palabra que él decía. Ni una de esas declaraciones se parecía ni remotamente a las citas que "Vessels" le atribuía a Johnson. Había una buena razón. La supuesta cita era una fabricación total.

Cuando el movimiento sindical confrontó al director del *Star* con este hecho, él trató de escabullirse con el pretexto de que su diario no se responsabilizaba del artículo del *Daily News*. Simplemente lo habían reimpreso, alegó, "para información de los lectores en Minneapolis".

Con difamaciones de este tipo como trasfondo de su proceso, un gran jurado inició una investigación del asesinato de Bill Brown. Agentes patronales que participaban en el jurado pronto lo guiaron hacia una investigación que buscaba descubrir pruebas incriminatorias. Citaron a personas que apenas remotamente habían tenido relación con Brown y Johnson, como también a muchos que ni siquiera habían tenido contacto remoto con los dos. Las preguntas que hicieron a los testigos divagaron muy ampliamente, mostrando que se estaba convirtiendo al propio Local 544 en blanco del jurado. Este proceso se prolongó por unas semanas en un intento de crear la impresión de que había aspectos misteriosos del caso que había que investigar.

Sin embargo, al final este intento de fabricar cargos les reventó en la cara a los conspiradores. No lograron maquinar una acusación contra los dirigentes del Local 544.

El 9 de septiembre el gran jurado emitió un informe en que concedía que "una búsqueda persistente... no logró presentar pruebas que corroboraran los cargos de extorsión sindical".

Respecto al caso de Brown, el informe afirmó: "Después de cuatro semanas de investigación del asesinato y sus antecedentes, al gran jurado, basado en una gran cantidad de pruebas y testimonios, no le quedó más remedio que instruir de cargos a Arnold Johnson como responsable del asesinato".

Johnson fue llevado entonces a juicio. De nuevo el proceso se caracterizó por intentos malintencionados de arrojar sospechas sobre los dirigentes del Local 544. Se hicieron repetidas insinuaciones de que no habíamos dicho la verdad sobre las circunstancias en torno a la muerte de Brown. Antes de que terminara el juicio, se había dedicado mucho esfuerzo a crear la impresión de que era la junta ejecutiva del sindicato, y no Johnson, quien debía estar en el banquillo de los acusados.

El 1 de noviembre, luego de 17 horas de deliberaciones, el tribunal declaró que Johnson no era culpable del asesinato de Brown.

En el *Northwest Organizer* se publicó un informe sobre la actitud del jurado: "El consenso de la opinión del jurado, al explicar posteriormente el veredicto, fue que el estado no había presentado pruebas suficientes para justificar una condena. Los jurados indicaron que les impresionó sobre todo el argumento de la defensa de que Johnson se encontraba en un estado de confusión mental desde la mañana del 25 de mayo —el día del asesinato— hasta tres días después".

Tras la excarcelación de Johnson, el jefe de policía anunció: "A menos que surja algo nuevo... el caso parece estar concluido en lo que respecta a la policía".

Y concluido quedó. Hasta la fecha, el asesinato de Brown oficialmente sigue sin resolverse.

En todo caso, habíamos capeado otra tormenta severa. Se había repelido el ataque combinado de los patrones, predicadores y estalinistas. El Local 544 se había recuperado del choque causado por la trágica muerte de Bill. A nivel interno se mantenía estable y con plena capacidad combativa.

También había pruebas de que nuestras recién establecidas relaciones de trabajo con Tobin no se habían perjudicado.

Nuestro acto de proporcionarle un recuento escrito sobre el asesinato había sido solo un primer paso. Poco después la junta ejecutiva del local me envió a Indianapolis para que diera un informe adicional en persona. En nuestra conversación Tobin escuchó atentamente lo que yo presenté. Después habló principalmente del hecho que esas cosas a veces suceden y que un dirigente, a pesar de todo, tiene que seguir adelante con el trabajo sindical.

Luego describió problemas más o menos comparables que la Internacional había experimentado unos años antes cuando gángsteres intentaban apoderarse de unidades locales de la IBT en Chicago. La misma sede donde nos encontrábamos reunidos mostraba señales de esa época. Una reja de metal encerraba el espacio de oficinas que utilizaban Tobin, Hughes y sus planteles. Un visitante no podía pasar más allá del vestíbulo —que servía de zona de entrada— hasta que la cerradura eléctrica que controlaba la reja se abriera desde adentro.

El hecho de que el jefe de la IBT estuviera intercambiando así experiencias conmigo fue toda una sorpresa, teniendo en cuenta nuestras relaciones anteriores. Por primera vez desde los días previos a 1934, él se dirigía a un funcionario del antiguo Local 574 de manera amistosa, ofreciendo aliento en las actividades de sindicalización que emprendíamos. Era una señal esperanzadora de que los logros anotados en la campaña del transporte por carretera empezaban a causarle una impresión notable a Tobin.

19

Primer convenio regional

A mediados de junio de 1938, el Comité de la Región Norte Central libró una breve escaramuza con las empresas camioneras de larga distancia que operaban desde Omaha, Nebraska. El choque fue solo un preludio de una batalla larga y enconada que había de estallar allí poco después. Para explicar por qué se dio esta situación, hace falta un breve bosquejo de los antecedentes.

Omaha está sobre la ribera occidental del río Missouri, al otro lado de Council Bluffs, Iowa. Es el centro industrial y comercial de Nebraska. Como eje del transporte en la región circundante, la ciudad es también base de operaciones para varios ferrocarriles y líneas camioneras.

En los años 30, Omaha tenía una población de unas 200 mil personas. De sus cerca de 17 mil obreros industriales, unos 6 mil trabajaban en las empacadoras de carne y unos 4 mil en el transporte por camión. Ilustrando las condiciones en que estos laboraban, la Cámara de Comercio se jactaba de que los capitalistas podían operar con "bajos costos de mano de obra".

Para contar con mano de obra barata era necesario mantener las normas del taller abierto. Esto requería una campaña antisindical incesante, la cual la libraba la Asociación de Empresarios de Omaha (contraparte de la Alianza Ciudadana de Minneapolis). En 1919, por ejemplo, la asociación había desempeñado un papel decisivo al aplastar con saña una huelga en las empacadoras, y en fecha tan reciente como 1935 había logrado romper una huelga de los trabajadores de tranvías. Con este fin se había creado un arma antisindical general al decretarse una ley estatal antipiquetes, que en su cláusula principal declaraba:

"Será ilegal… merodear, asediar, patrullar o montar piquetes de la forma que sea en el lugar de negocios… o en cualquier calle, callejón, camino, carretera o cualquier lugar en las inmediaciones… con el propósito de inducir… a otros a no comerciar con, comprar de, trabajar para, o tener relaciones comerciales con [cualquier empresa o corporación]".

Durante mucho tiempo esta política brutal había limitado al movimiento obrero de Omaha a apenas unos pocos pequeños gremios de oficios de trabajadores especializados. Los intentos anteriores de sindicalizar a los choferes de camiones en 1929, en 1931 y de nuevo en 1933, habían sido derrotados. Por consiguiente, el salario promedio en la industria camionera era 25 centavos por hora. Por lo general, la semana laboral era de 80 horas.

Aunque existía una carta constitutiva para el Local 554 del Sindicato General de Choferes, seguía siendo más o menos un sindicato nominal, dominado por funcionarios del ala derecha en la Unión Central del Trabajo (AFL) de Omaha y absolutamente carentes de iniciativa organizativa. Era una negligencia criminal. Las condiciones estaban más que maduras para una campaña de afiliación en la industria, como lo demostraron los propios trabajadores en la primavera de 1937. Un día simplemente lanzaron una huelga espontánea contra la empresa de transporte Watson Brothers, con sede en Omaha. Mucho tiempo después de ese suceso, Louis Miller, quien surgió como uno de los dirigentes del Local 554, me escribió una carta relatando cómo comenzó su primer paro.

"Recuerdo la primera reunión que sostuvimos entre nosotros para discutir cómo hacer para afiliarnos al sindicato", escribió Lou. "Allí solo habíamos unos pocos: John, Fritz y Lee Jeffries, Tom Smith, Earl Carpenter, yo, y quizás uno o dos más que no recuerdo.

"Llegamos a un acuerdo de que la mejor forma de comenzar nuestra lucha era inmovilizar a la Watson, donde trabajábamos. Tom prepararía a los hombres que estaban en la punta de las rutas de la Watson en Chicago. Lee y Fritz se encargarían de Lincoln. John, Earl y yo inmovilizaríamos la terminal de la compañía en Kansas City.

"La noche que paralizamos a la Watson en Kansas City, el primer chofer al que habían llamado para hacer un viaje era Bert [Albert S.] Parker. Le tocaba una carga urgente de panadería que debía estar en Omaha a las 3 de la mañana. Cuando le informamos de la huelga rehusó sacar el camión y todos los demás en el andén de carga también dejaron de trabajar.

"Ese es el tipo de agallas que tenían estos hombres, sin sindicato que nos respaldara.

"Tom Watson, el encargado, nos dijo que no le podíamos hacer eso. Contestamos, 'No van a rodar, Watson'. Entonces hicimos una reunión en la calle para decidir qué hacer después.

"Llamamos a Omaha para informar que la terminal de Kansas City estaba parada. Después llamamos al agente de negocios de los Teamsters en nuestro extremo, O.B. Enloe del Local 41. Lo primero que dijo al llegar fue: 'He estado esperando esto por más de un año'.

"A eso de las tres de la mañana llamó Mace Brown, presidente de la Unión Central del Trabajo en Omaha, y hablé con él. Dijo que debíamos llevar los camiones a Omaha y afiliarnos al Local 554, que él llamó 'su sindicato'. Yo no conocía a Brown ni por asomo, así que le pedí que me dejara hablar con uno de los choferes de la Watson. No recuerdo con quién hablé, pero dijo que estaba bien que fuéramos porque tenían a Omaha paralizada y estaban por afiliarse al Local 554".

En otras terminales de la Watson se habían producido sucesos parecidos a los que describió Miller. Una vez que todos los choferes por carretera de Omaha estuvieron de regreso, marcharon juntos al Templo del Trabajo. Allí se afiliaron al Local 554 y Mace Brown ayudó a concertar una reunión en la que eligieron nuevos funcionarios locales. Después la Watson y los demás patrones del transporte por camión aceptaron negociar con el sindicato, así que los huelguistas regresaron a sus trabajos.

En las conversaciones posteriores, los patrones ofrecieron poco y dilataron mucho. Las cosas se fueron arrastrando hasta que los airados trabajadores lanzaron nuevamente un paro espontáneo, esta vez contra varias empresas camioneras. Este nuevo paro, que duró unas dos semanas, se llevó a cabo a pesar de las leyes estatales contra piquetes y resultó muy eficaz. Finalmente, el 16 de junio de 1937, los patrones cedieron. Firmaron un convenio que estipulaba un salario mínimo de 45 centavos por hora, muy por encima del promedio anterior de la ciudad, así como otras concesiones. También aceptaron restituir a 11 trabajadores que habían sido despedidos por su actividad sindical.

Fue la primera victoria sindical que recordara el trabajador sindicalizado más viejo de Omaha.

Poco después los nuevos dirigentes del Local 554 supieron de la actividad del Consejo de Choferes del Distrito Norte Central (NCDDC). Ya que estaban interesados, enviaron una delegación a la conferencia en enero de 1938 del NCDDC en St. Paul. En la carta que posteriormente me envió Miller, había un comentario al respecto:

"Fui uno de los delegados a la conferencia en St. Paul", escribió Lou. "Mientras estábamos allí Jack Maloney nos llevó a conocer las Ciudades Gemelas. Me gustó lo que vi y entendí la importancia de tener un sindicato fuerte".

Durante su visita la delegación también preguntó si el Local 544 les podía enviar un poco de ayuda. Respondimos transfiriendo a Alfred Russell a Omaha. Era un joven militante trotskista que había militado en la Sección de Trabajadores Federales del Local 544. En Omaha pronto lo asignaron al plantel organizativo del sindicato, donde supo brindar una ayuda considerable, gracias a la capacitación política y experiencia práctica que había adquirido en Minneapolis.

Fue en ese marco que estalló un nuevo conflicto en Omaha en 1938. Comenzó en la primavera de ese año, cuando el Local 554 presentó las reivindicaciones para un convenio regional a la Asociación de Camioneros Comerciales de Nebraska. Los patrones fingieron negociar con el sindicato, pero el proceso era una farsa. El abogado de la asociación, David Swarr, trató de hablarles hasta la saciedad a los representantes del Local 554, ofuscando todos los temas con mucha jerga judicial. Entretanto los patrones publicaron anuncios pagados en los diarios atacando al Comité de la Región Norte Central como "agitadores intrusos" que confabulaban para alterar las "armoniosas relaciones" existentes entre las empresas camioneras locales y sus empleados.

Como demostraban estos acontecimientos, las compañías de Omaha estaban decididas a impedir que su terreno se incluyera en cualquier contrato regional que la IBT pudiese establecer para los choferes por carretera. Así que buscaban imponerle al Local 554 una lucha prematura. Esperaban separar así al local de la organización regional e imponerle condiciones contractuales desfavorables; estas condiciones se decidirían en una batalla estrictamente local. Dada la correlación de fuerzas de clases en la ciudad, esperaban tener una gran ventaja en esta prueba de fuerza a nivel local.

Cuando venció su convenio con el Local 554 el 31 de mayo de 1938, los patrones del transporte por camión lanzaron una ofensiva. Dondequiera que pudieron, empezaron a demorar envíos de cargas con el propósito consciente de crear desempleo en la industria. Discriminaban contra los miembros del sindicato con recortes salariales y violaciones de los derechos de antigüedad. Cuando los trabajadores se quejaban, los patrones los provocaban en el trabajo, desafiándolos a que salieran en huelga.

Estos intentos de crear confusión y desorden entre las filas sindicales fueron acompañados de otro ardid. Swarr seguía con dilatorias en las negociaciones con el Local 554. Y el alcalde Butler, sirviendo de pantalla para los patrones, usó su puesto como jefe ejecutivo de la ciudad para promover un clamor "público" para que los temas disputados se resolvieran por arbitraje.

Ante este desafío, el comité regional realizó una sesión de emergencia en Omaha, a la cual pudo asistir la mayoría de sus miembros a pesar de informárseles con poca antelación. Primero se sostuvo una discusión con los funcionarios del Local 554 para decidir nuestra estrategia. Se acordó que por el momento debíamos tratar de evitar un enfrentamiento decisivo con los patrones de Omaha.

Chicago era un terreno de batalla muy superior para comenzar nuestra lucha por un convenio regional. La IBT era mucho más fuerte allí que en Omaha, y una victoria en Chicago nos daría la palanca más eficaz para forzar a todas las compañías camioneras de la región de 11 estados a cumplir. Por tanto, una demora temporal del inevitable conflicto en Omaha, mientras librábamos la lucha en Chicago, sería preferible para asegurar la victoria completa del Local 554 más adelante.

Al llegarse a este acuerdo, se organizó una sesión de negociaciones con la Asociación de Camioneros Comerciales de Nebraska para el 16 de junio. Resultó ser una pequeña asamblea de masas. Asistió la mayoría de los patrones del transporte por camión, así como los funcionarios del Local 554. Además, asistieron todos los miembros del comité regional que habían llegado a la ciudad, brindando así a los patrones un recordatorio visual de que existían sindicatos fuertes en la otra punta de sus rutas.

Propusimos a los patrones un acuerdo temporal con el Local 554. Como pasos inmediatos, solo se les pidió que reanudaran sus operaciones normales y que resolvieran los reclamos pendientes con los miembros del sindicato. Teniendo en cuenta el valor propagandístico de nuestra posición, sostuvimos que era la forma apropiada de restaurar un ambiente de normalidad en la industria. Solo después podría realizarse la negociación de todas las condiciones para renovar el contrato de forma razonable, dijimos, tanto a los patrones como en una declaración pública.

Con Swarr como su vocero, los patrones rechazaron tajantemente nuestra propuesta. Decidimos entonces someterlos a una presión limitada con una huelga contra una sola compañía. Se escogió como blanco la Watson Brothers, que tenía la línea de operaciones más extensa. Como parte de los preparativos, se le envió un telegrama a Tobin explicándole que los patrones habían rehusado negociar de buena fe. Cumpliendo su promesa de cooperar con nosotros en estos casos, dio su aprobación tácita de la acción que tomamos.

Se lanzó la huelga contra la Watson inmediatamente después de la sesión de negociaciones del 16 de junio. Al cerrar las instalaciones locales, el sindicato desafiaba las leyes antipiquetes. Simultáneamente se paralizaron las terminales de la compañía en Lincoln y Norfolk, Nebraska; también en Chicago, Des Moines, Sioux City, St. Joseph y Kansas City. Aunque no formaban parte de nuestra organización regional, los Teamsters en Denver, Colorado, nos ayudaron frenando también las operaciones de la Watson en esa terminal. Esta acción sumamente eficaz quedó reforzada además por los choferes sindicalizados de otras empresas, quienes también rehusaron procesar cargamentos secundarios destinados a la empresa en huelga.

Al día siguiente las demás empresas camioneras de Omaha realizaron un cierre patronal contra los empleados. Notamos, sin embargo, que titubearon en reconocer públicamente que era un acto de solidaridad con la Watson. Más bien, ofrecieron el argumento poco convincente de que tenían miedo del "riesgo" que corrían sus empleados y clientes si intentaban operar bajo las condiciones existentes de huelga. Era evidente que nuestra propaganda acerca del intento de crear un "ambiente de normalidad" para celebrar "negociaciones razonables" le estaba creando problemas a la asociación patronal.

No teníamos la menor intención de permitir que los patrones nos hicieran caer en su trampa con una ampliación del paro. Así que el Local 554 emitió una declaración pública negando que hubiera una huelga contra otras empresas aparte de la Watson, y repetimos nuestra propuesta de un acuerdo temporal con las compañías camioneras. Cada

Participantes en conferencia de emergencia del Comité del Área Norte Central de Omaha, junio de 1938.

Página opuesta, foto superior, desde la izquierda: William Ryan (St. Louis), Frank Ranney (Milwaukee), Thomas V. Smith (Omaha, Local 544), Walter K. Stultz (Omaha, Local 544), T.T. Neal (Kansas City).

Foto inferior, desde la izquierda: E.M. "Happy" Holstein (Sioux Falls, Dakota del Sur, antes del Local 544), J.M. "Red" O'Laughlin (Detroit), Mike Healy (Chicago), Carl Keul (Des Moines), Jack Maloney (Sioux City, antes del Local 544).

Esta página, desde la izquierda: Jack Wirth (Fargo), Farrell Dobbs (Minneapolis, Local 544), Art Hudson (St. Paul), Lee Jeffreys (Lincoln, Nebraska), John Ray (St. Louis).

día los trabajadores que enfrentaban el cierre patronal se presentaban a sus trabajos y cada día el sindicato emitía una declaración pública indicando que lo habían hecho.

Después de cuatro días, los patrones retrocedieron. Aceptaron la reanudación provisional del convenio vencido. Seguiría en pleno vigor por 30 días más, tras lo cual cualquiera de las partes podía iniciar las negociaciones con 48 horas de aviso. Aceptaron reanudar las operaciones normales y restaurar el empleo a los niveles anteriores. Además, el acuerdo provisional incluyó cláusulas específicas sobre el pago de salarios atrasados asociados con reclamos de trabajadores.

Aunque la conclusión del conflicto de cuatro días solo representaba la calma antes de la tormenta por venir, marcaba un logro importante para las fuerzas sindicales. Los miembros del Local 554 se habían inspirado con la fuerza que demostró el comité regional al respaldar su causa. En la reunión en la que ratificaron el acuerdo provisional, se había dado una discusión sobre la estrategia del comité regional para la lucha venidera por un contrato. Reconociendo el mérito del curso que seguíamos, los trabajadores autorizaron y ordenaron que los funcionarios del local actuaran de conformidad total con los planes regionales. Dadas las circunstancias, ahora estábamos en condiciones de lanzar la lucha decisiva por condiciones contractuales uniformes en lo que para nosotros eran el momento y lugar más propicios.

Para asegurar aún más que así sería, el comité regional emitió una directiva, y se pidió a todos los sindicatos locales en los 11 estados que se apegaran a ella. Contenía varias cláusulas: no se iniciaría ninguna lucha con los patrones fuera de Chicago sin una decisión del comité regional; durante la batalla en Chicago por un convenio piloto, ningún otro sindicato local podía paralizar una empresa en apoyo al Local 710, a menos que se le pidiese hacerlo; el Local 710 notificaría a los patrones de Chicago que las negociaciones se deseaban de inmediato; el comité regional usaría la mayor discreción en las negociaciones de Chicago y se debía mantener actualizados a todos los sindicatos locales que participaban en la campaña general.

Se envió entonces una carta a nombre del Local 710 a todas las empresas camioneras con operaciones que iban y venían de Chicago. Se les pidió reunirse con funcionarios del sindicato para concertar negociaciones por un contrato. La sesión preliminar que solicitamos se celebró a finales de junio. Sandy O'Brien, Mike Healy y Frank Brown hablaron a nombre del Local 710; Joe Scislowski y yo asistimos como funcionarios del comité regional. Pero solo acudió un 10 por ciento de los patrones y eran bastante vagos en cuanto a sus intenciones.

Era bastante obvio que los patrones del transporte por camión necesitaban una muestra de que hablábamos en serio. Así que el Local 710 fijó una fecha de huelga a mediados de julio para que la contemplaran. Al mismo tiempo O'Brien usó su influencia para obtener promesas de apoyo tanto del Consejo Unido de Teamsters como de la Federación del Trabajo de Chicago, la cual representaba a todos los sindicatos de la AFL en la ciudad. Estas acciones dieron resultados.

Justo antes de vencer el plazo para iniciar la huelga, un pequeño comité de patrones solicitó otra reunión con nosotros. Cuando nos reunimos nos presentaron una lista de empresas en cuyo nombre intentaban hablar. Dijeron que algunas de estas compañías tenían su sede fuera de Chicago y hacía falta un poco de tiempo para lograr la autorización de sus oficinas centrales para negociar. Les concedimos una prórroga de una semana.

A la reunión siguiente acudió un comité de patrones

de bastante peso, con representantes de más de una docena de las mayores empresas del ramo. Jack Keeshin, de la Keeshin Motors Express, hizo de presidente del grupo. Este comité ahora hablaba en nombre de unas 300 líneas camioneras, incluidas todas las principales empresas basadas en Chicago. Esperaban representar sectores aún más amplios de empresas, dijo Keeshin... si el sindicato presionaba a otros empleadores en la región —cuyas operaciones llegaban a Chicago desde otros puntos— para que se sumaran a las negociaciones.

Teníamos buenos motivos para pensar que no se trataba de una táctica dilatoria. Cuando los patrones se ven obligados a tratar con un sindicato y hacer concesiones a los trabajadores, por lo general quieren ver a sus rivales en el mismo aprieto. Claro que esta actitud coincidía con nuestro objetivo de establecer un contrato piloto sobre la base regional más amplia posible. Así que con gusto ofrecimos la cooperación deseada.

Finalmente, hacia mediados de agosto comenzaron las negociaciones en sí en el Mercado de Mercancías de Chicago. Para entonces el comité de patrones representaba a otros centenares de empresas más. Keeshin le aseguró al comité regional de la IBT —cuya membresía entera se había unido ya a las deliberaciones— que todas estas compañías participantes aceptarían el resultado de las negociaciones.

Sin embargo, existía un obstáculo respecto a una representación patronal autoritativa en el propio seno del comité de las compañías. Un par de patrones intentaron enviar abogados para que hablaran a nombre suyo. Esto provocó objeciones por parte del comité sindical.

Insistimos que o bien los propios jefes de las compañías se sentaban a las conversaciones sobre el contrato, o bien sus representantes debían tener autoridad para tomar decisiones. Nuestro objetivo primordial con esto era estar en condiciones de forzar a estas empresas decisivas a firmar el acuerdo en el momento que se pudiera negociar exitosamente con ellas. Así se podía impedir que faltaran a su compromiso, aun si otros patrones a quienes ellos representaban objetaban el resultado de nuestras deliberaciones. Sin importar lo que pudiera suceder sobre esto último, la IBT ya tendría una base firme desde la cual batallar por la aceptación regional del convenio. Por estas razones nos mantuvimos firmes sobre este punto y los patrones tuvieron que acceder a nuestra demanda.

Sucedió que la ausencia de abogados en las negociaciones tuvo otro efecto saludable. El lenguaje final del convenio estaba libre de doble sentidos. Decía exactamente lo que significaba y significaba exactamente lo que decía. Esto le dificultaba a los abogados tramposos tergiversar formulaciones o tratar de presentarlas como lo opuesto de lo que los patrones habían aceptado.

Ante nuestra negativa a permitir que sustitutos impotentes representaran a los jefes de compañías, nos plantearon una contrademanda. Algunos operadores cuestionaron el derecho del sindicato a representar a sus empleados y pidieron elecciones supervisadas por la Junta Laboral para determinar si tenían que negociar con nosotros. Como vocero del lado nuestro, argumenté contra ese concepto. En eso, uno o dos miembros del comité sindical, formados desde hacía mucho en los métodos tradicionales de la IBT, interpusieron comentarios en el sentido de que no veían por qué tales elecciones serían dañinas. En ese momento pedí un receso para que pudiéramos discutir el asunto en privado.

Ya de antemano se habían previsto recesos de ese tipo. Además de las instalaciones para las reuniones conjuntas, se habían preparado salones aparte para que ambos comités pudieran tener discusiones por separado. Cuando una de las partes quería contemplar una cuestión en voz alta, las conversaciones se podían interrumpir para ese fin sin perder mucho tiempo. Esto le dio la flexibilidad necesaria al complejo proceso de negociación, que continuó día tras día durante bastante más de una semana.

En esta reunión del comité sindical se abordaron dos asuntos. Uno fue la cuestión de las elecciones supervisadas por la Junta Laboral. El otro tenía que ver con nuestro método de procedimiento cuando estábamos reunidos con el comité de empresarios. Tras un poco de discusión sobre este último tema, se llegó al entendimiento pleno de que no podíamos darnos el lujo de contradecirnos en presencia de los patrones. Se acordó que en las sesiones conjuntas siempre presentaríamos un frente sólido; al mismo tiempo, cualquier miembro del comité que quisiera opinar sobre uno u otro tema no debía vacilar en solicitar un receso para una discusión privada. Después de establecer esa forma de proceder, el equipo negociador del sindicato funcionó como una máquina bien lubricada.

Respecto al tema de las elecciones por la representación sindical, el punto clave no era nuestra capacidad de ganar la votación. Todo eso no era más que un ardid para desbaratar el proceso. Su objetivo era dilatar las conversaciones sobre el contrato y causar confusión en nuestros intentos de establecer salarios y condiciones laborales uniformes a nivel regional. Al discutir el tema bajo esta perspectiva en nuestro comité se acordó que se debía utilizar el poder sindical para establecer nuestro derecho a negociar. Decidimos retornar a la sesión conjunta y responderles a los patrones en ese sentido. Se les dijo: si dudan que representamos a sus empleados, vamos a convocar a la huelga y ustedes los podrán contar en las líneas de piquete. El comité de empresarios decidió abandonar el asunto.

"La sindicalización de los choferes por carretera y la organización de agrupaciones de Teamsters en nuevas localidades eran tareas interrelacionadas".

PATHFINDER

1. *Northwest Organizer*, 7 de enero de 1937, anuncia conferencia para formar Consejo de Choferes del Distrito Norte Central, auspiciada por el Consejo Unido de Teamsters de Minneapolis. La reunión trazó los planes iniciales de la campaña para sindicalizar a los choferes por carretera. **2.** La carroza del Consejo Unido de Teamsters en el desfile del centenario de Minneapolis, 2 de octubre de 1939, causó sensación.

"La expansión del ascenso obrero allanó el camino para extender el ala izquierda hacia círculos sindicales amplios. El Local 574 tomó la iniciativa y desarrolló una cooperación organizada entre los sindicalistas que querían combatir a los patrones".

PATHFINDER

ST. PAUL DAILY NEWS / SOCIEDAD HISTÓRICA DE MINNESOTA (MHS)

1. Delegación del Local 544 al congreso de la Federación Estatal del Trabajo de Minnesota, septiembre de 1936. Desde la izquierda: E. Scott, Nick Wagner, Walter Hagstrom, Farrell Dobbs, Moe Hork.

2. Frank Ellis (de brazos cruzados) y otros dirigentes empacadores de carne se reúnen con gobernador Floyd Olson (derecha) durante huelga de 1933 contra la Hormel en Austin, Minn. Ellis, dirigente del Sindicato Independiente de Todos los Trabajadores (IUAW), integró el comité de continuación de la Conferencia de Unidad Obrera del Noroeste (NLUC).
3. Joe Voorhees (centro), empacador de carne de Austin, dirigente del IUAW y miembro de la NLUC, cuando 2 mil huelguistas y partidarios asaltaron la cárcel del condado y liberaron a Voorhees y a otros 100 sindicalistas presos durante huelga contra la American Gas Machine, Albert Lea, Minn., 1937. **4.** Julius Emme, dirigente de Asociación de Empleados Estatales de Minnesota y miembro del comité de continuación de la NLUC.
5. William Cruden, dirigente Teamster en Fargo, Dakota del Norte, y miembro del comité de continuación de la NLUC. **6.** John Janosco, presidente del Local 1859 del Sindicato de Trabajadores de Muebles en Minneapolis. **7.** Pat Arsboury, dirigente Teamster en Louisville, Kentucky.

“Los capitalistas en Omaha se jactaban de que podían operar con ‘bajos costos de mano de obra’. Las condiciones estaban más que maduras para una campaña de sindicalización”.

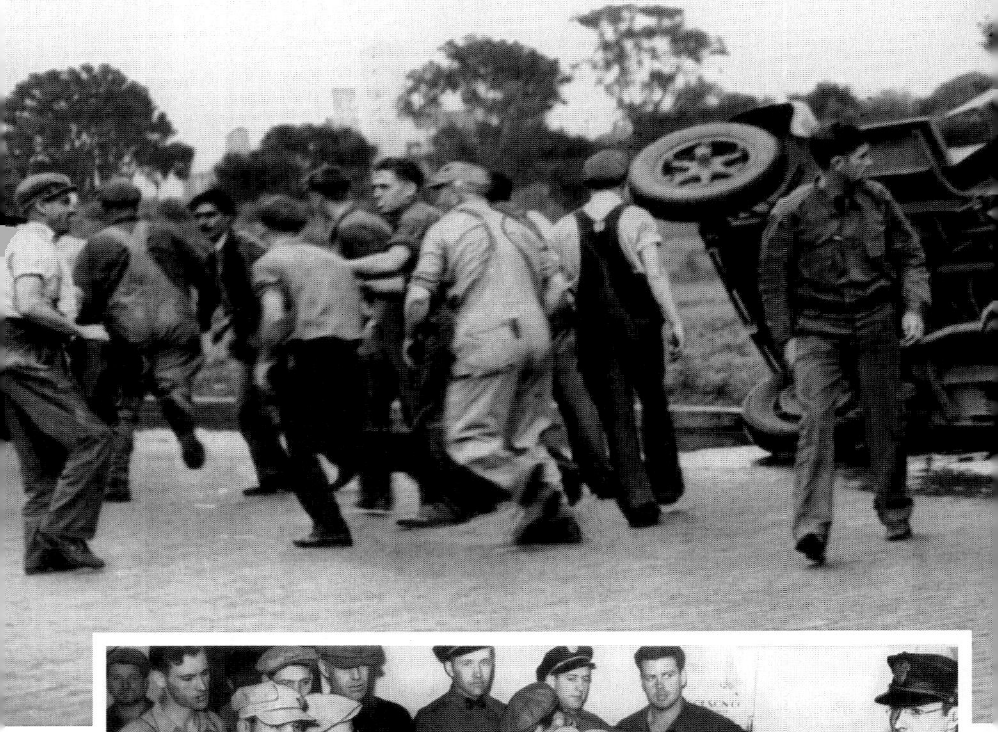

OMAHA WORLD-HERALD

2

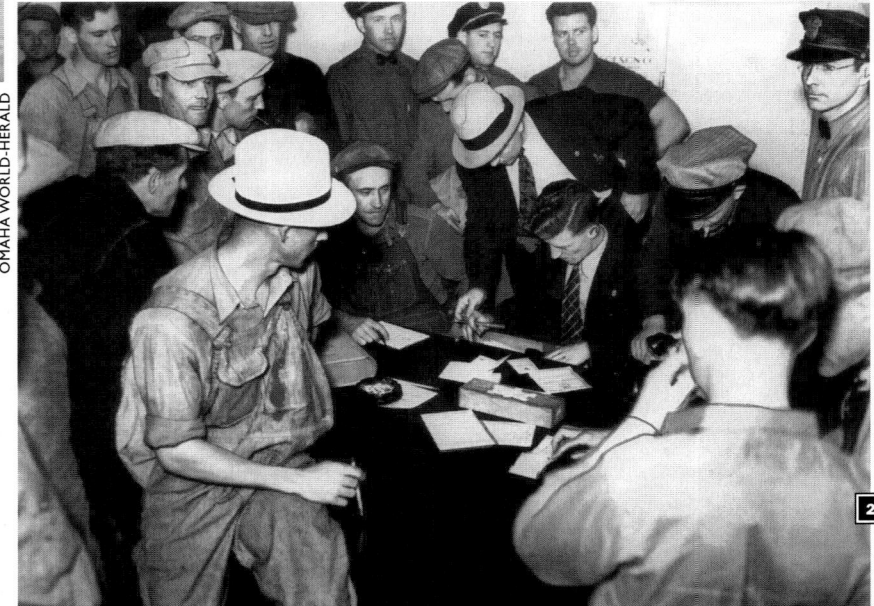

OMAHA WORLD-HERALD

Aunque el Local 554 de Teamsters de Omaha–Council Bluffs había existido por años, dice Dobbs, "seguía siendo un sindicato más o menos nominal". Pero los trabajadores que se vieron atraídos al empleo del Local 544 en Minneapolis y al curso de lucha de clases de su liderazgo lo transformaron. Omaha y Sioux City se convirtieron en el centro de la campaña de 11 estados para sindicalizar a los choferes por carretera en 1938–39.

1. Huelguistas inmovilizan camión esquirol durante huelga de junio de 1937 en Omaha, la cual consolidó la fuerza del Local 554. **2.** Funcionario del Local 554 inscribe nuevos miembros llevados allí por piquetes, 5 de junio de 1937. Más de 300 se afiliaron esa mañana.

"En junio de 1937, los patrones cedieron. En Omaha era la primera victoria huelguística que el trabajador-militante más viejo recordara. El choque fue solo un preludio de una lucha larga y enconada".

1. Huelguistas victoriosos celebran enfrente del primer camión que circuló luego que la Arrow Motor Freight firmara un convenio de taller cerrado con el sindicato, 4 de junio de 1937.

2. Preparándose para la siguiente etapa de la lucha, miembros del Local 554 Dick Sodenberg, Louis Miller y Malcolm Love, de izquierda a derecha, montan piquete frente a panadería en Council Bluffs, Iowa, al otro lado del río de Omaha, julio de 1938.

"Prácticamente teníamos sitiado a Nebraska, tal como Grant hizo con Vicksburg. Nuestra tarea ahora era mantenernos firmes en las posiciones establecidas e ir intensificando el uso del poder sindical contra el enemigo de clase".

NORTHWEST ORGANIZER

OMAHA WORLD-HERALD

OMAHA WORLD-HERALD

NORTHWEST ORGANIZER

1. Reconociendo que necesitaban el apoyo de agricultores, los huelguistas les explicaron que los piquetes sindicales no pretendían impedirles llevar sus productos al mercado. 'Bienvenidos fruteros de Nebraska", reza pancarta del Local 554 en carretera cerca de Omaha, septiembre de 1938.
2. John Jefferies y Malcolm Love, del Local 554, exigen se libere a sindicalistas que estaban presos sin derecho a fianza, octubre de 1938. **3.** Huelguistas cierran paso a camión de la Red Ball Transfer, Omaha, octubre de 1938.
4. Piquete del Local 383 de Teamsters en Sioux City, Iowa, hizo que patrón firmara convenio con sindicato, diciembre de 1938.

"El uso pleno del poder Teamster propició el triunfo de los trabajadores en el conflicto del transporte por carretera. De esa batalla, el sindicato salió más fuerte que nunca".

OMAHA WORLD-HERALD

1

La Etiqueta Sindical

VICTORIA DEL 554

REACCIONARIOS DEL TALLER ABIERTO DE OMAHA

2

NORTHWEST ORGANIZER

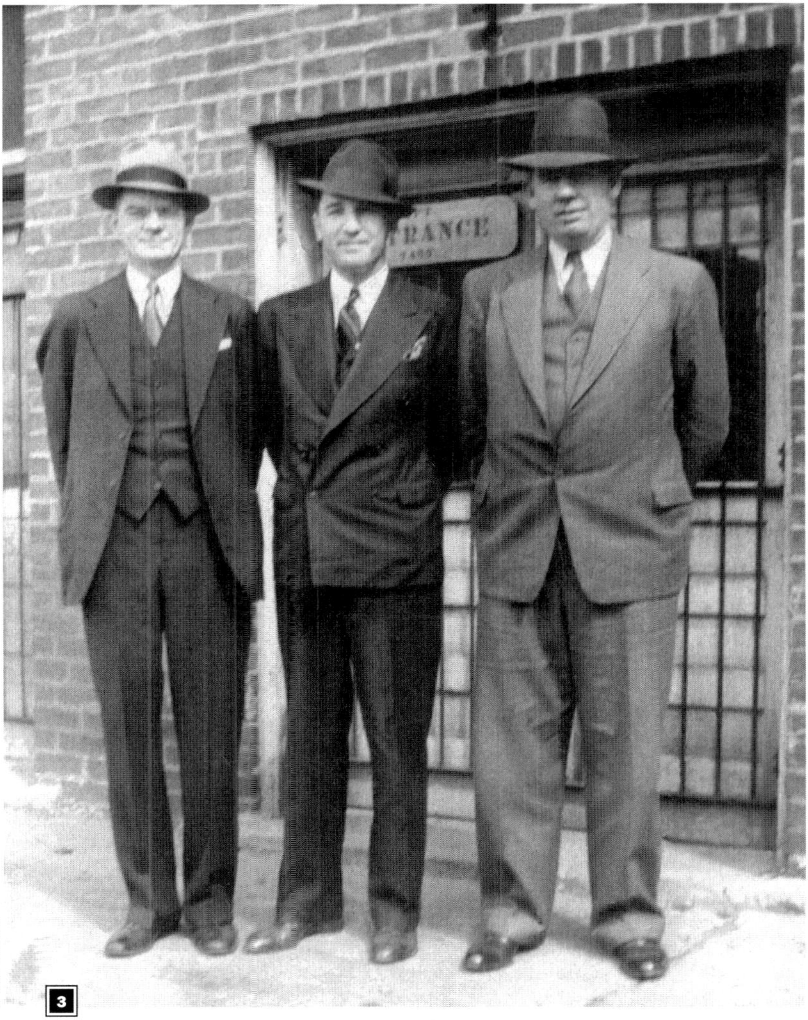

3

1. Miembros del Local 554 se disponen a recibir primera compensación de huelga ($10) del sindicato internacional de los Teamsters IBT, octubre de 1938. **2.** Caricatura del *Northwest Organizer* celebra victoria de huelga de Omaha, 2 de marzo de 1939.

3. Ray Bennet, Farrell Dobbs y J.M. O'Laughlin, 1939, Detroit; Bennet y O'Laughin eran allí funcionarios del Local 299 de Teamsters. **4.** John T. O'Brien, del Local 710 de Teamsters en Chicago, figura central en campaña de sindicalización por carretera.

MINNEAPOLIS MORNING TRIBUNE / MHS

"Una parte pequeña pero importante del Local 544 aprendió lecciones políticas a partir de sus experiencias en la lucha de clases. Algunos fueron reclutados al partido revolucionario".

SOCIEDAD HISTÓRICA DE MINNESOTA (MHS)

1. Minneapolis: protesta de 1500 contra mitin del fascista Gerald L.K. Smith, agosto del 1945. Esa acción de frente único se realizó a iniciativa de miembros del Partido Socialista de los Trabajadores que habían sido dirigentes del Local 544.

2. Minneapolis: acto de apoyo a campaña del PST en 1948 de Farrell Dobbs para presidente y Grace Carlson para vicepresidenta. Dobbs está a la izquierda; Fannie Curran, de vestido a cuadros; tras ella, V.R. Dunne; tras él, Dorothy Schultz; tercero desde la derecha, Carl Skoglund.

Virando 180 grados en su línea, los patrones hicieron más que reconocer a la IBT como única representante de sus empleados del transporte por carretera; aceptaron que todos estos empleados tenían que ser miembros del sindicato. Sus razones no eran difíciles de comprender. La mayoría de ellos estaban acostumbrados a bregar con funcionarios sindicales cuya principal preocupación era tener miembros que pagaran sus cuotas. Una vez se les otorgaba alguna forma de taller cerrado, estos funcionarios por lo general se mostraban indulgentes en la negociación de los convenios y en el cumplimiento del acuerdo. Los patrones creían que la situación seguiría igual, y aún no estaban del todo conscientes de que enfrentaban algo totalmente nuevo.

En este caso, sucedía que estaban equivocados en ambos aspectos. Nosotros luchamos reciamente en torno a cada cuestión, comenzando con el tema de los salarios, en el cual logramos un importante avance.

En las rutas directas, de una ciudad terminal a otra, se estableció un mínimo de 2.75 centavos por milla para los choferes de carretera. Esto era solo un cuarto de centavo menos que nuestra demanda inicial, pero era un aumento importante para la mayoría. El tiempo empleado en recogidas o entregas de mercancía se debía calcular a 75 centavos por hora. Esta cifra, 5 centavos por encima de la reivindicación sindical, se concedió como compensación parcial por nuestra concesión de un cuarto de centavo en la tarifa por milla. Se garantizó un mínimo de seis horas de paga a 75 centavos por hora en las rutas directas.

Se estableció una categoría especial de rutas locales. Estas debían mantenerse en un radio de 75 millas desde la ciudad terminal y no podían pasar de 150 millas ida y vuelta. Esta última cifra, aparentemente obvia, se estableció para impedir que los patrones hicieran cualquier tipo de trampa. Los choferes de estas rutas debían ganar no menos de 60 centavos por hora, con un mínimo garantizado de cinco horas de paga a esa tarifa. Aunque esta escala era inferior a la del pago por rutas directas, significaba un alza para los choferes afectados, y en algunos casos un alza grande.

Se exigió el pago de hasta seis horas por cada período de 24 horas cuando se averiara el equipo en el camino. Se estipuló esa misma garantía al pasar la noche lejos de la terminal base, y los patrones tenían que ofrecer alojamiento cómodo e higiénico. Cuando se hiciera un viaje sin carga (al trasladar un tractor sin remolque, por ejemplo), los choferes recibirían dos tercios de su escala normal. Anteriormente, a menudo se les pedía que devolvieran equipo sin carga como favor al patrón. Se estipuló además que en todas las operaciones el equipo tenía que ser mecánicamente seguro.

Se desató una gran discusión cuando llegamos al tema de carreteras intransitables. Los patrones alegaban que esas cosas correspondían a la categoría "obra de Dios" y que no se les podía responsabilizar. Al no querer ofender los sentimientos religiosos de nadie, no discutimos lo de la mano de Dios en el asunto. Sencillamente insistimos que no debían ser los choferes quienes pagaran el pato. Al final llegamos a un arreglo favorable para los trabajadores. Cuando se quedaran atascados en carreteras intransitables, los choferes debían recibir cinco horas de paga por cada período de 24 horas, aparte de las comidas y de un alojamiento cómodo e higiénico.

Ya que anteriormente la semana laboral en la mayoría de casos había sido insufriblemente larga, tuvimos que acordar un máximo de 60 horas en este primer convenio regional. Sin embargo, obtuvimos a la vez el compromiso de que las negociaciones salariales se podrían reanudar si por alguna legislación se reducía el máximo de horas semanales.

Respecto a los operadores-propietarios individuales, logramos la protección más completa jamás incluida en un contrato sindical hasta esa fecha. Los trabajadores en esta categoría gozarían de los mismos salarios y condiciones de trabajo que los demás choferes, y les tendrían que pagar los salarios aparte del dinero que recibieran por el alquiler de su equipo. Las tarifas de millaje por equipo se establecieron en base al tipo de equipo empleado. La empresa arrendataria debía pagar todos los impuestos y las primas de seguro. No se cobrarían ni intereses ni recargos —como antes— por adelantos de sueldos hechos a los operadores-propietarios antes del día normal de pago, y no se les podía forzar a comprar gasolina, aceite, llantas, etcétera, de las compañías arrendatarias.

Se establecieron plenos derechos de antigüedad para proteger a todos los miembros del sindicato en el trabajo. Se logró el reconocimiento formal del derecho de la IBT a establecer un sistema de delegados sindicales en todas las compañías.

Para tratar los problemas de interpretación y cumplimiento del convenio, tanto los dueños como el sindicato crearían comités regionales permanentes. Estos organismos debían ayudar a solucionar disputas que no se pudiesen resolver directamente entre un dueño y un sindicato local. Los comités conjuntos también debían formular normas suplementarias referentes a las condiciones laborales, conforme surgiera la necesidad, mediante la aplicación práctica del convenio.

Ante todo, el sindicato mantenía el derecho a salir en huelga por el cumplimiento del convenio. Se estipuló, además, que las empresas no podrían intentar hacer que los choferes cruzaran las líneas de piquete de sindicatos en huelga.

El convenio estaría en pleno vigor desde el 1 de octubre

de 1938 hasta el 31 de octubre de 1939. Esta breve demora en la fecha de vigencia inicial buscaba darle al comité de operadores la oportunidad de asegurar por adelantado el mayor número de firmantes entre las compañías camioneras en general. En lo que al sindicato se refería, no teníamos dudas de la aceptación general del acuerdo por los locales de la IBT en la región, ya que durante las negociaciones habíamos mantenido estrechas consultas con ellos.

Todas las cláusulas del contrato antes mencionadas se aplicarían de manera uniforme en una región definida así: Michigan, Ohio, Indiana, Illinois, Wisconsin, Minnesota, Iowa, Missouri, Dakota del Norte, Dakota del Sur, Nebraska, Kansas City, Kansas, y la ribera sur del río Ohio entre Portsmouth, Ohio, y Paducah, Kentucky.

Los comités negociadores pactaron las condiciones finales del acuerdo el 23 de agosto 1938. Entonces insistimos en que ambas partes negociadoras firmaran de inmediato el acuerdo. Eso se hizo el mismo día.

Entre los operadores que dieron sus firmas estaban J.L. Keeshin, Carl Marinello, B. Cushman, H.H. Hiland, John Gottlieb, E.C. Lacey, P.M. Greenberg, H.J. Lee, E.W. Murphy, C.H. Ozee, W.F. Mullady, Walter Eden, M.A. Riddle, Morris Tucker, Ray Schergert y F.A. Crowe, padre.

A nombre del comité sindical firmaron John T. O'Brien, J.F. Scislowski, Carl Keul, E.J. Williams, T.T. Neal, J.M. O'Laughlin, John A. Ray, Jack Maloney, Mike Healy, Frank Brown, T.V. Smith, John Wirth y Farrell Dobbs.

El último día de las negociaciones también estuvo presente Thomas L. Hughes, secretario-tesorero general de la IBT. También firmó el convenio regional, a nombre del conjunto de la Internacional.

Era el mayor convenio jamás negociado por la Hermandad Internacional de Teamsters hasta esa fecha. De forma directa e indirecta, beneficiaría a unos 125 mil trabajadores. La mayoría recibiría aumentos salariales inmediatos bajo las tarifas mínimas uniformes que se aplicarían en los 11 estados. Gozarían además de condiciones de trabajo cualitativamente mejores.

En una minoría de casos, los sindicatos locales habían establecido tarifas salariales un poco más altas que el mínimo fijado para la región. Se protegió también su posición en el amplio acuerdo. Este estipulaba que los salarios, las horas y las condiciones de trabajo se mantendrían a los niveles más altos ya vigentes.

La zona en la cual se aplicaría el contrato se había definido gracias al alcance de la fuerza del sindicato y no de la representación de las empresas en las negociaciones en Chicago. Esto nos dejaba una doble tarea. Primero necesitábamos obtener la aceptación voluntaria del convenio por el mayor número posible de empresas. Luego, usando este logro como uno de nuestros medios, debíamos hacer cumplir a las demás compañías.

Comenzamos la nueva tarea presionando a los patrones del transporte de la región para que asistieran a una conferencia en Chicago el 31 de agosto, convocada por el comité negociador de los operadores. A raíz de este encuentro más de 1700 compañías firmaron el acuerdo. Algunas empresas de Ohio y Michigan resistieron un poco, pero no tardaron en capitular. La resistencia a gran escala al convenio solo se desarrolló en el suroeste de la región. Se concentraba en las compañías camioneras de Iowa, Missouri, Dakota del Sur y, por supuesto, Nebraska.

Respecto a la aceptación de la IBT, el contrato se hizo oficial al ratificarse unánimemente en una conferencia de 175 sindicatos locales, celebrada en Indianapolis el 7 de septiembre. El encuentro también votó a favor de convertir el comité regional en organismo permanente. Se hizo un solo cambio en su composición. Kenneth McCreery de

Sioux Falls remplazó a Happy Holstein como representante de Dakota del Sur. El comité nos designó de nuevo a Scislowski y a mí como director y secretario.

La conferencia de Indianapolis dio la directriz a todos los locales del transporte por carretera para que exigieran que las demás compañías firmaran inmediatamente el convenio. Si un local se topaba con un rechazo, se debía informar al comité regional de inmediato brindándole todas las circunstancias. Tom Hughes, quien se dirigió a los delegados, prometió el apoyo de la Internacional contra las empresas que intentaran resistir al sindicato. Su actitud reflejaba la impresión favorable que había tenido en él y en Tobin nuestro éxito en lograr que los principales patrones cumplieran sin tener que tomar una medida huelguística contra ellos.

No tardaría mucho en estallar una verdadera batalla campal. Y, como era de esperarse, comenzó en Omaha.

20

El sitio de Nebraska

Poco después de haber firmado en junio anterior el acuerdo temporal con el Local 554 del Sindicato General de Choferes, los patrones en Omaha reanudaron su ofensiva contra los trabajadores. Como movida inicial recurrieron al *red-baiting*.*

Un día, detectives de la policía irrumpieron en la sede sindical y arrestaron a Alfred Russell, quien había sido enviado desde Minneapolis para trabajar en el plantel del Local 554. Lo mantuvieron preso y le dijeron que una promesa de irse a otro sitio resultaría en su libertad inmediata. Después de tres días lo llevaron al tribunal y le impusieron 90 días por "vagancia". Al dictar la sentencia el juez dijo que la suspendería si Al abandonaba la ciudad.

Un organizador sindical a sueldo, que recibía el salario promedio de los camioneros de la ciudad, había sido condenado como "vago". Por implicación se estaba estigmati-

---
* Ver nota en la pág. 27.

zando a todos los choferes como "gorrones". Los miembros del sindicato reaccionaron airados ante este escandaloso ataque patronal y votaron a favor de apoyar la apelación de la sentencia.

Dewey Hanson, un abogado local, había sido contratado por el sindicato para defender a Russell. A solicitud mía, Albert Goldman, un conocido abogado de Chicago y destacado trotskista, viajó rápidamente a Omaha para ayudar con la apelación. También se recibió colaboración de la Unión Americana de Libertades Civiles (*American Civil Liberties Union*—ACLU).

Al arrestar a Russell, la policía había registrado su apartamento sin orden judicial, llevándose copias de materiales radicales y cartas privadas. Estos materiales se utilizaron en un intento de chantajear al sindicato. Si él no abandonaba la ciudad, advirtió la policía, se le entregaría todo a los periódicos. Pero el sindicato descartó esta amenaza de intensificar el *red-baiting* difamatorio, que ya había empezado en la prensa capitalista al producirse el arresto.

A los abogados defensores se les autorizó iniciar procedimientos de desembargo para recuperar la propiedad ocupada ilegalmente. Así se recuperó pronto los archivos personales del organizador sindical perseguido.

Cuando el caso de "vagancia" surgió de nuevo un poco más tarde, el fiscal alegó que no había nada que apelar ante un tribunal superior ya que la sentencia suspendida que le habían ofrecido a Russell en realidad "no era sentencia en absoluto". El juez asintió y desestimó los cargos, terminando así el caso. Como los demás lacayos capitalistas en el gobierno, vacilaba en permitir que el olor del apestoso complot fuera más allá de los límites de Omaha.

El Local 554 había derrotado un intento de fabricación de cargos, y así los miembros habían sido vacunados contra el *red-baiting*.

Fue poco después de este incidente que se iniciaron en Chicago las negociaciones para el contrato regional. Durante las conversaciones, de vez en cuando llegaban representantes de las empresas camioneras de Omaha, simplemente para mantenerse al corriente de los acontecimientos. Ellos no tenían la menor intención de aceptar el acuerdo logrado, como ahora iban a demostrar.

El día después de la ratificación del pacto regional por la IBT en su conferencia de Indianapolis, el Local 554 presentó el acuerdo a la Asociación de Camioneros Comerciales de Nebraska, pidiendo que lo suscribieran. También se pidió la renovación de contratos vencidos que cubrían las operaciones locales de trasbordo, con mejoras en salarios y condiciones de trabajo.

Tanto los operadores por carretera como las compañías camioneras de la ciudad —actuando en contubernio con los altas esferas de la clase dominante del estado— respondieron con un intento coordinado de aplastar al sindicato. No se arriesgaron a permitir que la IBT obligara a las principales empresas a capitular una por una. La Asociación de Camioneros precipitó un cierre patronal general contra los empleados de la industria en Omaha el 9 de septiembre de 1938, sin siquiera esperar a que venciera la notificación de 48 horas requerida por el acuerdo temporal vigente.

Se dio un cierre patronal simultáneo en Sioux City, Iowa, donde los operadores por carretera actuaban mayormente como satélite de la terminal de Omaha. El Local 383, cuyo contrato con las empresas de Sioux City había vencido el 25 de junio, también había exigido la aceptación del nuevo pacto regional.

Esta ofensiva patronal le presentó a la IBT una prueba decisiva. Teníamos que aplastar la resistencia capitalista que estaba surgiendo en torno al baluarte de Omaha. Si fracasábamos, los logros ya registrados en otras partes se nos empezarían a escurrir por los dedos; la correlación de fuerzas de clases cambiaría en perjuicio nuestro. Por otro lado, si ganábamos la lucha, se podría consolidar plenamente la fuerza del sindicato en los 11 estados y hasta se podrían lograr más avances.

Era el momento de la verdad y el Comité de la Región Norte Central entró en acción rápidamente. El cierre patronal fue convertido en huelga y la acción se extendió más allá de los puntos de origen en Omaha y Sioux City. Se cerraron todas las terminales de las compañías basadas en Omaha. Esto extendió la presión sobre ellos hasta Grand Island, Lincoln, Norfolk y Fremont, en el estado de Nebraska; Mason City, Marshalltown, Cedar Rapids, Ottumwa, Burlington, Clinton y Des Moines, en el estado de Iowa; Chicago, Peoria y Rock Island, en el estado de Illinois; St. Joseph y Kansas City, en Missouri; Minneapolis y St. Paul, en Minnesota. Una vez más los Teamsters de Denver, junto al local de la IBT en Cheyenne, Wyoming, arrimaron el hombro desde más allá de la región de 11 estados.

En total, más de 3 mil trabajadores estaban ahora en esta lucha.

A pesar de la ley antipiquetes de Nebraska, se había paralizado a compañías por todo el estado que habían rehusado firmar el contrato regional. En la propia Omaha todos los negocios locales de trasbordos fueron cerrados. Para respaldar estas acciones, los piquetes del Local 554 constantemente patrullaban las autopistas que conducían hacia la ciudad, permitiendo que operaran solo compañías que habían firmado con el sindicato. Al hacerlo, se aseguraban que no se interfiriera con los agricultores que llevaban sus productos al mercado, quienes en general simpatizaban con el sindicato.

Prácticamente teníamos sitiados a Omaha y al estado

de Nebraska, tal como Grant hizo con Vicksburg. Nuestra tarea ahora era mantenernos firmes en las posiciones establecidas e ir intensificando el uso de la fuerza sindical contra el enemigo de clase. Este último objetivo exigía tomar acción contra los patrones del transporte en Dakota del Sur, Iowa y Missouri que no habían suscrito el contrato regional. Al tomar medidas contra ellos, gradualmente se apretarían las líneas del sitio alrededor de Nebraska. Al final, esto obligaría a los patrones de Omaha a capitular.

En este momento crítico me enfermé y tuve que dejar la escena de la acción. Al retornar a Minneapolis estuve internado por unas tres semanas, tras lo cual el médico prescribió que guardara cama en casa por un buen rato. En esta situación quedó demostrado con creces lo valioso que era haber formado el comité regional como equipo directivo.

Red O'Laughlin llenó el hueco, asumiendo mi función como portavoz del comité. De hecho, virtualmente se mudó a Omaha para darle apoyo directo al Local 554, día a día, como hicieron también Mike Healy y Joe Scislowski. Harry DeBoer y Ray Rainbolt hacían viajes frecuentes desde Minneapolis para brindar ayuda a los trabajadores enfrascados en la batalla. O'Laughlin también pidió en diversas ocasiones que fuera Jimmy Hoffa para ayudar con una u otra tarea en la huelga. Además, Jack Maloney se trasladaba entre Sioux City y las terminales de Nebraska, ayudando a coordinar la lucha en general.

O'Laughlin y Maloney se mantenían en contacto conmigo por un teléfono en mi habitación del hospital. En un momento determinado cada uno de ellos fue a Minneapolis para sostener una amplia discusión sobre algunos de los principales problemas. En general, nuestra labor de equipo se mantenía como siempre y con la eficacia necesaria.

Hubo incluso una muestra conmovedora del aspecto humano, que reflejó la camaradería que se había desarrollado entre nosotros. Healy, un tipo duro con un gran corazón, llamó a Marvel Scholl para preguntarle si necesitábamos ayuda financiera para manejar los problemas familiares provocados por mi enfermedad. Al agradecerle a Mike su amabilidad, Marvel le aseguró que podríamos depender del Local 544 de Minneapolis para ayudarnos a superar cualquier dificultad económica que surgiera.

En la propia huelga, los que se desempeñaban como dirigentes enfrentaban dos problemas claves. Uno era impedir las operaciones esquirolas del transporte por camión. Otro era asegurarse que los patrones no pudieran someter por hambre a los trabajadores en la larga lucha que se empezaba a desarrollar. Las negociaciones aún no eran un factor en esa coyuntura. No se podían esperar cambios en esa esfera hasta que hubiera una mayor prueba de fuerzas.

Todos los dirigentes de la región que se encontraban en Omaha eran veteranos que sabían mantener líneas de piquete eficaces. Por otra parte, los militantes jóvenes del Local 554, menos experimentados, estaban aprendiendo rápidamente estas artes en la lucha, como también las estaban aprendiendo los miembros del Local 383 en Sioux City. De ahí que la huelga estaba manteniendo cerradas las operaciones. Las fuerzas sindicales pronto frustraron los intentos esporádicos de empresas camioneras de circular equipo con esquiroles.

Se instituyeron varias medidas para responder a las necesidades imperantes de los huelguistas y sus familias. Se estableció un comedor en el cuartel general del sindicato. Ahí se servía seis comidas calientes cada 24 horas a los piquetes, quienes mantenían sus líneas de piquete las 24 horas en turnos de 12 horas. Huelguistas y sus esposas atendían la cocina. Las familias de los sindicalistas podían acompañarles allí para las comidas.

Después de un tiempo, se hicieron arreglos para distribuir abarrotes a los hogares de los huelguistas y dar suficiente ayuda para el alquiler a fin de evitar desalojos.

Ed Palmquist de la Sección de Trabajadores Federales del Local 544 llegó de Minneapolis para ayudar a organizar una lucha por asistencia municipal para las familias necesitadas que participaban en el paro. Mace Brown, de la Unión Central del Trabajo de Omaha, colaboró en este esfuerzo. Los patrones inmediatamente lanzaron una gran campaña contra esta demanda, y las autoridades limitaron sistemáticamente esta ayuda a un número mínimo de casos.

Dada esta situación, el sindicato enfrentaba una enorme carga financiera. Por tanto, se necesitaba ayuda urgentemente desde otros sectores de la IBT, y no tardó en llegar. Unos 90 locales de los Teamsters en la región hicieron contribuciones importantes. Luego, durante la tercera semana de la huelga el comité regional envió una delegación a Indianapolis para pedir ayuda directa de la Internacional.

Tobin se hallaba ahora en una contradicción. Formalmente, no estaba obligado a pagar prestaciones en esta situación, pues la huelga se había convocado sin cumplir los procedimientos constitucionales de la IBT. Sin embargo, él ya había dado su aprobación tácita de la acción con su promesa anterior de apoyar al comité regional contra los patrones que rehusaran negociar de buena fe.

Había otro factor más. Al jefe de la IBT le intrigaban los logros de gran envergadura que habíamos registrado mediante las negociaciones en Chicago. Una ola de nuevos miembros se iba integrando al sindicato a un ritmo creciente. El volumen de los pagos per cápita a la Internacional crecía aceleradamente. Esto implicaba un aumento sin precedentes de la fuerza y el prestigio de la organización que él presidía, lo cual le daba un mayor estímulo para ayudar en la lucha.

Así que Tobin decidió soslayar las formalidades de la "ley" de la IBT haciendo contribuciones de fondos periódicas. Así se podía responder a las necesidades más urgentes de los huelguistas, permitiendo que se mantuvieran firmes contra los patrones. A la vez, mantenía la opción de suspender este apoyo cuando le diera la gana. Y para proteger doblemente su control sobre la situación monetaria, Tobin puso a Edward F. Murphy de Cleveland, un vicepresidente de la IBT, a cargo de repartir la ayuda a los miembros de los Locales 554 y 383.

Murphy llegó a Omaha con las primeras prestaciones de huelga hacia finales de septiembre. Para entonces los patrones estaban preparando una serie de maniobras rompehuelgas, empezando con un intento de incitar a los agricultores contra el sindicato. Agentes provocadores tiraron piedras contra camiones que llevaban productos agrícolas al mercado. Luego se difundieron versiones espantosas culpando a los huelguistas de los ataques en un intento de incitar a los agricultores; el objetivo era utilizarlos como pantalla para que convoyes armados cruzaran las líneas de piquetes. Pero una eficaz publicidad sindical frustró el plan.

En un intento de mantener la disciplina entre las pequeñas empresas en la región de Nebraska, las grandes compañías de Omaha difundieron mentiras sobre las condiciones del contrato regional negociado en Chicago. Luego intentaron obtener su ayuda para organizar ataques de justicieros contra los trabajadores que montaban piquetes en las carreteras. El Local 554 se enteró de la maniobra y organizó una reunión con un comité de pequeñas compañías. Se les presentó el verdadero cuadro de las reivindicaciones para el contrato y se les aseguró que la aceptación inmediata no excluiría una modificación posterior de las condiciones finales del pacto de Omaha. Como consecuencia, unas 60 empresas pequeñas suscribieron el acuerdo.

El 29 de septiembre Mike Sherman, un conciliador laboral federal, concertó una sesión de negociación entre el sindicato y los patrones. No se llegó a nada. El comité de operadores no hizo nada más que prometer que luego le darían a Sherman una explicación de por qué rechazaban las reivindicaciones de los trabajadores.

Poco después de esta sesión, la policía de Omaha lanzó una campaña de arrestos en masa. El jefe Pszanowski dijo a los policías: "Si sospechan que alguien está por empezar líos, métanlo preso".

Arrestaban a un grupo tras otro de piquetes volantes que iban en auto, donde fuera que los encontraran en las calles. En cuestión de días arrestaron a más de 60. Los jueces cooperaron con Pszanowski para mantenerlos presos el mayor tiempo posible y sin fianza.

Un movimiento obrero unido salió en defensa de los huelguistas; tanto la Unión Central del Trabajo de Omaha como la Federación Estatal del Trabajo de Nebraska se sumaron al esfuerzo. El clamor público lanzado por los funcionarios sindicales se vio reforzado por los propios piquetes detenidos. La porquería que les daban de comida la tiraban en los pasillos de la cárcel, golpeaban los barrotes con sus tazas de lata y en general hacían un barullo. Gracias a este esfuerzo unido tuvieron que dejarlos en libertad bajo fianza, de unos 50 dólares por cada uno en la mayoría de los casos. Al ser procesados, todos fueron exonerados menos siete. A los condenados los declararon culpables de cargos tan leves que solo les pudieron imponer multas pequeñas.

Al mismo tiempo el movimiento sindical se aprestó a desafiar la constitucionalidad de la ley antipiquetes del estado. Aunque la posibilidad de obtener resultados en los tribunales de Nebraska era casi nula, esta medida les ayudó a los huelguistas en un sentido propagandístico.

Entretanto, los patrones habían empezado a enviar camiones por las calles, con los choferes esquiroles dotados de escopetas de gases lacrimógenos y pistolas. Pronto se dieron actos de violencia contra los huelguistas. A John Bigley le vaciaron los seis tiros de un revólver. Luego le cayó encima una pandilla de esquiroles, pero lo rescataron sus hermanos sindicalistas. Otro piquete, Carl Paulson, fue atropellado adrede por un camión esquirol, recibiendo lesiones tan graves que requirió que lo atendieran en el hospital.

Los patrones después usaron cínicamente estos actos de violencia contra los trabajadores para exigir que el gobernador enviara la Guardia Nacional. Sin embargo, eso era demasiado burdo y el intento fracasó.

Luego los patrones trataron de dividir a las filas del sindicato al promover un movimiento de "retorno al trabajo". Mediante un ardid los esquiroles lograron programar una reunión un domingo en el Templo del Trabajo. Asistieron varios sindicalistas leales, pensando que era un evento oficial. Pero cuando cayeron en la cuenta, se llamó al cuartel general de la huelga e inmediatamente se enviaron refuerzos al lugar. Durante la trifulca que se produjo, unos esquiroles resultaron magullados; Malcolm G. Love, un funcionario sindical, se torció el brazo; y a Tom Smith, el secretario-tesorero, le hirieron la mano con una hoja de afeitar. Al final, los huelguistas triunfantes partieron a su cuartel general para una cena dominical de pollo.

En esta época también se realizaron intentos rompehuelgas similares en Sioux City. Al igual que en Omaha, la prensa capitalista se mostró hostil hacia los Teamsters; se intentó incitar a los agricultores contra el sindicato; y a los huelguistas se les negó la asistencia pública.

Numerosos miembros del Local 383 fueron arrestados bajo cargos fabricados. Fueron acusados de asamblea ilegal, amotinamiento, asalto y agresión, allanamiento, incendio provocado y otros cargos inventados por los fiscales. Para los presos exigieron fianza en efectivo, mil dólares en la mayoría de casos.

A pesar del hostigamiento al que los sometían, los huelguistas se mantuvieron firmes tanto en Sioux City como en Omaha. En cuanto a las filas, la experiencia de lucha, en todo caso, les había dado más fuerza colectiva.

Por otra parte, en el comité regional habían surgido ciertas dificultades. Ed Murphy parecía creer que la tarea que le había encargado Tobin exigía que él asumiera un papel central de autoridad en la dirección del conflicto. Sin embargo, había varios factores que mitigaban para que pudiera hacerlo. Los huelguistas prácticamente no lo conocían. Como no había desempeñado papel alguno en las anteriores batallas de Omaha, solo tenía un entendimiento escaso de la situación. De igual manera, carecía de una percepción completa de los matices que entrañaban las condiciones del contrato regional, ya que no había participado en las negociaciones de Chicago. Encima de eso, los locales que Murphy representaba en Ohio habían tendido a dar poco más que un apoyo simbólico a la amplia campaña del transporte por carretera. Dadas estas circunstancias, los miembros del comité regional presentes en Omaha se mostraban reacios a confiarle la autoridad que él pretendía asumir. Esto causó fricciones que podían hacer peligrar a los sindicatos locales en la batalla.

Paralelo a este fenómeno, había surgido otro problema más. Los jefes de algunos Consejos Unidos de Teamsters, con mentalidad provinciana, empezaron a intensificar su oposición a la campaña regional. Dentro de esos organismos, instaban a los locales de transporte por carretera a que no tuvieran nada que ver con la campaña por un contrato en 11 estados. Para reforzar la presión, se esparcieron rumores sobre el fracaso inminente de la huelga de Omaha-Sioux City.

En esta coyuntura se convocó una reunión especial del comité regional en Chicago para evaluar la situación general y trazar un curso de acción. Tanto O'Laughlin como Maloney me llamaron por teléfono para informarme lo que pasaba, y era evidente que se había llegado a una etapa crítica en nuestra lucha. Así que suspendí mi convalecencia y volé a Chicago para participar en la sesión.

En la discusión que se dio logramos volver a poner la verdadera situación en su justa medida. En realidad la huelga seguía firme y las perspectivas de una victoria final eran excelentes. Las aparentes dificultades eran de carácter sindical interno y mayormente artificiales; se podían superar con un esfuerzo sensato por parte del comité regional.

Como primer paso, acordamos que debíamos brindar a la Internacional un informe completo del cuadro actual de nuestra lucha contra los patrones. Poco después de la reunión, preparé ese informe en Omaha y lo envié a Indianapolis. Esta acción pronto obtuvo buenos resultados.

Un día Tobin mandó decir que era urgentemente necesario que yo me presentara en su oficina a la mañana siguiente. Cuando llegué me llevó a un cuarto donde una delegación aguardaba para verlo. Entre los presentes estaban Henry Berger de Chicago, E.M. Eslinger de Kansas City y L. Camie de St. Louis; estos dos últimos encabezaban el Consejo Unido de Teamsters en sus respectivas ciudades. Al verme pusieron rostros de decepción.

Tobin inició la sesión recalcando que —como tenía entendido que la delegación quería plantear algunas quejas sobre el comité regional— me había mandado llamar para que diera las explicaciones necesarias. Nuestros críticos no tuvieron nada que ofrecer salvo conceptos erróneos sobre el estado de la huelga del transporte por carretera, así como chismes que eran patentemente falsos. Esto hizo que el jefe de la IBT les dijera, en efecto, que él era capaz como para supervisar la campaña de 11 estados y que ellos deberían limitar su atención a las tareas de sus cargos específicos en el sindicato.

Sencillamente, los funcionarios de la Internacional habían cambiado su posición anterior de preocuparse de los deseos de los jefes de los Consejos Unidos por encima de las necesidades de la campaña del transporte por carretera. Ahora estaban dispuestos a darle al comité regional un grado de prioridad que inclinaría la balanza a nuestro favor. Cualquier duda al respecto se eliminó de manera enfática cuando se emitió una declaración, con las firmas de Tobin y Hughes, sobre una posterior conferencia más amplia en Indianapolis. Decía:

"Reunión celebrada en la Sede del Sindicato Internacional, 2 de noviembre de 1938. Presentes en dicha reunión:

"E.M. Eslinger, Local 541, Kansas City. William Ryan, Local 600, St. Louis. T.T. Neal, Local 41, Kansas City. O. B. Enloe, Local 41, Kansas City. Mike Healy, Local 710, Chicago. J.M. O'Laughlin, Local 299, Detroit. Jos. F. Scislowski, Local 200, Milwaukee. John T. O'Brien, Local 710, Chicago. Emmet J. Williams, Local 135, Indianapolis. Jack Maloney, Local 383, Sioux City. Frank Brown, Local 710, Chicago. Ray E. Rainbolt, Local 221, Minneapolis. Miles B. Dunne, Consejo Unido 32, Minneapolis. Farrell Dobbs, Local 544, Minneapolis. Carl Keul, Local 90, Des Moines. Thomas V. Smith, Local 554, Omaha.

"También estuvieron presentes el presidente general Daniel J. Tobin, el secretario-tesorero general Thomas L. Hughes, el ayudante al presidente general, John M. Gillespie, los organizadores generales Henry G. Berger, Edward Murphy y F.D. Brown...

"Se decidió... que el Sindicato Internacional simpatizaba completamente con la huelga [por carretera] y le estaba brindando toda la ayuda posible, dentro de sus estatutos, para ganar la huelga...

"La conferencia decidió continuar la huelga por tiempo indefinido, de ser necesario, y realizar mayores esfuerzos por ganar la huelga...

"Se decidió nombrar un comité de cuatro que actuará con un Organizador General, comité que tendrá plenos poderes de resolver todos los asuntos donde surja algún malentendido en los numerosos locales sindicales involucrados en la huelga, y que cuando una mayoría de este comité decida que una determinada política es correcta o equivocada, o tome cualquier otra decisión pertinente a cualquier local en cualquier distrito, dicho local debe acatar la decisión de la mayoría del comité; que cuando un funcionario o un local no cumpla con la decisión de dicho comité, habrá que notificar al presidente internacional, y éste suspenderá en el acto al funcionario o al sindicato local por negarse a llevar a cabo las decisiones del comité...

"El presidente general nombró para el comité a: Edward Murphy, organizador general, para representar al Sindicato Internacional y para actuar como presidente del comité; Farrell Dobbs del Local 544, Minneapolis, Minnesota; John O'Brien del Local 710, Chicago, Illinois; Jos. F. Scislowski del Local 200, Milwaukee; y J.M. O'Laughlin del Local 299, Detroit, Michigan.

"Quedaba entendido que si el hermano O'Brien de Chicago no podía fungir, asignaría a Mike Healy del Local 710 para que actuara en nombre suyo".

Parecía que Ed Murphy había sido nombrado presidente del comité especial principalmente para asegurar que continuara supervisando la distribución de prestaciones a los huelguistas. En todo caso, ya no intentó asumir la dirección de la lucha en sí. Esa función quedaba ahora completamente en manos del Comité de la Región Norte Central. Y se le había hecho, en efecto, una advertencia a los que se oponían a nuestra campaña en el seno del sindicato.

Corrió muy rápidamente la voz sobre la acción de Tobin-Hughes y eso tuvo un impacto considerable en los patrones. En menos de una semana las empresas más grandes que operaban desde Sioux Falls, Dakota del Sur, suscribieron el contrato regional. Poco después el sindicato se abrió paso en Des Moines, Iowa.

En esta última ciudad, el Local 90 había salido en huelga a principios de octubre contra las compañías de transporte de larga distancia y contra las empresas de trasbordo local. El 13 de noviembre se llevaron a cabo negociaciones con estas compañías. Pronto se puso de manifiesto que estaban listas para llegar a un acuerdo, así que se notificó a la sede del sindicato para que los miembros se reunieran allí por la noche para escuchar un informe. Como a la una de la madrugada del 14 de noviembre el comité sindical llegó a la sede para darles a los huelguistas un informe del acuerdo propuesto.

Las empresas en Des Moines habían aceptado el acuerdo regional en su totalidad. Respecto al trabajo del transporte local, los choferes obtuvieron un aumento de 5 centavos, con lo que su salario llegaba a 57½ centavos por hora. Los trabajadores de andenes y los de almacenes obtuvieron un aumento de 7½ centavos, dándoles una tarifa de 55 centavos por hora. Las condiciones de trabajo también mejoraron. Regocijantes, los miembros aceptaron unánimemente estas condiciones.

Mientras se estaban logrando estas conquistas sindicales, los patrones en Omaha habían lanzado otro ataque de cargos fabricados contra el Local 554. Su acción pretendía contrarrestar a nivel local el impacto de nuestras victorias en Des Moines y Sioux Falls. Surgía de su creciente desesperación por la forma en que gradualmente veníamos limitando la esfera de influencia de las empresas del transporte en Nebraska.

Durante la noche del 8 al 9 de noviembre, asaltantes desconocidos dispararon contra un camión perteneciente a la Wilson Trucking Co. de Kearney, Nebraska. El chofer, miembro del sindicato, sufrió una herida superficial en la pierna. Se encontraba trabajando porque la compañía había firmado el contrato regional y podía funcionar libremente en Omaha.

Había sido abaleado un miembro de la IBT que manejaba un camión bajo las condiciones del acuerdo por carretera. Sin embargo, la policía de la ciudad respondió con una redada contra la sede sindical a la mañana siguiente. En ese momento se encontraban allí 62 miembros. Todos fueron encarcelados y se ordenó su detención "para investigarlos". Pero fue un acto tan burdo de provocación que la policía tuvo que poner en libertad a las víctimas casi de inmediato.

Los patrones parecían haber esperado que esta treta les permitiría dilatar más las discusiones sobre el contrato. Sin embargo, esa posición ahora les resultaba insostenible. Así que acordaron reanudar las negociaciones con el sindicato el 15 de noviembre.

Durante las conversaciones Fay Watson, jefe de la línea camionera más grande de Omaha, intentó hacerse el gracioso con un poco de *red-baiting*. "Usted sabrá entender nuestra situación, señor Dobbs", dijo. "Hasta su propio hombre Marx hablaba de la tasa de ganancia decreciente".

Watson solo parecía estar repitiendo un rumor que había oído acerca de lo que Marx escribió. Además, su broma tenía por objetivo desviar la atención de los asuntos concretos en disputa. Por eso la dejé pasar con esta respuesta escueta: "Ya que usted está citando a Marx, señor Watson, déjeme recordarle que él también dijo que un capitalista que no pueda pagar un salario decoroso debiera irse a la quiebra".

Otros miembros del comité sindical se echaron a reír y con eso se acabó ese intercambio.

El comentario sobre la "tasa de ganancia decreciente" se había inyectado en el transcurso de los argumentos patronales en apoyo a sus contrapropuestas para un convenio laboral. Ellos reclamaban una tarifa por milla de ½ centavo menos que la escala regional, y que los choferes pagaran sus propios gastos durante sus trayectos. Exigían pagos basados en el tonelaje de recogidas y entregas, en vez de pagos por hora. En las rutas locales proponían una escala tacaña de 47½ centavos por hora. Además querían una semana laboral ilimitada, un acuerdo de tres años, arbitraje de las quejas y una promesa de no salir en huelga durante el plazo del contrato.

Quedaba claro que habría que apretarles más los tornillos antes que estos patrones estuvieran dispuestos a entrar en razón. Significaba que tendríamos que virar hacia el próximo lugar donde se les podría presionar más. Así que dirigimos nuestra atención hacia Kansas City. Allí las empresas no habían firmado aún un contrato con la IBT y estaban ayudando a que los camioneros de Omaha llevaran carga de contrabando por vías indirectas. Teníamos que meter a Kansas City en cintura, aun si se requería de una huelga para hacerlo. Sin embargo, dada la situación, esa perspectiva nos planteaba algunos problemas inmediatos.

Tobin había acordado ayudarnos en Omaha y Sioux City bajo condición de que no ampliaríamos la huelga. Además, si lo traicionábamos, permitiría que nuestros opositores en el Consejo Unido de Teamsters en Kansas City nos crearan problemas. Por estas razones era recomendable obtener la aprobación de la Internacional antes de tomar la nueva medida propuesta. Necesitábamos ir primero a Indianapolis con ese propósito y luego enfrentarnos a los patrones de Kansas City. Sin embargo, para hacerlo, los dirigentes regionales involucrados en las negociaciones en Omaha tenían que desprenderse un poco sin dar la impresión de que estaban suspendiendo las conversaciones sobre el contrato. De lo contrario los patrones podrían poner al sindicato en un aprieto propagandístico.

Resolvimos la dificultad relativa a Omaha con una declaración un tanto irónica. A los patrones se les dijo que no podíamos hacer concesiones sobre las disposiciones del contrato regional sin permiso de Tobin. Para eso hacía falta un aplazamiento temporal de las negociaciones de modo que pudiéramos ir a consultarle. Los dueños se creyeron la excusa, pensando que estábamos por rendirnos y emitieron una declaración pública optimista en ese sentido.

En los preparativos para la charla con Tobin marcamos un mapa. Este daba un cuadro gráfico de cómo las empresas de Kansas City estaban ayudando a las de Omaha a transportar carga. Entonces Jack Maloney, Red O'Laughlin y yo salimos para Indianapolis el 23 de noviembre. Ted Neal del Local 41 nos encontró allá.

El mapa nos surtió efecto. Tobin estudió la situación que ilustraba y dijo admirado: "Exactamente como un general".

A lo sumo habíamos esperado obtener su acuerdo informal para cerrar las empresas de Kansas City. Pero se había inspirado lo suficiente como para ir hasta el final. Después se dio una sesión minuciosa sobre el procedimiento para obtener la sanción oficial de la huelga y el máximo apoyo económico.

Nuestras reivindicaciones debían ser presentadas a las empresas de Kansas City. Si rehusaban discutirlas en serio, debíamos llamar a Tobin e informarle de la situación. Él sondearía a los miembros de la Junta Ejecutiva Internacional por teléfono, recomendando que la Internacional apoyara una huelga contra ellos. La aprobación oficial nos sería comunicada rápidamente con un telegrama que se les podría mostrar a los patrones.

Al parecer, el jefe de la IBT nos consideraba de gatillo alegre cuando de huelgas se trataba. Sus palabras de despedida fueron: "Bien, recuerden que quiero ayudarlos, así que no convoquen una huelga hasta que reciban mi cable".

Durante nuestro vuelo a Kansas City reflexioné sobre la conversación que tuvimos con él. Pronto me vino a la mente una analogía. Su orientación para obtener autorización de la huelga había sido algo así como trazar la ruta de un buque aliado por las aguas minadas de un puerto en tiempo de guerra.

A nuestra llegada al pueblo de Missouri nos hospedamos en el Hotel Muehlebach, donde se iban a llevar a cabo las negociaciones con los dueños. Ahí nos alcanzó Sandy O'Brien, a quien se le había informado del resultado de la conversación con Tobin. Su presencia era especialmente importante, ya que constituía una amenaza visible a las compañías camioneras que operaban en Chicago.

Nos reunimos con los patrones del transporte por carretera la mañana del 28 de noviembre. Había muchos presentes. Habían llegado desde diversos lugares de Missouri y Kansas, como también de sitios tan lejanos hacia el suroeste como Texas. Pensando que tenían amigos importantes en los Consejos Unidos de Teamsters en Kansas City y St. Louis, asumieron una actitud arrogante hacia nosotros. Nos dijeron que bajo ningún concepto firmarían el contrato regional. Ni habría negociaciones en absoluto, excepto sobre la base de propuestas que ellos habían redactado.

Tras una breve discusión pedimos un receso hasta eso de las 4 de la tarde, para estudiar sus propuestas. Luego llamé a Tobin por teléfono y le informé lo que había pasado. De nuevo advirtió: "Recuerden, no actúen sino hasta que sepan de mí. Espero enviarles un cable antes que termine la tarde".

Cumplió su palabra. A las pocas horas llegó un telegrama, dando la aprobación oficial a la huelga y garantizando el pago de prestaciones a todos los trabajadores afectados.

Entonces regresamos a la sesión con los patrones. Para empezar se les entregó el mensaje de Tobin. Al leerlo, su insolencia de repente se desvaneció; esta vez el receso lo pidieron ellos. Más tarde en la noche se nos comunicó que estaban listos para reanudar la discusión. Se había escogido un subcomité con plenos poderes para actuar, nos dijeron. Sus miembros estarían listos para reunirse con nosotros a la mañana siguiente y continuar las negociaciones hasta que se llegara a un arreglo.

En las negociaciones siguientes, los patrones aceptaron por completo el contrato básico de rutas largas para el resto de la región de 11 estados, como lo exigían nuestras perspectivas. Sobre esa base, acordamos algunas modificaciones respecto a las operaciones de tránsito que no afectaban a los otros 10 estados y en las rutas locales en las inmediaciones de una determinada terminal de Missouri.

Los cambios, que se especificaron en una cláusula anexa al acuerdo básico, significaban limitaciones secundarias en ciertas formas de aumentos salariales. Por ejemplo, para las rutas locales se estipulaba 50 centavos por hora (5 centavos por debajo de la escala regional). La paga por el tiempo de recogidas y entregas se fijó en 55 centavos por hora (20 centavos por debajo del índice regional) en viajes que se daban dentro de Missouri, así como en las rutas entre Missouri y Kansas, Oklahoma, Texas y Colorado. Se incluyeron otros cuantos ajustes menores sobre las operaciones exclusivas al estado.

Desde un punto de vista sindical, este convenio era recomendable dadas las circunstancias. Anteriormente los ingresos de los choferes, en su conjunto, en rutas de ese tipo habían estado muy por debajo de los niveles que logramos fijar para operaciones comparables en la mayoría de los otros 10 estados. Por tanto, era imprudente llevar a los trabajadores a una huelga simplemente para que estas cláusulas secundarias alcanzaran los niveles regionales plenos de un solo golpe. De haberlo intentado, la reacción de los trabajadores en general seguramente habría sido desfavorable, ya que la oferta de los patrones sí les proporcionaba un aumento considerable.

Además, estas modificaciones de ninguna manera perjudicaban la fuerza y el efecto global del acuerdo regional. De hecho, se había preparado el terreno para que los Teamsters de Denver impusieran exitosamente todas las condiciones regionales en todas las operaciones hacia el oriente de esa terminal cuando su contrato con los patrones venciera unos cuatro meses más tarde. Y se habían sentado las bases para una futura expansión de la campaña del transporte por carretera más hacia el suroeste.

En un pacto aparte, se conquistaron mejoras para los trabajadores de servicios de trasbordo local en Kansas City. Se consiguieron aumentos salariales de entre 5 y 7½ centavos por hora. También se registraron avances en las condiciones de trabajo.

El 14 de diciembre de 1938, los patrones firmaron estos contratos, tras ser aprobados por los miembros de los locales de los Teamsters de Missouri y por las filas del Local

498 en Kansas City, Kansas. También se había consultado al sindicato en Denver.

Se había ganado una victoria mayor sin tener que realizar una acción huelguística. Este logro mejoró nuestras relaciones con Tobin, quien observó que no habíamos abusado imprudentemente de su confianza. En consecuencia, se mostró más dispuesto que nunca a ayudar a derrotar los puntos de resistencia que quedaban en la región, meta para la cual ahora nos encontrábamos en una situación excelente.

Al poner a Kansas City bajo control sindical, se había cerrado la última brecha importante en nuestras filas con las que teníamos sitiada a Nebraska. Esto nos daba un firme dominio sobre los patrones del transporte por camión de Omaha y sus satélites en Sioux City.

21

Un triunfo sin precedentes

Los patrones de Omaha deben haber sentido escalofríos cuando les llegó la noticia de nuestro ataque contra su flanco sur. Sabían que un avance sindical en Missouri los dejaría completamente aislados, quedando solos contra la fuerza concentrada de la IBT. En ese caso, solo acciones rompehuelgas a nivel local podrían impedir su derrota y eso tendría que lograrse pronto. Así que sin esperar los resultados de las negociaciones de Kansas City, intensificaron las medidas represivas contra el Local 554.

En su campaña, los patrones del transporte por camión contaron con el apoyo de toda la clase dominante de la ciudad. Se celebraron reuniones de diversos grupos empresariales para planear medidas específicas. Aunque las sesiones se llevaron a cabo a puerta cerrada, no tardaron mucho en salir a la luz las decisiones de los capitalistas.

Los caseros amenazaban con que los huelguistas serían desalojados de inmediato si no pagaban los alquileres atrasados. Las compañías financieras insistían en cobrar sus préstamos y tomaban medidas para embargar los bienes utilizados como garantía. Los cobradores acosaban a los trabajadores exigiendo los pagos de las letras de los carros, ropa, muebles, lavadoras de ropa y otros artículos. Centenares de miembros del sindicato eran objeto de estas presiones extremas y naturalmente acudieron a la organización en pos de ayuda para mantener un techo donde cobijarse y no perder sus pocas pertenencias.

Se hizo un llamado de ayuda a los funcionarios de la Internacional y estos enviaron un cheque de cajero por $3 500. Después, cuando el Local 554 lo presentó en el Banco Nacional de Omaha, los funcionarios del banco se negaron a canjearlo. Uno de ellos, el señor Flowers, afirmó descaradamente que canjear un cheque previsto para los huelguistas no era "acorde con buenas prácticas bancarias". Sin embargo, resultó ser una medida ineficaz, ya que el sindicato simplemente lo canjeó en Kansas City.

Un trabajador comentó acerca de estas experiencias: "Creía que estábamos en huelga contra las compañías de camiones. Parece que nos hemos enfrentado al *Omaha World-Herald*, al banco nacional, a la oficina de asistencia pública, a la policía y a la mayoría de los patrones de la ciudad".

A pesar de estas nuevas y fuertes presiones, las filas del sindicato se mantuvieron firmes. Solo unos pocos envíos pequeños lograron evadir los piquetes. Por consiguiente, los patrones se volvieron aún más desesperados.

Desataron matones a sueldo contra los huelguistas. Cuando algunos de ellos eran arrestados por portar armas ilegalmente, los jueces los dejaban en libertad con multas de un dólar y procuraban que les expidieran permisos para portar armas. Así, libres de merodear las calles a su antojo, estos rufianes atacaban tanto piquetes como camiones operados por empresas que habían firmado contratos con el sindicato.

En un caso los matones agujearon uno de los autos de piquetes con perdigones de escopeta. Los tres huelguistas que viajaban en el auto —Lard Ryan, Peck Alderman y Ralph Gilson— recibieron heridas leves. Luego la policía arrestó a las víctimas bajo cargos fabricados que se remontaban a momentos anteriores de la lucha y el sindicato tuvo que pagar fianzas de 50 dólares en efectivo para obtener su libertad. Más tarde los cargos fueron sobreseídos por falta de pruebas. Mientras tanto, los pistoleros de los patrones que habían atacado a los huelguistas quedaron impunes.

Tanto en Omaha como en Sioux City encarcelaron a un gran número de choferes. El objetivo inmediato era debilitar la moral del sindicato y preparar el terreno para reanudar con esquiroles el transporte de carga entre las dos terminales. Aunque fracasaron en este objetivo, la policía estaba poniendo todo de su parte para ayudar a los patrones.

Los piquetes eran acosados día tras día con arrestos por "molestar". Primero los detenían "para una investigación". Luego les montaban cargos falsos, por lo general por algo como "perjuicio doloso". Para los militantes destacados las cosas llegaron a tal punto que, al ser excarcelados, prácticamente se topaban con sí mismos de regreso a la cárcel. Al continuar este proceso, las autoridades municipales empezaron a subir la apuesta, tomando acción directamente contra dirigentes sindicales. Un episodio típico de esto ocurrió en Sioux City.

Un día un camión esquirol fue estacionado adrede enfrente de las oficinas del Local 383. Unos provocadores lo volcaron. Poco después una unidad policial irrumpió en la sede del sindicato, alegando que los piquetes habían dañado el camión esquirol. Fueron a arrestar a dos dirigentes de la huelga, Jack Maloney y Ralph Johnson. Las proyectadas víctimas exigieron que los policías mostraran órdenes de arresto. Al no poder hacerlo, otros trabajadores presentes intervinieron para tratar de repelerlos. Luego se armó una gran trifulca antes de que realizaran los arrestos.

A Maloney y Johnson los acusaron de "perjuicio doloso" y de "resistir a un agente y agredirlo". Se tuvo que pagar fianzas en efectivo de $2 000 por cada uno para sacarlos de la cárcel. Como en este caso, a los huelguistas les estaban imponiendo fianzas severas como regla general, por lo que se requirió que el Local 383 aportara un total de más de $50 000 solo durante este período.

Para ese entonces las compañías de Kansas City habían capitulado ante el Comité de la Región Norte Central. Los patrones de Omaha reaccionaron a ese hecho probando un nuevo argumento, dirigido a Tobin. Le solicitaron una reunión afirmando que era la mejor forma de arreglar las cosas en la disputa local. Tobin respondió que cualquier acuerdo tendría que ser negociado por el comité especial del sindicato, compuesto por O'Brien, Scislowski, O'Laughlin y Dobbs.

Después, David Swarr, hablando a nombre de la Asociación de Camioneros Comerciales de Nebraska, hizo una demanda directamente a los funcionarios del Local 554. Insistió en hacer que los miembros votasen de nuevo sobre la propuesta de las compañías para un contrato de segunda categoría. Aunque los trabajadores ya antes habían rechazado las condiciones propuestas, los patrones parecían esperar que su voluntad hubiese flaqueado ante los golpes que habían estado recibiendo de todas las secciones de la clase gobernante. Era una esperanza vana.

La asamblea sindical se llevó a cabo según lo solicitado y la propuesta de las compañías fue presentada de nuevo con los debidos comentarios. Uno de los presentes sugirió quemar el documento de las compañías. Unos trabajadores inmediatamente lanzaron cajas de cerillas a la tarima. Tras calmarse las risas se llevó a cabo una votación de voz. Las ventanas del edificio vibraron al pronunciarse los miembros con un estruendoso "¡No!"

Después de 15 semanas de cruenta lucha, los huelguistas de Omaha seguían más resueltos que nunca a ganar su batalla contra los patrones. Y en Sioux City el ánimo era el mismo. Estos heroicos luchadores entre las filas se habían convertido en la columna vertebral de toda la campaña regional. Dadas las circunstancias, claro está, necesitaban ayuda externa para lograr la victoria. Pero sin su firme postura en el escenario de los hechos, las demás fuerzas de la IBT no habrían tenido base desde la cual enfrentarse al eje patronal Omaha–Sioux City. Se habría tenido que excluir de la región el territorio afectado, y por tanto la campaña en general habría sufrido un revés.

Resultó que gracias a las cualidades combativas de los trabajadores, la posición del sindicato fue mejorando continuamente. Por otro lado, los patrones ahora estaban en un apuro desesperado. Ya no les podía servir de nada arremeter con saña contra los huelguistas, pero de todos modos lo intentaron.

Dos funcionarios del Local 554, Malcolm G. Love y Walter K. Stultz, fueron arrestados en Columbus, Nebraska, mientras estaban en la línea de piquete. Esta acción contra ellos en un sitio apartado era parte de un complot tramado cuidadosamente por los patrones. Al encarcelar a dirigentes sindicales lejos del principal terreno de la lucha, se dificultaba organizar su defensa. Nuestros enemigos esperaban que así se podría poner al sindicato en una doble desventaja. Quedaría debilitado en la cima, y así los golpes asestados tendrían un efecto más duradero.

Al menos eso parecía decir el guión, aunque las cosas no salieron como los patrones habían esperado.

David Weinberg, quien se había desempeñado como abogado para el Local 554 desde el inicio de la lucha recia, se apresuró a ir a Columbus para manejar la defensa. Debido a la seriedad del caso, Albert Goldman una vez más hizo un viaje especial desde Chicago para ayudarle.

Al principio Love y Stultz fueron acusados simplemente de violar la ley estatal antipiquetes. Luego la fabricación de cargos fue multiplicada al acusárseles de portar armas ocultas. No se les permitió usar propiedades para asegurar la fianza, sino que se fijó una fianza de $2100 en efectivo. Sin embargo, esto no resultó ser un problema tan grande como lo que habían anticipado las autoridades. Entre el Consejo Unido de Teamsters de Minneapolis y un comerciante amistoso de Omaha, pronto se recaudó el dinero.

Love fue puesto en libertad, pero hizo falta un poco más de esfuerzo sacar a Stultz, ya que también se había tramado un cargo de secuestro en su contra. Resultó que los patrones no lograron nada. Los dos funcionarios pronto estuvieron disponibles para sus responsabilidades sindicales y cualquier resolución de la huelga tendría que incluir el retiro de estos cargos contra los trabajadores.

Usando el caso fabricado en Columbus como trampolín, los huelguistas montaron líneas de piquete en la asamblea estatal de Nebraska en Lincoln. Recibieron apoyo de otros sindicalistas. Portaron pancartas en que se protestaba contra el acoso policial y se exigía la derogación de la ley estatal antipiquetes. Los propios legisladores fueron denunciados por su papel servil como agentes de la Asociación de Empresarios de Omaha. Aunque la acción no logró la derogación del estatuto antidemocrático, le dio un nuevo ímpetu al creciente apoyo popular a la lucha de los Teamsters.

Esta última tendencia se vio favorecida aún más cuando el Local 554 finalmente logró establecer la publicación periódica de un boletín de huelga. A finales de diciembre el *Farmer-Labor Press* de Council Bluffs imprimió una edición especial para ese fin, patrocinada y editada por el sindicato. Carlos Hudson, de la redacción del *Northwest Organizer*, hizo varios viajes a Omaha para ayudar con este proyecto.

El 24 de diciembre los camioneros salieron a las calles con 30 mil ejemplares del primer número de su boletín. En un cruce muy transitado en el centro de Omaha, se vendieron más de 5 mil ejemplares en menos de una hora. El periódico también se distribuyó en Sioux City, así como en general en Nebraska y en ciudades del oeste de Iowa y se enviaron ejemplares a los locales de la IBT por toda la región. Se sacaron sucesivamente unos cuantos números más del boletín. Después los directores le pasaron el *Farmer-Labor Press* al sindicato y a partir de entonces se publicó como órgano oficial del Local 554. En ese momento se envió desde Minneapolis a Tom Gaddis, quien posteriormente llegara a ser un biógrafo famoso, para dirigir el periódico de los Teamsters de Omaha de forma sistemática.

En los titulares del primer boletín se leía: "Nebraska, único estado que rechaza pacto"—"Grupo patronal de Omaha tiene historial de 35 años de terror antisindical"—"La verdad sobre la 'oferta' de las compañías"—"Esposa de agricultor rehúsa comprar hoy en Omaha"—"Trabajadores de Omaha: la lucha de los choferes es suya".

En los números siguientes, el boletín siguió machacando a los patrones. Exponía las mentiras de la prensa capitalista, ofrecía la versión sindical de los hechos y señalaba con exactitud las verdaderas cuestiones en disputa. De esta manera, el apoyo popular a la huelga siguió creciendo.

Arriba: *Omaha World-Herald* del 22 de octubre de 1938, con titular típico insinuando culpabilidad de trabajadores, "Policía arresta 44 en campaña contra violencia camionera".

Police Arrest 44 in Campaign on Truck Violence

'Arrest on Sight' Is Ordered for Trouble Makers

Motorized police squads "cracked down" on truck strike picketing in Omaha Friday and 44 men were held in jail without bond.

At Wahoo, five men giving Omaha addresses were jailed last night by Sheriff L. D. Mengel, who reported they attempted to stop a truck of the Stier Transfer company, David City, driven by Walter Stier, who had a brush with pickets in Omaha Friday morning. Mengel said rocks were found in an auto driven by the alleged pickets. The men gave names of Wendell Satrlee, 21; Eddie Yost, 33; Pat Burmester, 31; Ralph Reeder, 35.

In Omaha, however, police found little to do during the night on the strike front. Squads answered a few "trouble" calls but made no more arrests. A few trucks were convoyed to the city limits and then on to the county line by deputy sheriffs.

Union Sends Sandwiches

To strikers in jail, the union shipped a cargo of sandwiches to supplement the regular station rations.

TRUCKERS UNION DEMANDS RETRACTION OF OMAHA WORLD-HERALD ARTICLE

Los huelguistas comenzaron a usar el *Farmer-Labor Press*, de Council Bluffs, Iowa —de la Unión Central del Trabajo— como órgano de la huelga. "Exponía las mentiras de la prensa capitalista, ofrecía la versión sindical de los hechos y señalaba con exactitud las verdaderas cuestiones en disputa", captando apoyo para huelga. Abajo: "Camioneros exigen que *Omaha World-Herald* retracte artículo", reza titular del 15 de diciembre de 1938.

The Executive Board of Local 554, Omaha, and Local 554-A, Council Bluffs, Wednesday demanded a public retraction of the article on the Front page of Tuesdays edition which stated that union men had slugged a watchman and had shot bullets through two Omaha houses.

Quoting two paragraphs for example and indicating where unjustified statements were made by the World-Herald, Union officials demanded that the public be advised of the facts or else other legal action would be taken. The Union showed that four men arrested for investigation were found not guilty in court while the paper stated that they had slugged a night watchman after being arrested in a car "punctured by several pellets" which was absolutely untrue.

La ofensiva propagandística contra los dueños de camiones se vio acompañada de una intensificación del piqueteo, el cual se había vuelto muy sofisticado por las complicaciones surgidas a raíz de la ley antipiquetes. Los centinelas del sindicato tenían que mantenerse alertas porque los dueños habían dejado de dar la impresión que podían usar el equipo usual. Normalmente sus camiones tenían pintado en los costados un mapa de Estados Unidos con un gran punto blanco donde se sitúa Omaha. Le acompañaba un lema que declaraba: "El punto blanco de la nación. Nuestros trabajadores están satisfechos". Sin embargo, dada la situación, la prolongada lucha había planteado una duda razonable sobre la verdad de lo que afirmaban los patrones.

Reconociendo tácitamente ese hecho, las empresas de Omaha ahora intentaron trasladar mercancías por diversos medios de contrabando. Hizo falta efectuar una acción sindical muy amplia para lidiar con estas tácticas. En Chicago, por ejemplo, se creó un negocio llamado "Western Car-Loading". El Local 710 de los Teamsters pronto se enteró que era una compañía ficticia montada por un grupo de camioneros de Omaha. Enseguida se le declaró la huelga. Con esfuerzos similares, en todas las terminales y las autopistas, un control riguroso de la IBT impidió operaciones esquirolas de cualquier tipo.

Dueños individuales, retorciéndose bajo las fuertes presiones de la huelga, empezaron a demandar que su comité entablara negociaciones serias con los Teamsters. Esto llevó a la reanudación de las discusiones sobre el contrato el 23 de enero.

Los patrones del transporte por camión querían empezar negociando las tarifas salariales. Pero su abogado y portavoz, David Swarr, quien parecía ser un agente de la Asociación de Empresarios de Omaha, tenía ideas diferentes. Insistió que el primer tema fuera el carácter del reconocimiento del sindicato. Nosotros nos mantuvimos firmes sobre las cláusulas de taller cerrado del contrato regional y Swarr aprovechó el tema para volver a suspender las relaciones. Esa acción demostró claramente que la alta dirigencia de la clase dominante de la ciudad estaba dispuesta a pelear hasta la última gota de sangre de las compañías para impedir cualquier tipo de victoria sindical. También marcó el comienzo del final del conflicto.

Después de unos días, varias empresas camioneras empezaron a negociar directamente con el sindicato completamente por cuenta propia. Luego una de las líneas principales, la On Time Transfer, firmó un acuerdo temporal con el Local 554. Estipulaba que las operaciones se reanudarían inmediatamente bajo las condiciones del contrato regional. Se incluyó una condición de que, si durante las negociaciones posteriores con otras compañías se hacían modificaciones, éstas también serían ofrecidas a la On Time. Este logro nos facilitó la última palanca que se necesitaba para provocar una capitulación general en la industria.

El 30 de enero los representantes de cuatro grandes líneas de camiones se reunieron con el comité sindical, listos para ir al grano. Tres tenían su base en Omaha: la Watson Brothers Transportation, la Union Transfer y la Red Ball Transfer. La cuarta, la Daugherty Van and Storage, operaba desde Sioux City; sus acciones demostraban que también íbamos rumbo a un gran avance en esa terminal.

Siguieron varios días de negociaciones difíciles. Los patrones, que al parecer se alegraban de recibir protección contra las presiones de la Asociación de Empresarios de Omaha, aceptaron la sugerencia de que las sesiones se hicieran en mi habitación del Hotel Rome. Fay Watson y Mickey Krapinski hablaron en nombre de las compañías. Tom Smith y yo representamos a los Teamsters, y de vez en cuando se traían a militantes de fila a participar en la discusión sobre las condiciones tocantes a los tipos de trabajo en los que ellos se desenvolvían normalmente.

Esta vez la cláusula de taller cerrado fue aceptada sin evasivas; los dueños de camiones sabían que tenían que reconocer todo el poder del sindicato cualesquiera fueran las condiciones que quisiéramos. También se llegó a un acuerdo sobre la aplicación plena de las estipulaciones claves en el contrato regional. Como en el caso del anexo para Kansas City, se hicieron modificaciones menores solo por temas secundarios y por razones similares.

Se aplicarían tarifas normales por millaje en las rutas hacia destinos más allá de Nebraska. La paga por recogidas y entregas en estas operaciones serían los 75 centavos por hora completos, excepto en el tramo de Kansas City, donde la tarifa sería de 55 centavos. La paga por viajes totalmente dentro de Nebraska, y también entre Omaha y Sioux City, sería de 60 centavos por hora. Se fijó una escala de 55 centavos para las carreras dentro de un radio de 75 millas desde las terminales de Nebraska.

Debido a la prolongada huelga que se libró tan pronto entró en vigor el contrato regional, el sindicato consideró recomendable llegar a un término medio en cuanto al plazo del acuerdo que ahora se negociaba. El pacto básico vencía el 31 de octubre de 1939. Se acordó que el contrato de Omaha duraría un año más, hasta el 31 de octubre de 1940. Al mismo tiempo, se acordó que toda mejora que se estableciera al renovar las estipulaciones del contrato regional sería aceptada automáticamente por las empresas de Omaha. Los patrones estaban diciendo, efectivamente, que aceptarían a ciegas el próximo acuerdo regional, ya que no querían ser golpeados muy pronto con otra huelga. Para el sindicato esto resultaba aceptable, ya que los propios trabajadores necesitaban también un respiro para recuperarse de su lucha agotadora.

También se negoció la renovación del contrato con las compañías camioneras de la ciudad. Se estipuló un aumento global de 7½ centavos por hora, con lo que la escala llegaba a 52½ centavos. Se registraron logros comparables respecto a las horas extras y las condiciones de trabajo.

El 15 de febrero de 1939, los miembros jubilosos del Local 554 del Sindicato General de Choferes aceptaron el acuerdo propuesto. Con eso terminó la huelga en Omaha. Poco después el Local 383 ratificó condiciones similares para las operaciones por carretera y locales de las empresas que tenían su base en Sioux City, con lo que también se concluyó la huelga allí. Pronto se forzó a que cedieran las compañías más pequeñas de la región que aún resistían a la IBT. Por fin la lucha había terminado por completo.

Después de casi seis meses de conflicto feroz, los trabajadores enfrascados en esta batalla habían salido victoriosos. Su sindicato había dado así una muestra muy impresionante de su fuerza.

Por primera vez la Asociación de Empresarios de Omaha había recibido una paliza rotunda. Se había destrozado el mito de que Nebraska era un refugio inexpugnable de los patrones de taller abierto. Al revertirse por fin el largo historial de derrotas sindicales en esa región, se había preparado el terreno para un ascenso general del movimiento obrero. Todo trabajador militante en la ciudad y en el estado entendía ahora que los patrones podían ser derrotados.

De igual importancia, el contrato por carretera ahora se había implantado firmemente en la industria camionera de una punta a otra del valle del río Missouri. La derrota de los patrones de Omaha–Sioux City daba la garantía final de que se había hecho realidad la uniformidad de los salarios básicos y las condiciones en los 11 estados. La mayoría de las compañías transportistas en la región ahora entendía esto y las fuerzas sindicales estaban listas para liquidar a cualquiera que todavía abrigara dudas.

Para la Internacional de Teamsters, era un triunfo sin precedentes.

22

Una Internacional transformada

Entre los que quedaron profundamente impresionados por el éxito del sindicato estaba Daniel J. Tobin. En el número de mayo de 1939 de la revista oficial de la IBT, dijo acerca del convenio de Omaha–Sioux City: "... se ha logrado otra gran victoria para los funcionarios y los sindicatos que participaron en esta huelga... La mayoría de los hombres que participaron en la huelga no habían sido miembros de nuestro sindicato por más de un año, pero en todo mi tiempo y mis años de servicio jamás he conocido una huelga mejor dirigida ni he conocido a mejores sindicalistas que los que estuvieron enfrascados en este conflicto".

Poco después de concluida la batalla, el jefe de la IBT me pidió que me incorporara a su plantel de organizadores generales. En relación con los funcionarios locales y miembros del sindicato, no era necesaria la autoridad formal de este tipo para que yo desempeñara un papel dirigente. Sin embargo, ayudaría a desconcertar a los elementos oposicionistas en los Consejos Unidos de Teamsters. Así que en la fracción del partido decidimos que aceptara el puesto.

Tal medida requería de mi renuncia como secretario-tesorero del Local 544 de Minneapolis. Kelly Postal, quien había ocupado el cargo de síndico del local, fue electo por los miembros para que completara mi plazo como secretario-tesorero. Curt Zander fue nombrado para ocupar el puesto dejado por Kelly.

El primero de mayo de 1939, fui acreditado al nuevo cargo con las firmas de Tobin y Hughes. Su autorización declaraba: "La presente certifica que el portador de esta credencial, el señor Farrell Dobbs, es un funcionario directo asalariado, organizador y representante de la Hermandad Internacional de Teamsters... Donde sea que el Organizador Dobbs sea enviado a trabajar, los sindicatos y funcionarios locales deben prestarle toda la ayuda e información que él desee o que pueda servirle en su labor".

Se sobrentendía que me tocaría la tarea especial de supervisar la sindicalización del transporte por carretera en los estados centrales. También se acordó que yo establecería mi sede en Omaha, para ayudar a los sindicatos locales relativamente nuevos en esa región y hacerles saber a los patrones que estarían vigilados.

Sin aguardar esta autorización formal, ya se habían echado a andar las actividades necesarias después de la huelga. En el orden del día primaba la necesidad de tomar acción sobre los reclamos en la parte oriental de la región. Allí se estaban dando muchas violaciones del contrato. Parecía que las compañías implicadas habían contado con que el sindicato perdería la batalla en el oeste, lo cual habría debilitado nuestra posición. Aun si ganábamos, habían llegado a anticipar que el acuerdo no se haría cumplir con firmeza. Esa suposición se desprendía de la negligencia demostrada por funcionarios sindicales locales en unas cuantas terminales. Y cobraba más credibilidad porque los dirigentes de la región no prestaban la atención debida a los asuntos en la zona oriental, pues habían tenido que concentrarse casi por completo en la batalla a lo largo del río Missouri. Sin embargo, había llegado la hora de que estos patrones aprendieran que estaban muy equivocados.

El sindicato había salido del conflicto del oeste más fuerte que nunca. Los problemas en el este, temporalmente dejados de lado, ahora se podían enfrentar eficazmente y así se hizo. Decidimos hacer escarmentar a un gran tramposo, y así dar a todos los patrones una lección importante. Se escogió como blanco la TransAmerican Freight Lines, una entidad grande con sede en Detroit. Tenía operaciones extensas desde el este hasta muy al interior del sudoeste.

Se sostuvo una reunión con el comité regional de las compañías. Allí presentamos reclamos contra la TransAmerican, los cuales representaban miles de dólares en salarios atrasados. Al pasar una semana sin que sucediera nada, el comité sindical se encargó del asunto. A una hora determinada se lanzó una huelga contra todo el sistema de la compañía. No se permitió que rodara una sola llanta hasta que los empleados hubieran recibido el dinero que se les debía.

Los patrones captaron el mensaje.

En esa época, al comité regional del sindicato todos los patrones le parecían iguales. A ninguno se le imponían demandas especiales; a ninguno se le otorgaban favores especiales. Se exigía el cumplimiento pleno del contrato y no se toleraba nada menos. No se permitía que se acumularan los reclamos sin tomar acción sindical decisiva. Como demostró el ejemplo de la TransAmerican, los patrones que no cumplían arriesgaban que se les cerraran sus operaciones.

Luego se aprovechó una cláusula especial del pacto regional. Esta estipulaba que los comités sindical y patronal formularían conjuntamente reglamentos suplementarios sobre las condiciones laborales conforme surgiera la necesidad con la aplicación práctica del contrato. Empleando este mecanismo para ese fin, planteamos el tema de las operaciones de camiones con cabinas-dormitorio, que no se habían incluido específicamente en las negociaciones regionales. Como precedente se utilizaron las condiciones establecidas en el contrato de 1937 de las Ciudades Gemelas.

En este último documento, se habían prohibido explícitamente las carreras de cabinas-dormitorio que partieran de las Ciudades Gemelas. Se tenía que establecer operaciones de relevo en situaciones donde no era posible completar una carrera directa en un tramo normal de manejo en un período de 24 horas. Por ejemplo, en los viajes Minneapolis-Chicago se estableció un punto intermedio entre las dos ciudades.

Al aplicar este concepto, nos dispusimos a eliminar otras operaciones con cabinas-dormitorio. Con el tiempo se logró un avance considerable. Uno de los logros más destacados de este tipo se obtuvo en las carreras entre Denver y Chicago. Con ayuda del Local 13 en Denver, forzamos a los patrones implicados a pasar de un sistema de cabinas-dormitorio a un sistema de relevos.

También se inició una lucha contra el uso de la condición de operador-propietario independiente como forma de evadir el pago de salarios a nivel sindical. En su forma más pura, esta categoría incluía a choferes a quienes se les exigía proporcionar sus propias herramientas como condición de empleo. Los trabajadores que eran presa de esa situación recibían toda la protección que el comité regional les podía dar.

Aun dentro de este grupo existían tendencias de aumentar sus posesiones. Si se podía obtener unidades adicionales de equipo, se contrataba a otros trabajadores para realizar el manejo extra. Así aparecieron en la industria tipos que se conocían indistintamente como *gypsies, skimmers, wildcatters*, etcétera. Se les veía llevando carga para una compañía hoy, para otra mañana, y al día siguiente buscando negocio totalmente para sí mismos.

Individuos que en un momento no habían sido más que choferes-propietarios se transformaban así en patrones-choferes-propietarios. Al desarrollarse más el proceso, la realidad llegaba a convertirse en casos donde un solo propietario contaba con varios choferes contratados. Entonces se intentaba usar títulos ficticios para el equipo, entregados bajo el disfraz de planes de pagos a plazo, para ocultar la verdadera condición de los choferes contratados. Cuando a ese cuadro se añaden las presiones de la depresión económica sobre los trabajadores-víctimas que aceptaban tales empleos, se percibe una diabólica treta para pagar salarios de esquirol.

Desentrañar ese lío no era nada fácil, pero los dirigentes de la región hicieron todo lo posible. Se avanzó gradualmente hacia preparativos de prohibiciones explícitas en esta esfera, que después se podrían incluir en contratos futuros.

En torno a cada asunto, las fuerzas de la IBT se solidarizaron totalmente frente a los patrones y sus peleles. Los locales de toda la región habían aprendido la importancia de usar su fuerza colectiva al defender los intereses de los trabajadores. Por lo tanto, prevalecían relaciones internas justas y equitativas en las actividades del sindicato en el transporte por carretera. Los interesados tendían a comportarse entre sí abierta y francamente.

En este ambiente democrático los luchadores sindicales

fueron mostrando cada vez más disposición hacia una perspectiva de lucha de clases. Para fomentar esa tendencia, cuando nos separábamos tras una reunión, frecuentemente yo usaba como despedida la orden, "No vayan al arbitraje". El objetivo era inculcarles el instinto de aferrarse con tenacidad a su libertad de decisión, sin permitir jamás que una supuesta "parte neutral" se la arrebatase al sindicato.

Se invocaba otra consigna cuando un dirigente local preguntaba si el sindicato era capaz de hacer una u otra cosa. Mi primera respuesta generalmente era: "Ustedes pueden hacer cualquier cosa que su fuerza les permita". Luego discutíamos más concretamente cuán fuerte era la posición del sindicato en la situación dada. Esto ayudaba a infundir a los trabajadores el reflejo de pensar siempre en términos de utilizar su fuerza de clase.

Un incidente en Sioux City ilustró la actitud que ahora prevalecía entre los militantes de la IBT. Sid Jarrett del Local 383, veterano de huelgas y delegado sindical en el trabajo, tenía un reclamo que atender en la terminal de la Watson Brothers en esa ciudad.

"Fay", le informó Sid resueltamente al patrón principal, "en ninguna parte del texto dice que puedes traer a tus parientes del monte y ponerlos a trabajar evadiendo la antigüedad".

Sid hizo cumplir su dictamen, como estaba sucediendo cada vez más con los delegados sindicales en toda la región. Aplicaban combativamente los conceptos del control sindical en el trabajo.

A la vez que se hacía cumplir el contrato en los lugares donde se había suscrito, también se tomaban otras medidas. Intentamos saturar los 11 estados con su presencia y ampliar la región. Se usaron métodos que primero habíamos desarrollado en Minneapolis dos años antes. Sin embargo, entretanto se habían mejorado estos métodos al aprovechar nuevas experiencias.

Al principio la campaña por carretera se enfocó primordialmente en las principales terminales de la región. Partiendo desde Chicago, las conquistas en otras ciudades se usaban en cada instancia para poner bajo control sindical otras importantes terminales más remotas. Los avances que así se habían hecho antes nos permitían ahora concentrarnos en las localidades intermedias que al principio se habían soslayado.

Los choferes de línea y los trabajadores de andén en las terminales sindicalizadas le brindaron a la IBT su fuerza inicial. Estos bloquearon de diversas formas el flujo de carga entre las entidades no sindicalizadas. Esta presión se reforzó con una campaña de reclutamiento entre los empleados de las empresas de taller abierto. Atrapados en este movimiento de pinzas, los patrones implicados tenían que firmar el contrato regional.

Las fuerzas sindicales en los pueblos recientemente penetrados podían entonces valerse de esos logros para establecer el control sobre las operaciones locales de acarreo. Después, las actividades de sindicalización se podían extender a otras esferas del transporte por camión en general. Se crearon así posibilidades ilimitadas para el continuo crecimiento sindical.

Se utilizaron métodos similares en una campaña para extender la región más adentro del suroeste. En este caso las terminales sindicalizadas de Missouri sirvieron como puntos de lanzamiento. De la conducción diaria de las actividades se encargó Ted Neal de Kansas City, quien contó con el hábil apoyo de Floyd Webb de Joplin y Gordon Shryock de Tulsa.

Primero nos enfrentamos a la Yellow Transit, basada en Oklahoma City. Esta empresa tenía otras terminales en Tulsa, Oklahoma; Dallas y Houston, Texas; y Wichita, Kansas. El hecho que también operaba en Kansas City, St. Louis, Joplin y Springfield, Missouri, entrañaba una importancia central; allí, especialmente, se podría ejercer un máximo de presión sindical. Usando su fuerza al máximo, la IBT paralizó todo el sistema de la Yellow Transit. En cuestión de 24 horas la compañía firmó el contrato regional basado en el anexo de Kansas City negociado anteriormente.

Este avance sentó las bases para la creación de un comité sindicalizador para el suroeste. Este abarcó locales de Teamsters en Kansas, Oklahoma, Arkansas, Texas y Colorado. La labor de seguir ampliando la campaña por carreteras la llevó a cabo entonces ese organismo.

Un día se presentó un problema de violaciones del contrato por parte de una empresa camionera que operaba desde Fort Smith, Arkansas. Esto exigía la acción directa, así que Neal y yo decidimos ir allá. De pronto recordé que una vez a Ray Dunne lo habían condenado a una cuadrilla de presos en cadenas durante sus días del IWW (*Industrial Workers of the World*—Obreros Industriales del Mundo). Parecía ser una ocasión apropiada para su primera visita de regreso al estado desde aquel entonces.

Hicimos arreglos para que nos encontrara a Ted y a mí en Kansas City. Entonces los tres nos dirigimos hacia el sur en el carro de Neal. En el camino paramos en un hermoso sitio en los montes Ozark para disfrutar unos sorbos de maíz líquido y una deliciosa cena de pollo.

Al llegar a Fort Smith nos registramos en un hotel. Neal llamó entonces al jefe de la compañía, pidiéndole que viniera a conversar. No tardó en presentarse, y según habíamos decidido de antemano, Ray Dunne le dictó la ley a ese explotador de trabajadores. Parecía lo indicado que fuera él quién lo hiciera.

En esta época intentamos desarrollar relaciones más estrechas aún con las fuerzas de la IBT en la región de las Montañas Rocosas y en los estados de la costa occidental. Allí también se había creado una estructura regional, de forma más o menos paralela al ascenso del organismo de los estados centrales. La dirigía Dave Beck de Seattle, quien luego llegó a ser presidente general de la IBT por un tiempo.

Parecía que Beck había observado detenidamente los acontecimientos de Minneapolis desde 1934. Al principio intentó emular nuestra actitud enérgica, usando tácticas propias. Luego, cuando fue revocada la carta constitutiva del Local 574, continuó su programa de expansión a un paso más lento. Solo cuando Tobin se vio forzado a reintegrarnos a la IBT, emprendió Beck en serio el desarrollo de una estructura regional en el oeste. Tanto en su caso como en el nuestro, estos esfuerzos empezaron a cobrar impulso en 1937.

Estos paralelos generales coincidían únicamente en cuanto a crear una estructura organizativa amplia. No abarcaban cuestiones de política básica. Apegados a los conceptos trotskistas, nosotros planteábamos una perspectiva de lucha de clases; Beck se adhería a las normas colaboracionistas de clase del sindicalismo empresarial. Nosotros propugnábamos la forma industrial de organización; Beck era en esencia un sindicalista de gremios de oficios. Nosotros defendíamos y tratábamos de impulsar la democracia sindical; Beck utilizaba métodos burocráticos, rigiendo con mano de hierro a quienes dirigía.

Había además otra diferencia, relacionada directamente con la política del contrato por carreteras. Nosotros negociábamos sobre una base regional para establecer salarios y condiciones uniformes para todos los trabajadores afectados. Beck permitía variaciones considerables en las condiciones del contrato, según la supuesta "capacidad de pago" de cada compañía.

A pesar de este conflicto de perspectivas, logramos establecer una colaboración práctica en las actividades de sindicalización y de huelga. En realidad, había comenzado cuando Pat Corcoran visitó Seattle hacia finales de 1936. En aquel entonces, él y Beck intercambiaron promesas de apoyo mutuo en cuanto a las condiciones regionales. Desde entonces habíamos trabajado estrechamente con los locales de Denver y Cheyenne, en el borde oriental de la estructura dirigida por Beck. Ray Keigley y Homer (Dutch) Woxburg, dirigentes de los Teamsters de esa región, eran visitantes frecuentes en las reuniones de nuestro comité regional. Estas relaciones se ampliaron un poco cuando yo, a la vez, asistí a una conferencia de los locales occidentales en San Francisco en 1939.

En su conjunto, esta colaboración seguiría siendo valiosa ahora que nos preparábamos a negociar la renovación del contrato del transporte por carreteras de los estados centrales, que estaba por vencer.

Los preparativos para esa etapa comenzaron con consultas regionales entre los sindicatos locales implicados. Se sostuvo entonces una conferencia a nivel regional para ratificar las reivindicaciones de los trabajadores. Se celebró a finales de julio en Cincinnati, Ohio. Llegaron delegados de locales de los 11 estados, como también de Kentucky, Tennessee, Kansas, Arkansas, Oklahoma y Texas. Todos estaban llenos de confianza y entusiasmo.

Hubo observadores procedentes de los estados occidentales y de Nueva York y Pennsylvania. Tobin, quien acababa de retornar del exterior, fue directamente del barco al encuentro.

Se llegó a un acuerdo unánime sobre las propuestas para las condiciones de la renovación y pronto siguieron las conversaciones con los representantes de las compañías. Esta vez su comité habló en nombre de compañías en los 11 estados. Entre sus miembros había patrones de Iowa, Missouri, Nebraska y Dakota del Sur. Ellos participaban por primera vez en serio en las sesiones de negociación centralizadas, que de nuevo se celebraron en Chicago.

En las negociaciones el comité sindical logró concesiones importantes. Los aumentos salariales se iban a recibir en dos pagos anuales. Esto se acordó en el marco de una prórroga del contrato por dos años, que vencería el 15 de noviembre de 1941. Este plazo era aceptable para el sindicato dadas las condiciones. Aún necesitábamos un respiro para recuperarnos de la batalla de 1938-39, así como para consolidar y ampliar más la región.

En las carreras directas, se aumentarían las tarifas por milla a 3 centavos y el pago por hora en todas las categorías a 80 centavos el segundo año. El mínimo garantizado de horas de trabajo diarias —así como una remuneración mínima por escalas, averías, etcétera— se aumentaría de inmediato. Se añadieron nuevas cláusulas para establecer tarifas más altas de paga por conducir equipos especiales. Respecto a las carreras locales se estipuló un aumento inmediato de 5 centavos por hora, con un segundo aumento de 5 centavos un año después.

Por primera vez se incluyó una cláusula cuidadosamente redactada sobre las operaciones de un andén a otro, para impedir ciertos tipos de trampas. Se hicieron diversos ajustes favorables sobre asuntos tocantes a las condiciones de trabajo.

En términos generales, los trabajadores recibirían un alza salarial inmediata de cerca del 15 por ciento y de 10 por ciento el segundo año. En general gozarían de condiciones laborales más tolerables. Y enfrentarían menos peligros ocupacionales. Además, no se estaba dejando nada al azar para que esos logros se materializaran en la práctica.

Como antes, el acuerdo permitía que el sindicato saliera en huelga por cualquier reclamo que no se pudiera resolver a satisfacción de su comité regional.

Se amplió la definición del alcance del contrato para incluir a Kansas, dándonos una estructura de 12 estados. La cláusula de "territorio contiguo" se ensanchó para alcanzar, sin límites, más allá de las fronteras sur, suroeste y oeste de la región. Esto favorecía nuestros intentos de penetrar en nuevas regiones. Beneficiaba también a los locales en Colorado, Montana, Nuevo México y Wyoming en las carreras hacia el este desde esos estados en el territorio dirigido por Beck.

El nuevo pacto lo firmaron los comités negociadores de ambas partes el 6 de octubre de 1939. Luego lo ratificaron unos 350 sindicatos locales en los 12 estados y Tobin lo aprobó. A raíz de las reuniones regionales de las compañías, también lo aceptaron unas 2 500 compañías en toda la región. Para entonces, unos 200 mil trabajadores se verían beneficiados por el contrato, directa o indirectamente.

El poder sindical se había vuelto tan fuerte que todo esto se logró sin tener que librar una acción huelguística de envergadura. No hizo falta más que unas cuantas escaramuzas menores con patrones fortuitos.

Ahora se podía sacar un balance instructivo.

Con militantes trotskistas que desempeñaban un papel dirigente clave, la política necesaria para forjar una Internacional potente había quedado demostrada en la vida real. La trayectoria necesaria se había puesto en práctica primero durante las huelgas de Minneapolis de 1934. Con el Consejo de Choferes del Distrito Norte Central (NCDDC) se había ejemplificado una forma de proyectar medidas eficaces para forjar sindicatos en un terreno más grande, tal como se había concebido inicialmente. Sus éxitos demostraron el valor de la cooperación sindical amplia que se desarrolló con objetivos libres de trabas e ilimitadas formas de acción.

También se había ofrecido ejemplos de cómo superar los obstáculos creados por el aparato de Tobin. El jefe de la IBT había sido derrotado en su intento de excluir a los militantes de los Teamsters de Minneapolis del movimiento sindical. Luego sus objeciones al NCDDC fueron superadas lo suficiente como para que pudiéramos lanzar la campaña por carreteras.

Se obtuvo otro logro más gracias a nuestra percepción de la realidad cambiante, combinada con el uso de tácticas flexibles y la capacidad de mantener la paciencia necesaria. Al propio Tobin se le atrajo para dar su apoyo al proyecto a nivel de 11 estados.

Este último fenómeno tuvo efectos notables. Se rompieron de forma definitiva los antiguos conceptos de la IBT de mantener una federación suelta de baronías insulares. Como corolario, la vieja estructura gremial se empezó a fracturar por completo. El movimiento ya no se arraigaba principalmente en oficios relativamente privilegiados de choferes en sectores exclusivos de la industria. Empezaba a abarcar a trabajadores en una gama mucho más amplia de oficios. Esto llevaba a una composición social modificada que suponía un nuevo potencial de lucha de clases.

También se estaban dando avances en la estructura organizativa. Se habían establecido nuevas pautas para métodos más amplios y sofisticados de colaboración regional entre los sindicatos locales en pos de metas uniformes. Se habían introducido nuevos ejemplos de orientación directiva al forjar la estrategia, las tácticas y las normas de funcionamiento necesarias para lograr los objetivos del sindicato.

A través de sus luchas los trabajadores habían adquirido una mayor conciencia de su fuerza como clase. Habían captado la importancia de hacer sentir su peso colectivo frente a los patrones a la escala necesaria. Y habían llegado a identificarse cada vez más con una política sindical combativa.

El pleno ejercicio del poder Teamster en este sentido había hecho triunfar a los trabajadores en el conflicto del transporte por carretera. Los logros impresionantes que se registraron en esta lucha, a su vez, habían inspirado a los camioneros en general. Por tanto, se había allanado el terreno para un crecimiento sindical sin precedentes en todos los rincones de la industria.

En realidad, ya estaban ingresando nuevos miembros a tropel a la Hermandad Internacional de Teamsters a un ritmo acelerado. En 1938 y en 1939 reportó el mayor reclutamiento de todas las organizaciones nacionales de la AFL. Para el otoño de 1939, se sumaba un total de miembros que se acercaba a los 500 mil, lo cual representaba para la Internacional un gran salto de avance en comparación con la cifra aproximada de 80 mil en 1933. La IBT iba ya bien encaminada para lograr su posición ulterior como el sindicato más grande del país.

Con una dirección competente, el sindicato de los Teamsters, que crecía aceleradamente, habría podido ejercer una gran fuerza al servicio de la clase trabajadora.

23

Mi cambio de actividad

Allá por 1937 se había desarrollado un conflicto dentro del Partido Socialista. Surgió de acciones que había tomado el ala de Norman Thomas, la cual contaba con una mayoría en la organización. Los thomasistas andaban manipulando engañosamente los principios socialistas. En esa etapa sus desviaciones en cuanto a la política nacional se centraban en cruzar las líneas de clases. En Nueva York, para dar un ejemplo, retiraron al candidato del PS a alcalde a favor del republicano Fiorello La Guardia, un político capitalista que se postulaba en una candidatura de fusión.

Cuando los trotskistas y otros miembros del ala izquierda del partido se opusieron a este tipo de política de la mayoría, se evadió la discusión objetiva de las diferencias. Los disidentes fueron sometidos a un hostigamiento burocrático. A las ramas del partido se les exigió el equivalente de un juramento de lealtad. A las que se negaron a cumplirlo les suspendieron la carta constitutiva, e incluso se reorganizaron unidades estatales.

Estas tácticas provocaron una escisión profunda en el PS. Toda el ala izquierda se congregó en un congreso especial propio a comienzos de 1938. Los delegados representaron tanto a trotskistas como a otros militantes revolucionarios. La reunión rebelde votó a favor de formar el Partido Socialista de los Trabajadores, el cual ha existido desde entonces como el movimiento socialista revolucionario en este país.

Durante discusiones informales en este congreso de fundación del PST, se proyectaron nuevos planes respecto a mis actividades. Yo me retiraría de los Teamsters tan pronto como fuera práctico. Cuando eso se pudiera hacer, yo asumiría nuevas responsabilidades en la sede nacional del partido en Nueva York, desempeñándome como secretario nacional responsable de su trabajo sindical.

Entre otras cosas, este paso tenía por objetivo aplicar el trabajo del partido en los sindicatos en general. Había motivos para ser optimistas sobre un progreso futuro en ese sentido, ya que los trabajadores ahora constituían la mayoría del partido. Además, muchos de ellos eran sindicalistas fogueados con bastante experiencia en la lucha de clases.

Sin embargo, poco después del congreso, en la IBT había ocurrido un nuevo fenómeno. Habíamos superado las objeciones de Tobin sobre la campaña por carretera en la que yo estaba desempeñando una gran parte. Por tanto se hizo necesario posponer indefinidamente el proyectado cambio de mis actividades. No obstante, como corolario, la nueva situación nos permitió ampliar el reclutamiento de camioneros al partido.

Los revolucionarios siempre intentan captar partidarios entre aquellos con los que se asocian, dondequiera que sea. En organizaciones amplias como los sindicatos, el esfuerzo adquiere una forma doble. Por un lado, los militantes socialistas participan como combatientes en apoyo a las metas inmediatas de las masas. Por otro lado, también abordan esta actividad como trabajo político, utilizando las lecciones del conflicto para reclutar nuevos miembros al partido revolucionario. Esta dualidad, a su vez, ayuda a reforzar las influencias de lucha de clases entre las masas en general, de acuerdo con las tendencias objetivas específicas.

Estos conceptos fueron aplicados, por supuesto, por los militantes trotskistas enfrascados en la campaña del transporte por carretera. Actuando de acuerdo a las divisiones de trabajo indicadas, cada camarada en los Teamsters hacía aportes al esfuerzo. También recibíamos ayuda del partido a nivel nacional, mediante consultas directivas y formas directas de apoyo. Al actuar en una combinación de esa índole, los camaradas obtuvieron logros importantes para el PST.

Así aprovechamos plenamente la situación cambiante dentro de la IBT. Por ejemplo, se reconocía en general que dirigentes claves en la lucha del transporte por carretera eran "cierto tipo de socialistas". Esta circunstancia simplemente se aceptaba como un hecho, incluso entre funcionarios conservadores que formaban parte de la acción. Lo que provocaba interés tendía a enfocarse en nuestra capacidad de luchar, no en nuestra política. Esta actitud, creada bajo condiciones de lucha intensa contra los patrones del transporte por camión, tendía a promover un clima político democrático en el sindicato.

En algunos casos, funcionarios de sindicatos locales ya muy establecidos iban un poco más lejos. Algunos estaban dispuestos a hacer favores ocasionales para "tu partido", según decían. Eso también le dio un impulso a nuestro trabajo político.

Sin embargo, lo más importante fue que encontramos bastante interés en las ideas revolucionarias entre trabajadores jóvenes militantes. Esta tendencia surgió principalmente en la zona occidental de la región, donde se dieron las batallas más intensas. Como primer paso para impulsar su educación política, hacíamos que los trabajadores interesados leyeran regularmente el *Northwest Organizer*. A los que estaban listos para ir más allá, se les daba a conocer el periódico que reflejaba plenamente las perspectivas del Partido Socialista de los Trabajadores, que en esa época era el *Socialist Appeal*. Estos esfuerzos llevaron al reclutamiento de miembros del partido, uno o dos a la vez, en unos cuantos lugares.

Nuestros mayores logros en este sentido se obtuvieron en Omaha, donde se concentró el conflicto en el oeste. Allí la situación fue un tanto parecida a la que había existido en Minneapolis en 1934. Los trabajadores se habían enfrascado en una lucha de vida o muerte. Los ataques de la clase dominante contra su sindicato los habían inmunizado contra el *red-baiting*. Y los trotskistas en la IBT se destacaban entre los dirigentes que ellos reconocían. Como consecuencia de estos factores combinados, algunos de ellos mostraban un fuerte interés en nuestras ideas políticas.

Estas circunstancias nos permitieron establecer una rama del PST en Omaha. Empezó a formarse durante la huelga en esa ciudad y se desarrolló más completamente tras la victoria sindical. La unidad estaba integrada casi en su totalidad por choferes de camión, reforzada por un par de camaradas del partido más experimentados que habían sido enviados desde Minneapolis para ayudarlos. Al Russell, quien se había integrado bien en el sindicato en Omaha, fue elegido organizador de la rama. A su vez, él usó los métodos aprendidos en Minneapolis para intensificar la educación política entre los nuevos miembros del partido.

Estos logros habrían mejorado las perspectivas para los años del futuro inmediatos, si las condiciones objetivas hubieran seguido favorables. La infusión de perspectivas de lucha de clases en la IBT, que había avanzado a un buen ritmo desde 1936, se podría haber extendido y profundizado más. Así, el reclutamiento al partido habría avanzado hacia nuevas cumbres.

Sin embargo, para mediados de 1939 se desarrollaban cambios profundos en la situación internacional y nacional. La Segunda Guerra Mundial estaba por empezar. Se hacían más evidentes los preparativos de la clase dominante capitalista para sumir este país en el baño de sangre. Al mismo tiempo, los burócratas sindicales conservadores empezaban a expresar su disposición de montarse al tren de la guerra. Bajo estas condiciones, lo más probable era que surgieran tendencias nuevas, adversas a los revolucionarios, en los sindicatos, por lo menos durante las primeras etapas del conflicto mundial.

Una circular inusitada que envió Tobin a sus organizadores generales el 3 de agosto de 1939 fue la primera señal de advertencia.

"Adjunto a la presente un ejemplar del número de agosto de nuestra revista", escribió, "que contiene un artículo sobre la situación actual en Europa. También adjunto copia de una carta del Presidente de Estados Unidos sobre este artículo. Sírvanse tratar la carta del presidente de forma confidencial".

En el artículo anexo, escrito por Tobin, los pasajes claves señalaban:

"Bueno, y si llega la guerra, preguntan ustedes, ¿cuánto durará? ¿Cuáles van a ser los resultados? A mi juicio como persona inexperta, puede que dure dos años y que al final ganen las fuerzas franco-británicas. Deben ganar, de lo contrario el resultado sería demasiado terrible de contemplar…

"Ustedes creen que podemos quedarnos fuera; escuchan a esos patriotas de la autoprotección en el Senado de Estados Unidos. No me hagan reír. Vamos a estar en la lucha de una u otra forma al año de que comience. Por supuesto que no quiero la guerra... Pero quién se puede quedar de brazos cruzados y ver a un loco golpear al ciudadano inocente, indefenso, pacífico que no ha hecho nada malo...

"Algunos de nuestros senadores creen que debemos quedar neutrales; en otras palabras, que cerremos los ojos ante la destrucción de la civilización. Citan las palabras de Washington, 'Enredos europeos, etcétera'. No se puede hacer. Washington vivió en una época diferente. Washington no era cobarde. Si estuviera vivo hoy, lucharía por la justicia. Para mí es difícil decir que nos vamos a meter. Es difícil dar la orden para una huelga. Pero a veces nos vemos obligados a hacer cosas desagradables...

"Den gracias a Dios que las Barras y Estrellas ondean aún sobre sus techos de noche y que su sindicato puede actuar libremente y sus voces y protestas pueden y van a ser escuchadas; y nuevamente prometan preservar esa Bandera y ese Sindicato, y juren una vez más que ayudarán a derrotar con su voz y su voto, dentro y fuera de su Sindicato, a cualquiera que propugne la destrucción de nuestra tierra libre sustituyéndola con otra forma de gobierno como lo que ahora prevalece en muchos países en Europa, donde se destruye a los hombres del Trabajo y donde no se permite que los Sindicatos Obreros prevalezcan. Dichosos debiéramos de estar, incluso con nuestras dificultades, al tener esta tierra de libertad como nuestra tierra, nuestro país".

La carta del presidente Roosevelt al jefe de la IBT decía:

"Estimado Dan: Es un artículo magnífico y me alegra que vaya a tener una distribución tan amplia. Alguien debe salir al aire y presentar, con muy pocos cambios, lo que has escrito. Asegúrate de comunicarte con el general Watson cuando estés en Washington la semana que viene, pues quiero verte".

Si alguna vez hubo un presagio claro de los tiempos venideros, éste lo era. Tobin estaba avisando que respaldaría a Roosevelt para llevar al país a la guerra. También estaba dando la pauta para una caza de brujas dentro de la IBT contra los opositores de esa trayectoria.

Esto planteaba una cuestión de principios. A nuestro juicio como socialistas no podía haber compromiso alguno sobre un asunto tan vital. Teníamos que oponernos a los guerreristas imperialistas, sin importar las consecuencias que esto pudiera tener en el seno del sindicato. En ese caso, pronto me sería imposible desempeñarme en el plantel de organizadores de Tobin. Por tanto, en lo referente a mi papel futuro, había llegado la hora de subordinar el trabajo sindical a la actividad partidista directa, la perspectiva trazada a principios de 1938.

En agosto hice un viaje especial al este para discutir el asunto con Jim Cannon, entonces secretario nacional del Partido Socialista de los Trabajadores. Coincidimos en que yo debía dejar el puesto de la IBT sin demora innecesaria. El asunto se abordó después con la fracción Teamster del partido. Se llegó a un acuerdo general que mi renuncia debía presentarse luego de que se negociara la renovación del contrato del transporte por carretera y que los patrones suscribieran las nuevas condiciones. Para mediados de diciembre esos asuntos ya se habían atendido y se concertó una cita con Tobin para informarle de lo que me disponía a hacer.

Como una semana antes de nuestra conversación, él me había enviado una queja de que mis gastos por llamadas telefónicas y telegramas sumaban "más que las cuentas combinadas del Presidente Internacional, del Secretario Internacional y del Organizador General". Esto le vino de inmediato a la mente cuando le dijeron que yo iba a renunciar. Él suponía que yo estaba actuando por estar insatisfecho en cuanto al salario y los gastos. Luego se hizo un esfuerzo considerable para aplacarme sobre este punto.

Quizás, dijo, no se habían tomado en cuenta suficientemente los gastos inusuales que suponen las extensas actividades del transporte por carretera. En todo caso, tales reclamos no se repetirían. Es más, pronto yo estaría recibiendo un gran aumento. En realidad, añadió, yo alcanzaría el salario máximo de organizador general de 15 mil dólares al año (dólares de 1939) más rápidamente que nadie, y no había límites de cuánto podría ascender en la organización.

Yo contesté que no era cuestión de dinero. Mi acción radicaba en un desacuerdo fundamental que tenía con él sobre la cuestión de la guerra. A nivel práctico, él había hablado a favor del ingreso norteamericano al conflicto mundial (que ya había empezado). En cambio, yo estaba en contra. Eso seguramente iba a dificultarme cada vez más trabajar con él como organizador sindical.

Tobin se picó con esas palabras. Yo lo estaba llamando belicista y no era cierto, protestó. Se dio bastante debate sobre nuestras posiciones respectivas sobre la cuestión de la guerra. Entonces aceptamos tácitamente discrepar al respecto y cambiamos de tema.

"¿Qué planes tienes para el futuro, Farrell?", preguntó en su distintivo acento irlandés. Le informé sobre mi intención de ir a Nueva York y dedicarme a tiempo completo al trabajo político del PST. Esto se enfocaría en dos cuestiones: oposición a la guerra y abogar por un partido obrero que se disputara cargos públicos contra ambos partidos, el republicano y el demócrata. Ya era hora, añadí, de tomar medidas para evitar que los capitalistas utilizaran su control del gobierno para socavar los logros conquistados por los trabajadores en las líneas de piquete.

Mis ideas sobre un partido obrero no eran realistas, replicó el jefe de la IBT. Argumentó así: pocos funcionarios sindicales —de haberlos— prestarían atención a tales ideas. Ellos sabían que era necesario ser prácticos en cuanto a política, hallando una forma de trabajar, aquí y ahora, dentro de la estructura existente. Él, por ejemplo, había obtenido favores importantes para la IBT gracias a sus relaciones en las altas esferas del Partido Demócrata. El mejor camino para mí era el que él había seguido. Eran los sindicatos el ámbito donde un dirigente obrero debía dedicar su tiempo y sus esfuerzos. Era allí donde se podía lograr el mayor bien. La realidad, recalcó, era que yo ya había logrado mucho en la IBT y habría cosas más grandes por venir.

Cuando estos argumentos no lograron persuadirme, intentó una nueva táctica. Hubo una época en la que él, también, se consideraba socialista, dijo Tobin, cuando era un joven inexperto e impresionable. Sin embargo, con el correr del tiempo, le pareció necesario dejar atrás esos conceptos. Uno debe aprender a vivir en el mundo tal como es. Con la edad, pronosticó, estos hechos me quedarían evidentes y olvidaría las inclinaciones juveniles hacia el socialismo.

Después preguntó sobre el futuro de mis tres hijas. ¿Qué va a pasar con su educación universitaria? ¿Acaso "esa gente en Nueva York" se encargaría de que recibieran una educación completa? ¿Iban a satisfacer todas las necesidades de mi familia, como pasaría sin duda si me quedaba con los Teamsters?

Al ver que el enfoque de un padre a otro no estaba dando resultados, el jefe de la IBT probó entonces el ángulo de padre a hijo. Mencionó que uno de sus hijos había desarrollado ideas "imprácticas" al escoger una carrera. Después de un tiempo se logró convencer al muchacho de que cambiara de parecer, y por medio de las conexiones del padre, le consiguieron un puesto bien remunerado. Al parecer, ese episodio supuestamente demostraba la sabiduría superior del padre.

Continuando con ese tono paternal, me pidió que reflexionara un poco más sobre la acción que yo proponía, a la luz de la conversación que había tenido con él. Luego yo debía informarle por escrito sobre mi decisión final. Añadió una sugerencia de que, si continuaba decidido a renunciar, debería de mantener mi condición formal de miembro del Local 544 de Minneapolis mediante el pago constante de las cuotas. Explicó que esto facilitaría mi retorno a las actividades de la IBT si más adelante cambiaba de opinión.

Luego pasamos a discutir la cuestión de escoger a mi sucesor. No tenía sentido proponer a otro camarada del partido para el cargo, y no hice ninguna recomendación. En cuanto a Tobin, él simplemente observó que, cuando se corriera la voz sobre mi acción, habría una ola de solicitantes para llenar el puesto vacante, muy pocos de los cuales cumplirían los requisitos. Entonces pidió mi ayuda para ganar un poco de tiempo a fin de hacer una selección considerada de mi sustituto. Coincidimos en que por el momento se debería hacer un simple anuncio de que yo me tomaba unas vacaciones prolongadas.

Como revelaba la discusión en su totalidad, el jefe de la IBT no contemplaba mantener por tiempo indefinido en su plantel a un organizador que era un socialista revolucionario. Obviamente confiaba en los efectos corruptores que —según anticipaba— los altos salarios y la vida cómoda tendrían sobre mí. Él estaba seguro que con el correr del tiempo me convertiría en un sindicalista empresarial más. Por un tiempo habría tolerado mi radicalismo, debido a mi conocimiento especial de las recién desarrolladas actividades del sindicato en la industria del transporte de larga distancia; pero solo como parte de un proceso de transición. Al final, o bien yo habría permitido comprometer mis principios, o se habrían tomado medidas para echarme del plantel. En una situación en que el país estaba a punto de ingresar a la Segunda Guerra Mundial, no podía haber la menor duda de que ésa era la alternativa.

Hacia finales del mes presenté mi renuncia por escrito al puesto de organizador general, a partir del 1 de enero de 1940. Según lo acordado, se enviaron cartas a todos los miembros del comité regional del sindicato informándoles que yo estaba de licencia temporal por razones personales. Se les recomendó que tomaran la iniciativa para atender las quejas de los trabajadores mediante los procedimientos regionales establecidos. Se envió una comunicación similar a John Bridge, entonces presidente del comité regional de las compañías transportistas.

El 5 de enero de 1940, Tobin pidió mi opinión al escoger entre Carl Keul y T.T. Neal para remplazarme en el cargo sindical. Escribió: "... ¿si tuvieras que hacer un nombramiento, en lo referente a la capacidad, la lealtad y un entendimiento del Movimiento Obrero, y en especial sobre las cuestiones intrincadas que surgen en el distrito en el que has estado trabajando, a quién escogerías, a Keul o a Neal?"

En respuesta recomendé a Neal, dando las razones siguientes:

"Ya conoces las adversidades frente a las cuales ha trabajado en Kansas City, y de las cuales ha salido exitoso a pesar de que frecuentemente estuvo luchando casi solo por un programa correcto. Lo he visto actuar en comunidades que son reciamente antisindicales, y sabe combinar muy bien las cualidades de valentía y discreción al preciso grado necesario en tal situación. Ha aprendido a escuchar todas las versiones de una situación antes de tomar una decisión. Es muy concienzudo al realizar las tareas y se acuerda de mantener actualizadas a las partes interesadas en una situación determinada, sin que haya que andarle pidiendo informes. No antepone consideraciones personales por encima de los intereses del movimiento...

"Además escogería a Neal desde una óptica completamente diferente. Mencionas las cuestiones intrincadas que surgen en el distrito en el que he estado trabajando. Creo que los terrenos más maduros para la sindicalización en el distrito occidental están en Missouri, Kansas, Oklahoma, Arkansas y el este de Texas... Ya se ha allanado el camino para esto. Neal ha participado directamente en este trabajo preparatorio, conoce todos los problemas, tiene muchos contactos y probablemente está en una mejor situación que cualquier otro hombre que yo podría nombrar para realizar este trabajo de la manera más eficiente.

"En lo que respecta al Comité Regional, no es obligatorio, en mi opinión, que mi sucesor desempeñe totalmente las funciones que yo realizaba. Hoy tenemos un Comité Regional de 14 hombres, cada uno de los cuales es más o menos experto por méritos propios en los asuntos del transporte por carretera. Ellos han aprendido a funcionar como grupo organizado y —lo que no es menos importante— se ha desarrollado un método sistemático para tratar con los patrones que está funcionando muy bien en la práctica. Creo que al realizar una consulta con el Comité Regional se puede elaborar una solución muy satisfactoria de los problemas existentes en ese departamento del trabajo".

Para entonces, Marvel Scholl, las niñas y yo habíamos abandonado Omaha para volver temporalmente a Minneapolis. Allí las niñas se quedaron con sus abuelos, permitiendo que Marvel y yo saliéramos de viaje en auto a México. Nuestro objetivo era visitar a León Trotsky y a su compañera, Natalia Sedova, radicados en ese país.

Durante el tiempo que estuvimos en Ciudad de México, Sandy O'Brien me llamó por teléfono. Parece que Tom Hughes le había informado de mi partida de los Teamsters y expresó su inquietud sobre esa acción. Tenía muchas ganas de verme, dijo, pero estaba a punto de partir de Chicago para una estadía prolongada en Miami, Florida. Así que cuando Marvel y yo nos fuimos de México, decidimos manejar de vuelta a Minneapolis pasando por Miami.

Cuando llegamos, lo primero que preguntó Sandy fue: "¿Qué te hizo ese hijo de perra para que renunciaras?"

Sin esperar la respuesta, me pidió que fuera a trabajar para el Local 710 de Chicago, añadiendo que yo podría seguir concentrándome totalmente en los asuntos del transporte por carretera, y que podría fijar mi propio salario.

Habiendo desarrollado mucho respeto por Sandy, hice un gran esfuerzo por explicarle por qué había dejado los Teamsters y las razones para dedicarme en el futuro a las actividades del partido. Me escuchó atentamente. Pero le parecía incomprensible que alguien abandonara voluntariamente una carrera prometedora y bien remunerada en los Teamsters.

Sin más que decir, nos despedimos amistosamente. Marvel y yo reanudamos entonces nuestro viaje de regreso a Minneapolis. Al llegar, me esperaba otra carta de Tobin.

"Te escribo para informarte", decía, "que el Hermano T.T. Neal de Kansas City continuará como Organizador General para el Sindicato Internacional a partir del 1 de marzo de 1940. Si en algún momento puedes darle alguna información o asistencia que le ayude en el distrito en el que va a trabajar, estoy seguro que lo apreciarán mucho el Hermano Neal y nuestro Sindicato Internacional".

En febrero fui a Nueva York para asumir mis nuevas funciones como secretario nacional responsable del trabajo sindical del Partido Socialista de los Trabajadores. Más adelante me alcanzaron allí Marvel y las niñas.

Luego, durante la primavera de 1940, Sandy O'Brien me llamó a la oficina del partido. Dijo que varias compañías alegaban que yo les había otorgado exenciones especiales de diversas disposiciones del contrato sindical, y el comité regional necesitaba mi ayuda para poner fin a esa bazofia. Me pidió que fuera a Chicago para asistir a una sesión conjunta de los organismos regionales del sindicato y de los patrones. Así lo hice, denunciando como mentirosos a los patrones que hacían esas afirmaciones.

Fue la última vez que participé en un asunto oficial de la Hermandad Internacional de Teamsters.

Cuando volví nuevamente a la actividad sindical, fue para ayudar al Local 544 de Minneapolis en una lucha más con Tobin, la cual surgió en torno a las cuestiones de la guerra y la democracia sindical. La historia de esa lucha, desde su comienzo hasta el punto culminante en 1941, amerita una descripción extensa. Esta se acometerá en el tercer y último tomo de estas memorias de un partícipe del ascenso obrero de los años 30.

INDEX

Abar, Bill, 64
Abogados: su exclusión de negociaciones, 327; su funcionamiento colaboracionista de clases, 89; de sindicatos, 40, 79, 88–90, 158, 336, 362
Abroe, L., 174
Administración de Asistencia de Emergencia (ERA), 131, 138–39, 140
Administración de Progreso de Obras (WPA), 140–41
Agentes-provocadores, 34, 342, 359
Agricultores: y huelga de Fargo (1935), 80; y huelga de Omaha (1938–39), 338, 342, 344; y huelgas de Minneapolis (1934), 27
Akron (Ohio), huelga de brazos caídos (1936), 179
Ala izquierda de lucha de clases: dentro del Local 574, 43–46, 54; dentro del movimiento obrero, 54, 83–88, 134, 160–61, 167. *Ver también* Conferencia de Unidad Obrera del Noroeste
Alderman, Peck, 359
Alexander, Guy, 155, 222
Alianza Ciudadana, 19, 31; y ataques de Tobin-Green contra Local 574, 98–99, 107, 162–63, 164; derrota de, 102, 159, 181; disuelta, 225–26; y huelgas de 1934, 24, 26–27, 31, 33–35, 36, 37, 39, 40, 102; sus intentos rompehuelgas, 34–35, 68, 69–70, 72, 74, 154, 220, 221–23, 224. *Ver también* Industrias Asociadas
Ansboury, Pat, 299
Antigüedad, 173, 179, 296, 319, 331, 375; reivindicaciones de lucha de clases en torno a, 227, 287
Arbitraje, 26, 31, 94, 319, 351; actitud de lucha de clases hacia, 59–60, 375
Argus, imprenta, 91, 109
Arkansas, 293, 377, 379, 395
Asociación Camionera Americana (ATA), 297–98
Asociación de Camioneros Comerciales de Nebraska, 318–19, 320, 337, 360–61
Asociación de Empleados Estatales de Minnesota, 85
Asociación de Empresarios de Omaha, 315, 362, 365–66, 368
Asociación de Feriado de Agricultores, 80
Asociación de Transporte Motorizado Regulado, 245, 286–87
Asociación Internacional de Mecanometalúrgicos (IAM), 67–72, 165; huelga de trabajadores del hierro ornamental, 147–50, 155–59
Austin (Minnesota), 84

Bainbridge, alcalde A.G., 35, 147
Ballew, señor, 77
Bartlett, James, 234
Batalla del mercado (1934), 38, 94

Bean, Harold, 265
Beck, Dave, 378-79
Bellini, Joe, 231
Bellman, Sam, 258, 259
Belor, John, 40
Benson, Elmer, 259
Berger, Henry G., 240, 241, 289, 291, 346, 348
Bigley, John, 344
Bjorklund, Melvin, 157
Boscoe, J.B., 155, 222
Brainerd (Minnesota), 248
Brewer, Ace, 165
Brooks, Lee F., 79
Brophy, John, 183, 185, 202, 208
Brown, Agnes, 309
Brown, Frank, 289, 325, 332, 347
Brown, Mace, 317, 341
Brown, William S. "Bill", 46, 47, 48, 99, 158, 160, 174, 190, 208, 212, 213, 231, 260, 268-69; asesinato de, 301-5, 307-8, 310-12; y ataques de Tobin-Green, 165, 166, 195; caso fabricado contra, 246; funeral de, 305-7; y el *Northwest Organizer*, 92, 247; su papel y talla de liderazgo, 44, 217, 291; y el partido revolucionario, 64, 206
Burdick, Quenten, 79
Butler, alcalde Daniel B., 319

Camie, L., 346
Campaña de sindicalización por carretera (1937-39): cuestionario de choferes, 286; estrategia, 235-38, 271-72, 319-20, 324-25, 375-76, 382-83; importancia de Omaha para, 314-15, 337-38, 368-69; y lucha por tarifas salariales uniformes, 239, 276, 280-81, 283, 288, 292, 297-98, 299, 328, 368, 378; oposición dentro de Teamsters, 345-46; preparativos para, 212, 214, 215, 279-80, 284-89, 292, 296, 298-300; primer convenio regional, 329-34, 354-56; seguimiento a, 371-72, 379-80; Tobin y, 282-83, 290-91, 299-300, 312-13, 320-21, 334, 341-42, 346-49, 352-53, 354, 356, 370, 381, 382; victoria de, 368-69, 370, 383. *Ver también* Choferes de camión; Comité del Área Norte Central; Consejo de Choferes del Distrito Norte Central (NCDDC); Omaha
Campaña de sindicalización por carretera, sus conferencias: Cloquet (1936), 238; Minneapolis (enero de 1937), 239; Hibbing (septiembre de 1937), 249-50; Milwaukee (diciembre de 1937), 279-80; Minneapolis (enero de 1938), 285; St. Paul (enero de 1938), 280-81; Sioux City (febrero de 1938), 285, 288; Chicago (marzo de 1938), 289, 293, 299
"Campañas contra esquiroles", 51-52, 219, 249
Cannon, James P., 88; y fracción de Teamsters, 206-7, 257, 307, 390
Capitalismo, 56, 63, 144
Carbón, industria del: huelga de 1934 en, 21-22, 44; Local 574/544 y, 114, 119, 175, 225
Carlson, Gilbert, 158
Carlson, Milton, 88
Carpenter, Earl, 316
Casos fabricados: antisindicales, 39-40, 84; de Bill Brown, 246; de DeBoer-Scott, 163; de Holstein-Scott, 38, 39-41; de huelguistas de Fargo, 75-79; y muerte de Lyman, 37-41; en Omaha, 335-36, 343-44, 350, 359-60, 361-62; en Sioux City, 345, 359-60. *Ver también* Defensa obrera, casos de
Casper, Eugene, 157
Cheyenne (Wyoming), 338, 379
Chicago (Illinois), 284, 290, 320, 324-

25. Ver también Consejo Unido de Teamsters, Chicago; Teamsters, Local 710

Choferes de camión por carretera: necesidad de convenio uniforme, 239, 276, 279, 280–81, 283, 287–88, 292, 297–98, 299, 324, 328, 368; operadores-propietarios independientes, 273–74, 288, 331, 373–74; salarios y condiciones laborales, 236, 248, 271–74, 278, 319, 329–31, 349, 354–55, 368–69, 378–79, 380. Ver también Campaña de sindicalización por carretera; Teamsters

Choferes privados, 247

CIO (Comité para la Organización Industrial / Congreso de Organizaciones Industriales): escisión de la AFL, 182–84, 208, 215; Local 574 y, 183–84, 185, 201–2, 208, 212

Clase media, 29

Colaboracionismo de clases, 37–38, 55–56, 58, 68, 89, 116, 145–46, 222

Cole, George, 265

Collins, H.W., 71

Colorado, 321, 377, 381

Comité auxiliar de mujeres, 24, 245

"Comité de 100", 108, 154

Comité de Empleadores por el Cumplimiento (St. Paul), 243

Comité del Área Norte Central, 345, 346; como equipo de liderazgo, 294–95, 339–40, 381–82; miembros del, 292, 293; necesidad del, 235, 276, 283, 332; revolucionarios dentro del, 295. Ver también Campaña de sindicalización por carretera

Comité para la Organización Industrial. Ver CIO

Conferencia de Unidad Obrera del Noroeste (NLUC), 86–88, 108; y el *Northwest Organizer*, 91

Confiteros (Sindicato de Trabajadores de Alimentos), 159–60, 165

Congreso de Organizaciones Industriales. Ver CIO

Consejo Central de Trabajadores de Minneapolis (MCCW), 130–32

Consejo de Choferes del Distrito Norte Central (NCDDC), 249–50, 281, 381–82; y caso fabricado contra Bill Brown, 246; su concepto estratégico, 271–72, 277–78; conferencias, 249–50, 280–82, 318; desarrollo, 241–42, 278, 280; formación, 239; remplazado, 283; Tobin y, 241, 276–77, 282–83, 382. Ver también Campaña de sindicalización por carretera

Consejo de Gremios de la Construcción, 224

Consejo Unido de Teamsters, 275–76, 282, 245–46

Consejo Unido de Teamsters, Chicago, 185, 275, 291, 325

Consejo Unido de Teamsters, Minneapolis, 97–98, 99, 186, 193, 199, 241, 253; y asesinato de Corcoran, 253–54, 258; y fusión con el Local 574, 199, 200–201, 203–5; medidas para fortalecerlo, 216–17, 219–20, 232–33; se muda a sede del Local 544, 233; y el *Northwest Organizer*, 204–5; representantes del Local 544/574 en, 100, 212, 214

Convenios laborales: de choferes por carretera, 329–34, 353–56, 379–81; modelo del Local 544, 227–29; negociados por Local 544/574, 119–20, 121–23, 154–55, 176, 191, 195–96, 213; óptica de burócratas sobre, 56; óptica de lucha de clases sobre, 57–58

Corcoran, Alice, 260

Corcoran, Patrick J., 113, 213, 231, 243; asesinato de, 252–54, 264–67, 269–70, 303–5; como dirigente del "Lo-

cal 500", 116, 117, 175, 176, 181, 186; su integración al liderazgo del Local 544, 216-19, 220, 227, 232, 253; y negociaciones con Local 574, 199, 200-201, 203, 205; como presidente del NCDDC, 239, 240, 241, 276, 291, 379
Corte Suprema de EE. UU., 145
Crowl, Elmer, 149-50
Cruden, William, 78, 79, 81, 88
Cummings, Homer, 259
Cunningham, T.E., 155, 213-14, 222, 259
Cuotas sindicales, pago de, 50-51. *Ver también* Taller cerrado

Daily Worker, 264-65
Dakota del Norte, 47, 72-82, 81, 239, 241, 251, 289, 292, 332
Dakota del Sur, 241, 251, 285, 289, 292, 332, 333-34, 339, 349, 380
DeBoer, Harry, 47, 48, 99, 120, 121, 174, 219-20, 232-33, 261; y campaña de sindicalización por carretera, 292, 339; caso fabricado contra, 163
Defensa obrera, casos de: principios de, 88-90. *Ver también* Casos fabricados, antisindicales
Defensa Obrera Internacional (ILD), 88-89
Defensa Obrera No Partidista (NPLD), 90, 158
Denver (Colorado), 321, 338, 355, 356, 373, 379
DePew, R.F., 174
Depresión de los años 30, 18, 127, 144, 273, 374
Desempleados, 80, 87; acciones de protesta por, 128, 135-36, 139-41; su condición en la Depresión, 18, 126, 127-28, 273; Local 574/544 y, 24, 27, 126-27, 129-34; punto de vista de Tobin sobre, 126. *Ver también* Sección de Trabajadores Federales (FWS) del Local 574/544
Des Moines (Iowa), 349, 350
Dobbs, Farrell, 70, 88, 120-21, 172, 185, 200; y asesinato de Corcoran, 260, 270; atentados contra, 262-64; biografía, 10-11; y campaña de sindicalización por carretera, 285, 293, 325-28, 332, 339-40, 346-48, 350-51, 353-54, 360, 366-67, 385; como funcionario del Local 574/544, 10, 45-46, 47, 48, 95-98, 99, 190-91, 204, 213, 230-31; sobre fusión con "Local 500", 209-12; y huelga de Fargo, 75, 78; informes para Tobin, 270, 307-8, 346; y *Northwest Organizer*, 91, 108-10; como Organizador General de IBT, 10, 370-71, 375, 376-78, 379-80; retiro de plantel Teamster, 385, 390-97; reuniones con Tobin, 240-41, 282, 312-13, 346-48, 352-54, 390-94; como secretario del trabajo sindical del PST, 10, 385, 391, 397; como secretario de NCDDC, 239-40, 241, 279, 280-81, 292, 334; su sucesor como Organizador General de IBT, 393, 394-95, 396
Dorrance, Frank, 260
Dreon, George, 70
Duluth (Minnesota), 241-42
Dunne, Grant, 166, 301-2; y asesinato de Corcoran, 260; como funcionario del Local 574/544, 45, 47, 48, 174, 268; y Sección de Trabajadores Federales, 134
Dunne, Miles, 45-46, 48, 268; y asesinato de Brown, 301, 302, 305-6; como director del *Northwest Organizer*, 92, 205, 214; como dirigente del Consejo Unido de Teamsters, 253, 347; y huelgas de Fargo, 47, 73, 74, 75, 77, 79-80, 81
Dunne, Vincent R. (Ray), 69, 152, 166, 214, 257, 377; agredido por policías

Índice 403

y matones, 152, 192; sobre comité de continuación de Conferencia de Unidad Obrera del Noroeste, 88; como dirigente del Local 574/544, 45–46, 47, 48, 174, 185, 200, 208, 260, 302; y el *Northwest Organizer*, 91, 109; panegírico para Brown, 306–7

Eastman, Bufort, 71
Eau Claire (Minnesota), 242, 248
Ellis, Frank, 84–85, 88
Emme, Julius F., 85–86, 88, 91
Empacadores de carne, 84–85, 265, 314
Enloe, O.B., 317, 347
Ervin, William S., 258–59
Eslinger, E.M., 346, 347
Estudiantes, 27, 80, 156

Fargo (Dakota del Norte), 72–82, 239, 250
Fargo Forum, 80–81
Farmer-Labor Party (FLP). *Ver* Partido de los Agricultores y Trabajadores
Farmer-Labor Press (Council Bluffs, Iowa), 363
Federación Americana del Trabajo (AFL): ascenso de combatividad obrera y, 104, 146, 182, 202; ataques contra el Local 574 por, 161–64, 165–68, 175–76, 181; CIO se escinde de, 104, 182–84, 208, 215; cúpula, 19–20, 37–38, 153–54, 155, 160–62; y huelgas de 1934, 24, 40, 105; impacto del Local 574 en, 30, 104–5, 110, 118–19, 238–39. *Ver también* Unión Central del Trabajo
Federación Americana de Trabajadores de Calceterías, 150–51
Federación del Trabajo de Chicago, 325
Federación Estatal del Trabajo de Nebraska, 343
Firotto, Eddie y Al, 230
Flanqueo, táctica de, 43, 45. *Ver también* Burocracia sindical
Flour City, huelga de. *Ver* Hierro ornamental, huelga del
Flynn, Thomas E., 293
Fort Dodge (Iowa), 296
Frosig, George, 44, 47, 48, 174, 192; arresto por cargo de armas, 188, 194

Gaddis, Tom, 363
Gardner Oscar, 174, 269
Gate City Labor Review, 80
Geary, John, 98, 99, 213, 240, 244, 282, 289
Geldman, Max, 134
Genis, Sander, 112
Gillespie, John M., 208, 347–48
Gilson, Ralph, 359
Goldman, Albert, 336, 362
Gran Depresión. *Ver* Depresión de los años 30
Grand Forks (Dakota del Norte), 251
Grant, Ulysses S., 339
Green, William, 59, 115, 161, 162; ataques contra Local 574 por, 162, 164, 167, 185
Griff, B.V., 293
Guardia Nacional, 29–30, 171, 223–24, 344

Hagstrom, Walter, 241
Hall, Cliff, 44, 46–47, 50, 51; y "Local 500", 116–17, 123, 186
Halverson, Oscar, 198
Hamel, Clarence, 48
Hansen, Emil, 48, 157
Hanson, Dewey, 336
Harris, Peter, 220, 308
Haynes, Harold, 194–95
Healy, Mike, 289, 292, 293, 298–99, 325, 332, 339, 340, 347, 348

Heisler, Francis, 79, 90, 158
Hermandad Internacional de Teamsters (IBT). *Ver* Teamsters, Hermandad Internacional de
Hermandad Internacional de Trabajadores de la Electricidad (IBEW), 171-73
Hibbing (Minnesota), 242
Hielo, industria del, 114, 119-22, 197, 233
Hierro ornamental, huelga de trabajadores del (1935), 147-50, 155-59, 165
Hoffa, James R., 294, 339
Hogan, Claire, 71
Holmes (Schultz), Dorothy, 135
Holstein, Emanuel (Happy), 48, 251, 292; caso fabricado contra, 38, 39-40
Hoover, Herbert, 127
Horas extras, paga por, 227, 287, 368
Hork, Moe, 47, 174
Horn, Charles, 259
Hudson, Arthur, 245, 271, 279, 282
Hudson, Carlos, 91, 185, 363
Hudson, Ed, 136
Huelga, derecho a, 161, 288, 331, 381; Local 574/544 sobre, 59-60, 229
Huelga, su organización: comedor, 24, 70, 221, 245, 340-41; hospital, 25, 70; publicaciones, 26, 70, 77-78, 80, 221, 245, 363. *Ver también* Piquetes
Huelgas: enfoque del Local 574 hacia, 59-61. *Ver también* Huelgas de brazos caídos
Huelgas, ola de, 143, 146, 202. *Ver también* Movimiento obrero, auge
Huelgas de brazos caídos, 179-80
Huelgas específicas: de abarrotes al por mayor (1936), 220-25; de abarrotes al por mayor (1937), 267-68; Archer-Daniels-Midland (1936), 223-24; calcetería Strutwear Knitting (1935), 150-54, 168-71, 248; cargadores de equipo de golf (1936), 198; por carretera (1938-39), 337-68; choferes de Fargo (1934-35), 72-82, 239; choferes de St. Paul (1937), 243-46, 287; confitería Powel (1935), 159-60; ebanistas (1936), 197; empresas de trasbordo (1937), 244-45; Gamble-Robinson (1936), 196, 242; Grand Forks (1937), 251; lechería Engell (1936), 218; mecánicos de autos (1935), 68-72; mecanometalúrgica Arrowhead Steel Products (1934), 67-68; Minneapolis (1934), 21-32, 34-35, 73, 146, 277-78, 381; mueblerías (1937), 244, 247; Omaha (1937), 316-17; Sioux Falls (1937), 251; Toledo Auto-Lite (1934), 66; trabajadores del hierro ornamental (1935), 147-50, 155-59; transportes Holdcroft (1938), 295-96; transportes TransAmerican (1939), 372; transportes Watson Brothers (Omaha, 1938), 320-21; transportes Yellow Transit (1939), 376-77; trasbordos Brady (1938), 296; Winona (1937), 248
Hughes, Hugh, 79, 81
Hughes, Thomas L., 97, 290, 297, 312, 332, 334, 347, 396
Hussman, Herman, 68, 71-72, 165

Illinois, 185, 289, 292, 332, 338, 348
Indiana, 293, 332
Industrias Asociadas, 225, 243, 244, 247. *Ver también* Alianza Ciudadana
Iowa, 84, 239, 248, 278-79, 280, 332, 333, 337, 338, 339, 349-50, 363, 380

Janasco, John, 180
Jarrett, Sid, 375

Jefferies, John, 316
Jeffries, Lee, 316
Johannes, Michael, 35, 71
Johnson, Arnold, 301-2 307-8, 310, 311
Johnson, Ralph, 359-60
Johnston, Ace, 109
Junta Empleado-Empleador, 155, 161, 173, 222
Junta Laboral, 61-62, 145, 327-28; y huelgas de 1934, 22, 26, 29, 30, 31, 61-62; ilusiones de burócratas sindicales en, 68, 145-46, 169. *Ver también* Junta Empleado-Empleador
Junta Nacional de Relaciones Laborales. *Ver* Junta Laboral

Kansas, 285, 293, 332, 355-56, 376-77, 379, 395
Kansas City (Missouri), 351-56
Keeshin, Jack, 326, 332
Keigley, Ray, 379
Kentucky, 299, 379
Keul, Carl, 278-79, 282, 292, 332, 347, 394
Krapinski, Mickey, 366
Kuehn, Carl, 134
Kunze, William F., 259

Labor Review, 40, 70, 211
La Guardia, Fiorello, 384
Latimer, alcalde Thomas E., 147, 267; y ataques contra Local 574, 175, 186, 193, 194, 195; como rompehuelgas, 147, 148, 150, 154, 155, 158-59, 171, 196, 222
Latz, Rubin, 166
Lavado en Seco, sindicato del, 165-66, 167
Lawrence, John, 297
Leach, alcalde George, 267, 309
Legión Americana, 74
Lehman, Walter, 180

LeMeaux, Louis, 71
Lewis, John L., 104, 208
Lewis, Meyer, 161, 162-69, 172-73, 174-76, 181, 185, 194, 208-9
Ley de Recuperación Nacional (NRA), 143-44, 145
Ley Wagner de Relaciones Laborales, 145-46
Lief, Andrew, 112
Liga Comunista de América. *Ver* Partido Socialista de los Trabajadores
Lindfors, Everett, 71
Love, Malcolm G., 344, 361-62
Lyman, C. Arthur, 37, 38-39

Malcolm X, 187
Maloney, Jack, 48, 70, 75, 78, 318; y campaña de sindicalización por carretera, 251, 280, 282, 285, 292, 332, 339, 346, 347, 352; intentan fabricarle cargo, 359-60
Mankato (Minnesota), 248
Marcial, ley, 29
Marlatte, reverendo Franklin, 305, 306
Marx, Carlos, 350-51
Mauseth, William, 165
McArdle, Frank E., 308
McCreery, Kenneth, 333-34
McCue, Thomas, 308
Mecklenburg, reverendo George, 309
Michigan, 239, 293, 294, 332, 333, 348
Militant, 10, 65, 174
Miller, Louis, 316-17, 318
Minneapolis (Minnesota), 18-19, 33, 146-47; y campaña de sindicalización por carretera, 278-79, 285-86; condiciones afrontadas por trabajadores, 18, 33, 136-38; consigna "Hagamos de Minneapolis una ciudad sindical", 27, 105, 118,

173, 189; desempleados en, 129–30, 140–42. *Ver también* Alianza Ciudadana; Huelgas, Minneapolis (1934); Teamsters, Local 574/544; Unión Central del Trabajo, Minneapolis
Minneapolis Journal, 36, 162
Minneapolis Star, 267, 309–10
Minneapolis Tribune, 35, 147, 194
Minnesota Socialist, 85
Minot (Minnesota), 248
Missouri, 332, 333, 338, 339, 353, 354–55, 357, 376–77, 380
Montana, 381
Morrow, Felix, 257, 307
Movimiento obrero, auge, 83, 104, 124, 143, 202, 215. *Ver también* Huelgas, ola de; Radicalización obrera
Murphy, Edward F., 342, 345, 348–49
Murphy, L.A., 200, 201, 213, 221–22, 231, 240–41, 255–57, 276, 291; y ataques de matones contra Local 574, 185–86, 187–88, 189–92, 194–95; su integración a liderazgo del Local 544, 220, 227, 255–57; se vuelve simpatizante del PST, 255–57

NCDDC. *Ver* Consejo de Choferes del Distrito Norte Central
Neal, T.T. (Ted), 292, 293, 332, 347, 352, 376, 377; como sucesor de Dobbs en IBT, 394–95, 396
Nebraska: ley antipiquetes, 315, 317, 321, 338, 343–44, 361–62, 365; sitio sindical de, 338–39, 350, 351, 352, 356, 357. *Ver también* Omaha
Negociaciones: exclusión de abogados en, 327; en huelga de choferes por carretera, 326–29, 332, 350–56, 365–68, 379–81; su malogro por burócratas, 22, 56, 71–72; perspectiva de lucha de clases sobre, 326–29. *Ver también* Contratos

Nelson, Emery, 97–98
Ness, Freda, 95
Ness, Henry, 40, 95
New York Daily News, 309–10
Noice, Russell, 260
Northern States Power, compañía eléctrica, 171–73, 197–98
Northwest Organizer, 147, 159, 164, 165, 166, 211, 221, 225–27, 247, 257, 387; sobre asesinato de Corcoran, 252–53, 259–60, 261; sobre asesinato y funeral de Brown, 301–2, 306–7, 311; sobre campaña por carretera, 214, 235–37; se convierte en órgano del Consejo Unido de Teamsters, 204–5; se funda, 91–92; y huelga de camioneros de St. Paul, 243, 245; y la resistencia ante Tobin, 92, 108–11, 123, 125, 187, 192
Nuevo México, 381
"Nuevo Trato", 18, 143, 144

Obreros Industriales del Mundo (IWW), 73, 84, 377
O'Brien, John T. (Sandy), 289, 293, 297, 298, 325, 332, 347, 348, 353, 360; papel dirigente en campaña por carretera, 289–91, 396, 397
Ohio, 66, 293, 332, 333, 345, 379
Oklahoma, 280, 293, 376–77, 379, 395
Oklahoma City (Oklahoma), 376
O'Laughlin, J.M. (Red), 293–94, 332, 346, 347, 348, 352, 360; papel dirigente en campaña por carretera, 293, 294, 339
Ollman, Joe, 85
Olson, Floyd B., 18–19, 20, 86, 195, 259; y huelgas de 1934, 23–26, 29–30. *Ver también* Partido de los Agricultores y Trabajadores (FLP)
Omaha (Nebraska), 285, 318–20, 321–24; condiciones en, 314–15; huelga

de 1937, 316-18; huelga de 1938-39, 337-69; su importancia para campaña por carretera, 314-15, 337-38, 361. Ver también Campaña de sindicalización por carretera; Teamsters, Local 554 (Omaha)
Omaha World-Herald, 358
"Orden del Cuarto Grado", 232
Órdenes judiciales antipiquetes, 80, 148, 171
Organizer, The, 26, 35, 37, 42, 59, 66, 90-91, 92. Ver también Northwest Organizer
Orgon, Roy, 134
Ossana, Fred A., 175

Pack, R.F., 172, 197-98
Palmquist, Ed, 134, 341
Parker, Albert S., 15, 316
Partido Americano de los Trabajadores, 66
Partido Comunista, 36, 88-89, 102-3, 184; ataques contra Local 574/544, 36-37, 103-4, 130, 174-75, 258, 264-66, 309; y movimiento de desempleados, 130; en movimiento sindical, 36-37, 87, 102, 148, 165, 265
Partido de los Agricultores y Trabajadores (FLP), 18, 19, 30, 85-86, 147, 193, 195. Ver también Olson, Floyd B.
Partido de los Trabajadores de Estados Unidos, 66, 89, 134, 184-85. Ver también Partido Socialista de los Trabajadores
Partido Demócrata, 391, 392
Partido obrero, 391-92
Partido Socialista, 184-85, 384-85
Partido Socialista de los Trabajadores (PST), 66, 184-85, 384-85; estrategia sindical del, 20-21, 42-44, 381-83; y labor de defensa obrera, 89-90; rama de Minneapolis, 65, 66, 185; rama de Omaha, 387;

reclutamiento al, 63, 66, 134, 385-88; simpatizantes entre dirigentes sindicales, 85-86, 255-57, 299. Ver también Teamsters, fracción del Partido Socialista de los Trabajadores
Patrones del transporte por camión, 286-87, 318-24, 337, 342-43, 350-51, 357, 368-69; comité negociador de, 296-98, 325-27, 353-54, 365-67; maniobras de, 357-58, 360, 361-62, 365-66; postura de lucha de clases hacia, 372, 378; ruptura en frente unido de, 342-43, 365-66
Paulson, Carl, 344
Phillips, George, 262
Picago, John S., 281, 289
Piquetes: ley de Nebraska contra, 315, 317, 321, 338, 343-44, 362, 365; móviles, 25, 69, 70, 72, 74, 221, 245, 247, 343; órdenes judiciales contra, 80, 148, 171
Policía: allanamientos de sedes sindicales, 29-30, 75, 193-94, 335, 350, 359-60; arrestos de huelguistas, 71, 75, 158, 335, 336, 343, 345, 359-60; y asesinato de Corcoran, 260-61, 264; brutalidad, 25, 28, 30, 34, 136, 152-53, 156-59, 170, 218-19; se disipan ilusiones de trabajadores, 55, 264; su función en el capitalismo, 55, 147; protege a esquiroles, 69, 120-21, 149-50, 151-53, 170-71, 251; protege a matones de Tobin, 186, 190, 192, 196; protestas contra, 156, 362
Postal, Kelly, 48, 233, 309, 371
Powers, Burns, 71
Prensa capitalista: y asesinato de Brown, 309-10; y asesinato de Corcoran, 257, 260, 261, 264, 267; desmentida, 26, 221, 363; Malcolm X sobre, 187; reportajes antihuelgas, 221, 223-24, 246, 336, 344

Prensa sindical, 77–78, 80, 221, 245, 363. *Ver también* Northwest Organizer; Organizer, The
Primero de Mayo, 189
Promesas de no hacer huelgas, 59, 351. *Ver también* Huelga, derecho a
Pszanowski, jefe de policía John J., 343

Radicalización obrera, 124, 242–43
Rainbolt, Ray, 48, 120–21, 122, 219–20, 233; y huelga de Omaha, 339, 347; intento de asediarlo, 122
Ray, John A., 293, 332
Rebelión Teamster (Dobbs), 11, 17
Reclamos, 48, 139, 141, 180, 198, 320, 324, 351, 371–72, 381, 394; perspectiva del Local 574/544 sobre, 58–59, 60–62, 113, 227–29, 230
Red-baiting: por burocracia sindical, 27, 46, 124–25, 162, 169, 176, 181; definición, 27; inoculación de trabajadores contra, 27–28, 36–37, 336, 387; por patrones, 24, 34, 35–36, 220, 221, 335, 336, 350
Rompimiento de huelgas: y esquiroles, 24, 34, 69, 70–71, 148–53, 155–56, 158, 169–70, 171, 251, 340; por Guardia Nacional, 29–30, 171, 223–24, 344; por matones y justicieros a sueldo, 25, 34, 74–75, 156, 222–23, 248, 342, 344, 358–59
Roosevelt, Franklin D., 389–90; como defensor del capitalismo, 139–40, 143–45; ilusiones en, 18, 59, 145–46
Roseland, Louis, 158
Russell, Alfred, 318, 335–36, 387
Ryan, Lard, 359
Ryan, William, 293, 347

Salarios, 246; antes de 1934, 18; de choferes por carretera, 236, 237, 242, 271–74, 349, 354–55, 367, 368, 378–79, 380; y convenio modelo del Local 544, 227–29; y huelgas de 1934, 26, 29, 31, 113, 196; "justos", 56; necesidad de tarifas uniformes, 239, 279, 280–81, 283, 288, 292, 299, 328, 368
Sawyer, Ray, 254
Scholl, Marvel, 159–60, 177–79, 261–64, 340, 395–96; y *Northwest Organizer*, 91–92, 109, 262; y Sección de Trabajadores Federales, 134, 135–38
Schultz, Henry, 91, 148, 185, 197–98; antecedentes de, 86
Scislowski, Joseph F., 292, 325, 332, 334, 339, 347, 348, 360
Scott, I.G., 136, 165, 259
Scott, Phillip, 40–41, 163
Seashore, Gilbert, 258, 259, 260
Sección de Trabajadores Federales del Local 574/544, 132–33, 136, 140–42, 151, 204, 224–25; reclutamiento por, 139, 141–42; relación con Local 574/544, 132–34; y sistema de "bienestar social", 134–35, 136–38. *Ver también* Desempleados
Sedova, Natalia, 396
Segunda Guerra Mundial, 388–90, 391
Seguridad en el trabajo, 272, 287–88
Semana laboral, 18, 196, 248; y campaña por carretera, 287, 330; y convenio modelo del Local 544, 227–29
Sermon, R.C., 88
Sherman, Mike, 343
Shryock, Gordon, 376
"Sindicalismo dual": estalinistas y, 103; evitar acusación de, 87–88, 211
Sindicalismo gremial, 17, 19–20, 378; IBT y, 93, 105–6, 274–76, 382; versus sindicalismo industrial, 22–23, 43, 57, 378
Sindicalismo industrial, 87, 250; y el

ascenso del CIO, 104, 182-84, 208, 215; y el Local 574/544, 22-23, 52, 93, 106, 176, 204, 205; y la transformación de los Teamsters, 205-6, 250, 283, 382-83
Sindicato de Choferes de Camiones Lecheros. *Ver* Teamsters, locales, Local 471 (choferes lecheros)
Sindicato de Trabajadores de Molinos de la Harina y Cereales, 222-23, 225
Sindicato de Trabajadores de Muebles, 179-80, 233-34
Sindicato de Trabajadores del Petróleo, 176
Sindicato Independiente de Todos los Trabajadores (IUAW), 84
Sindicatos, democracia en, 23, 28, 45-46, 52-53, 202-3
Sindicatos, estrategias y tácticas: aceptar puestos en, 43, 45-46, 370-71; arbitraje, 59, 375; convenios, 57-59, 227-29; derecho a huelga, 59-60, 229; huelgas, 59-61; negociaciones, 326-29; táctica de flanqueo, 43, 45
Sindicatos, puestos en, 43, 45-46, 370-71
Sindicato Unido de Mineros, 183
Sioux City (Iowa), 295, 296, 321, 337, 338, 344-45, 356, 359, 363, 366, 367; como clave para campaña por carretera, 361, 368. *Ver también* Teamsters, locales, Local 383
Sioux Falls (Dakota del Sur), 251, 349, 350
Skoglund, Carl, 47, 88, 168, 185, 200, 285; y ciudadanía estadounidense, 47, 213; como funcionario del Local 574/544, 48, 213, 231, 268, 308-9
Smith, Jack, 190-91, 200-201, 231, 243, 301, 302; integración al liderazgo del Local 544, 219, 220, 227, 269;

como vicepresidente del Local 544, 213, 214, 268, 269
Smith, Thomas V., 232, 292, 316, 332, 344, 347, 366
Socialist Appeal, 387
Soderberg, Axel, 174
Sollie, Allen, 259
Spielman, Jean, 112
Stalin, José, 103
St. Paul (Minnesota), 238, 279; huelga de choferes de camión (1937), 243-47, 287; huelga de mecánicos (1935), 68-72. *Ver también* Teamsters, Local 120
St. Paul Daily News, 264
Strutwear Knitting, calcetería, 150-54, 168-71, 248
Stultz, Walter K., 361-62
Swalde, Austin, 78, 79, 81
Swarr, David, 318, 360, 365-66

Taller cerrado, 20, 292, 329, 366, 367; perspectiva de lucha de clases sobre, 50-51
Taxistas, 99, 114, 116, 119
Teamster Bureaucracy (Burocracia Teamster, Dobbs), 11
Teamster Politics (Política Teamster, Dobbs), 11
Teamsters, estructuras regionales: necesidad de, 235, 275-76, 283, 382; occidente, 378-79, 381; sudoeste, 376-77. *Ver también* Comité del Área Norte Central
Teamsters, fracción del Partido Socialista de los Trabajadores: ayuda de la dirección nacional a, 65-66, 206-7, 257, 307, 386, 390; Bill Brown y, 64-65, 206; funcionamiento, 64-65; y fusión con el "Local 500", 205-7; y puesto sindical de Dobbs, 370-71, 390
Teamsters, Hermandad Internacional de (IBT): apoyo para cam-

paña por carretera, 283, 290-91, 299-300, 312-13, 320-21, 333-34, 341-42, 346-49, 352-53, 354, 356, 370, 382; campaña del 574 por readmisión, 105-6, 111-13, 123-24, 164-65, 201-3, 210-11, 216, 277; crecimiento, 17-18, 341-42, 369, 372, 381, 382, 383; cuotas del Local 574 para, 94-98, 99-101, 111-12, 115, 164, 203; estructura sindical gremial, 93, 105-6, 274-77, 382; impacto de radicalización obrera en, 124, 277, 374-75; influencia del Local 574/544 en, 54, 215-16, 233-34; proscribe comunistas, 124-25; y proximidad de Segunda Guerra Mundial, 388-90, 391; relaciones con el Local 544, 233, 243-44, 269; revocación de carta constitutiva del Local 574, 99-102, 124-25; y sindicalismo industrial, 205-6, 250, 283, 382; transformación mediante campaña por carretera, 374-75, 382-83, 386. *Ver también* Consejo Unido de Teamsters; Tobin, Daniel J.

Teamsters, "Local 500", 115-16, 122, 175, 189-92; ataque gangsteril por, 185-95; su fracaso, 123, 125, 176, 181, 191-92, 196, 199; fusión con Local 574, 200-205, 208-14, 216, 218-19; protección policiaca de, 186, 190, 192, 196

Teamsters, Local 554 (Omaha): ataques patronales contra, 335-36, 337, 342-43, 357-59; ayuda del Local 544, 285-86, 318, 341, 362, 363; campaña de sindicalización, 285, 316-17; como espina dorsal de campaña por carretera, 361; su historia, 315-16; hostigamiento policiaco al, 335-36, 343, 345, 358-60; y huelga de 1938-39, 318-19, 338-39, 360-62, 368-69; prestaciones de huelga de la IBT para, 341-42, 348-49, 358. *Ver también* Omaha

Teamsters, Local 574/544: allanamientos a sede, 29-30, 193-94; arma a dirigentes, 188, 255, 262; asambleas de miembros, 52-53, 55, 102, 106, 113, 117, 210-12, 254-55; y asesinato de Brown, 303-5, 309, 310-12; y asesinato de Corcoran, 253-55, 258, 260; ataques estalinistas contra, 36-37, 103-4, 130, 174-75, 258, 264-67, 309, 312; ataques de matones de Tobin contra, 185-95; calumnias periodísticas contra, 221, 246, 257, 260, 261, 264, 266-67, 309-10, 336, 344; "campaña contra esquiroles", 51-52, 219, 249; campañas de sindicalización, 21, 23, 44, 113, 216, 219-20, 257, 278-79; y CIO, 184, 185, 201-2, 208, 212; colaboración con funcionarios sindicales, 44, 217-18, 291; control por los miembros de fila, 23, 45, 46, 52-53, 202-3; convenio modelo, 227-29; convenios, 119, 120-22, 123, 155, 176, 191, 193, 195-96, 198, 213, 219, 225, 229, 247, 287; crecimiento de membresía, 96, 125, 176, 198, 199, 219, 229; y cuotas de la IBT, 96-98, 100-101, 164, 203; y los desempleados, 24, 129-34; elecciones en, 47, 53, 174, 268-69, 308-9; estatutos, 56-57, 61; su estructura sindical industrial, 22-23, 52, 93, 106, 176, 204, 205; sus finanzas, 94-97, 111-12, 113, 176-77; funcionamiento de liderazgo, 47-49, 229-30, 231-32; y fusión con "Local 500", 200-206, 208-14, 216, 218-19; homogeneidad de liderazgo, 219, 220, 227, 231-32, 255-57, 269; y huelgas de 1934, 17-18, 21-22, 23-32, 42, 44-

46, 55; influencia de comunistas dentro, 21, 22, 27-28, 42-44, 45-46, 276; influencia nacional, 34-35, 67, 73, 146, 277; junta ejecutiva, 21, 22, 28, 44, 45, 46, 47-48, 62, 102, 105, 132, 133-34, 155, 193, 200-201, 202, 203-4, 209-10, 212, 227, 230-31; misión de Meyer Lewis contra, 161, 162-69, 174, 175, 176, 181; programa educativo, 48, 55, 61; y reclamos, 58-59, 60-62, 113, 227, 229, 230; relaciones con Tobin, 94-95, 240-41, 258, 277-78; sede sindical, 95, 113-14, 117, 233-34; sistema de delegados en sitios de trabajo, 50, 51, 52, 111, 176, 202, 209-10, 211, 212, 227-29. Ver también Ala izquierda de lucha de clases; Sección de Trabajadores Federales del Local 574/544

Teamsters, Local 574/544, su apoyo a otras batallas obreras: 106, 155, 164-65, 167, 179-81, 198-99; calcetería Strutwear Knitting (1935), 151-52, 153-54, 168-71, 175; cargadores de equipo de golf (1936), 198; choferes de camión de Fargo (1934-35), 72-73, 74-82, 98; choferes de camión de Omaha, 285-86, 317-18, 341, 352-63; choferes de camión de St. Paul (1937), 238, 243-47, 287; compañía eléctrica Northern States Power (1936), 171-73, 175, 197-98, 233-34; confitería Powell (1935), 159-60, 165; ebanistas (1936), 197; mecánicos de auto (1935), 68-72, 98, 165; mecanometalúrgica Arrowhead Steel (1934), 67-68; trabajadores de la construcción (1935), 114; trabajadores del hierro ornamental (1935), 148-49, 165; trabajadores de mueblerías (1936), 179-80, 233-34

Teamsters, locales: Local 90 (Des Moines), 278-79, 282, 295-96, 349; Local 120 (St. Paul), 238, 240, 243-47, 282, 287; Local 135 (Indiana), 293; Local 173/116 (Fargo), 72-82, 239, 250-51, 282; Local 221 (Minneapolis, choferes del hielo), 233; Local 289 (Minneapolis, choferes de panaderías), 232-33; Local 299 (Detroit), 293; Local 346 (Duluth), 241, 242, 282; Local 383 (Sioux City), 282, 295-96, 359-60, 361-62, 368; Local 407 (Cleveland), 293; Local 471 (Minneapolis, choferes lecheros), 40, 44, 47, 217-18, 254; Local 498 (Kansas City), 355-56; Local 581 (Grand Forks), 251; Local 662 (Eau Claire), 242; Local 710 (Chicago), 290, 291, 296, 325, 365, 396; Local 749 (Sioux Falls), 251; Local 799 (Winona), 248; Local 844 (Fort Dodge), 296

Tennessee, 379

Tetzlaff, Walter, 148, 150, 158, 159

Texas, 353, 377, 379, 395

Thomas, Norman, 384

Tibbetts, Robert F., 234

Tobin, Daniel J., 114, 174, 201, 203, 276-77, 282, 360, 379, 381, 382, 388-90; apoyo para campaña de sindicalización por carretera, 282-83, 290-91, 299-300, 312-13, 320-21, 334, 341-42, 346-49, 352-53, 354, 356, 370, 382; ataque contra huelguistas de Fargo, 80-81, 92, 239, 250-51; y ataques de matones contra el Local 574, 181, 185-87, 195; y Dobbs, 240, 270, 312-13, 346, 347, 352-54, 390-95; favorece sindicalismo de oficios, 93, 105-6, 274-75, 276-77; fracasa en contienda con Local 574, 160-61, 205-6, 382; y huelgas de 1934, 27-28, 94, 100-102; y el NCDDC, 241, 276, 282-83, 382; revocación de carta constitutiva

del 574, 94–95, 99–102, 105, 111–12, 115, 117, 118–19, 125, 203, 205. *Ver también* Teamsters, Hermandad Internacional de
Toledo Auto-Lite, huelga (1934), 66
Trabajadores de Almacenes e Internos, sindicato de, 234
Trabajadores de la Electricidad, sindicato de, 233
Trotskistas. *Ver* Partido Socialista de los Trabajadores (PST)
Trotsky, León, 396

Unión Central del Trabajo, Minneapolis, 40, 70, 111, 112, 114, 132, 168, 224, 259; ala izquierda dentro de, 117, 118, 160, 164, 167–68; y ataques contra el Local 574, 98, 111, 112, 115, 163–64, 167, 193; representantes del Local 574/544 en, 112, 115, 167, 212, 214; simpatías por Local 574 dentro de, 98, 112, 117–18, 193. *Ver también* Federación Americana del Trabajo (AFL)
Unión Central del Trabajo de Omaha, 341, 343
Unión de Agricultores, 80
Universidad de Minnesota, 166

Viens, George, 134, 137
Viernes Sangriento (1934), 28–29, 34, 95, 117
Vincent, Bruce, 186
Voorhees, Joe, 88
Votaw, O.R., 88

Wagner, Nick, 213, 231, 243–44, 268, 269; su integración al liderazgo del Local 544, 220, 227, 269
Wall, John, 223
Watson Brothers, transportes, 316, 320, 321–24, 366, 375
Watson, Fay, 350–51, 366
Webb, Floyd, 293, 376
Weinberg, David, 362
White, Louis, 134
Wier, Roy, 150–51, 153–54, 160, 168–69
Williams, Emmet J., 332, 347
Williams, Tommy, 261–62
Winona (Minnesota), 248
Wirth, Jack, 282, 292, 332
Wisconsin, 239, 240, 242, 279, 284, 288–89, 292, 332
Woxburg, Homer "Dutch", 379
Wyoming, 338, 381

Zander, Curt, 174, 371

Está leyendo *Poder Teamster*… ahora adquiera los otros tomos de la serie

REBELIÓN TEAMSTER

Sobre las huelgas de 1934 que lograron la sindicalización de camioneros y trabajadores de depósitos en Minneapolis y allanaron el camino para el movimiento social obrero que forjó los sindicatos industriales. El primero de cuatro tomos narrados por un dirigente central de estas batallas.

POLÍTICA TEAMSTER

Explica cómo el Local 544 de los Teamsters en Minneapolis combatió casos fabricados por el FBI y el gobierno en los años 30, organizó a los desempleados y luchó para que el movimiento obrero y sus aliados emprendieran un camino político independiente de clase.

BUROCRACIA TEAMSTER

Cómo los trabajadores con conciencia de clase encabezaron la oposición obrera al ingreso del imperialismo norteamericano a la Segunda Guerra Mundial. Y cómo el gobierno federal, ayudado por la cúpula de los Teamsters, usó el FBI para intentar aplastar el poder sindical y silenciar a militantes obreros antibélicos. Ahora con más de 130 fotos e ilustraciones.

Cada tomo US$16, US$50 por los cuatro.

Los cuatro tomos además se editan en inglés, y el primer tomo, *Rebelión Teamster*, también en francés, persa y griego.

PATHFINDERPRESS.COM

DE PATHFINDER

Ya superamos el punto más bajo de la resistencia del pueblo trabajador
El Partido Socialista de los Trabajadores mira hacia adelante

JACK BARNES, MARY-ALICE WATERS STEVE CLARK

El orden global impuesto por los vencedores en la matanza interimperialista de la II Guerra Mundial se está desmoronando, con consecuencias explosivas para el pueblo trabajador del mundo. Un largo repliegue de la clase obrera y los sindicatos ha llegado a su fin. Más y más trabajadores —de todas las edades, colores de piel y de ambos sexos— están diciendo "¡Basta!" Este libro destaca las oportunidades para los trabajadores con conciencia de clase. Fija el rumbo necesario para forjar un partido obrero basado en sindicatos combativos. Y una vanguardia proletaria de masas capaz de dirigir la lucha para acabar con el dominio capitalista, abriendo un futuro para la humanidad. US$10. También en inglés y francés.

La última lucha de Lenin
Discursos y escritos, 1922–23

V.I. LENIN

En 1922 y 1923, V.I. Lenin, dirigente central de la primera revolución socialista, libró su última batalla política, lucha que tras su muerte se perdió. Lo que estaba en juego era si esa revolución, y el movimiento comunista internacional que esta dirigía, mantendría el curso proletario que había llevado al poder a los trabajadores y campesinos en octubre de 1917. US$17. También en inglés, persa y griego.

Puerto Rico: La independencia es una necesidad
RAFAEL CANCEL MIRANDA

US$5. También en inglés y persa.

El trabajo, la naturaleza y la evolución de la humanidad

La visión larga de la historia

FEDERICO ENGELS, CARLOS MARX
GEORGE NOVACK
MARY-ALICE WATERS

Sin comprender que el trabajo social, al transformar la naturaleza, ha impulsado la evolución de la humanidad durante millones de años, los trabajadores no podremos ver más allá de la época capitalista de explotación de clases que deforma a todas las relaciones, ideas y valores humanos. Solo la conquista revolucionaria del poder estatal por la clase trabajadora podrá abrir la puerta a un mundo libre de la explotación capitalista, degradación de la naturaleza, subyugación de la mujer, racismo y guerras. Un mundo basado en la solidaridad humana. Un mundo socialista. US$12. También en inglés y francés.

Somos herederos de las revoluciones del mundo

Discursos de la revolución de Burkina Faso, 1983–87

THOMAS SANKARA

Los campesinos y trabajadores en este país de África Occidental crearon un gobierno popular revolucionario y comenzaron a combatir el hambre, el analfabetismo y el atraso económico impuestos por la dominación imperialista, así como la opresión de la mujer heredada de la sociedad de clases desde hace milenios. Cinco discursos del dirigente de esta revolución. US$10. También en inglés, francés y persa.

La revolución granadina, 1979–83

Discursos de Maurice Bishop y Fidel Castro

US$10

PATHFINDERPRESS.COM

LA LUCHA OBRERA Y LA DEFENSA DE LAS LIBERTADES CONSTITUCIONALES

50 años de operaciones encubiertas en EE.UU.
La policía política de Washington y la clase obrera norteamericana
LARRY SEIGLE, FARRELL DOBBS STEVE CLARK

Cómo los trabajadores con conciencia de clase han luchado contra los esfuerzos por reforzar el "estado de seguridad nacional" que es esencial para mantener el dominio capitalista. US$10. También en inglés y persa.

El socialismo en el banquillo de los acusados
Testimonio en el juicio por sedición en Minneapolis
JAMES P. CANNON

El programa revolucionario de la clase trabajadora, tal como fue presentado en respuesta a cargos fabricados de "conspiración sediciosa" en 1941, en vísperas del ingreso de Washington a la Segunda Guerra Mundial. Los acusados eran dirigentes del movimiento obrero en Minneapolis y del Partido Socialista de los Trabajadores. US$15. También en inglés, francés y persa.

FBI on Trial
The Victory in the Socialist Workers Party Suit Against Government Spying
(El juicio contra el FBI: La victoria en la demanda del Partido Socialista de los Trabajadores contra el espionaje del gobierno)
MARGARET JAYKO

Relata la histórica victoria en la lucha por los derechos constitucionales. Incluye el fallo completo de la corte federal en 1986 contra el espionaje del gobierno así como fragmentos del testimonio en el juicio. En inglés. US$17

US$12   JS$15   US$20

Tres libros para ser leídos como uno . . .

sobre la construcción de un partido que es proletario en su programa, composición y conducta. Que reconoce, con palabras y acciones, el hecho más revolucionario de esta época . . .

. . . que los trabajadores tenemos el poder de crear un mundo diferente cuando actuamos juntos para defender nuestros intereses, no los de la clase que se enriquece explotando nuestra mano de obra, ni los de aquellos que nos temen como "deplorables" o simplemente "basura".

Al avanzar por un rumbo revolucionario hacia el poder obrero, vamos a transformarnos y descubrir nuestro valor propio. También en inglés, francés y griego.

¡Oferta especial! El paquete de tres por US$30

El viraje a la industria junto con *Los tribunos del pueblo y los sindicatos*   US$20

Cualquiera de estos dos libros junto con *Malcolm X, la liberación de los negros y el camino al poder obrero*   US$25

PATHFINDERPRESS.COM

LA REVOLUCIÓN SOCIALISTA CUBANA

Las mujeres en Cuba: Haciendo una revolución dentro de la revolución
VILMA ESPÍN
ASELA DE LOS SANTOS
YOLANDA FERRER

La integración de las mujeres a las filas y a la dirección de la Revolución Cubana fue parte inseparable de la trayectoria proletaria de esta desde el principio. Esta es la historia de esa revolución y cómo transformó a las mujeres y los hombres que la hicieron. US$17. También en inglés, persa y griego.

Cuba y la revolución norteamericana que viene
JACK BARNES

Sobre las luchas del pueblo trabajador en el corazón del imperialismo, sobre los jóvenes atraídos a ellas y el ejemplo del pueblo cubano, el cual muestra que una revolución no solo es necesaria: se puede hacer. Trata sobre la lucha de clases en Estados Unidos, donde hoy las fuerzas dominantes descartan las capacidades revolucionarias de los trabajadores y agricultores tan rotundamente como descartaron las del pueblo trabajador cubano. Y de forma igualmente errada. US$10. También en inglés, francés y persa.

Colombia: Fidel Castro sobre el debate acerca de la estrategia revolucionaria y lecciones de la Revolución Cubana
DE LAS PÁGINAS DEL *MILITANTE*

Fragmentos del libro *La Paz en Colombia* de Fidel Castro y artículos del *Militante*. Al describir los gestiones de la dirección cubana para poner fin a décadas de guerra entre el movimiento guerrillero FARC y el brutal régimen colombiano, Castro en su introducción, epílogo y otras declaraciones explica por qué los revolucionarios cubanos, a diferencia del liderazgo de las FARC, rehusaron tomar rehenes y organizaron a los trabajadores para tomar el poder estatal en vez de librar una "guerra popular prolongada". US$5. También en inglés.

LA EMANCIPACIÓN DE LA MUJER Y LA CLASE TRABAJADORA

Los cosméticos, las modas y la explotación de la mujer
JOSEPH HANSEN, EVELYN REED
MARY-ALICE WATERS

Explica cómo los capitalistas refuerzan la posición de segunda clase de la mujer para extraer ganancias. De dónde proviene la opresión de la mujer. Y cómo la integración de millones de mujeres a la fuerza laboral fortalece la batalla por su emancipación. US$12. También en inglés, persa y griego.

The Emancipation of Women
(La emancipación de la mujer)

V.I. LENIN

La emancipación de la mujer, escribió Lenin, empezará "solo cuando comience una lucha sin cuartel, dirigida por el proletariado dueño del poder estatal", para incorporar a las mujeres como iguales en el trabajo social productivo. Y cuando comience a transformarse la preparación de alimentos, el cuidado infantil y otras tareas domésticas "en una economía socialista en gran escala". En inglés. US$7

El origen de la familia, la propiedad privada y el estado
FEDERICO ENGELS

El surgimiento de la sociedad dividida en clases dio origen a los cuerpos represivos del estado y a la opresión de la mujer, permitiendo que las clases dominantes puedan traspasar su riqueza y privilegios. Engels plantea las consecuencias para los trabajadores de estas instituciones de clase, desde sus formas originales hasta las versiones modernas. US$15. También en inglés y persa.

PATHFINDERPRESS.COM

LA CRISIS CAPITALISTA Y LA LUCHA POR EL PODER OBRERO

¿Son ricos porque son inteligentes?
Clase, privilegio y aprendizaje en el capitalismo

JACK BARNES

Expone las crecientes desigualdades de clase en EEUU y las justificaciones de las capas profesionales bien remuneradas que creen que su "brillantez" las califica para "regular" a los trabajadores, quienes supuestamente no sabemos lo que nos conviene. US$10. También en inglés, francés, persa y árabe.

En defensa de la clase trabajadora norteamericana
MARY-ALICE WATERS

Basándose en las mejores tradiciones combativas de trabajadores de todos los colores de piel y orígenes nacionales, decenas de miles de trabajadores en Virginia del Oeste, Oklahoma, Florida y otros estados libraron huelgas victoriosas en 2018 y restauraron el derecho a votar para ex presos. Los que Hillary Clinton tacha de "deplorables" han comenzado a resistir. US$7. También en inglés, francés, persa y griego.

El historial antiobrero de los Clinton
Por qué Washington le teme al pueblo trabajador

JACK BARNES

Lo que el pueblo trabajador necesita saber sobre el curso, impulsado por el lucro, que han seguido los demócratas y republicanos por igual en los últimos 30 años. Y el despertar político de los trabajadores que buscan entender y resistir los ataques de los gobernantes capitalistas. US$10. También en inglés, francés, persa y griego.

La cuestión judía
Una interpretación marxista
ABRAM LEON

¿Por qué sigue alzando la cabeza el odio antijudío? ¿Cuáles son sus raíces de clase, desde la antigüedad y el feudalismo hasta el ascenso del capitalismo y sus crisis actuales? ¿Por qué no hay solución a la cuestión judía bajo el capitalismo? El autor, Abram Leon, fue asesinado en las cámaras de gas de los nazis. Contiene 40 páginas de ilustraciones y mapas. US$17. También en inglés y francés.

The Transitional Program for Socialist Revolution
(El programa de transición para la revolución socialista)
LEÓN TROTSKY

El programa del Partido Socialista de los Trabajadores, redactado por Trotsky en 1938, sigue guiando al PST y a comunistas por todo el mundo. El partido "combate intransigentemente a todas las agrupaciones políticas que están atadas a las faldas de la burguesía. Su tarea: la abolición del dominio capitalista. Su objetivo: el socialismo. Su método: la revolución proletaria". En inglés y persa. US$17

Malcolm X habla a la juventud

"La joven generación de blancos, negros, morenos y demás: ustedes viven en tiempos de revolución", dijo Malcolm X en diciembre de 1964. "Yo me sumaré a quien sea, no me importa de qué color seas, siempre que quieras cambiar la condición miserable que existe en este mundo". Cuatro charlas y entrevistas que Malcolm dio en los últimos meses de su vida. US$12. También en inglés, francés, persa y griego.

PATHFINDERPRESS.COM

LA CONSTRUCCIÓN DE UN PARTIDO PROLETARIO

La historia del trotskismo americano, 1928–38
Informe de un partícipe
JAMES P. CANNON

"El trotskismo no es un nuevo movimiento, una nueva doctrina, sino la restauración, el renacimiento del marxismo genuino tal como se expuso y se practicó en la Revolución Rusa y en los primeros días de la Internacional Comunista", dice Cannon, dirigente fundador del movimiento comunista en EEUU. US$17. También en inglés y francés.

Su Trotsky y el nuestro
JACK BARNES

Para dirigir a la clase trabajadora en una revolución, se requiere un partido proletario de masas cuyos cuadros desde mucho antes han asimilado un programa comunista, son proletarios en su vida y su trabajo, derivan una profunda satisfacción de su actividad política y han desarrollado un agudo sentido de lo próximo que toca hacer. US$12. También en inglés, francés y persa.

El carácter organizativo del Partido Socialista de los Trabajadores
Resolución de 1965 del PST

Las crecientes crisis capitalista y conflictos de clase exigen una solución revolucionaria. La preparación activa para estas luchas determina el tipo de organización que se ha propuesto construir el Partido Socialista de los Trabajadores desde su origen. US$5. También en inglés.

Nueva Internacional
UNA REVISTA DE POLÍTICA Y TECRÍA MARXISTA

En defensa de la tierra y del trabajo

"La producción capitalista solo se desarrolla socavando simultáneamente las fuentes originales de toda la riqueza: la tierra y el trabajador". —*Carlos Marx, 1867*

TRES ARTÍCULOS

EN *NUEVA INTERNACIONAL* NO. 7
- **Nuestra política empieza con el mundo**
  JACK BARNES
- **La agricultura, la ciencia y las clases trabajadoras**
  STEVE CLARK

EN *NUEVA INTERNACIONAL* NO. 8
- **La custodia de la naturaleza también recae en la clase trabajadora**
  JACK BARNES, STEVE CLARK, MARY-ALICE WATERS

El imperialismo norteamericano ha perdido la Guerra Fría
JACK BARNES

El colapso de los regímenes en Europa Oriental y la URSS, que se autodenominaban comunistas, no significó que los trabajadores y agricultores ahí fueron derrotados. En los actuales conflictos y guerras capitalistas, estos trabajadores se han sumado a otros en el mundo en la lucha de clases contra la explotación. En *Nueva Internacional* no. 5. También en inglés, francés, persa y griego.

US$14 cada uno

PATHFINDERPRESS.COM

PATHFINDER POR EL MUNDO

ESTADOS UNIDOS
(y América Latina, el Caribe y el este de Asia)
Pathfinder Books, 306 W. 37th St., 13th Floor
Nueva York, NY 10018

CANADÁ
Pathfinder Books, 7107 St. Denis, Suite 204
Montreal, QC H2S 2S5

REINO UNIDO
(y Europa, África, el Medio Oriente y el sur de Asia)
Pathfinder Books, 5 Norman Rd.
Seven Sisters, Londres N15 4ND

AUSTRALIA
(y Nueva Zelanda, el sureste de Asia y Oceanía)
Pathfinder Books, Suite 2, First floor, 275 George St.
Liverpool, Sydney, NSW 2170
Dirección Postal: P.O. Box 73, Campsie, NSW 2194

ÚNASE AL CLUB DE LECTORES DE PATHFINDER
¡AMPLÍE SU BIBLIOTECA!

$10 POR AÑO
25% DESCUENTO PARA TODOS LOS TÍTULOS
30% DESCUENTO PARA LOS LIBROS DEL MES

Válido en pathfinderpress.com y los centros locales de libros Pathfinder

Visite: pathfinderpress.com/
products/pathfinder-readers-club

pathfinderpress.com